東南亞經貿

政治、投資與企業經營(含南亞)

伍忠賢博士 著

五南圖書出版公司 印行

作者序

「很少人可以做偉大的事，但每個人可以用偉大的愛來做每一件平凡的事」

—— 德雷莎修女在印度加爾各答市

一、「新南向」18 國經濟、企管的實用書

臺灣大部分人去過泰國旅遊，2017 年東南亞有 160 萬人來臺灣旅遊，在新北市的平溪區等觀光地區，經常會碰到東南亞人民。臺灣外籍配偶中有 26 萬人來自東南亞，60 萬個藍領移居勞工（產業移工 38 萬人，主要來自越南；22 萬個社會福利移工中，主要來自菲律賓和印尼）。生活中，到處可以遇到和東南亞相關的人民。

臺灣有 11.1 萬人在東南亞工作，新加坡、馬來西亞用高薪挖角臺灣人才，2014 年起，電視新聞經常大幅報導。2016 年 7 月，臺灣政府推出「新南向政策」，更促進臺灣跟東南亞（甚至南亞、紐澳）的經濟，文化（含東南亞人民來臺灣求學），因此非常需要有一本書以系統性說明東南亞、南亞的經濟和公司經營深入淺出的書。

二、本書用途：一石三鳥

本書目標市場依地理範圍、讀者人文屬性來說明。

（一）區域範圍：華人圈，包括臺灣、中國大陸、香港、澳門和東南亞華人（包括臺資企業人士）。

（二）讀者人文屬性：本書想「一石三鳥」的滿足三種人（詳見圖 A）在「生活、投資、工作」的三種需求。

1. 企業人士和上班族

臺灣對東南亞直接投資 1,000 億美元，約 11.1 萬個臺灣人在當地工作，皆僅次於中國大陸。本書各以 2 章篇幅詳細說明東南亞 2 國（越泰）、南亞 1 國（印度）的經濟和企業經營。

2. 大學生

很多大學開授「國際經濟」、「國際貿易理論」、「東南亞經濟」、「東南亞貿易」、「新興市場」課程，本書盼能提供學生（大學部到碩士班）在這方面的基本且實用知識。

本書很容易閱讀，用說故事方式分析每個國家經濟貿易，令人很有興趣閱讀，而且很實用。

3. 基金投資人

以基金投資來說，東南亞、印度基金，一向是二線類區域、國家基金，投資人宜對經濟有基本了解。

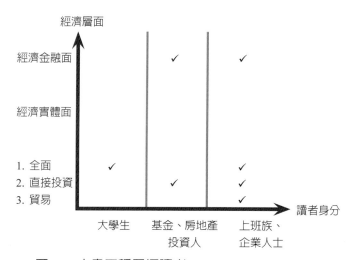

圖 A　本書三種目標讀者

三、本書架構

2016 年 7 月臺灣政府的新南向地理範圍包括東南亞 10 國、南亞 6 國、大洋洲 2 國（紐澳），本書不談紐澳，依下列方式分配 18 章。

（一）區域分布：東南亞占 77%、南亞占 23%。

第一篇（第 1～2 章）：東南亞與南亞導論。

第二篇（第 3～7 章）：東南亞導論。

第 3～7 章套用〈經濟學〉「國內生產毛額」等式，分成 5 章。

$$總產值 = 消費 + 投資 + 政府支出 + 出超$$

$$Y = C + I + G + X-M$$

| chap 2 | chap 3 | chap 4 | chap 5 | chap 6 |

第1～6章：主要從東亞各國的角度來撰寫，第7章：臺灣、中國大陸、日、韓與美歐在東南亞的布局。

第三篇（第8～11章）：東南亞的越泰。

第四篇（第12～15章）：東南亞其他8國。

第五篇（第16～18章）：南亞6國，印度占2章。

（二）公司經營

在三級產業（農、工和服務業）的企業經營方面，依下列順序挑選公司：當地關鍵產業的龍頭公司、有漂亮作法的外資公司、臺資公司。

有3個單元兼顧房地產投資，以表格來說明，重點在於分析架構。

（三）本書五個亮點

由於上網可以查到的資料甚廣，本書透過下列方式，讓你高瞻遠矚。

1. 在全書目錄之前，以圖表呈現，資料庫方式一目了然東南亞、南亞各國相關經濟數字。

2. 各國國情簡介、首都簡介以表格分析。

3. 各國經濟發展階段分析表，可前瞻至2030年。

4. 各國財經相關部門以表方式呈現，並以臺灣為參考架構。

5. 各國經營（投資）環境分析，以公司損益表方式呈現。

表A　東南亞與南亞各國占本書篇幅

區域	0.3～0.5 章篇幅	1 章篇幅	2 章篇幅
一、東南亞	第四篇東南亞八國 菲律賓、汶萊 chap14 柬寮緬 chap15	印尼 chap12 星、馬 chap13 汶萊	第三篇越泰 越南 chap8、9 泰國 chap10、11
二、南亞	第五篇南亞 巴基斯坦、孟加拉、 斯里蘭卡、不丹、 尼泊爾 chap16		印度 chap17、18

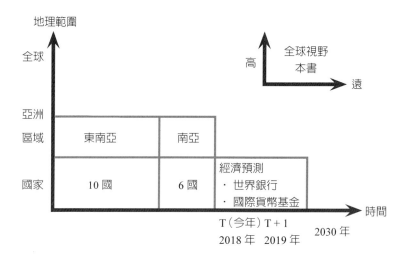

圖 B　本書「高瞻遠矚」之道

四、資料來源

　　這本書是筆者寫過涵蓋最多國家細節的書，資料來源主要是《臺灣經濟新報》提供，其資料來自下列地方：

　　·　總體經濟資料主要來自：世界銀行、國際貨幣基金。

　　·　產業資料主要來自：亞洲開發銀行（簡稱亞洲銀行）。

　　·　各國股票交易、上市公司資料：各國證券交易所。

　　由於本書於 2018 年 2 月出版，為顯示資料「即時性」，各國總產值、人口數皆採用 2018 年預測值，其中人口數採美國商務部人口統計局的「各國人口鐘」，並由筆者預測。

五、感謝

　　在區域經濟方面，感謝中央研究院麥朝成院士的教誨。

　　在泰馬等直接投資等實務，感謝泰國 TDIC-South 公司專案經理伍孝全（筆者弟弟）精闢建議。

　　本書承蒙美國阿拉巴馬州州立 Troy 大學商學院鄭義為教授校閱。

伍忠賢

謹誌於　臺灣新北市新店區　2018 年 2 月

表一　2018 年東南亞與南亞土地、總產值、人口

區域／國家	土地面積（萬平方公里）	總產值（兆美元）	人口數（億人）	人均總產值（美元）	2019 年總產值（兆美元）
一、參考國		經濟成長率預估主要來自世界銀行	排名來自美國人口統計局	依 2017 年排名	
全球	1,361	80（2.6%）	76.21	1,023	83.4（42.6%）
1. 美	963（3）	19,126（1, 2.1%）	3.271（3）	58,471（5）	19.527（2.1%）
2. 陸	960（4）	12.82（2, 6.4%）	13.97（1）	9,177（70）	13.64（-6.4%）
3. 臺灣	3.6（137）	0.6145（22, 2.27%）	0.2762（56）	26,014（34）	0.6274（2.1%）
二、東南亞	448.53	2.843（5%）	6.6	4,300	2.98
1. 印尼	191（15）	1.0177（16, 5.4%）	2.67（4）	3,812（107）	1.0854（5.2%）
2. 菲	30（73）	0.3564（36, 6.8%）	1.065（13）	3,346（115）	0.3781（6.8%）
3. 越	33.12（66）	0.2335（45, 6.8%）	0.97（15）	2,407（12.5）	0.2484（6.4%）
4. 泰	51.3（51）	0.4107（26, 3.8%）	0.696（20）	5,900（80）	0.4263（-3.8%）
5. 緬	67.6（40）	0.0806（72, 7.5%）	0.5565（26）	1,450（140）	0.0868（-7.6%）
6. 馬	33.08（67）	0.36645（38, 4.7%）	0.3262（44）	11,240（61）	0.383（4.6%）
7. 柬	18.1（90）	0.02056（109, 7.1%）	0.1636（72）	1,257（141）	0.022（7.1%）
8. 寮	23.68（84）	0.015（116, 7%）	0.0712（104）	2,107（123）	0.016（-7%）
9. 新加坡	0.071（189）	0.3164（39, 2.5%）	0.059（112）	53,627（6）	0.3243（2.5%）
10. 汶萊	0.576（172）	0.01306（127, 0.56）	0.0045（207）	29,022（29）	0.0320（0.5%）

表一　2018 年東南亞與南亞土地、總產值、人口（續）

三、南亞	456.2	3.2331	17.7476	1,822	3.471
1. 印度	328.7 （7）	2.5686 （7, 7.7%）	13.534 （2）	1,900 （132）	2.7664 （7.7%）
2. 巴基斯坦	88 （36）	0.3092 （41, 5.5%）	2.02 （6）	1,406 （136）	0.3262 （5.5%）
3. 孟加拉	14.4 （95）	0.2343 （45, 7%）	1.6776 （8）	1,400 （139）	0.2507 （7%）
4. 尼泊爾	14.72 （94）	0.02568 （106, 7%）	0.297 （47）	865 （156）	0.0275 （7%）
5. 斯里蘭卡	6.56 （122）	0.09261 （16, 5%）	0.212 （57）	4,386 （104）	0.0972 （5%）
6. 不丹	3.84 （135）	0.0027 （167, 8%）	0.0080 （165）	338 （121）	0.0029 （8%）

表二　2012～2019 年東南亞 10 國的經濟成長率

成長速度	2012	2013	2014	2015	2016	2017	2018	2019
一、中高經濟成長率（6～10%）								
寮國	7.9	8	7.6	7.6	7.5	7.3	7.1	7
柬埔寨	7.3	7.4	7	7	7	6.9	7.1	7
緬甸	7.3	8.4	8.7	8.1	8.1	7.7	7.5	7.7
越南	5.2	5.4	6	6.7	6.1	6.2	6.8	6.4
菲律賓	6.7	7.1	6.1	5.8	6.4	6.9	6.8	6.8
二、中經濟成長率（4～6%）								
印尼	6.3	5.6	5	4.8	4.9	5.2	5.4	5.2
馬來西亞	5.5	4.7	6	5	4.3	4.3	4.7	4.6
三、中低經濟成長率（2～4%）								
泰國	7.2	2.7	0.8	2.8	3.2	3.5	3.8	3.8
新加坡	3.7	4.6	3.3	2	1.7	2.1	2.5	2.5
汶萊	0.9	-2.1	-2.3	0.6	0.4	0	0	0

資料來源：世界銀行「全球經濟展望報告」。

表三　2012～2019 年南亞 6 國的經濟成長率　　　　　　　　　單位：%

成長速度	2012	2013	2014	2015	2016	2017	2018	2019
一、中高經濟成長率（6～10%）								
・不丹	7.9	5.1	2.1	5.8	6.5	7.5	8	8
・印度	5.5	6.5	7.2	7.9	6.8	7.2	7.7	7.7
・孟加拉	6.26	6.04	6.31	6.1	7.18	7.15	7	7
・尼泊爾	4.1	6	3.3	0.4	7.5	7.5	7	7
二、中經濟成長率（4～6%）								
・巴基斯坦	3.82	3.68	4.05	4.04	4.71	5.5	5.5	5.5
・斯里蘭卡	9.1	3.4	5	4.8	4.4	5	5	5

表四　東亞、東南亞與南亞匯率

國家	2013	2014	2015	2016	2017	2018 (F)
一、參考指標						
（一）新臺幣	29.80	31.60	32.85	32.21	29.849	29
（二）人民幣	6.102	6.119	6.491	6.95	6.5067	6.45
（三）日圓	105.30	120.64	120.50	116.64	112.5	106
二、東南亞						
（一）越南盾	20,360	21,388	22,532	22,771	22,689	－
（二）泰銖	32.81	32.96	36.09	35.81	32.5	－
（三）馬來西亞令吉	3.281	3.495	4.292	4.486	4.06	－
（四）印尼盾	10,461	11,865	13,671	13,519	13,781	－
（五）新加坡元	1.265	1.321	1.414	1.455	1.338	－
三、南亞						
（一）印度盧布	61.90	63.33	66.33	67.87	63.8	－
（二）孟加拉塔卡	77.75	77.93	78.53	78.60	83.48	－
（三）巴基斯坦盧比	105.64	100.46	104.77	104.29	110.5	－
（四）斯里蘭卡盧比	130.8	131	143.7	149.8	153.2	－

表五　東南亞 4 國股票市場的相關數字

國家	2015 年	2016 年	2017 年
一、臺灣證交所			
（一）上市公司家數	874	897	920
（二）總市值（兆元）	23.93	26.60	31
（三）淨利（兆元）	1.7644	1.81	2
（四）本益比	13.91	15.17	
二、泰國（泰銖）			
（一）上市公司家數	522	534	528
（二）總市值（兆元）	11	13.2	13.5
（三）淨利（兆元）	0.4265	0.4054	0.4036
（四）本益比	25.81	32.57	33.39
三、馬來西亞（令吉）			
（一）上市公司家數	783	772	
（二）總市值（兆元）	1.33	1.55	
（三）淨利（兆元）	0.0701	0.0702	
（四）本益比	18.99	22.07	
四、新加坡（元）			
（一）上市公司家數	547	521	
（二）總市值（兆元）	0.8727	0.89	
（三）淨利（兆元）	0.00653	0.0471	
（四）本益比	13.37	18.91	
五、菲律賓（披索）			
（一）上市公司家數	263	263	
（二）總市值（兆元）	14.23	14.49	
（三）淨利（兆元）	0.558	0.67	
（四）本益比	25.49	21.61	

表六　世界銀行 2018 年經商環境報告中各國排名

參考國家		東南亞		南亞	
美	6	新加坡	2	不丹	75
南韓	4	馬來西亞	24	印度	100
臺灣	15	泰	25	尼泊爾	105
日本	34	越南	68	斯里蘭卡	111
陸	78	印尼	72	巴基斯坦	147
		菲	113	孟加拉	177
		柬埔寨	141		
		寮	141		

資料來源：整理自世界銀行，「Doing Business 2018」table 1.1, 2017.11.1

陸稱營商便利度，上述報告「營商環境報告」

表七　2017 年東南亞、南亞股市、匯率表現

國	東南亞				國	南亞			
	股市	%	匯率	%		股市	%	匯率	%
印尼	6,355.65		13,484	20.95	印度	34,056.830	29.77	63.82	6.43
菲	8,558.42	25	49.96	-0.7	巴	29,774.24		110.65	-5.8
越	984.24	48.02	22,650*	0.3	孟	6,244		82.685*	15.85
泰	1,753.71	14	32.56	0.6	尼	1,538		102.632	5.71
緬	463.24	—	1,360.58	-0.3	斯里蘭卡	6,369		153.275*	-2.61
馬	1,796.81	10	4.0614	9.82	不丹			63.845	6.05
柬	344.56	—	2,985*	-1.27					
寮	1,000	—	8,317	-1.63					
星	3,403		1.3372	7.84					
汶萊			1.3372						
	參考								
美	24,719		1	—	南韓	2,467.49		1,067.14	
陸	3,307	66.56	6.4993	5.81	港	29,919	37.3	7.0813	
日	22,765	19	112.84		臺	10,643	6.1	29.67	8.24

* 股市：前三大阿根廷 77.72%、蒙古 66.48%、土耳其 48.17%，主要來自 stock Q.org.

** 匯率：主要是紐約匯市，* 來自 guote media

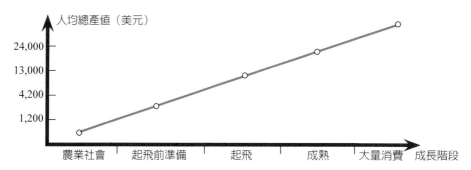

圖一　經濟發展階段與相關經濟狀況

表八　經濟發展階段與相關經濟狀況

一、經濟成長階段	農業	起飛前準備	起飛	邁向成熟	大量消費
*國家名稱	發展中國家	新興國家	同左	新興工業國家	工業國家
二、產業結構					
服務業	20%	28%	40%	63%	74%
工業	30%	37%	48%	35%	25%
農業	50%	35%	12%	2%	1%
三、需求結構					
消費	81%	67%	45%	52.72%	57%
投資	10%	20%	28%	20.94%	17%
政府支出	7%	9%	12%	14.28%	18%
出超	2%	4%	15%	12.06%	8%
四、經濟成長率	0～2%	5%	10%	6%	3%
五、吉尼係數	0.2	0.4	0.39	0.36	0.42
（一）參考國家			中國大陸	臺灣	美國
（二）本書國家		東南亞6國 南亞4國	泰國 馬來西亞		新加坡 汶萊

®伍忠賢

目　錄

1

東南亞與南亞的工作、生活與投資

Unit 1-1　為什麼你必須弄懂東南亞和南亞？

「利之所在，勢之所趨」。

你為什麼要學「東南亞、南亞經濟與企業管理」？我寫任何書的目的皆只有六個字「工作—投資—生活」，詳見表 1-1；簡單的說：「實用（務實）導向」。我希望開宗明義的「說給你懂」，當你知道重要程度後，你會「樂知好行」，如果只是公司規定要上課、大學的課，許多人都是「困知勉行」。當你學習動機很淡（例如越南語檢定），學習績效可能 60 分，若你有很多很強的學習動機（到越南的國泰世華銀行胡志明分行上班），那你日思夢想，可能 6 個月就通過越南語中級檢定。

一、工作

2000 年起，隨著臺灣許多工廠外移，去中國大陸（本書簡稱「陸」，大部分人稱「中」）設廠，以求降低成本（尤其是薪資成本），臺灣的「實質薪資」就凍漲，經常性月薪維持在 38,000 元。

2011 年起，臺灣經濟成長率邁入「新平庸」（new mediocre）時代，平均經濟成長率 3% 以下，跟美國差不多。2018 年預測美國人均總產值（人均 GDP）58,471 美元，臺灣 26,270 美元。臺灣人俗稱「悶」經濟。

越來越多人不願住在全民大「悶」鍋，去接受「什麼都在漲，只有薪水不漲」的地方。離鄉背井，出國去搏一個希望。

‧2000～2010 年是中國大陸。

‧2013 年起，是東南亞。

1415 年起，葡萄牙等國為了繞過伊斯蘭（或穆斯林）國度等，通過海路直接跟西非（主要是香料等）貿易，於是展開大航海時代（Uncharted Waters），其中最有名的是 1492 年，哥倫布發現「美洲新大陸」。這對歐洲人來說是「地理大發現」（age of discovery）。

2016 年 3 月，臺灣〈商業周刊〉派出一組編輯去亞洲五個國家，探訪五位臺灣人在當地工作情況，封面故事名為「臺灣哥倫布」。2017 年 4 月，又依樣畫葫蘆，不過，用「臺灣哥倫布」一詞描述 1970 年代第一批去的還是較為適合。

二、財務投資

「哪邊有錢哪邊去」，對東南亞的財務投資，在 2010 年以後快速熱絡起來。

（一）金融投資

金融投資範圍包括股票、基金和外幣存款等，在臺灣，主要還是透過東南亞國家和印度基金賺錢。

（二）房地產投資

2010 年起，東南亞房地產因經濟成長，房價開始狂飆，依序為越南、柬埔寨和緬甸等，臺灣媒體經常有「東南亞某國的房地產投資團」（俗稱看房團），有線電視 57 台東森財經台等更經常以 1 個小時做報導。

三、生活

生活的用途很廣，小至興趣（例如聽歌），大至定居，這中間有無限可能。

（一）為了弄懂韓劇、韓語歌，許多人學韓語

2003 年，臺灣開始流行韓劇，2010 年起，南韓音樂（K-pop）流行，「哈」韓族開始學韓語，為的是看懂韓劇，聽懂南韓歌手的歌。同樣的，從影歌去體會泰國、印尼人的生活，到當地旅遊，會更融入其中。

（二）長期居住

日本電視台很喜歡作日本退休人士到東南亞移居（臺灣稱 long stay）的節

目，氣候好（許多老人不喜歡下雪的寒冷），物價便宜，用退休金過生活比日本輕鬆多了。

> 如果無法管理時間，就無法管理其他事情。
>
> 你的時間在哪裡，成就就在哪裡。
>
> Where time spends, where achievement come!
>
> ——彼得·杜拉克（Peter Drucker, 1909~2005）現代管理學之父

表 1-1　三個方面的學習動機

面向	說明
一、工作	
（一）貿易	臺灣一年商品出口金額約 3,200 億美元，全球約第 18 名 1. 商業貿易中的出口 　·中國大陸加香港約占 39% 　·東南亞占 18% 2. 服務貿易：東南亞旅客到臺灣
（二）直接投資	臺灣每年公司對外直接投資約 110 億美元 1. 中國大陸占 70% 2. 東南亞占 15%
（三）上班 詳見 Unit 1-3～ 1-7	臺灣約有 72 萬人在海外工作 1. 中國大陸 42 萬人，占 58% 2. 東南亞 11.1 萬人，占 15.4%
二、財務投資	
（一）金融投資 詳見 Unit 1-9	1. 共同基金 2. 股票等
（二）房地產 詳見 Unit 1-10	主要是越南、泰國、柬埔寨三國，詳見 Unit 9-9、Unit 11-5、Unit 15-4
三、生活	
（一）旅遊	小至旅遊，大到「長期居住」
（二）興趣	看印度電影，學習做泰式料理

Unit 1-2　認識東南亞十國

　　在看電影時，人們會聚焦在誰身上？大部分人會回答：「男主角、女主角」。

　　我接著問你：「你怎麼判斷誰是男、女主角？」大部分人會回答：「出場時間（或戲份）較長的男、女演員」。

　　由於環境太複雜，300 萬年的人類演化，人很擅長把人事地物時「分類」，以求化繁為簡；同樣的，許多書把東南亞 10 國從不同角度分類，以求「亂中有序」、「以簡馭繁」，詳見表 1-2。

一、東南亞國協的分類方式

　　在東南亞，依加入東南亞國家協會等三個角度，把 10 國分類。

（一）東南亞國協的分類方式

　　由小檔案中可見東南亞國家協會此一組織，東南亞 10 國分兩批加入。

・「原始」（或創立）5 國：1968 年 5 國成立此組織，主要是為了對抗東南亞共產國家（越南、柬埔寨、寮國）。

・新 5 國：1984 年汶萊加入，1991 年 12 月 25 日蘇聯解體後，東南亞共產國家紛紛採取改革開放經濟政策，1995～1999 年越南、柬埔寨、寮國、緬甸加入。

（二）東南亞共同體的分類方式

　　2015 年 12 月 30 日，東協共同體（ASEAN Community）成立，由於經濟發展階段不同，區域內，對外跟外國簽自由貿易協定（FTA）分二批適用。

・原始 5 國加汶萊：這 6 國，經濟已在「輕」、「重」工業階段，人均總產值較高，所以在貿易自由化進程屬「第一批」。

・發展 4 國（越南、柬埔寨、寮國、緬甸）：這 4 國比 6 國多獲得「五」年緩衝期，以降低貿易自由化的衝擊。

二、外國分類方式

　　許多國家、機構從自己角度把東南亞 10 國予以分類，常見兩個如下。

（一）國際貨幣基金

國際貨幣基金抓「大」放「小」，把東南亞 10 國依總產值（GDP，俗稱國內生產毛額）、人口分成「東協五國」、「ASEANS－越、泰、馬、印尼、菲」，和「東協」以外 5 國（non-ASEANS 5）。

（二）臺灣

臺灣的「新南向」聚焦在臺資公司商機較大的「越泰馬和印尼」，本書也依「先陸路，後海島」順序，介紹這 10 國。

三、本書不用「亞洲」新興國家一詞

每次在探討亞洲經濟、亞洲基金時，會把工業國家（日本）剔除，甚至創造「亞洲新興國家」一詞，把四小龍（韓、臺、港、星剔除）。這麼大的名詞，如果指東亞、東南亞、南亞，則中國大陸占總產值的七成，若把中國大陸剔除，則「亞洲新興國家」占全球總產值 6.1%，占全球人口 74 億人 26%，總產值可說是不成比例的低。

東南亞國家協會（Association of South East Asian Nations, ASEAN）

用詞：臺灣稱為東協，中港澳稱東「盟」，「盟」這個字沿用「歐盟」

年：1967 年 8 月 8 日曼谷宣言，2007 年 11 月 20 日東協憲章。

地：秘書處（1976 年 2 月成立）在印尼雅加達市，設秘書長一人。

人：東協有輪值主席國（依英文字母順序），共 10 國

總面積：448 萬平方公里

人口：6.58 億人

總產值：（2018 年）2.83 兆美元

格言：同一願景，同一立場，同一聯盟

盟歌：《東協之路》

工作語言：英語

表 1-2　東南亞十國的分類方式

國家／組織	次主流	主流
一、外界		
（一）國際貨幣基金	非東協五國（non-ASEAN-5） 新加坡、汶萊、柬埔寨、寮國、緬甸	東協五國（ASEAN-5） 越南、泰國、馬來西亞、印尼、菲律賓
（二）臺灣	其他六國	越南、泰國、馬來西亞、印尼
二、東協	新四國（後進 4 國 CLMV） 越南、柬埔寨、寮國（這三國是共產國家） 緬甸	原始六國 泰國、馬來西亞、印尼 新加坡、汶萊、菲律賓

Unit 1-3　東南亞是臺灣人第二外出工作區域

　　2000 年起，中國大陸興起，以三倍臺灣薪水挖臺灣的電子、金融、影劇人才，臺灣政治學者稱之「（人才）磁吸效果」（magnetic effect）。

　　2010 年，東南亞經濟興起，新加坡（簡稱星）、馬來西亞（簡稱馬或大馬）等國，以高薪、好的發展機會，成為臺灣人才第二大外移區域。

　　臺灣「低薪」（以實質經常性薪資來說，一直停留在 2000 年 38,500 元水準）而導致的人才外移，每個月都有媒體深入報導，已成為全民「普通常識」（簡稱通識），本單元以幾個數字說明。

一、東南亞與南亞的工作機會

　　行政院主計總處 2017 年 3 月，第一次公布臺灣人赴海外工作統計，詳見表 1-3，東南亞 11.1 萬人，約占 15.4%。

　　2005 年海外就業為 34 萬人，2015 年 72.4 萬人，成長速度驚人，10 年之間海外就業占臺灣總就業比率已由 3.4% 增至 6.5%。

二、臺灣的中高階人才薪水吊車尾

　　美商韜睿惠悅公司（The Towers Watson and Willis group of companies）的薪資調查，以全球企業為對象，是大公司高階管理者的薪資指標。其中「2014 年

亞太區」人才管理與獎酬調查研究的結果最常出現，詳見表1-4，在副總經理級年薪來說，在12國家和地區中臺灣排第7。泰國年薪530萬元，首度超越臺灣。

在泰國，大學畢業生薪資泰銖1.5萬元起跳，好大學上看泰銖2萬元，工科、會計等搶手科系，3、4萬元起薪不在少數，市場蓬勃，企業需人孔急，尤其鄰國便宜勞力無法填補的中高階人才，薪資更是水漲船高。東南亞興起，這是21世紀前期，離臺灣最近、也最大的一次機會，人生一輩子未必能碰到幾次。

表1-3　臺灣人赴海外工作主要區域變化

年	中國大陸		東南亞		美國	
	人數（萬人）	年增率（%）	人數（萬人）	年增率（%）	人數（萬人）	年增率（%）
2010	42.3	3.60	8.5	10.34	8.4	0.14
2011	42.4	0.06	8.1	-4.26	8.7	3.39
2012	43.0	1.45	9.2	12.70	9.0	3.75
2013	43.0	0.10	10.9	18.81	8.0	-11.10
2014	42.7	-0.75	11.3	3.83	8.6	7.19
2015	42.0	-1.71	11.1	-1.33	9.2	7.04
比重	58%		15.4%		12.7%	

資料來源：臺灣行政院主計總處

臺灣勞工海外就業人數抽樣調查

年：每年3月16日，公布2年前資料，開始研究時間2005年起，起算2009年

地：中國大陸、東南亞、美國等

人：行政院主計總處

事：以2015年為例，赴海外工作人數72.4萬人，比2014年減少2千人，是2012年以來首次衰退。主要是因為全球景氣不佳，全球貿易成長趨緩。東南亞經濟快速成長，2015年排華事件頻傳，赴外工作人數由正轉負。

學歷：七成以上大學學歷

年齡：25～39歲者占四成

期間：赴海外工作者大多停留在單一國家，達180天者占63.2%，90～180天者占36.8%。

表 1-4　2014 年亞太國家／地區大公司副總經理年薪　　　　　　　　單位：萬元

國家／地區	年薪	國家	年薪
澳大利亞	1,130	馬來西亞	550
新加坡	1,040	泰國	530
中國大陸	1,000	臺灣	520
日本	890	菲律賓	440
香港	870	越南	400
印尼	550	印度	370

資料來源：韜睿惠悅公司，2016.10.28

全球人才管理與獎酬調查研究（Global Talent Management and Rewards Study）

時：每年 3 月調查，10 月發布

地：美國維吉尼亞州

人：韜睿惠悅（Willis Tower Watson）公司，2010 年 1 月推出此調查。該公司在全球 140 國設有子、分公司等。員工數 40,000 人。

事：2016 年，該調查針對 29 國、（亞太區 11 國／地區）、2,000 家公司。以臺灣來說，調查 460 家國際性外資和本土公司，共有 40 萬筆員工數字。

Unit 1-4　銀行外派人員好處多

　　俗語說：「錢多事少離家近」，這種「小確幸」的「謀職」看法，往往是「短視近利」。

　　「事少」就無法透過多接觸、多磨練提升事業能力；

　　「離家近」，就無法離開「舒適圈」，往往會成為「井底之蛙」，出國才能培養「國際觀」，擴大視野。

　　「錢多」：「事少離家近」的工作（例如新鮮人進銀行起薪月薪3.2萬元起）是短暫的，續航力比較低。

　　本單元以「事多離家遠」的銀行人員外派國外（尤其是東南亞甚至南亞）

為例，說明 2、4 年後「升官快一級」（例如海外分行襄理回國升副理），升官就會發財，詳見表 1-5。

一、駐外人員語言班

許多銀行會開越南語、印尼語班，讓行員自行參加，再從中挑選合適的人才駐外。唐朝玄奘法師（602～664）在唐太宗貞觀 3 年（629）出發，去印度取經，你有沒想過他何時學會印度語的？答案是，他早就有西方取經念頭，在626～629 年（他 24～27 歲時），在每天下午 4 點以後，便去長安市的語言補習班上課。

二、駐外人員訓練班

許多銀行在外派人員出發前幾年幾月，便會安排外派人員全家或外派人員自己（日語稱單身赴任），上「文化體驗班」，穿當地衣服、吃當地飲食，了解「風土民情」，如此才會「入境隨俗」，或是至少有「文化同理心」（cultural empathy）。

表 1-5　銀行對行員外派的人力資源管理

人資	銀行的措施
一、人才招募	華南、兆豐銀行在招考行員時，均要求錄取者未來在入行服務時，需配合接受一定年限的外派，或不得拒絕外派。 （一）第一銀行：舉辦「亞洲國際學生金融體驗營」，鎖定菲律賓學生及陸生、港澳僑生，提供銀行實習或返國工作機會。 （二）華南銀行招募海外留學生、赴臺的僑生、赴臺的外籍生。
二、外派審核	（一）外資銀行 滙豐銀行的「國際經理」（International Managers, IM）是各國市場總經理、處長人才庫，優秀員工多以此發展出跨國職涯規劃的多元發展，在全球 46 個國家派任 320 位國際經理。要獲選為國際經理，須跟各國匯豐銀行行員競爭，通過層層關卡與選拔才能入選。 滙豐銀行儲備幹部，被派任到國外其他分行擔任主管職務，進階成為管理階層。 星展銀行新加坡總行有多位臺灣籍人才，花旗亞太區資深人才培育計畫 Fast-TraX，有臺灣人通過考試加入國際經理人才庫。 人才多樣性與國際化，是花旗銀行的優勢，透過跨國平台培養具備國際觀的專業金融人才。針對高潛力員工及儲備主管（MA）皆設計不同創新跨國人才培育計畫，提供員工培養跨國實務經驗、拓展國際視野的機會。

表 1-5　銀行對行員外派的人力資源管理（續）

三、薪資	
（一）薪水	1. 華南銀行：定期檢視地主國銀行與臺資銀行同業的薪資福利水準，透過年度調薪或專案調薪，適時調整外派人員薪資。 2. 區域加給。
（二）津貼	中信銀行可說是民營銀行裡海外據點最多的。
1. 對自己	海外房租、生活與語言津貼、醫療保險、搬遷費、所得稅、交通補助。
2. 對眷屬	眷屬，探親機票等補貼。
3. 對子女	子女教育補助，每年臺灣的總行相關單位都會前往當地，親身了解外派人員生活狀況，並參考國際專業報告調整合宜的駐外津貼，維持外派的吸引力。
四、升官	華南銀行：對於外派人員或具海外服務達一定年資經驗者，華銀在職稱調整、基礎人才庫評選、副襄理主管人才庫評選時，都會給予較高得分，或者保障名額，因此晉升管道更為暢通快速。

資料來源：整理自工商時報，2017 年 6 月 25 日，A9 版，孫彬訓等。

Unit 1-5　在東南亞工作所須具備能力

你有沒有親戚朋友在東南亞或南亞上班？

你想不想去這兩個區域工作？

許多人寫了許多文章，大談去東南亞或任何一個國家（例如越南），該具備什麼能力？美國加州大學企管學者孔茲（Harrod Koontz, 1909~1984）在 1974 年 9/10 月《哈佛商業評論》月刊上〈有效管理者的技巧〉文章中，列出三大類能力。在拙著《一輩子要學會的職場黃金課》（時報出版，2016 年 3 月）Unit1-10 中，把各大類能力的血肉補上，詳見表 1-6。出國工作，屬於企管系、國際企業管理系中「國際人力資源管理」課程範圍，這 30 年來，相關知識進展少，本單元大抵可回答大部分。

一、處事－待人－接物

套用「待人接物處事」觀念，來記憶這三類能力。

（一）處事：觀念能力

人之不同，各如其面；在各國展業，把「行銷管理」書上照表操課，先作市場研究，進而推出符合當地的行銷組合（尤其是商品等）。

（二）待人：人際關係能力

「入鄉隨俗」這成語貼切形容「文化同理心」的重要性，上策是「融入其中」，中策是「尊重、接受」。最切身的是對於印尼、馬來西亞人的伊斯蘭宗教信仰的接受，針對其每日禱告五次、飲食限制（小至不能吃豬肉，大至清真認證）的尊重。

許多日本大公司在員工外派前 3 個月，針對外派員工的夫妻都會上「駐在國風土民情」課，包含穿上當地服裝、吃當地餐。

（三）接物：專業能力

「英文」是在國外上班的基本語文，至於懂越南語等當地語言，則是錦上添花。重點不在講什麼語言，而是「專業技能」，這是聘用你的主因，也是你的「被利用價值」，以我個人來說，如果公司講明「調你去越南工作 2 年」，那我大抵不會想學越南語。要是「5 年以上」，我可能考慮；要是「10 年以上」，我一定會學。許多臺資公司董事長、總經理強調「懂當地語言」的重要性，如果你站在員工的立場想，就不會額外要求。

表 1-6　公司管理人員必須具備能力

三類	說明
一、觀念能力	
（一）決策能力	
1. 國際觀	
2. 歷練	
3. 膽量	外派工作會離開過去熟悉的職場環境，完全脫離既定的舒適圈，能夠「忍受」異地環境，是基本必備的心理素質。
（二）創意	
1. 學習力	要有「樂於」接受、吸納新事物的態度。
2. 創意	

東南亞經貿

表 1-6　公司管理人員必須具備能力（續）

二、人際關係能力	專門替公司提供盤點人才服務的睿信管理顧問總經理黃聖峰認為，下列人際關係能力是必備的。
（一）團隊合作	能融入當地文化和不同風土民情的文化「調適力」；南韓公司強制要求員工舉家住市區，小孩送進當地學校學習語言，融入當地社會生活。
（二）情緒管理	輕易和當地人打成一片的人際互動「外向性」。
1. 成就動機	開疆闢土的強烈「企圖心」。
2. 逆境商數	異地打拼，如果工作以外的日常生活又因語言不通而四處碰壁，心理壓力恐怕會更大。 面對工作壓力和情緒調適的「抗壓性」、才能在全然陌生且充滿挑戰的孤獨感當中，維持一定的續航力。
三、專業能力	
（一）專業技能	各行的專業技術和職能。
（二）表達能力	語言能力是外派必備。
1. 中文	
2. 英文	外貿協會國際中心副主任陳廣哲指出：「英文是 must（必備）。」
3. 當地語言	像廠長等需要跟東南亞員工溝通的製造業職缺，就必定需要懂當地語言。 貿協副秘書長王熙蒙說，「深耕在地」市場之首要任務是「學會當地語言」，才能了解當地文化，進而打進當地市場。（工商時報，2017年4月26日，A6版）

* 資料來源：伍忠賢，《一輩子要學會的職場黃金課》，時報出版公司，第 64 頁表「職場能力量表」。

** 資料來源：整理自今周刊，2017 年 2 月 27 日，第 82～83 頁，萬年生。

Unit 1-6　東南亞工作機會：大學畢業生

2017 年 5 月 4 日，新加坡麵包物語公司來臺招募員工，詳見小檔案，由於人數多，薪資是臺灣二倍以上，所以吸引很多媒體報導。

2010 年以來，由於臺灣的大學畢業生「俗擱大碗」，因此新加坡等東南亞國家公司來臺招募員工，航空公司招地勤、空勤人員，幼兒園招幼保師，每次都會吸引臺灣新聞媒體的注意，這跟以前臺灣公司不同，臺灣公司會派一定年

資以上員工外派,主要是擔任管理職。馬來西亞的醫院來臺高薪挖角,也是主治醫師級,主要是僑生。

東南亞國家中,新加坡因人力不足公司來臺招募員工,藍領、白領都需要。

一、東南亞與南亞的大學教育商機

2010 年起,臺灣少子化現象逐漸衝擊大學,許多大學大幅招收陸生,甚至招收東南亞與南亞的學生,詳見表 1-7。

(一)2016 年以前,慢慢搶東南亞學生:許多科技大學(例如臺灣科技大學)早就招收印尼等地學生,再加上馬來西亞政府承認臺灣的一些大學文憑,僑生來臺意願大增。

(二)錦上添花:2016 年 7 月 26 日,臺灣政府公布「新南向」政策(New Southbound Policy),五項重點內容之一是「人才招募」,具體的是由教育部每年提列 10 億元獎學金給東南亞的學生(包括僑生),臺灣大學等由校長帶隊到馬來西亞等各地招生,介紹師資陣容、教學、研究成果,以及產學合作對學生職場生涯的幫助,引起當地僑校師生相當大的正面回應。

二、2016 年 9 月起,一窩蜂

臺灣的大學大都是成本導向,156 家大學(其中 12 家專科)中,系最多的是英文系,其次中文系(包括臺文系)、日語系,師資來源多,就便宜。

2016 年 9 月起,少子化現象嚴重造成大學招生缺額很多,再加上「兩岸關係生淡」,陸生人數銳減,許多大學大力衝刺東南亞課程,招收東南亞外籍生以補足學生來源。此外,開授相關課程給本地學生上,以便日後去東南亞上班。

三、設立東南亞研究中心

2016 年起,少數大學開始設立比「系」層級更高的行政、學術單位,以強調對東南亞事務的重視。

(一)大學設立南向辦公室

一般來說,大型大學會設立二級單位「國際學術事務處」,專門負責外籍教師、學生事務,南向辦公室大抵是該處一個組(組員人數一般 4 人),直屬校長(室)只是突顯其位階,並設立「國際學院」作為教學單位。

（二）東南亞研究中心

　　大抵來說，許多大學設立「某某研究中心」，大都是向科技部申請研究經費，小規模的聘幾個碩士畢業生當研究助理，教授兼著作。真正砸大錢，養了10個以上的研究員才能突破，成為智庫級。

新加坡「麵包物語」（Bread Talk）來臺招募員工

時：2017 年 5 月 4 日

地：新加坡

人：「麵包物語」總廠長劉昌裕（臺灣人，在臺任職 28 年）

事：在臺招募儲備廠長，協助規劃北京市、上海市、馬來西亞、香港等其他工廠。他得知弘光科大學生參與國內外比賽經常獲獎，表現優良且技術扎實，因此到校網羅人才。經過初步篩選，28 人中錄取 8 人到新加坡受訓上班。前 2 年月薪新加坡幣 3,000 元，2 年後，如果升任廠長，月薪星幣 5,000 元（約臺幣 10.5 萬元）。

表 1-7　臺灣的大學在東南亞事務的相關措施

層面	大學	說明
一、行政		
（一）校務發展處	大都是跟東南亞國家的大學建立姊妹校關係，接受交換學生，開學術研討會。	
（二）國際學術合作處	2017 年 4 月 5 日中興大學成立「興大南向辦公室」，興大在越南、泰國、馬來西亞的農業領域深耕多年，校友遍布這 3 國，拓展至高科技產業、工程、科學、管理、獸醫等其他中興大學專長領域。	常見的交換學生至有兩種： 1. 大學部 2+2 　有 2 年在臺灣的大學唸，有 2 年在地主國大學唸。 2. 碩士班 1+1 　跟大學生情況相似。
二、學術		
（一）東南亞研究中心	2016 年 1 月 18 日，高雄大學成立「東南亞發展研究中心」政治、成功、中山大學等皆有。	大抵是「科技部」獎助計畫的錢支撐著，養幾個研究助理，教授兼中心的主任、副主任等。
（二）越南經濟研究中心	2004 年，高雄應用科技大學，成立	號稱越南留學生人數全臺第一

表 1-7　臺灣的大學在東南亞事務的相關措施（續）

三、課程		
（一）學系	2014 年 8 月 1 日，暨南大學成立東南亞學系	之前已成立東南亞研究所、研究中心
（二）學程	2016 年 9 月，高雄大學推出「國際經貿談判人才培育跨校學分學程計畫」，另東亞語系下設越南語組。	2005 年政治大學公企中心開越南語課程，2012 年起，平均每年 400～600 人次。
（三）課程	2016 年 9 月，臺灣大學開設東南亞語言（越南語、印尼語）等 12 個課程。	2017 年政治大學越南文課程講師陳鳳凰表示，2007～2015 年學期選課人數個位數，2016 年 9 月起，一班人數破百。

Unit 1-7　臺灣的亞洲大學的南向發展

　　隸屬於中國醫藥大學體系的亞洲大學，由於有富爸爸的加持，2001 年新建大樓時，聘請日本建築大師伊東豐雄設計圖書館，以地標式建築物吸引媒體報導。每年砸大錢邀請諾貝爾醫學獎得主到校演講，藉大師光環吸引媒體免費報導。再加上聘請一些知名度高的教授出任行政職（例如副校長），經常接受媒體訪問，大學曝光度高。

一、有研究特色的大學

　　由小檔案可見，亞洲大學除了「醫學與健康學院」較特殊外，本質上跟政治大學等社會科學大學較接近。由該校網頁可見，6 個學院 45 個系所，學生 13,000 人左右，教授 368 位。特色是許多系皆設立「研究中心」，例如表 1-8 中，國際企業系下有「東南亞企業研究中心」。

二、在東南亞教學方面布局

　　由表 1-8、1-9 可見亞洲大學在東南亞教學方面布局。

（一）管理活動

　　由表 1-8 可見，亞洲大學快速跟東南亞各國大學合作，主要是跟占人口數 41% 的印尼，且該國大學少，需要來臺唸書的「生源」會比較多。

（二）學生能力種類

由表 1-9 可見，為了培養臺灣學生可以到東南亞上班，在三種能力方面，安排了短期志工到 1 年實習（或交換學生）作法。

1. 語言能力：2016 年 9 月起，語言教學與發展中心開設三個東南亞語課程：越南語、印尼語、泰語，並請外籍博士生擔任講師，由外籍生擔任教學助理。

2. 國際志工交流：臺灣學生一年 207 位參加「新南向築夢」，另 100 位師生到柬埔寨、印度當志工。上述修東南亞、南亞語學生優先參與這二項交流活動。

臺灣亞洲大學小檔案

成立：2001 年，前身臺中健康暨管理學院，2005 年 8 月 1 日升格改名

住址：臺灣臺中市霧峰區

董事長：蔡長海　　　　　校長：蔡進發

院系：6 個學院，45 個系所（含博士班）

學生：2016 年 12,288 人，大學部 11,009 人，研究生：1,279 人

表 1-8　亞洲大學的東南亞展業

管理活動	說明
一、目標	（一）招收東南亞與南亞的國際學生，首期目標約 2,000 位學生。 （二）協助本地生到東南亞實習，進而畢業後到東南亞就業。
二、策略	（一）中亞「聯合」大學：中國醫藥大學與亞洲大學是同一體系。 （二）跟東南亞 55 家大學合作：55 家大學中有 30 所在印尼（Gah jah、Mada 兩所大學在印尼排行前四名），在校印尼學生有 60 人、印尼校友 315 人。
三、組織設計	（一）2006 年在管理學院國際企業系成立東南亞企業研究中心。 （二）2016 年，在國際學院下設東南亞學術交流研究中心。

表 1-9　臺灣的亞洲大學在東南亞方面的雙向教學

能力種類	臺灣到東南亞	東南亞各國到亞洲大學
一、觀念能力		
（一）國際觀	1. 2017 年暑假，100 人到印度、柬埔寨等 7 國擔任國際志工。 2. 107 人到南亞等國研習。	2017 年暑假，泰馬星等國 11 家大學 280 位學生來臺灣亞洲大學研習。

表 1-9　臺灣的亞洲大學在東南亞方面的雙向教學（續）

二、人際關係能力

三、專業能力

（一）課程	1. 3+1 實習學程	1. 例如中國醫大跟亞洲大學在

（一）課程

1. 3+1 實習學程
・3 年在亞洲大學上課
・1 年到東南亞各國實習
2016.9～2017.6 有 15 位同學在新加坡樟宜國際機場實習，每月有 5 萬元收入，2017 年獲教育部「新南向學海築夢」286 萬元，補助 70 位學生機票、生活費，到東南亞實習；其中 150 萬元補助 30 位同學到新加坡樟宜機場實習。

2. 3+1 跨校學程
30 位學生到新加坡南洋理工大學上課，南洋理工大學提供 6.4 萬元獎勵金。

1. 例如中國醫大跟亞洲大學在印尼泗水設立「臺灣教育中心」，推動臺、印大學教育展、論壇、招生、實習等各項學術交流，並設華語文教育，幫印尼臺資公司培育人才。

2. 雙學位
例如亞洲大學與印尼姊妹校諾門森（HKBP）大學簽署碩學士九個雙聯學位合作協議書。

2017 年 10 月 23 日，景文科技大學推出國際產學專班，共 2 班 80 名：電腦與通訊、觀光與餐飲學程。

資料來源：部分整理自工商時報，2017 年 6 月 15 日，A15，林福吉。

Unit 1-8　在臺灣，賺「新南向」財：以臺灣免稅商店霸主昇恆昌為例

全球貿易中，依貿易「實體」分成兩類。

・商品貿易占 75%，主要是工礦原料、工業零組件和成品。

・服務貿易占 25%，主要是金融、運輸（空運、海運、電信）和觀光等。

在臺灣，服務貿易占比較低，觀光比重不大，而且是 2008 年 7 月開放「陸客」（中國大陸觀光客）來臺觀光，2015 年，來臺旅客人次 1,044 萬（其中約九成是觀光），外匯收入 104 億美元，詳見表 1-11～1-12。

2016 年 1 月 16 日，蔡英文當選，5 月 20 日上任，2016 年陸客約減少 16.1%（詳見表 1-11），政府開始衝刺東南亞旅遊（其中馬來西亞、印尼是伊斯蘭教為主，又稱伊斯蘭旅遊），本單元以此為重點，且以免稅商店霸主昇恆昌為對象說明。

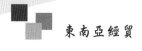

表 1-10　亞太地區最佳旅遊城市前 10 名

排名	國家	城市	2016 年人次（萬）	每天支出（元）
1	泰	曼谷	1,930	—
2	新加坡	新加坡	1,310	7,620
3	日本	東京	1,260	—
4	南韓	首爾	1,240	—
5	大馬	吉隆坡	1,130	—
6	泰	普吉島	910	—
7	陸	香港	890	6,330
8	泰	芭達雅	810	—
9	日	大阪	735.8	—
10	臺	臺北	735.3	6,240

資料來源：萬事達卡，2017.5.8

亞洲區最佳旅遊城市報告

時：每年 5 月 8 日

地：各國，臺灣臺北

人：萬事達卡公司

事：2016 年亞太區共迎來近 3.4 億旅客到訪，年複合成長率自 2009 以來 9.8%。世界旅遊與旅行協會統計，受惠新興國家中所得階級崛起帶來的旅遊商機，亞太區旅遊業產值至 2026 年可望為總產值貢獻 1.1 兆美元。臺灣的旅客以中國大陸旅客（32.6%）、日本旅客（20.8%）和香港旅客（12.8%）為主。

表 1-11　2016 年來臺旅客人次的國家分布

排名	大分類	占比重	變動率
1	陸	32.85%	(-16.1%)
	陸以外	67.15%	(+14.8%)
2	日	17.73%	(+16.5%)
3	港澳	15.1%	(+6.49%)
4	南韓	8.27%	(+34.3%)

一、2017 年拚東南亞來臺觀光

由下列 2 個數字，一般說明東南亞來臺觀光人數「大有可為」，這數字還是 2016 年下半年獎勵東南亞旅遊的結果。

（一）日港韓 1.8 億人口，來臺 381 萬人次。

（二）東南亞 6.6 億人口，來臺 142 萬人次。

2016 年東南亞旅客去香港有 380 萬人次、南韓 230 萬人次、日本 160 萬人次。

二、昇恆昌的努力

政府作球，業者殺球。免稅商店一哥昇恆昌，跟雄獅旅遊公司旗下寶獅旅行社（2016 年起負責國民旅遊和入境旅遊），合作招攬東南亞遊客，行銷組合詳見表 1-14。

針對表 1-14 中「網紅行銷」額外說明，2015 年昇恆昌總經理江建廷，在新加坡世界免稅協會（TFWA）演講後，隔日即有同事 PO 文圖轉傳給他，新加坡2015 年最佳時尚部落客 Uli 於臉書、IG 發布。他意識到網路行銷的威力，因此決定以來臺旅遊最具成長潛力的東南亞區域網路紅人，作為首波主打策略。

表 1-12　2013～2017 年來臺旅客統計

年	2013	2014	2015	2016	2017
來臺旅客（萬人次）	802	991	1,044	1,069	1,060
觀光外匯總收入（億美元）	123.22	146.15	143.88	133.74	
平均每人每次消費額（美元）	1,537	1,475	1,378	127.8	
旅客平均停留夜數（夜）	6.86	6.65	6.63	6.49*	

＊註：停留夜數減少是因陸客停留幾天，陸客人數減少

表 1-13　2016 年外國觀光客在臺每日支出　　　　單位：美元

排名	每日支出項目／結構		各國人每日支出		購物金額	
1	旅館內支出	36.77%	日本	241.42	陸	96.1
2	購物	30.21%	星	229.43	港澳	49.09
3	旅館外	16.58%	陸	198.43	星	45.81
4	其他	16.44%	--		日	43.18
合計	192.77	100%				

資料來源：交通部觀光局，2017.7.9

表 1-14　雄獅旅遊公司與昇恆昌的東南亞行銷組合

行銷組合	說明
一、商品	昇恆昌免稅商店與雄獅旅遊根據東南亞旅客的消費習慣及旅遊偏好
（一）旅遊路線	
·印尼、菲律賓	行程包含北臺灣時尚、文化之旅，九份、平溪、野柳等深受海外旅客喜愛的打卡熱點，以及素有「美人湯」美譽的礁溪溫泉。
·星、馬、泰	規劃結合臺北時尚藝文及臺南文創古都的雙城之旅。
二、定價	
三、促銷廣告	2017 年 2 月 15 日，採取「網紅行銷」，邀請東南亞各國知名部落客來臺親身體驗臺灣旅遊魅力，進而與粉絲分享，來臺直播「臺灣好」，藉此爭取更多東南亞旅客遊臺。這次邀來東南亞 9 名人氣網路紅人，在臺所宣導臺灣的美好，剪輯成照片和影片後上傳於昇恆昌臉書與 Instagram（簡稱 IG，影片型社交網路）。 2017 年 6 月 14 日，昇恆昌在自有影音平台 EMZ、臉書與粉絲團、機場、昇恆昌免稅店、飛機上甚至電視上，推出創業以來首支形象廣告，以「為同一個名字努力」（OneName）為題，見證為臺灣爭光的旅人 3 分鐘影片。

資料來源：部分整理自工商時報，2017 年 2 月 16 日，A16 版，姚舜、李麗滿。

昇恆昌公司小檔案

成立：1995 年 9 月 27 日

住址：臺灣臺北市內湖區新湖三路 289 號

資本額：46 億元

董事長：江松樺　　　總經理：江建廷

營收（2017 年）：380 億元（預估）

淨利（2017 年）：76 億元（預估）

主要產品：1. 精品：包包、手錶、珠寶、飾品等。

　　　　　2. 食品：菸、酒、進口食品。

　　　　　3. 文創商品。

　　　　　4. 特產：臺灣民藝品。

　　　　　5. 餐飲。

員工數：8,000 人

Unit 1-9　東南亞與南亞的金融投資機會

俚語說：「見錢眼開」，從「財務投資」角度來看南向商機。

一、大分類：金融 vs. 商品投資

常見的投資標的依序如下，詳見表 1-15 第一欄。

（一）金融投資：以共同基金為例

基金，九成是股票基金，本單元說明，詳見表 1-15 第三欄。

（二）商品投資：以房地產為例。

房地產投資，分散在各章說明。

（三）其他投資

二、中分類：股票型基金

（一）跨洲或跨區域基金

因為地緣差太多，很難湊作堆，所以跨洲的基金很少。在中國大陸推動的「一帶一陸」（One Belt, One Road）政策下，透過歐亞鐵路把許多國家串聯一起。可分二類：

- 歐亞的「一帶一路」基金：基金公司出的歐亞非基金大抵是「東歐、中東與北非」等新興國家，大抵是西羅馬帝國的版圖。隨著 2013 年，中國大陸國家主席習近平推動的「歐亞」一帶一路政策，由表 1-15 可見，臺灣有二家投信公司推出「一帶一路」基金。
- 其他

（二）東南亞基金

東南亞基金分成兩個地理範圍：

- 區域基金：東南亞（或東協）基金約 10 支，幣別不多，宜視為同一支，東南亞基金在國家股市的配置很集中，主要是新加坡，這是因為新加坡股市有許多外國公司掛牌（可選擇標的廣）、交易金額大與外匯自由。
- 國家型基金：東南亞有 10 國，投信公司要推出國家基金，必須該國股市

規模要大（外資大都是大船）、股票數目夠（400 支以上）、外資外匯管
制較鬆。以這三個條件來說，越南不夠格，由表 1-15 可見，常見的東南
亞國家基金有泰國、新加坡、馬來西亞、印尼，新加坡股市大都是國外
上市股票。

（三）南亞基金：以印度基金為例

南亞六國中，只有印度股市夠大，所以臺灣只有印度基金。

三、懂總體經濟，股票投資贏了八成

「股票市場是經濟的櫥窗」，一般來說，股票市場的漲跌約領先經濟（成
長率）6 個月，由表 1-16，以印度為例，只有 2015 年例外，經濟成長率 7.9%，
近年最高，股市小跌 5%，這是過去 3 年，小計上漲 64.6%，回檔休息。2016 年
是因「換鈔」事件，投資人對經濟前景充滿不確定感，股市小漲 1.9%。

新興亞洲（主要是陸，其次是東南亞）2017 年底本益比 13.2 倍，比全球
16.3 倍、美國 18.6 倍、歐洲 15 倍低，甚至略低於新興拉美 13.9 倍；吸引外資
流入。

表 1-15　東南亞與南亞的金融投資種類

大分類	區域	說明
一、股票共同基金	（一）跨區域 1. 一帶一路 2. 其他 MSCI 新興亞洲指數 （二）區域 1. 東南亞 　MSCI 東南亞指數 2. 南亞 （三）國家 1. 兩國 2. 一國	2017 年 4 月 17 日，富邦投信歐亞絲路多重資產型基金；已募資 55 億元。 1. 2017 年 5 月 9 日，台新絲路機會高收益債券基金。 2. 第一金亞洲新興市場基金，主要是東南亞、南亞、印度 ・東南亞、東協，基金 7 支。 主要是印度基金 16 支 野村新馬 野村泰國、元大印尼指數
二、房地產	（一）東南亞 （二）南亞	

表 1-16　印度經濟成長率與股市漲幅

年	2012	2013	2014	2015	2016	2017	2018
一、經濟指標							
（一）領先指標均值	2.1	4.6	6.8	9.2	7.4	8.4	－
（二）經濟成長率（%）	5.5	6.5	7.2	7.9	6.8	7.2	7.7
二、股市							
股市漲幅（%）	25.7	9	29.9	-5	1.9	23.37	－

Unit 1-10　東南亞房地產投資機會

房地產投資是公司、個人財務投資的一大項目。全球資金來源、去路如表 1-17。

表 1-17　2017 年上半年全球房地產投資　　　　　　　　單位：億美元

排名	流出		流入	
1	德	－	美	100
2	英	－	英	60
3	陸	62	德	20

資料來源：英國仲量聯行全球資本市場研究部，2017.8.16

一、商辦大樓租金

商業辦公大樓的租金可以顯現價位，從其趨勢可以分析自用的或投資的是否「以買代租」。

（一）香港：香港的房價全球首屈一指，中國大陸人的炒作是主因，中環一帶是辦公大廈所在。

（二）泰國曼谷市房價比臺灣臺北市高：由表 1-18 可見，臺北市商辦大樓租金在 20 個城市算低，以泰國曼谷市為例，2016 年第一季租金首次超越臺北市。

二、住宅投資

個人大都會投資國外的住宅（透天厝、公寓到住宅大廈）。

（一）房價所得比比臺灣高

從房價所得比可看出一國（包括都市）的相對房價，東南亞大部分國家的房價所得比皆比臺灣（2017 年第二季 9.46 倍、臺北市 15.64 倍）高，顯現房價漲得比薪水快。

（二）2015 年第四季起臺灣房價下跌

2010 年 3 月起，臺灣政府透過中央銀行的選擇性信用管制（2017 年 3 月起停止），再加上財政部的「奢侈稅」，以求穩定房價，2015 年第四季起，房價下跌，而且至少會一路下跌到 2019 年。於是許多熱愛房地產投資的「投資客」，飄洋過海，到亞太（日本、東南亞）去尋找「房地產投資機會」。

（三）海外房地產的投資風險

- 許多東南亞的「包租包報酬率 6%」是唬人的：許多東南亞的標語「酒店式住宅大廈」，標榜屋主買了後，便可交由物業管理公司去出租，賺取 6% 的房租報酬率，往往是噱頭。
- 外國人的房屋稅、地價稅：許多國家（加拿大、澳大利亞）為了避免外國人炒房，針對外國人購置房屋皆有較高的持有稅率（房屋稅、地價稅）、交易稅（類似臺灣的土地增值稅）。
- 匯兌風險：美元兌臺幣是貶值趨勢。

表 1-18　亞太區域主要城市 A 級辦公室平均租金　　　　　　　　2017 年第一季

排名	國家	城市	平均租金（臺幣元／坪／月）	年變化（%）	季變化（%）
1	中國大陸	香港	21,150	7.9	2.5
2	日本	東京	9,135	-1.8	-1.1
3	新加坡	新加坡	6,182	-8.7	-0.9
4	澳大利亞	雪梨	6,100	8.2	1.4

表 1-18　亞太區域主要城市 A 級辦公室平均租金（續）

5	中國大陸	北京	5,524	-1.3	-0.8
6	印度	新德里	5,113	4.3	0.0
7	印度	孟買	4,536	3.4	0.0
8	中國大陸	上海	4,454	2.1	0.0
9	澳大利亞	伯斯	3,888	3.6	1.9
10	澳大利亞	布里斯本	3,744	3.1	2.3
11	澳大利亞	墨爾本	3,528	8.4	1.3
12	印尼	雅加達	3,209	-11.8	0.5
13	南韓	首爾	2,901	0.1	2.9
14	泰國	曼谷	2,757	9.6	3.1
15	中國大陸	廣州	2,716	3.0	2.2
16	臺灣	臺北	2,592	-0.3	0.2
17	柬埔寨	金邊	2,356	2.7	0.0
18	菲律賓	馬尼拉	1,841	3.0	-1.1
19	印度	邦加羅爾	1,666	4.7	0.0
20	馬來西亞	吉隆坡	1,317	-1.3	-0.8

匯率以 1 美元 =31.12 新臺幣來計算

資料來源：Knight Frank Research、Sanko Estate、瑞普萊坊市場研究部整理，2017.6.5

萊坊（Knight Frank）小檔案

- 成立：1986 年，Knight、Frank 等三人成立。
- 地點：英國倫敦市
- 全球房地產「買租」資料
- 每季第 3 個月 5 日發表上季的「亞太區域 A 級辦公室房租指數」
- 另外出版「財富報告」

討論問題

1. 1990 年 3 月日本經濟泡沫破滅，國內失業率高，許多上班族出國（尤其是東南亞有許多日資公司）上班，2015 年起，臺灣人走上同樣路，請比較差異。

2. 以臺灣的大學招收東南亞（甚至南亞）學生來說，明明知道東南亞的大學商機高（有八國入學率 20%），且教育部在 2004 年推出「擴大招收外國學生來臺留學」（其中陽光南方政策是針對東南亞），績效如何？（以東南亞學生占全部學生比率）

3. 你 20 歲（大二）、25 歲（大學畢 3 年）、30 歲，該如何準備去東南亞、南亞上班呢？（提示：以銀行的外匯人員訓練為例）

4. 你如何評估購買東南亞、印度基金？在你的金融投資的資產配置中占幾個百分點？

5. 如果你多看房地產公司針對越南、柬埔塞、泰國、馬來西亞的廣告，是否大都報喜不報憂（甚至粉飾太平）呢？

2

東南亞與南亞經濟快易通

Unit 2-1　從全球經濟角度切入

　　全球近 200 國，你可以看成 200 家公司，公司營收有大（例如鴻海 2017 年 4.7 兆元）有中有小；同樣的，國家「總產值」（國內生產毛額，GDP）有大中小。以戲劇來比喻，全球經濟中有三個主角：美國、歐元區（19 國，或歐盟 27 國，英國公投脫歐）、中國大陸，俗稱三極經濟（three pole economy，詳見圖 2-1）。東南亞、南亞於全球經濟中在 2050 年前是配角。

一、歷史沿革，從 1760 年第一次工業革命以來

　　大約 1760 年起三次工業革命，造成全球經濟版圖重新分配，依序如下。

（一）第一次工業革命，造就歐洲

　　英法德等依序工業化，加上對外殖民（非洲、亞洲、美洲），種植棉花，以英國為例，在印度、埃及種棉花，運回英國用紡織機織成布，靠出口布，大賺世界各國的錢。1770～1889 年，英國成為全球第一大經濟國。

（二）第二、三次工業革命，造就美洲中的美國

　　1820 年起，美國地大人多（黑奴）帶來棉價低，搶走英國布匹出口，1890 年成為全球第一大經濟國，再加上煤、鐵、油多，錦上添花；第二次（約 1870 年代的電氣化）、第三次（1956 年代起，資訊工業革命）工業革命皆起源美國。美國憑藉五種生產因素中的「自然資源」、「資本」、「技術」、「企業家精神」，未來仍將持續穩坐全球經濟霸主寶座數十年。

（三）21 世紀起，亞洲興起

1995 年起，中國大陸快速發展經濟，2003 年起，成為勞力密集商品的「全球工廠」（world factory）。依其經濟成長率估算，2028 年將成為全球第一大經濟國；2017 年 11 月 19 日，北京大學新結構經濟學研究中心主任林毅友，認為 2025 年，陸將占全球產值 20%。

二、經濟地理地圖

（一）克魯曼的「中心─周邊模型」

套用「中心─衛星」工廠的用詞，2008 年諾貝爾經濟學得主克魯曼（Paul R. Krugman, 1953~）1991 年的「新經濟地理」（New Economic Geography）的主張，把一個區域的國家間的產業分工分成兩類。

- 大國當工業國：因需求面有「大市場效果」（home market effect），在供給面人多就薪資低；適合發展工業。
- 小國務農：小國在大國周邊，沒有大國的條件，只好被迫專門務農，出口農產品到大國，從大國進口工業製品。

（二）修正版的「中心─周邊模型」

把「工業製品」細分，分成兩種類，詳見表 2-1。

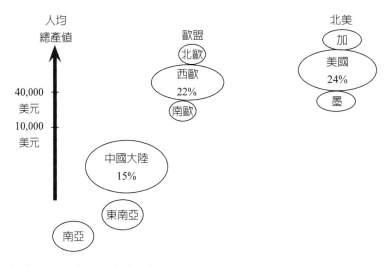

圖 2-1　全球 200 國中的三極經濟

> 中心—周邊模型（core-periphery model）
>
> 年：1991 年起
>
> 地：美國紐約州紐約市
>
> 人：保羅・克魯曼（Paul R. Krugman, 1953~），2008 年諾貝爾經濟學獎得主，美國
> 　　紐約市立大學教授
>
> 事：在〈新經濟地理〉（New Economic Geography）理論中提出：工業國家在區域
> 　　經濟中擔任「中心」（core）位置，農業國家扮演周邊（periphery）角色。

表 2-1　中心—周邊模型的發展進程

項　目	初　版	修正版
年	1991 年	2000 年起
人	克魯曼	許多學者
事	產業結構分工 1. 大國專攻工業 2. 小國專攻農業	工業中製造業的分工 1. 工業國專攻資本（鋼鐵、石化、汽車）、技術密集（飛機、大型電腦）製造業。 2. 新興國專攻勞力密集製造業（成衣、製鞋、3C 產品組裝），賺血汗錢。 3. 工業國「富」、新興國家「貧」。

Unit 2-2　東南亞與南亞經濟資料來源 I：總體層級

你上谷歌打關鍵字「2017 年臺灣人口數目」，會有幾個數字，原始資料在內政部戶政司，每月出本「人口統計月報」，但是許多部會的月報（例如中央銀行金融統計月報）都有一欄「臺灣人口數目」，連研究機構（中央研究院經濟所、中華經濟研究院、臺灣經濟研究院）上的數字也不同。

一、全球層級的總體經濟資料

你上谷歌打「關鍵字」檢索，「全球經濟成長率」，2017 年世界銀行 3%、2018 年 3.1%，常比國際貨幣基金的數字低 0.6 個百分點，歷史資料不同，對

「明年」、「後年」的經濟展望（world economic outlook，本質上是經濟預測，economic forecast）也不同，詳見表 2-2，底下詳細說明。

（一）主流：世界銀行

聯合國旗下有 193 個會員國，聯合國旗下的世界銀行扮演聯合國的經濟統計處，其數字公信力較高：每年 1、6 月發布〈全球經濟展望〉。

（二）非主流：國際貨幣基金等

令人比較好奇的是既然有世界銀行這個機構存在，那為何還有一缸子機構、市調公司、銀行進行全球（甚至各國）的經濟成長預測呢？

- 世界銀行的經濟成長率歷史、預測值不準？
- 頻率太低：世界銀行對歷史、預測數字每年 1、6 月各 1 次，這中間會有空窗期；其他機構至少每一季提出 1 次。
- 內容範圍太窄：例如總經數字的細項。

二、區域層級的經濟資料

以一洲的「東西南北中」區域的總體經濟。

（一）主流：亞洲開發銀行

在亞洲甚至亞洲太平洋（包括美加日紐澳等）的總經資料，權威性較高的是亞洲開發銀行，詳見小檔案。

（二）非主流：例如中華經濟研究院

三、各國層級的經濟資料

（一）主流：各國政府的國家統計局

各國政府的「國家統計局」的數字比較有代表性。

（二）非主流：許多全球銀行、證券公司

許多全球銀行、證券公司會推出各國經濟成長率預測，以臺灣為例，這些外資金融公司有個「首席經濟分析師」（chief economist），大都「校長兼撞鐘」，把外界經濟預測數字「加工」一下，便得到自己的數字。

表 2-2　全球迄各國總體經濟資料的來源

主題	次主流	主流
一、全球	1. 國際貨幣基金（IMF） 2. 經濟合作暨發展組織（OECD）智庫公司 3. 英國經濟學人（EIU） 4. 美國環球透視（IHS）公司 5. 美國彭博（Bloomberg）資訊公司	聯合國旗下的世界銀行 人口：聯合國人口司、統計司；美國商務部人口統計局
二、洲 （一）亞洲		亞洲開發銀行（ADB，簡稱亞銀）
三、亞洲區域 （一）東南亞	1. 臺灣的中華經濟研究院旗下的東南亞研究中心，例如 2017 年跟世界臺商聯合總會合作，完成越南版、泰國文版的海外臺商白皮書。 2. 臺灣東南亞協會研究中心	
（二）南亞	中國大陸商務部	
（三）需求機構		
1. 消費	臺灣的商業發展研究院	
2. 投資	臺灣的外貿協會、香港貿易發展局	
3. 國際貿易	臺灣的外貿協會、香港貿易發展局	
四、單一國家	例如許多銀行、證券公司	各國政府的國家統計局或經濟部會

亞洲開發銀行小檔案

（Asian Development Bank, ADB，臺灣簡稱亞銀，陸簡稱亞行）

時：1966 年 12 月 29 日

地：菲律賓馬尼拉市

人：總裁（日本持股比率 15.67%，最大，一向是日本人擔任）中尾武彥

事：67 個國家（包括美、加、歐盟）和地區

員工人數：3,051 人

標語：在亞太地區對抗貧窮

資本額：約 1,750 億美元

Unit 2-3　美陸與印度、東南亞總產值

　　本書核心是東南亞，次核心是南亞中的印度，我們想用跟美陸比較方式，讓你了解印度、東南亞的經濟規模「有點不稱頭」。

一、美陸跟印度、東南亞總產值、人口數比較

　　由表 2-3 可見，東南亞、南亞在全球經濟中大抵是三線球員角色。

（一）美陸合稱「兩大國」（G2）

　　2018 年美陸的總產值合占全球總產值 40%（近四成），合稱全球經濟成長的雙引擎（套用雙螺旋槳飛機爲例）。美國人口占全球 4.29%，總產值占 23.91%，人少所得高；中國大陸人口數、總產值比重相稱。

（二）東南亞占 3.27%，印度占 2.87%

　　東南亞總產值 2.83 兆美元，約占全球 3.5375%，約是美國加州或中國大陸 2 個省（廣東省、江蘇省）之和，勉強算亞洲的「區域市場」（regional market）。

　　東南亞人口數 6.58 億人，占全球 8.634%，僧多「粥」（總產值）少，消費力有限。印度總產值 2.5686 兆美元、占全球 3.21%，人口數占全球人口數 17.76%，總產值跟人口數極不相稱。

二、全球七大經濟國與印尼

　　單挑東南亞 10 國中人口數 41%、總產值 36% 的印尼，跟全球七大經濟國來比，可以發現印尼在全球經濟的「話語權」微弱。

（一）經濟七大國

　　由表 2-4 可見，這是依總產值排列的「七大經濟國」。至於常見的「七大工業國」（G7），加、義總產值低。

（二）印尼

　　2018 年美國人口 3.271 億人、印尼 2.77 億人，人口相近；美國總產值 19.126 兆美元、印尼 1.0177 兆美元，約爲 19 比 1。

表 2-3　2016 年美陸與南亞、東南亞　　　　　　　　　　　　　　單位：比重 %

洲	土地 (萬平方公里)	比重	人口 比重	總產值比重 2016 年	區域	土地 面積	人口 比重	總產值 比重
亞	4,460	32.62	60	36.19	東南亞	448.5	8.66	3.4
美	4,255	31.12	14	33.506	南亞	456.32	23.29	4.04
歐	1,018	7.45	11	25.356	北美	2,422.8	8	28.267
非	3,037	22.1	14.6	2.91	拉美	1,784	6	5.239
大洋洲	901	6.69	0.4	1.95	紐澳	901	0.4	1.77
小計	13,671	100	100	100				

說明：土地面積包括南極洲 1,372 萬平方公里，陸地共 1,489.4 萬平方公里，總產值比重來自
　　　國際貨幣基金。

表 2-4　全球經濟前七強與印尼土地總產值　　　　　　　　　　　　　單位：兆美元

年	土地面積 (萬平方公里)	總產值 2017 年	總產值 2018 年	2018 年人口數 (億人)	2018 年人均 總產值 (美元)
美國	963	18.84	19.126	3.271	58,471
中國大陸	960	11.98	12.82	13.97	9,177
日本	37.8	5.01	5.11	1.267	40,332
德國	35.7	3.5	3.57	0.814	43,857
英國	24.29	2.671	2.724	0.66	41,273
法國	64	2.5143	2.54	0.651	39,102
印度	328.7	2.444	2.5686	13.534	1,900
印尼	191	0.8757	1.0177	2.67	3,812
全球	1,361	77.7	80	76.21	1,050

資料來源：美國中央情報局，「The World Factbook」。另世界銀行每年 2 月 24 日公布 2 年
　　　　　前各國比重。2018 年印度總產值全球第六。

港商司爾亞司（CEIC）數據訊息公司小檔案

成立：1992 年，2005 年 ISI 新興市場公司收購

地點：中國大陸香港

人：司爾亞司公司

事：有 195 個國家（尤其深入陸、俄、印、印尼）的 18 個主要總體經濟、130 個主
要行業。歷史數據可追溯到 1952 年。專攻中國大陸，可細到「國家、省、地
級市、縣」的數字。資料來源：各部統計處、30 個行業公會、1,000 家出版機
構等。臺灣的外貿協會有代理。

Unit 2-4　美陸印與東南亞「購買力」總產值

由於美日物價水準高，陸印物價水準低，1965 年起，聯合國旗下的世界銀
行就推出各國「購買力」總產值，在比較幾個國家數字前，先就近取譬的說明。

一、複習購買力「月薪」

2010 年起，有些人覺得臺灣臺北市房租、物價（以表 2-5 排骨飯爲例）高，
寧可到屏東縣的屏東市上班，看似薪水少了些，但因爲物價低，所以比較「存
得住錢」。這樣的說法便是「購買力」。

（一）臺北市月薪是屏東市的 1.5 倍

由表 2-5 第二欄可見，同樣公司、職位，臺北市月薪 60,000 元，屏東市
40,000 元，臺北市是屏東市的 1.5 倍，或者說，臺北市比屏東市薪水高 50%。

（二）臺北市物價是屏東市 1.6 倍

以排骨飯爲對象，臺北市物價是屏東市價格 1.6 倍。

（三）臺北市購買力月薪只有屏東市 0.937 倍

二、各國購買力總產值

同理，把各國總產值（人均總產值）經過物價水準調整過的匯率總產值，
稱爲「購買力總產值」（purchasing power parity GDP，簡稱 PPP GDP）。

（一）依購買力總產值，2016 年陸勝美

由表 2-6 來看，這是許多人認為 2016 年起，中國大陸購買力總產值超越美國，成為全球「購買力」第一大經濟國。

（二）購買力衡量的缺點

由於人都會出國、買進口商品，這些都是購買力總產值「力有未逮」的，再加上要用此觀念須先了解「購買力」的原理，有很多人不太熟悉此觀念。所以，我不太運用這類數字。

購買力平價（PPP）總產值

時：1965 年起，2016 年 7 月 14 日公布的是 2014 年的結果

地：美國華盛頓哥倫比亞特區

人：世界銀行

事：推動「國際比較計畫」（international comparison program, ICP），用貨幣的購買力來評估各國的總產值（以美元計價）

頻率：每 6 年一次，訪查各國物價（例如 2011 年）

會員：199 國／地區

商品：420 項商品，各國有細項

表 2-5　臺灣臺北市跟屏東市的購買力月薪

項目	(1) 平均月薪 *	(2) 排骨飯	(3) = (1)/(2)
(1) 臺北市	60,000 元	80 元	750 餐
(2) 屏東市	40,000 元	50 元	800 餐
(3) = (1)/(2)	1.5 倍	1.6 倍	0.9375 倍

* 平均月薪是把「全年年薪」除以 12。

表 2-6　名目與購買力總產值　　　　　　　　　　　　　　　　　　單位：兆美元

國／區域	金額　2017 年比重	美元匯率	物價平減	購買力總產值
美國	18.7（24.29%）	1:1	100%	18.86
中國大陸	12.25（16.24%）	1:6.8 人民幣	1:3.694 人民幣	22.55
印度	2.385（3.07%）	1:65 盧比		
東南亞	2.6（3.346%）	1:13,000 印尼盾		
全球	77.7			

經濟成長階段理論（起飛理論，take-off model）

時：1960 年

地：英國劍橋市

人：羅斯托（Walt W. Rostow, 1916~2003）

事：1960 年，英國劍橋出版社《經濟成長的階段》（*The Stages of Economic Growth*），主要是 1958 年秋天在英國劍橋大學的系列演講，講題為「經濟史學家對現代歷史發展的觀點」，1971 年在《政治和成長階段》中，增加第 6 階段，「超越大眾消費階段」。

Unit 2-5　東南亞與南亞經濟成長階段：羅斯托的經濟發展階段

　　總產值金額、人均總產值是經濟「結果」，有因必有果，重點是什麼原因造成各國人均總產值的高中低呢？最常引用的美國經濟學者羅斯托（Walt W. Rostow, 1916~2003）1960 年提出的「經濟發展五階段」（註：發展指政治經濟社會，「成長」指經濟面）。主要在於工業化的種類，詳見圖 2-2 X 軸。

一、東南亞 10 國落在三個階段

（一）大量消費階段：汶萊、新加坡

　　一般在分析東南亞 10 國時，常把汶萊擺在一邊，人口 45 萬人、人均總產

值 29,000 美元，可說是東南亞的「科威特」。新加坡人口近 600 萬人，人均總產值 53,600 美元，可說是亞洲的「英國倫敦市」或「盧森堡」。

（二）經濟起飛階段：泰國、馬來西亞

大馬靠棕櫚油、錫礦、天然氣等出口，享有較高的人均總產值。泰國的汽車、石化等較重要，但人均總產值一直停留在 6,000 美元，可說掉入中低所得陷阱。

（三）起飛前準備階段：6 國

東南亞的 6 國都在輕工業階段，靠製鞋、製衣等勞力密集、低附加價值（鞋材、布進口）製造業，「賣勞力」賺辛苦錢。菲律賓是其中悲慘典型，1980～2010 年 6 月 29 日，政治不上軌道、經濟一直衝不上來，靠 1,000 萬位菲傭等外國工作，每年匯 300 億美元回國幫助經濟。

三、南亞 6 國落在二個階段

南亞 6 國，人均總產值中低、低，落在 2 階段。

（一）起飛前準備階段 5 國

2015 年，印度總理莫迪上台，勵精圖治，但各邦「分治」，聯邦政府影響力有限。印度、巴基斯坦、孟加拉三個人口大國、尼泊爾人口小國失業人口多，除了移民（主要是大英國協的另外 54 國，去英紐澳加），主要是就近去中東（例如阿拉伯聯合大公國、卡達、科威特）去當建築工人，被人力仲介公司剝削，年薪極低，總比留在國內沒有工作而餓死好，比到東南亞的越南、菲、印尼移工悲慘。

（二）農業社會階段 1 國：不丹

不丹夾在印度跟中國大陸間，地勢高，農產有限，人民教育水準低，無法發展科技業；離海遠，縱使薪資低，也無法像東南亞的柬埔寨和寮國一樣，發展輕工業。

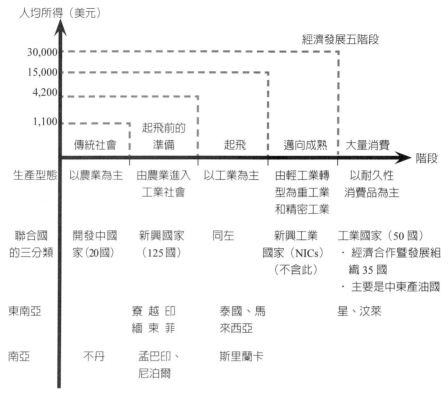

圖 2-2　東南亞與南亞的經濟成長階段

Unit 2-6　東南亞與南亞各國在全球分工做低價商品的代工

本單元的標題已開宗明義的說明，在全球經濟中東南亞、南亞各國主要做的是中低、低價商品的「代工組裝」，工時長（所以稱為辛苦錢）、賺錢少（所以稱賺血汗錢）。本單元詳細說明。

一、價值鏈：附加價值比例

由圖 2-3 X 軸可見，以「價值鏈」（value chain）來說，整個商品的附加價值的分配大抵如下，並以蘋果公司 iPhone 手機為例。

（一）品牌賺大錢，占 50%

蘋果公司產品外包比率 98% 以上，是典型「研發、行銷公司」，以 2017 年

9月上市的iPhone8手機來說，毛利率約65%，蘋果公司淨利65%來自手機銷售。

（二）製造賺小錢，占50%

蘋果公司購買元件、模組，請中國大陸的臺資公司富士康集團（鴻海旗下）、和碩組裝，這「上」（元件）、「中」（模組）、「下」（組裝成品）游，合稱供應鏈（supply chain）。

二、價值鏈中的供應鏈

在整個供應鏈（中國大陸稱「垂直一體化」）中，大抵呈現下列現象。

（一）「上游肥，中游胖，下游瘦」

以智慧型手機（簡稱手機）電池來說，電池芯由日本三洋、松下供應，日本公司掌握許多元件的關鍵技術，臺灣政府每次喊「第N次進口替代」，皆因技術能力不足而力有未逮，而臺灣的新普（6121）買了電池芯後，去做筆電、手機電池模組等。

（二）組裝（代工）賺小錢

手機代工公司聘用近100萬人，一年15億支的量，74%在中國大陸組裝，少數因避高關稅（例如印度、巴西）在當地組裝。代工費約占手機售價的3%以內。

三、東南亞、南亞賺辛苦的代工錢

圖2-3Y軸可見，依商品的售價分成四個級距。

（一）美歐做高價商品

一架波音787-10型飛機售價3.2億美元，賣一架飛機可以抵富士康替蘋果公司代工2,667萬支手機。

（二）日本、中國大陸接中高價商品

日德公司做汽車、美日德公司做重中型機車，賺中價位商品錢。

（三）東南亞、南亞做中低、低價商品代工

手機等中低價位商品，鞋和衣等低價位商品，大都是勞力密集，東南亞（越南、印尼）、南亞（孟加拉）接代工訂單，賺微薄收入。

單價

	元件	模組	組裝	品牌
飛機		引擎：英國勞斯萊斯、美國惠普		歐洲：空中巴士 美：波音
大型電腦		CPU：IBM 等	以伺服器為例：臺灣廣達等	美：IBM、惠普 日：富士通等
50 萬美元 醫療設備 汽車	臺灣：晶片代工 塑料件：泰國 鋼鐵：臺灣中國鋼鐵	美 引擎：日、德、美 輪胎：美德法	美 日 德：德、陸 美：美	美：例如通用電器 日：豐田、日產 德：福斯、雙B 美：通用、福特
30,000 美元 手機 機車	美：高通 臺：聯發科 陸：展訊科技	面板模組 ・南韓：三星、樂金顯示器 ・日本：夏普 ・臺灣：群創、支達	陸：富士康、和碩 越南：三星 越南：臺灣光陽、三陽	南韓：三星、樂金 美國：蘋果 日本：山葉、本田
1,000 美元 製鞋 紡織	陸：鞋材 紗：臺灣	陸：鞋底 布：臺灣是全球第4大機能布產地	以寶成為例 越南、印尼合占50% 陸占8% 越南：臺灣儒鴻 孟加拉	美國耐吉 德國愛迪達 瑞典H&M 西班牙Zara 日本優衣庫

價值鏈

占附加價值比例（Apple 手機）　元件 13%　模組 30%　組裝 7%　品牌 50%

圖 2-3　全球在四種價值產品的價值鏈

Unit 2-7　東南亞與南亞在全球的分工歷史沿革

　　全球經濟是環環相扣的，在討論東南亞、南亞在全球經濟的分工，必須回溯到 1960 年代起，美國公司把勞力密集的紡織、製鞋、雨傘、電視（零組件）代工委外，甚至工廠外移，分三階段。

一、1970～1994 年，亞洲四小虎階段

（一）1980 年代，四小龍

1970 年代，亞洲四小龍（詳見表 2-7）以出口掛帥，成為新興工業國。

（二）1990 年代，亞洲四小虎

1980 年代，東亞國家成本（土地、人工、環保）高漲，日、四小龍的公司又外移外包到兩區域：往東南亞（泰、馬、印尼），稱為「南進」。1988 年起，西進中國大陸，以臺灣來說，稱為兩岸產業分工。

二、1995～2007 年，中國大陸獨霸全球代工

在 1995～2007 年，中國大陸逐漸成為世界工廠，原因有二。

（一）必要條件：天生麗質難自棄

中國大陸透過「免地租、免公司所得稅（二免三減半）與廉價勞工」，吸引外資，1995 年起，外資 375 億美元，成為全球第二大。

（二）充分條件：2001 年 12 月，加入世界貿易組織

2001 年 12 月起，中國大陸加入世貿組織，免關稅、免配額等好處，如虎添翼成為「世界工廠」（the world factory）。外資湧入後，2010 年 1,057 億美元（不含香港），首度破千億美元（全球 1.2 兆美元），印度 237 億美元、印尼 128 億美元。

（三）1997 年 7 月，亞洲金融風暴

在中國大陸的「搶單」情況下，東南亞四小虎（菲律賓除外）公司不支倒地，經濟無以為繼，1997 年 6 月房地產泡沫破裂；7 月 2 日，無力償還外債，匯率大貶（1 美元兌泰銖從 25 貶到 50 泰銖）。迄 10 月，喬治、索羅斯突襲四小龍匯市，香港、南韓、臺灣匯市遭受重壓，稱為亞洲金融風暴或「亞洲金融危機」（Asia Financial Crisis）。

三、2008 年起，東南亞、南亞做低價商品代工

成本導向的公司會追逐製造成本低的國家，就跟遊牧民族更換草場一樣。

（一）2008 年起，中國大陸公司外移

2008 年起，中國大陸的公司（主要是成衣、製鞋）受不了中國大陸成本高漲，陸續外移東南亞。

（二）2011 年從東南亞到南亞

2011 年起，越南、印尼薪資漲上來了，臺灣公司繼續到南亞設廠，詳見表2-8。

表 2-7　亞洲新興工業國家四小龍與四小虎

國家	四小龍（little dragon）	四小虎（tiger club economics）
年代	1980 年代，以東亞國家為主	1990 年代，東南亞國家
區域順序	南韓 臺灣 香港 新加坡	泰國 馬來西亞 菲律賓 印尼

表 2-8　東亞到東南亞的委外代工進程

年代	1960～1994 年	1995～2007 年	2008 年以後	
一、東南亞	東南亞出口到美歐，泰、馬、菲、印尼稱為「亞洲四小虎」	中國大陸成為世界工廠，東南亞公司被「搶單」	中國大陸成本攀高，勞力密集產業外移至東南亞（越、印尼）、南亞（印、孟加拉）	
二、供應鏈	元件	模組	組裝	品牌
（一）占產值比重	13%	30%	7%	50%
（二）成衣	紗	布	成衣	平價時尚公司
	臺灣：大東紡織、臺南紡織	臺灣是機能布全球第4：宏遠、偉全、大宇、年興	越南：臺商儒鴻、聚陽 孟加拉	日本優衣庫
（三）智慧型手機	晶片 ・美國：高通 ・南韓：三星	照相模組 ・臺灣大立光電 面板模組 ・南韓二家 ・日本夏普	・中國大陸 臺資公司：富士康、和碩 ・越南	美國蘋果公司 南韓三星電子

Unit 2-8　東南亞與南亞經濟成長率與物價上漲率

以動物溫度來比喻。

　·經濟成長率比較像動物的新陳代謝速度；

　·物價上漲率比較像動物的溫度；

　一般來說，動物新陳代謝快，體溫越高，像鳥攝氏 41 度 C，哺乳類動物體溫約 36 度 C，約比空氣溫度高；至於冷血動物（像蛇、鱷魚等），較低。

一、經濟成長率與物價上匯率「圖示」

（一）圖 X 軸：經濟成長率，5% 為分水嶺（圖 2-4）

由圖 X 軸下的橫軸可看出一般依經濟成長率分成五個級距。

（二）圖 Y 軸：物價上漲率，2% 為分水嶺

把「物價成長率」比喻成體溫。

　·3%：高速成長國家，例如中國大陸。

　·2%：中速成長以上國家。

二、東南亞 10 國經濟速度與溫度

東南亞 10 國經濟成長率與物價上漲率，詳見圖 2-4。

（一）10 國平均經濟成長率

東南亞 2016 年 4.5%、2017 年 5%，屬於中速成長率；2017 年 12 月 13 日，經濟合作暨發展組織（OECD）的發展中心公布報告指出，2018～2022 年，5.2%。以人均總產值 4,300 美元來說，可說是「進步太慢就是落伍」，中國大陸 2018 年人均總產值 9,177 美元，經濟成長率 6.5%，中高速成長。

（二）第一象限：中速經濟成長，高物價上漲，6 國

在第一象限，有 6 國，都是「低所得」國家，所得水準低，稍微踩一點油門，經濟成長率便達到 5% 以上。但大都賺「勞力代工錢」，沒有機器輔助，無法享受 1992～2008 年中國大陸 10% 的（高速）經濟成長率。

　·印尼：政府支出、公司投資是經濟成長動力，但油等進口品價格高，以

致物價高。

- 菲律賓：杜特蒂總統採取「親陸政策」，在經濟方面，擴大政府支出（包括公共建設、發展鄉村）、公司投資增加，2012 年以來經濟成長率 7% 水準。

（三）第二象限：中速經濟成長，高物價，1 國

以農（棕櫚油）、礦（錫）出口為主的馬來西亞，2012～2018 年，全球商品處於空頭狀況，馬來西亞出口不振，公司投資趨緩，經濟成長動力來自家庭消費。

（四）第三象限：低速經濟成長，低物價，3 國

- 泰國：泰國政情不穩（2016 年 10 月 13 日瑪哈·瓦吉拉隆功繼任國王，軍政府），再加上出口弱，以致公司（含外資）投資弱，經濟成長率 2012 年 7.2%，2013 年起掉到 3% 左右，2017 年 3.5%。
- 星：以轉口貿易、觀光業、金融、石化業為主的新加坡，2015～2016 年因全球貿易萎縮，經濟成長率在 2% 附近，跟臺韓相近。
- 汶萊：以石油出口為主的汶萊，仍受油價在低檔（一桶原油 60 美元之苦）。

三、南亞 6 國經濟速度與溫度

南亞 6 國經濟成長率與物價上漲率詳見圖 2-5，全在第一象限，經濟成長率中高，但原油、農產品（小麥、洋蔥）等仰賴進口，容易有輸入性物價上漲。

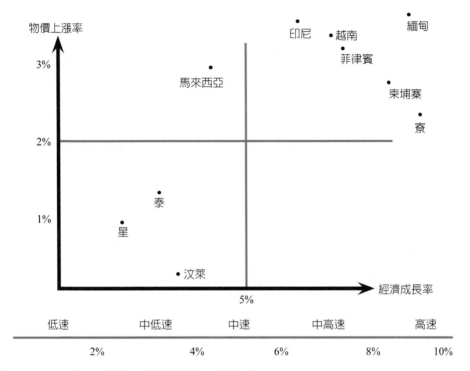

圖 2-4　2018 年東南亞 10 國經濟速度與溫度

資料來源：國際貨幣基金，2017 年 10 月

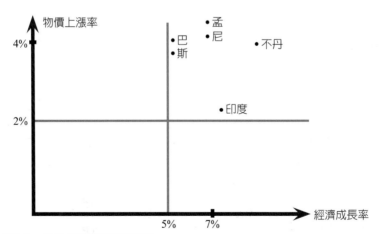

圖 2-5　南亞 6 國經濟速度與溫度

Unit 2-9　東南亞、南亞各國的生活成本

當你上網搜尋「印尼的物價水準」，會跳出許多人的留言（部落格）等。其中「痞客邦旅遊」上有下面類似的說法：

「（印尼首都）雅加達市的物價水準相當高，約是臺灣臺北市的九折。」

可惜，這只是個人很狹窄的生活經驗，針對公司外派員工到全球各國的各都市工作，生活成本如何？這是全球 6,000 萬位在外國打拼的人都想問或是一年 12 億人次出國（觀光、商務）都關切的事。本單元聚焦於東南亞、南亞。

一、三個著名的全球各都市生活成本資料來源

全球各國的許多大都市的「生活成本」（cost of living）如何，常見的至少有表 2-9 中三個單位在統計。

（一）城市生活成本「維基」版

登記在塞爾維亞的國際數據網 Numbeo 是採取「維基百科」方式編製各國大都市的某年生活成本指數，比較普及，該網站成立於 2009 年。

（二）人力諮詢公司美國美世諮詢（Mercer）

另外，其旗下「走出去智庫」（CGGT）、400 個都市、200 項。

（三）英國經濟學人公司

經濟學人公司旗下「經濟學人智庫」公司（Economist Intelligence Unit）。

另德國德意志銀行，每年 5 月 9 日（全球城市價格指數地圖）。

二、指數的原理是有基期或標準物

1 立方公分的純鐵 7.8 公克（比重 7.8），這是拿「1 立方公分、攝氏 4 度 C 的水」當「標準物」（定義為 1 公克）。也就是「重量」是以水當「砝碼」。

（一）以美國紐約市生活成本當標準物

同樣的，由於美國是全球第一大經濟國，紐約市是第一大都市，所以表 2-9 中三家機構都以紐約市生活成本（例如 2017 年 1 個人 1 個月 3,000 美元）作「標準物」（視為 100%）。

（二）曼谷 54.15%

由表 2-9 第二欄可見，曼谷的生活成本指數 54.15%，這是指每月生活成本如下：

$$3,000 \text{ 美元／月} \times 54.15\% = 1,625 \text{ 美元／月}$$

（三）交叉換算

回到一開始的問題，雅加達市生活成本是臺北市的 51%。

$$\frac{36.17\%}{71.40\%} = 50.66\%$$

表 2-9　全球各大都市生活成本指數

項目	Numbeo.com	美國美世諮詢（Mercer）	英國經濟學人智庫
一、國家／城市	6,635 個，公布 511 個	209 個，每年 6 月 23 日公布（1998 年起編）	133 個，每年 3 月 20 日（去年 9 月數字）
二、生活成本	全球各國生活成本指數	全球生活指數	全球生活成本調查
1. 食衣住行育樂	575 項	200 項	160 項
2. 標準（視為 100%）	美國紐約州紐約市（排 19 名）	同左（排名 9 名）	同左
三、資料來源	42 萬人輸入	各國的都市分公司	各資料庫
四、結果	排名（指數）		（　）內為排名
（一）東南亞			新加坡 120 (1)
星／新加坡	50 (88.07)		
泰／曼谷	336 (54.15)	67	51 (79)
馬／吉隆坡	380 (46.67)	--	--
越／河內	389 (44.77)	100	--
越／胡志明	396 (44.06)	--	--
菲／馬尼拉	407 (42.59)	88	--
印尼／雅加達	455 (36.17)	--	--
（二）南亞			
斯／可倫坡	432 (39.2)		--
巴／伊斯蘭馬巴德	466 (34.06)		喀拉蚩 44
印度／新德里	474 (32.66)	99	班加羅爾 42

表 2-9　全球各大都市生活成本指數（續）

印度／孟買	472 (32.93)	57	--
（三）參考			
南韓／首爾	64 (85.99)		
臺灣／臺北	245 (71.40)	25	55 (781)
陸／上海	321 (55.96)		

沒有知識，也要有常識小檔案

任何一個新興國家的都市（非洲中部盧安達首都吉佳利市例外）的生活成本一定比臺北市低，用邏輯想，臺灣 2018 年人均總產值 26,014 美元。印尼人均總產值 3,812 美元，約是臺灣 15%。要是「雅加達市生活成本是臺北市九折」，那大部分家庭的薪水約只能過 2 個月就必須吃老本了。這當然是不可能的事。所以學習的功能在於「把知識（例如教科書）化成（生活）常識」，那麼你在工作、事業做決策時，就更準確了。

Unit 2-10　物價上漲率影響利率、匯率

每次談到每個國家，去旅遊、去生活或投資，都有人會單獨討論某國的物價上漲率、利率、匯率三件事。在本單元中我們「畢其功於一役」的說明這是有因果的一件事，詳見表 2-10。而且「一竿子」把東南亞、南亞各國情況都說清楚。

一、物價上漲率高

把「物價上漲率」比喻成人的體溫，把經濟成長率比喻成人在運動，越激烈運動，會使人體溫升高速度更快。

（一）輸入型物價上漲

人口超級大國（2 億人以上）大抵「缺糧少油」，油、農產品靠進口，一旦商品價格大漲，就會衍生輸入型物價上漲（imported inflation）。「缺油糧」的印尼、缺油的印度，物價上漲率 3.5% 以上。

（二）成本推動物價上漲

經濟成長快，辦公大廈、勞工供不應求，於是房價（連帶房租）、薪資上

漲，衍生成本推動物價上漲（cost-push inflation）。

二、費雪說，物價上漲率高，利率跟著高

你上網看一下銀行（或報紙上各銀行）的銀行外幣存款利率，甚至你上網輸入「存款利率 10% 的貨幣」，大抵會發現一個現象：「（經濟落後的）新興國家，存款利率較高」，像南非、印度。

物價上漲率高的南非、印度，其利率八九不離十的會跟著高，這個現象在經濟學（尤其是貨幣銀行學）中稱為費雪方程式（詳見小檔案）。以表 2-10 中印度來說，套入費雪方程式：

$$R = r + p \qquad\qquad 臺灣情況如下$$
$$7.5\% = \bigcirc + 4.9\% \qquad\qquad 1.04\% = 0.42\% + 0.62\%$$
$$倒算出\ r（實質利率）2.6\%$$

印度名目、實質利率比臺灣高太多了。

三、利率平價假說主張「利率高的貨幣，大都會貶值」

你有沒發現，新興國家的幣值都很小（工業國家、日本、南韓例外），像 1 美元兌 32 泰銖、13,300 印尼盾、22,700 越南盾。由圖 2-6 可見，物價上漲、高利率皆會使一國「錢越來越小」。其中在《國際金融》課程中有此一說：「利率平價假說（interest rate parity）」，利率高的貨幣，遠期（例如 1 年後）匯率大抵貶值；白話說，賺了利差（例如印度 7.5% 減臺幣定存 1.04% 後 6.46%），卻賠了匯率（印度盧布對臺幣折價 6.5%）。

費雪方程式（Fisher Equation）

時：1930 年

地：美國康乃狄克州紐哈芬市耶魯大學

人：費雪（Irving Fisher, 1867~1949），美國耶魯大學第一位經濟博士

事：在《利息理論》書中詳細說明下式。

名目利率 （nominal interest rate） R	=	實質利率 （real interest rate） r	+	物價上漲率 （inflation） p

---

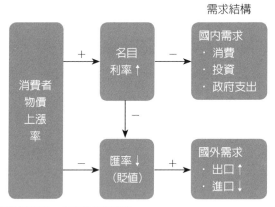

圖 2-6　物價上漲對利率、匯率的影響

表 2-10　亞洲三區域一年期定期存款利率　　　　　　　　　　　　　單位：%

區域／國家	利率	2017 年消費者物價上漲率*
一、南亞	--	3.7
印度	7.50	4.9
巴基斯坦	7.27	3.8
孟加拉		5.5
二、東南亞	--	--
印尼	6.5	3.5
越南	6.3	
馬	3.1	2.1
泰	2.8	0.2
菲	1.25	
星	1	
三、東亞	--	−0.5
陸	2.50	1.6
南韓	2.0	
臺灣	1.0	0.62
日本	0.1	−0.5
四、全球	--	1.6

* 資料銀行：世界銀行

50

Unit 2-11 東南亞與南亞各國產業結構

一個國家的「產業結構」（industrial structure）是指 I（農）、II（工）、III（服務）三級產業占總產值的比重，為了有參考點，在表 2-11 中以美臺的數值作標準。本單元套用美國經濟學者羅斯托的經濟發展五階段來分析。

一、各經濟發展階段的產業結構

在本書目錄前的表八中，一以貫之的把各經濟發展階級的相關經濟「成長面」、「所得分配面」的「可能」參數值列出。

（一）以臺灣經濟作「公版」參考值來源

就近取譬很容易令人「舉一反三」，臺灣經濟發展階段處於「成熟階段」，公務統計可信賴度高，所以第一～四發展階段，以臺灣為準。美國處「第五階段」，以其為「大量消費階段」的參考值。

（二）點估計

為了簡化起見，各參考值以「點」（單一數值）為例，取代區間值。

二、東南亞 10 國

（一）第二階段——起飛前的準備階段：低所得國家

以印尼為例，經濟成長階段「淺」，因此服務業跟工業占總產值比率相近。

（二）第三階段——經濟起飛階段：中低所得階段

泰馬屬這階段，農業占總產值比重 11%，跑到服務業去了。較特殊的是菲律賓是「起飛前階段」，但產業結構屬這階段。

（三）第五階段——大量消費階段：服務業導向：新加坡、汶萊

美國是大量消費國家的典型，工業占比在 25% 以下，這是「工業空洞化」的指標之一。以新加坡為例。

‧服務業：新加坡可說是亞洲的金融之都，是亞洲中的「倫敦市」。新加坡地處東南亞的中間，東邊（東亞、美國）、西邊（歐洲等）來的海運貨物，到此分裝送到東南亞各國，因樞紐位置（hub），海運、空運發達。

・工業：主要是石化（在離島中的廊島等）、晶圓代工業、航空業（組裝、維修）等。

三、南亞 6 國

（一）第二階段──起飛前準備，中低所得 5 國

這 5 國人均總產值跟東南亞的越南、寮國較像，孟加拉是全球第二大製衣國。

（二）第一階段──農業社會階段，低所得國 1 國──不丹

表 2-11　2016 年東南亞 5 國的產業結構

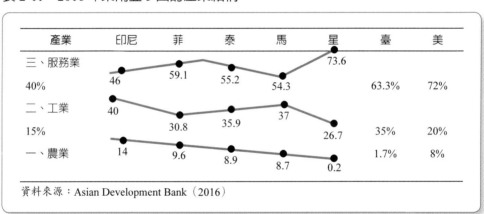

資料來源：Asian Development Bank（2016）

對世界經濟成長率的貢獻

時：2017 年 6 月 6 日

地：加拿大溫哥華市

人：Visual Capitalist，是網路媒體公司，成立於 2011 年

事：世界銀行預測，2017～2019 全球平均經濟成長率 2.8%

推論出 2.8% 的經濟成長率的來源如下：

對全球			單位：%
國家	貢獻度	國家	貢獻度
中國大陸	35.2	印度	8.6
美國	17.9	印尼	2.5
歐盟	7.9	其他	27.9

Unit 2-12 東南亞與南亞人口數與人均總產值

聯合國旗下的世界銀行依「人均國民所得」把各國分成三級，人均國民所得許多人不熟，我們「一事不煩二主」，仍用總產值除以人口數，稱「人均總產值」。

為了有比較標準，其中之一是跟 2018 年臺灣比較。

· 臺灣總產值 6,200 億美元（18.27 兆元）；1 美元兌 29.5 元。

· 臺灣人均總產值 26,270 美元（2,360 萬人）。

一、考慮人口數後

各國總產值除以人口數就得到「每人平均總產值」，以這來看，才比較可以看出每位國民的平均「產出」、「所得」（消費能力）。

（一）中國大陸 9,177 美元，全球排名 70 名

美國人口占全球人口 4.29%、總產值占 24.69%，人均總產值 58,471 美元，比德國 43,857 美元、日本 40,332 美元高出許多；中國大陸人均總產值只有美國的 16%。

（二）東南亞 4,300 美元，全球排名 100 名以後

東南亞人均總產值 4,300 美元，只有中國大陸的 47%，屬於中低所得國家（只有新加坡、汶萊是高所得國家）。

二、以圖表示

（一）X 軸：人口數

人口有兩個涵義，在生產因素市場中代表勞動人口數，在商品市場代表消費力量，圖 2-7 中 X 軸是依國家人口數來區分。

· 人口大型國家：本書以 1 億人來劃分。

· 人口中型國家：一般以 5,000 萬人來分，即 0.5～1 億人。

· 人口小國：例如 2,500 萬人以下，廣義是指 5,000 萬人以下。

（二）Y 軸：人均總產值

這是依世界銀行的人均總產值標準。

三、東南亞 10 國人均總產值

東南亞 10 國的人均總產值，2018 年平均值在 4,165 美元，屬於中低所得，10 國落在三個級距中。

（一）低所得國 6 國

有 3 國（越柬寮）是共產國家、另 3 國是政局多年卡住經濟成長，2016 年新人新任，但迎頭趕上至少需要 20 年的努力。

（二）中低所得國 2 國

泰馬兩國的人均總產值近萬美元，屬於中低所得水準。

（三）高所得國 2 國

新加坡靠服務業（金融業、運輸業）、工業（石化和電子）致勝，汶萊靠石油出口賺錢，可說是東南亞中的「科威特」。

四、南亞 6 國人均總產值

南亞 6 國人均總產值 1,600 美元，一個人一年約 5 萬元，以臺灣勞工每月經常性薪資 39,000 元來說，南亞人民的年薪約是臺灣勞工一個月薪水。

（一）X 軸

由圖 2-8 X 軸可見，南亞 6 國人口數落在二個級距。

‧人口大國 3 國。

‧人口小國 3 國。

（二）Y 軸

由 Y 軸可見，6 國分成兩個鄰近級距。

1. 中低所得國 1 國

斯里蘭卡在南亞的南端，如同東南亞的新加坡，得地利之便，是歐非到亞洲的必經之地，海運業發達。

2. 低所得國 5 國

這 6 國中的「印巴孟」（前身是英國殖民地印度，1947 年獨立），被人口數、文盲壓得「經濟難以翻身」，都是低所得國。以 2018 年印度人均總產值 1,921 美元假設每年經濟成長率 7%，查「終值利率因子表」，也要 11 年（2029 年）才會達到人均總產值 4,200 美元（屆時這標準可能是 4,500 美元）。

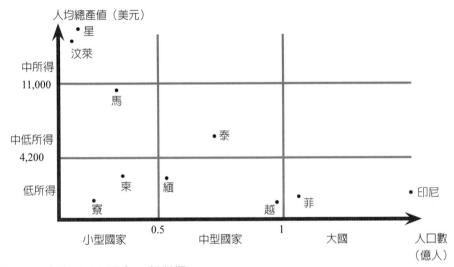

圖 2-7　東南亞 10 國人口與所得

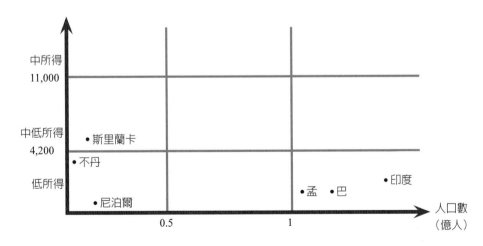

圖 2-8　南亞 6 國人口與人均總產值

Unit 2-13　全球經濟成長率 3% 成爲「新平庸」

「覆巢之下無完卵」，我們看東南亞、南亞的經濟成長率，可用「生不逢時」形容，也就是碰到要升級到經濟「起飛」階段，因全球經濟成長率 2.8% 以下，讓這兩區域國家缺乏外銷機會。

1. 1970～1990 年經濟成長率 6%、1991～2007 年 4%

全球經濟成長率每 20 年減 2 個百分點，1995 年經濟在「起飛前準備」的中國大陸，乘這浪頭邁入經濟起飛階段。

2. 2008 年以後，中低速（3%）成長

2008 年 9 月 15 日，美國掀起全球金融海嘯；2009、2011 年兩次歐洲債務風暴，拖累歐洲經濟成長。2011 年起，全球經濟成長率「趴」在 3% 以下，以往中速成長「黃金 40 年」不再，俗稱「新平庸」（new mediocre），全球人民大都必須接受「成長遲緩」（薪水不漲）的「新常態」（new normal）。

我們由生產因素（供給端）、商品（需求端）兩方面來看，「利空因素」不斷，好消息不多。

一、商品市場的利空

需求面是「拉動」（pull）經濟成長的主要力量。

（一）消費

占全球總產值 60% 的三極（美歐陸）深受「單身化」、「少子化」、「老年化」人口三化之苦。以平均消費傾向 96%（儲蓄率 4%）的美國爲例。年輕人消費傾向大減，主要有三。

・所得面：高失業率、大才小用（即低薪工作多）、還學貸壓力大（2017 年 4,520 萬人還 1.4 兆美元，平均每人還 3 萬美元）。

・支出面：社會新鮮人「不」買車、「不」買房，寧可用「租」的，再加上優步（Uber）等「共享經濟」很便宜又方便。人民不消費，全球經濟缺乏強勁引擎。

（二）投資

美國的公司是「消費疲弱」受害者的典型，沒有大幅投資，大都是「新陳代謝」。許多公司滿手現金，只好買回庫藏股，在盈餘成長有限降低股數，以維持每股盈餘成長，刺激股價上漲。

二、生產因素市場的利空

生產因素是「推動」（push）經濟成長的力量，然而一旦「力有未逮」，經濟就缺乏動能。

（一）自然資源

2016 年 11 月，聯合國氣候變化框架公約（或稱法國巴黎氣候協定）開始實施，全球 193 簽約國中的 179 國（2017 年 8 月 4 日美國向聯合國提交退出的通知書，但須宣布 3 年後才可），各國政府遵守此協定，環境保護標準會提高，主要是「溫室氣體排放」，也就是「空氣汙染」必須付出代價（例如碳稅、汙染補償金）。

（二）勞工

工業國家與陸普遍面臨少子化、老年化所帶來缺工荒，再加上只有德國等大力歡迎移民（包括難民），勞力不足以致工廠缺工，工廠還可外移，服務業就累了。

新平庸（時代）小檔案（new mediocre）

又稱：新常態（new normal）

時：2014 年 10 月 23 日

地：美國首都哥倫比亞特區

人：國際貨幣基金會總裁拉加德（Christine Lagarde）

事：喬治城大學演講時說新平庸，是全球經濟成長率的「新常態」。

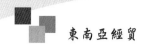
表 2-12　生產因素、商品市場的「利空」因素

生產因素市場	利空	商品市場	利空
一、自然資源		一、消費	
（一）水	缺水是大問題，許多國家的公司環境影響評估卡關。	（一）人口因素	工業國、陸，「人口老化」平均消費傾向降低，年青人高失業率、低薪，平均消費傾向降低。
（二）電		（二）所得分配	所得、財富分配惡化
（三）空氣	2016 年 11 月，巴黎氣候協定生效，各國逐漸減少高耗能、高汙染生產。	二、投資 （一）美國、歐洲	內需成長低，企業投資持平。
二、勞工			
（一）數量	工業國家加上陸人口少子化、老年化，勞動人口供不應求，俗稱「路易斯」轉折點。	（二）海外直接投資	2015 年起，從對外投資 1.7 兆美元，衰退。
（二）失業率	全球約 33 億位勞動人口，失業人數約 3 億人，失業率 10%。	三、政府支出 （一）美歐	政府舉債到頂，擴大公共支出「有心無力」。
三、資本			
（一）機器人	2014 年起，工業國家與陸，工業機器人逐漸導入，取代了許多要外包給新興國家的工作。	（二）東南亞 有日陸等貸款，基礎建設大進展 四、國際貿易	省略 逆全球化，2015 年全球貿易量值衰退 10%、貿易量衰退 3%。
（二）產能	產能過剩，尤其是鋼鐵等。		
四、技術		（一）美	2017 年 1 月 20 日川普總統否決「泛太平夥伴經濟協定」（TPP）
五、企業家精神		（二）其他	透過課徵反傾銷稅等，俗稱「保護貿易主義」。

美國消費力減弱的原因

時：2017 年 5 月 30 日

地：美國

人：英國《金融時報》

2017 年，美國家庭等儲蓄大增，比 2008 年前還高。原因如下：

1. 所得預期：經濟學者席勒（Robert J. Schiller, 1946~）等人認為，需求下降反映民眾對長期就業有「空虛的憂慮」，因為媒體常報導機器人將取代人類。

2. 社會福利縮水：美國總統川普主張大幅削減社福及健保支出，更使民眾心懷惴惴。

3. 年輕人：千禧世代比嬰兒潮世代更願意存錢、更晚購屋，因為需還鉅額學貸，且對未來財富預期下降，房租又不斷上漲。

Unit 2-14　第四次工業革命威脅東南亞與南亞經濟成長

　　東南亞和南亞在全球產業分工地位是「低附加價值的鞋子、成衣代工」，靠的是勞工薪資低（月薪 100 美元），低技術、重複性工作最容易被機器取代，尤其 2014 年起，機器有了人工智慧的加持，成為智慧機器人，逐漸取代部分勞工。

「人」工智慧　　+　　機器　　+　　=　　智慧機器「人」

（artificial intelligent）　（machine）　　　　　（intelligent robot）

一、第四次工業革命

　　由小檔案可見，這是最簡單的「第四次工業革命」、「工業 4.0」的說法。

　　一開始，2013 年德國政府的初衷是因為少子化造成勞動人口供給吃緊，勞工老化；必須靠機器人以發揮下列效益：

　　·協助中高齡（2020 年勞工平均年齡 48 歲）勞工維持生產力；

　　·更大的是，在勞工供不應求情況下，以機器人彌補勞工，以免缺工。

（一）在工業，取代一些勞工

對許多國家的公司來說，運用機器人的目的是爲了「降低製造成本」。

（二）從工業延伸到服務業、農業

由表2-14可見，在三級產業中，工業4.0的技術從工業延伸到服務業、農業。

二、對東南亞與南亞工業的威脅

（一）科技業

鴻海到印度設手機組裝廠是爲了規避高進口關稅，讓蘋果公司 iPhone 就近供貨。要是沒有關稅「護體」，中國大陸生產就綽綽有餘。

（二）傳統產業

由表 2-14 可見，機器人、3D 列印顛覆了手工製鞋方式；成衣工序多，還無法以機器人取代。但這只是程度、時間問題。

三、對東南亞與南亞服務業的威脅

東南亞與南亞常見有兩個服務業中的行業承包美歐的外包，受人工智慧的威脅，電腦的資訊系統會取代兩個區域的大部分外包公司。

（一）勞力密集的顧客服務中心

美國許多銀行的「顧客服務中心」（call center），例如回答顧客詢問、抱怨，到催收逾期貸款（信用卡、其他消費者貸款），許多委外包給英語能力強的菲律賓、印度。聊天機器人能力強，菲律賓、印度 2015 年起接單逐漸減少。

（二）印度的電信、電腦系統外包業

印度人英語熟、數學能力高，資訊系統（Infosys，有人音譯爲印孚瑟斯）等公司承接美國資訊公司外包的客製化電腦系統的撰寫，當谷歌「阿發狗」（Alpha Go）等人工智慧系統越來越強，開放電腦系統能力大增，電腦勝過人腦。

四、中所得陷阱

許多國家經濟有在成長，但落後「先進」國家太遠，人均總產值會在中低所得（人均總產值 4,200 美元）卡關。

（一）未富先老的泰馬，陷入「中所得」陷阱

泰馬受人口三化拖累，人均總產值很難跳過 12,500 美元。

（二）陷於「中低所得」陷阱的東南亞、南亞 6 國

以人均總產值 4,200 美元以下視為「中低所得」，東南亞、南亞 6 國將深陷泥淖。

表 2-13　有關人工智慧等取代勞工的四個重要說法

時間	機構	結論
2013 年	英國牛津大學	2023～2033 年間，機器人取代 47% 的勞工
2016 年 1 月 15 日	美國的美國銀行	到 2025 年，工業中的製造業有 45% 的工作會被智慧機器人取代
2017 年 1 月 5 日	美國佛瑞斯特（Forrester）研究	2017～2021 年有 6% 工作被人工智慧取代
2017 年 12 月 4 日	美國麥肯錫全球研究院	到 2030 年，有 8 億人將因被機器人取代而失業，其中陸占 1 億人必須轉行

表 2-14　第四次工業革命對東南亞和南亞的威脅

產業	行業	第四次工業革命 人工智慧機器人
一、服務業	（一）物流業 （二）印度的電腦軟體外包服務 （三）歐美對印度、菲律賓的外包電話顧客服務	例如「自動駕駛卡車」、「無人機送貨」會逐漸上路，許多司機會失業。 聊天機器（例如：2011 年起，蘋果公司 iPhone 手機中的語音助理 Siri）
二、工業	（一）科技業 ‧手機組裝 （二）傳統產業 ‧汽車：泰國 ‧製鞋：越南、印尼 ‧成衣：孟加拉、越南、印尼	智慧製造 在中國大陸，富士康集團漸漸採用機器人取代人力。 機器手臂 3D 列印
三、農業	（一）植物工廠 （二）以鄉村農業來說	由 LED 燈作光源的溫室栽種（許多是水耕） 「精準農業」可做到機器灌溉、施肥等，減少用料、人工。

第四次工業革命小檔案

時：2013 年起，2011 年由德國國家科學與工程院聯合提出

地：德國稱為「工業 4.0」（Industry 4.0）或「生產力 4.0」中國大陸稱為「中國製
　　造 2025 年」，2015 年 5 月 8 日，國務院公布

人：德國「教育暨研究部」、「經濟暨科技部」的「高科技策略 2020」中的十個專
　　案之一，投資金額 2 億歐元

事：電腦化（大數據分析）　　　　智慧工廠
　　數位值（物聯網）　　＋ 機器 ＝ 智慧製造
　　智慧化（人工智慧）　　　　　例如無人工廠、關燈生產

Unit 2-15　東南亞與印度的經濟展望

許多基金經理「老王賣瓜，自賣自誇」，推出一堆「概念」，例如「金磚四國」、「靈貓十一國」等，本單元套用金庸小說「笑傲江湖」中男主角令狐沖所學的「獨孤九式」中的「破劍式」，開宗明義的說，只有中國大陸約在 2030年成為全球第一大經濟國，絕大部分針對印度與東南亞的「誇大」預測（例如總產值、消費金額）都不會成真。

為了避免得罪這些銀行、證券公司、經濟預測公司，本書不提其公司名稱，只想強調「每個人獨立思考能力」很容易：首先，針對任何預測，自己一定要驗算，在歷史（例如 2018 年）資料上，用手機上的計算機功能去乘上假設的「成長率」，便可以得到你的數字。提醒你「引用錯誤的預測數字」只突顯你懶與「沒有主見」。

一、東南亞 2030 年總產值 5.08 兆美元，占全球總產值 5.03%

在跟人討論時，對於主張「東南亞很強」的人，為了順利討論下去，竅門是「找對方有利」的情況去說。

（一）東南亞樂觀情境經濟成長率 5%

東南亞（人口、總產值一半是印尼）樂觀情境下假設經濟成長率 5%，由表

2-15 第三欄可見，查「財務管理」等書上「終值表」，在 R 等於 5%、N 等於 12（12 年），終值因子 1.7959。另在 7% 的利率下，複利 12 年，會得到本利和 2.2522 元，用 2018 年 2.83 兆美元求，得到第四欄數字。

（二）2030 年總產值占全球 5.02%

2030 年東南亞產值 5.0824 兆美元，占全球總產值 5.03%，大約跟日本差不多。

二、印度 2030 年 5.8351 兆美元，占全球總產值 5.783%

把上述東南亞的計算方式，如法炮製運用於印度。

（一）印度樂觀情境經濟成長度 7%

印度基期低，看似很容易「高速經濟成長率」，但由於：

· 先天不足：自然資源「少」、資本「寡」、人力素質「差」（七成以上在農村、大都是文盲、種族、種性制度等）。2025 年人口超越中國大陸，成爲全球人口第一大國。

· 後天失調：多黨政治，不易一黨完全執政，不易出強人總理。

經濟成長率 7% 是樂觀的。

（二）2030 年總產值占全球 6.46%

有可能小贏英國，成爲全球第五大經濟國，但這是 15 億人靠人海砸出來的，詳見圖 2-9。

三、2038 年，印度人均總產值 6,100 美元、東南亞 11,000 美元

2003 年起，「金磚四國」（BRICs）名稱開始走紅，2012 年再加上南非成爲「金磚五國」（BRICS）。

（一）一個小學 4 年級的數學問題

以人均總產值來比，以表 2-15 2017 年爲基點，第四欄假設三種經濟成長率狀況，臺韓遠遠領先東南亞與印度。套用小學 4 年級的「前車車速 20 公里，後車時速 50 公里，那何時後車會追上前車」？以表 2-16 中的例子來看，20 年（即 2038 年），臺韓人均總產值大幅領先東南亞、印度。

東南亞經貿

表 2-15　東南亞與印度 2030 年樂觀情境的總產值預估　　　　　　單位：兆美元

區域／國家	(1) 2018 年	(2) FVIF R = r% N=12	(3) = (1)×(2) 2030 年
一、東南亞			
(1) 東南亞	2.83	R = 5% FVIF = 1.7959	5.0824
(2) 全球	80	R = 2% FVIF = 1.2936	101
(3) = (1)/(2)	3.5375%		5.03%
二、印度			
(1) 印度	2.5868	R = 7% FVIF = 2.2522	6.5244
(3) = (1)/(2)	3.2335		6.46%

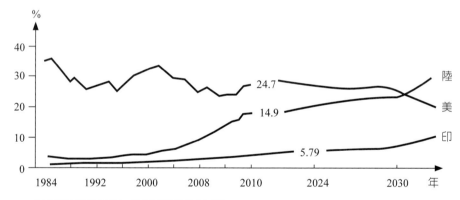

圖 2-9　美陸印總產值占全球總產值比重

表 2-16　臺韓跟東南亞與印度人均總產值預估

國家	(1)2018 年	(2) 終值表 N = 20 年	(3) = (1)×(2) 2038 年
臺韓	26,200 美元	R = 2% FVIF = 1.4859	38,390 美元
東南亞	4,126 美元	R = 5% FVIF = 2.6533	10,948 美元
印度	1,900 美元	R = 7% FVIF = 3.2071	6,093 美元

Unit 2-16　全球幸福國家排名

本章皆以經濟面（人均總產值、物價上漲率、所得分配 Unit 3-7）來分析各國人民的「荷包」，似乎隱含著「錢不是萬能，但沒有錢萬萬不能」。

於是 1970 年代以來，有很多組織（例如經濟合作暨發展組織，OECD）等，試圖以更寬廣層面，來衡量各國人民「幸福」、「快樂」程度，並且嘗試依得分編出排名表。

一、幸福國家報告

由小檔案可見，2012 年起，聯合國編製「全球幸福報告（World Happiness Report）」，由於涵蓋國家最多（2017 年 155 國／地區），而且調查範圍較廣，調查機構權威性高，所以引用程度高。

二、「幸福國家」量表

由表 2-17 可見，幸福國家量表共有六中類題目，本書予以重分類，分成三大類，其中經濟面占三中類，背後假設如下：

‧所得較高情況：該國醫院等較普及，人民有錢能保健、預防、治病；低所得國家人民常是「貧病交迫」。

‧富而好禮：高所得國家人民手頭有剩，一般比較慷慨助人。

三、2017 年東南亞與南亞排名

由表 2-18 第一欄可見前 10、後 10 個的區域、國家。我們把 155 國平均分成三群：

（一）高度幸福（第 1～50 名）

東南亞有 3 國入列，有 3 國未列入排名（汶萊、寮、緬甸）。

（二）中度幸福（第 51～100 名）

‧東南亞 3 國：菲律賓、印尼、越南。

‧南亞 3 國：巴基斯坦、不丹、尼泊爾。

（三）不幸福（第 101～155 名）

‧南亞 3 國：孟加拉、斯里蘭卡、印度。

全球幸福國家報告小檔案（World Happiness Report）

時：每年 3 月 20 日，這是國際幸福日（World Happiness Day）

地：美國紐約州紐約市

人：聯合國

事：2012 年成立「永續發展解決方案網路」（Sustainable Development Solution Network）計畫。該計畫主任薩克斯（Jeffrey Sachs）。調查 155 國，每國 1,000 人，每題 1～10 分，調查機構：蓋洛普（Gallop）公司。

表 2-17　幸福國家量表

大分類	中分類
一、政治	（一）對政府信任程度
	政府官員腐敗程度
	（二）個人自由感（freedom to make life choices）
二、經濟	（一）人均總產值
	（二）健康壽命
	（三）慷慨度（是否捐贈）
三、社會	（一）社會支持
	2017 年新增項目

表 2-18　2017 年全球幸福國家排名

洲／區域	參考國家	排名	東南亞		南亞	
一、最幸福 10 國	1. 高度幸福組		新加坡	26		
	美	14	泰國	32		
			馬來西亞	42		
（一）北歐 6 國	2. 中度幸福組		菲律賓	72	巴基斯坦	80
西歐（荷蘭、瑞士）	臺灣	33	印尼	81	不丹	97
	日本	51	越南	94	尼泊爾	99
（二）其他	南韓	56				
加、紐澳	香港	71				
	中國大陸	79				
二、最不幸福 10 國						
（一）非洲撒哈拉沙漠以南國家						

表 2-18　2017 年全球幸福國家排名（續）

（二）戰亂國 敘利亞（152）、葉門（146）	3. 不幸福組	柬埔寨 129	孟加拉 110 斯里蘭卡 120 印度 123

討論問題

1. 大部分的報刊都把東南亞、印度的經濟前景吹捧上天，你的看法呢？

2. 以表 2-15 來說，到 2030 年，樂觀情況下，東南亞、印度總產值占全球總產值 5.1%、6.5244%，請評論這估計方式。

3. 以表 2-16 來說，到 2038 年東南亞人均總產值 10,948 元、印度 6,093 美元，比臺韓低（24,000 美元以上）。請評論這估計方式。

4. 在表 2-2 中，本書主張全球、各國總產值、經濟成長率宜採取聯合國世界銀行的統計數字，為什麼？

5. 什麼原因造成東南亞（星例外）、南亞經濟前景極有限呢？

3

東南亞與南亞
消費與政府支出

Unit 3-1　東南亞消費商機

　　2018 年東南亞人口數 6.58 億人，比歐盟 7.05 億人略少（歐盟 5.1 億人）；再加上人均總產值約 4,300 美元（人口 2.67 億人的印尼 3,812 美元是指標），「有人」、「有錢」，購買力強、商機大。本章前 9 個單元分析東南亞各國的家庭消費，第 10～12 個單元說明政府支出。

一、消費商機

　　一個的需求結構如下，唸過大一經濟學的人都會唸英文簡寫。

$$總產值 \quad = \quad 消費 \quad 投資 \quad 政府支出 \quad 出超$$
$$Y \quad = \quad C \; + \; I \; + \quad G \quad + X - M$$

　　一般來說，消費占總產值比重最大。

　　(3-1) 式中「消費比率」是指「消費占總產值」的比率，這其實是消費除總產值，除了後再給安一個名稱。

　　在 (3-1) 式中，以 2018 年東南亞的數字帶進去。

　　‧消費 1.7 兆美元；

　　‧消費比率 0.60。

二、消費能力

有很多商情公司根據下列兩個數字去預測未來 3、5 年的消費金額，俗稱「消費潛力」（consumption potential）。

（一）預估總產值

例如以 2018 年總產值 2.6 兆美元，乘上 1 加經濟成長率（例如 5%），可得 2019 年預測總產值 2.73 兆美元。

（二）各經濟發展階段的消費比率

在各經濟發展階段，消費、政府支出比率會提高，投資、出超比率會降低。

在下段文「消費比率」是參考臺灣情況（註：臺灣處於邁向成熟階段），這是出口導向的典型，即「出超比率」大抵須維持在 10%。各經濟發展階段往前進一級的「消費比率」約提高 5 個百分點。

三、家庭消費金額

銀行、基金公司調查各國「中所得」家庭人數、金額，目的是這些家庭是一個消費的主力。我們只看全國的家庭消費，這在大一經濟學以一章說明，就近以臺灣為例，詳見公式 (3-2)。

$$消費 = 總產值 \times 消費比率 \cdots\cdots\cdots\cdots\cdots\cdots\cdots\cdots (3\text{-}1)$$
$$= 總產值 \times 消費 / 總產值$$

2018 年

$$1.7 兆美元 = 2.83 兆美元 \times 0.60$$

1. 年齡結構

一般來說，「老年化」（7%、14%、20%）越高國家，消費傾向越低

- 人口數 6.58 億人
- 年輕人口（30 歲以下）占 52%

2. 總產值

- 經濟成長率

1. 經濟發展階段

一般來說，經濟發展進階一階段，約降低 5 個百分點，投資提高。

例如：

(1) 農業階段：70%

(2) 起飛前階段：65%

(3) 起飛階段：60%

(4) 邁向成熟階段：53%

2017～2021 年約 5%

(5) 大量消費階段：58%

2. 所得分配

所得分配越平均，平均消費傾向越高。根據 2017 年麥肯錫全球研究所定義，中所得階級家庭為年收入 7,500 美元（約 23 萬元）以上。預估 2025 年 1.25 億人約占人口 18%。

$$總產值 \times 消費占總產值比重 = 消費支出金額 \cdots\cdots\cdots\cdots\cdots (3\text{-}2)$$

以 2018 年臺灣為例

18.27 兆元 ×0.53 = 9.6831 兆元

Unit 3-2　消費支出項目

生活支出六大項「食衣住行育樂」，家庭依下列三個人均總產值門檻，在家庭設備等項目消費不一，詳見表 3-1，底下詳細說明。

一、1,000 美元小家電門檻

當人均總產值到第一個門檻，買小家電「改善」生活。

二、3,000 美元大家電門檻

到人均總產值 3,000 美元，家庭買大家電以提升生活品質。

以 2017 年汽車銷量來說，比較臺越：

‧臺灣人均總產值 25,000 美元，新車銷量 42 萬輛，每萬人買 169 輛。

‧越南人均總產值 2,238 美元，新車銷量 32 萬輛，每萬人買 34 輛。

三、5,000 美元，購屋與房貸

到人均總產值 5,000 美元，人民買像樣房子的需求大增，2001 年中國大陸如此。由於人民購屋自備款才占屋款二成，剩下八成向銀行貸款，銀行業如雨後春筍設分行等。

四、以「育」中的醫療為例

針對消費支出中的「育」來說，人均總產值、健康狀況（以肥胖為例）等影響「醫療服務／健康商品（例如保健食品等）」的支出，詳見表 3-2。

表 3-1　東南亞各國人均總產值與消費支出重點　　　　　　　　　　單位：美元

人均總產值	國家／人均總產值	食	衣	住	行	育	樂
10,000-	星　53,627	三星級餐廳		豪宅			
	汶萊 29,022				雙 B 汽車		
	馬　11,240				*中高價手機	教育市場大	
	泰　5,900	化妝品60 億美元		住宅	國民汽車	醫美	
4,200-	印尼 3,812				*中低價手機		
	菲　3,346			大家電冷氣機、冰箱、洗衣機、電視	機車		
	越南 2,392						
	寮　2,107			小家電電風扇、電鍋	腳踏車		
1,100-	緬　1,450 束　1,257	2017.2信用卡中威士卡發行					

表 3-2　肥胖人口比率與健康醫療支出　　　　　　　　　　　　　　單位：億美元

國家	2011 年肥胖 人口比率（%）	2014 年醫療服務 健康商品支出
馬	44	115
泰	32	50
星	30	76
菲	28	38
印尼	21	60
緬	18	－
寮	14	－
柬	13	－
越南	10	96
中國大陸	24	－

「肥胖」指 BMI 大於 25

Unit 3-3　東南亞與南亞資料來源 II：消費

　　先計算出各國的消費金額（商機）、預測消費金額（消費潛力），這是 SWOT 分析中「商機」（opportunity）的第一步。

一、就近取譬：以臺灣為例

　　上網查資料，看似容易，然而東南亞的例子太遠，所以先從臺灣來舉例。

（一）先看紙本（月報）

　　政府相關部會的統計處（中央銀行研究處）針對其所轄行業、業務，皆會出版月報、年報（上一年 12 月），為了方便查詢，每期月報的頁數與內容皆固定。先看「目錄」，再細看各頁，慢慢培養「手感」。

（二）以家庭消費支出為例

　　由表 3-3 第二欄可見，針對家庭消費支出的相關方面，行政院主計總處和相關部會的月報皆有仔細資料。針對行業內細項行為，政府會委外，例如消費性

電子商務由資策會負責。

二、東南亞與南亞的家庭消費支出

（一）外國的市調機構

　　針對一個區域的消費支出和行為，對許多行業內的公司來說，這個商情是「無價之寶」，市調機構採會員制，例如公司會員年費 12,000 美元。

（二）臺灣的機構

　　由表 3-4 第二欄可見，臺灣至少有二個機構負責東南亞等國的消費行為資料蒐集，許多是向地主國的資料庫公司買的，翻譯成中文。

外貿協會市場研究處

時：2011 年成立市場研究處

地：臺灣臺北市

人：對發展外貿易協會

事：市場研究處以擔任國家及業界拓展對外貿易行動的智庫為目標，研究範疇涵蓋海外市場特性及商業動態，目標國家經貿時事議題及影響，區域經濟整合現況，臺灣會展產業的競爭合作，並掌握臺灣與貿易競爭國的每月／年出口動態等，提供市場及產業研究分析報告供政府經濟部國貿局及業界參考。

表 3-3　臺灣的家庭消費支出的資料來源

分類	以臺灣為例	細項
一、消費金額（how much）	行政院主計總處	
二、支出結構：食衣住行育樂（what）	1. 行政院主計總處 這是針對 16,000 戶家庭的抽樣調查 2. 針對零售業 經濟部統計處 3. 針對「住」 內政部營建署 針對房貸金額，行政院金管會	1. 臺灣經濟研究院 針對各行業有產業、產值 2. 工研院、資策會 針對 3C 商品，資策會產業情報研究所會分析，例如網路商品等

表 3-3　臺灣的家庭消費支出的資料來源（續）

	4.「行」 針對「汽車」交通部交通研究 所、監理所等
三、各縣市（where）	各縣市主計處

表 3-4　東南亞家庭消費的資料來源

次主流	主流
1. 東協投資參考 英國金融時報旗下研究服務機構「東協投資參考」（Asean Confidential）資料，在東南亞擁有汽車是身分地位象徵，隨著民眾收入不斷上升，汽車需求增加。 泰國在 2012 到 2013 年間推出首購汽車減稅措施，人為地推升需求，導致 2014 年需求衰退 33.7%。2010 年印尼衰退 1.8%，因為印尼盾走貶，以致國內零售價格走高，政府中止燃料補貼，降低民眾買車意願。 2. 歐睿國際（Euromonitor）→東南亞最大的消費性電子商務網站拉佐達（Lazada） 東南亞對於跨境消費的信任心低，加上當地物價低，因此外貿訂單呈現嚴重碎片化，具有高詢問度，但成交金額普遍不高。 3. 陸商阿里巴巴 4. 老人醫療保健 2016 年 8 月，美國風險管理顧問公司達信保險顧問公司（Marsh & McLennan, MMC）估計，亞太地區 65 歲以上人口每年的醫療保健費用，到 2030 年達 2.5 兆美元，2015 年 0.5 兆美元。（經濟日報，2016 年 8 月 26 日，A8 版，易起宇）	一、以泰國為例 泰國電子交易發展局（Electronic Transactions Development Agency，簡稱 ETDA），泰國電子商務規模約泰銖 584 億元。《看見泰國》雜誌（Vision Tai）有關報導。 二、臺灣 1. 外貿協會 ・市場研究處 ・駐地主國組長 2. 商業發展研究院 經濟及能源部貿易事務局委託財團法人商業發展研究院執行「優質平價新興國家精進方案」，針對出口潛力消費品（包含美妝、家務維護用品等）規劃系列推動作法，包括市場調查、商機品項調查、籌組拓銷媒合團等，透過完整拓銷策略協助臺灣公司打開外國（以印度為例）市場大門。 該專案的網站─優質平價新興市場資訊網：www.wowtaiwanselects.tw 查詢或商業發展研究院電話(02)7707-4919丁小姐。

Unit 3-4　東南亞與南亞人口數

臺灣有多少人？236 萬人、2,360 萬人、23,600 萬人？

知道大概數字很重要，尤其人口數影響勞工人數、消費人數。

那麼全球有多少人？7.6 億人、76 億人或 762 億人？

知道全球有多少人，大抵可推估東南亞、南亞人口。

一、拉個全景：全球人口

2018 年全球有 76.21 億人，這數字是「估算」的，因為非洲、中南美洲、亞洲中的南亞（印度等）戶籍制度不健全，地主國也不知道本國有多少人。

（一）1800 年，10 億人起跳

1760 年左右，第一次工業革命，透過機器，農業生產力大增，可以養活更多人，人口大幅成長。1945 年後，全球沒有世界大戰，再加上醫療進步（例如疫苗等防止流行疾病），人口數目躍進。

（二）2018 年人口數 77 億人

以本書出版年 2018 年為起點，人口 76.21 億人。

（三）每年增加 0.715 億人

每年人口「淨」成長率約 0.95%（簡記為 1%），這速度算快。

（四）2050 年 98 億人，2300 年 120 億人

有關全球各國人口數字大抵由聯合國經濟與社會事務部在「世界人口前景展望」公告，每 2 年（例如 2017 年 6 月）公布一次，美國商務部人口普查局統計，有時，中央情報局會發布。一般在預估人口數時有高、中、低三個成長率，所以各家人口統計機構的同一年預估數會有差別。全球人口在 2052 年達 100 億人，但主要成長來源為非洲、亞洲中的南亞（印度和孟加拉）。

二、各洲人口數

各洲人口數跟人類歷史有關。

（一）歷史源頭，亞、非洲占全球人口 55%

人類起源於非洲東非，約於 5 萬年前往外遷移，往歐洲、亞洲（例如中東的巴比倫文明，主要在伊拉克）。

（二）近代發展

17 世紀起，美洲北美的加拿大、美國成為歐洲移民天堂，19 世紀，亞洲移民移入。另外，中美洲的墨西哥、南美洲的巴西，在 15 世紀，被西班牙人、葡萄牙人占領，之後獨立，人口大國。

三、拉個近景：東南亞和南亞

亞洲的人口占全球 60%，地狹人稠，由表 2-3 可見本書兩區域占全球人口比重如下。

· 南亞占 23.29%
· 東南亞占 8.66%

四、拉個特寫：各國

全球人口非常集中，常見分類方式有下列 2 個。

· 人口大國（1 億人以上）13 國，詳見表 3-5。
· 人口前 10 大國占全球人口 58%，其中陸印占 37%。

表 3-5　2018 年全球人口 15 大國　　　　　　　　　　　　單位：億人

排名	國家	人口	排名	國家	人口	排名	國家	人口
1	中國大陸	13.97	6	巴基斯坦	2	11	日本	1.265
2	印度	13.534	7	奈及利亞	1.94	12	菲律賓	1.05
3	美國	3.271	8	孟加拉	1.6766	13	衣索比亞	1.065
4	印尼	2.67	9	俄國	1.466	14	越南	0.967
5	巴西	2.12	10	墨西哥	1.32	15	埃及	0.95

世界人口統計小檔案

時：每秒

地：美國馬里蘭州

人：美國人口普查局或稱人口調查局，屬於商務部統計管理局下單位，1902 年成立

事：「全球人口時鐘」（population clock）。

　　每年 7 月 11 日為「世界人口日」。

　　每秒增加 4.1 人，死亡 1.8 人，淨增 2.3 人。

　　每年淨增加 7,154 萬人。

Unit 3-5　東南亞的人口三化現象

2010 年起，臺灣人口「三化」（單身化、少子化、老年化）成為熱門話題，這是全球工業國家（美國例外，因有移民）、有些新興國家（2016 年中國大陸才取消都市人口一胎政策）的共同現象。東南亞的人口三化大抵跟經濟狀況相關。

一、先拉個全景：全球

人口三化是全球現象，由表 3-6 可見，各國（非洲例外）都是大同小異。

（一）單身化（unmarried）主因：婦女唸大學

婦女唸書或就業，由於「三高」（學歷高、薪水高、身高高）的男性相對減少，有些女性碰不到三高的男性，寧可單身。

（二）少子女化（less of child）：少子化的分水嶺──婦女生子女數 2.1 位

由於有夭折等問題，所以婦女須生 2.1 位子女才能維持人口數不變，低於 2.1 人，人口會衰退。由圖 3-1 可見，少子女化原因有三：

- ・唸大學：唸大學的結果是就業年齡延至 22 歲後，結婚年齡延至 26 歲後，晚婚，大抵就會少生。

- ・婦女就業（詳前述單身化）

·屋漏偏逢連夜雨：房價所得比太高，排擠了生活支出，有些夫妻養不起很多子女，只好少生。

（三）老年化（aging）

少子化，再加上老人長壽，一減一加，老人占人口比重就提高。

（四）都市化

工業化（因工廠在都市）、老年化（因醫院在大都市）是人口往都市集中原因。

二、東南亞 5 國少子化

由表 3-7 可見，東南亞 10 國可以依人口成長數分成兩群。

（一）人口成長 5 國

東南亞 10 國中有 7 國屬於中低所得國，人口有成長。比較特別的是印尼將在 2030 年也瀕臨少子化。

（二）人口少子化 5 國

由表 3-7 可見，人均總產值越高，生子女數越少。比較特別的是越南人均總產值屬低所得國，但也是生得少。

表 3-6　全球人口的特徵　　　　　　　　　　　　　　　　　　單位：億人

項目	2016 年	2050 年（F）
1. 人口數	73	97
2. 老人數	6.2	21.34
(1)/(2) = 老人比率	8.5%（非洲 3.5%）	22%（中 36.05%，印 18%）
3. 壽命	68.6 歲（2015 年）	76.2 歲
4. 生子女數 俗稱生育率	2.6%	2%
5. 都市化人口	39	63
(5)/(1) = 都市化比率	0.52	0.65

資料來源：聯合國經濟與社會事務部、美國人口普查局

* 中國大陸「老人」是指 60 歲以上，這跟退休年齡有關

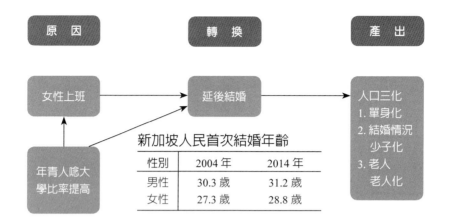

圖 3-1　東南亞各國少子化的原因

表 3-7　有生育能力婦女生子女數　　　　　　　　　　　　　　　　　　單位：人

國家	2010～2015 年	2025～2030 年	2050 年老年人口比重（%）
一、人口成長			
印尼	2.5	2.14	－
二、少子化			
越南	1.96	1.93	－
馬來西亞	1.97	1.79	－
泰	1.53	1.43	30
新加坡	1.23	1.31	33.9

資料來源：聯合國世界銀行，2017.2.15

Unit 3-6　財富、所得分配對經濟的影響

　　2008 年 9 月，全球金融海嘯，2009 年全球景氣衰退 2%，3 億人失業，掀起一片全球所得（流量）、財富（存量）分配不公的示威、政變（阿拉伯之春的茉莉花革命）。

　　在大一經濟學中「所得分配」常常占一章篇幅，由於許多人可能沒學過，對於有學過的，本單元可作為「學而時習之」。由表 3-9 可見，這是最常見財富、所得分配不公的負面影響。

一、兩種分配公平的衡量

　　分配公平涉及所得、財富兩種情況，衡量方式至少各有二種以上，常見方式如表 3-8。

二、對生產因素市場的影響

　　生產因素市場中至少有三個生產因素會因所得、財富分配不公，而負面發展，以跨國來說，更足以顯示，詳見表 3-9。

（一）對勞工不利

　　由表 3-9 第一欄可見，所得、財富分配不公，對「窮人」的子女在受教育機會、身體發育皆不利。最極端的情況是北韓（原名是朝鮮民主主義人民共和國），人均總產值 583 美元（全球第 174 名），人民普遍吃不飽，由於營養不良，又要養 120 萬人大軍，只好把徵兵身高降到 145 公分，這在臺灣成年男性來說，平均身高約 168 公分，以身高來說，157 公分以下屬於免服兵役體位。

（二）對企業家精神不利

　　富人的子女含著金湯匙出生，大學畢業後，有「富爸爸」（或富媽媽）的金援，立刻可創業，一旦成功，便成為「富二代」。另一面則是「貧窮世襲」，窮人缺「創業金」翻身，於是整個社會會缺乏向上流動的創業力。

三、對商品市場影響

　　財富、所得分配影響家庭對「耐久品」、「消費品」的支出，進而影響公司投資，消費、投資合占總產值 72% 以上。

（一）財富分配不公平

財富分配公平情況，平價住宅、國民汽車會賣得較普遍，對建設公司、汽車公司有較大營收。

（二）所得分配不公平

以臺灣 865 萬個家庭來說，2016 年所得最高 20% 家庭年所得 200.4 萬元，存 44 萬元，消費傾向 78%；當所得分配越公平，平均消費傾向會到 88%，這有助於公司投資（擴廠），有助於經濟成長。

表 3-8　所得、財富分配平衡方式

項目	不常見	常見
一、財富（存量）	省略	1. 1% 富人 vs.99% 其他人 例如 2016 年全球 1% 富人擁有 50.1% 財富，2017 年 11 月 14 日瑞士信貸的數字 2. 5% 富人 vs.95% 其他人 例如 5% 富人擁有 87% 財富
二、所得（流量）	（一）吉尼係數（或基尼） 差異懸殊 0.5 差異極大 0.4 相對平均 0.3 比較平均 0.2 分配平均	（二）等分位 1. 最常見（以 2016 年臺灣為例） $\dfrac{最高所得\,20\%\,家庭}{最低所得\,20\%\,家庭} = \dfrac{200.4\,萬元}{32.9\,萬元}$ $= 6.09\,倍$ 2. 次常見： $\dfrac{最高所得\,10\%\,家庭}{最低所得\,10\%\,家庭}$

表 3-9　所得、財富分配不均對經濟的影響

生產因素市場	商品市場
一、財富、所得分配不公對勞動市場影響 （一）窮人家庭沒有錢請家教、補習等，比較考不好。 （二）縱使考得好，被迫放棄唸大學。約有20% 窮人子弟成績好，但往往須放棄大學（或碩士）。 （三）窮人子女比較容易營養不良，以致身材較矮小。 這兩個結果是窮人子弟缺乏透過教育「貧轉富」，會形成「富者恆富，貧者恆貧」，俗稱貧窮世襲。 二、財富分配不公對創業的影響 富人子弟有錢財務投資、創業，贏在起跑點。	一、消費 （一）財富分配不公 財富主要用於耐久品（主要是汽車、房屋）的支出，財富分配不均，會降低在耐久品的消費。 （二）所得分配不公平 家庭所得主要用於消費品（食衣育樂），所得分配不公平會降低全體家庭的「平均消費傾向」，高所得家庭消費率低，這不利於公司的收入。 二、投資 消費萎靡，投資就不振，這是美日情況。

Unit 3-7　東南亞與南亞的所得、財富分配

　　經濟發展的好處是使窮人脫「貧」，整體人民的生活水準（吃住等）提高。但可能的代價是所得、財富分配越來越不公平。

一、撇開所得分配，經濟發展有利於脫貧

　　地狹人稠的亞洲國家，小農收入極低，許多人在農村是隱藏性失業。一旦都市內有工廠招工，農村剩餘勞動人口會往都市移動，主要去工廠裡當作業員（俗稱男工、女工）。

二、所得分配情況

（一）2014 年 4 月亞洲開發銀行的研究報告

　　該報告指出亞洲一些人口大國（中國大陸、印度、印尼）在所得分配上，1990 到 2000 年都在惡化，在印度，主要是出在都市內的白領跟藍領勞工階層間。在中國大陸是「都市居民所得高，農業省（貴州、雲南等）居民所得低（貧

民約 1.4 億人）」。

（二）跟經濟發展階段相關

隨著各國在經濟發展階段往前進，以「邁向成熟」階段為例，主要是靠機器生產（重工業、高科技業），資方分到總產值比重增加，2016 年臺灣約 35%，薪資所得占總產值比重由 1995 年 50.11% 降到 43.81%，工業國家幾乎如此，詳見表 3-10。

（三）吉尼係數

在表 3-8 圖中 Y 軸標示各區間吉尼係數在所得分配的涵義，東南亞的泰馬星約 0.37。

二、財富分配

一般談到東南亞、南亞的財富分配時，有下列二個刻板印象。

（一）東南亞華人較有錢

越泰馬和印尼等華人較多國家，由於 14 世紀華人外移，缺乏土地，大抵經商，憑藉勤儉與經商手法，因此大多比當地人有錢。

（二）南亞

印度財富集中在塔塔等少數家庭，印度是全球貧民最多國家，南亞是全球貧民最多的區域。

表 3-10　薪資所得占總產值比重　　　　　　　　　　　　　　單位：%

	1990 年	1998 年	2015 年
美	--	55.8	53.7
日	51.9	54.3	51.6
南韓	49.4	48.7	44.4
臺灣	51	48	43.81（2016 年）

資料來源：美國商務部、日本統計局、韓國統計局、臺灣主計總處。

Unit 3-8　東南亞的三種財富與所得人數

　　財富與所得分配影響各國消費數字，以基金公司來說，許多國家基金以各國消費品公司為投資標的，所以必須預測東南亞與南亞各國的財富和所得分配，詳見表 3-11。

一、家庭財富分布

　　家庭財富和所得的公務統計，取決於該國政府國家統計局的統計能力，以家庭財富分布數字來說，大都「付之闕如」。

（一）財富分布數字大部分國家都是不公布的

　　各國家庭財富分布數字大都「不存在」，縱使有做「國家（政府、公司和家庭）財富調查」，基於社會穩定考量，大部分國家政府不公布。

（二）貧民數字是知道的

　　由表 3-11 可見，聯合國的使命之一是「消滅貧窮」，所以會「估計各洲、各區域、各國貧民數字」，這在 2015 年起是指每人平均每日消費 1.75 美元以下的「人」，66% 在亞洲（其中 80% 在南亞，20% 在其他，主要是東南亞）。

二、一個沒有標準定義的名詞「中產階級」

　　我認為「中產階級」是個沒有標準定義的名詞，本段想方設法聚焦。

（一）正確用詞：中所得家庭

　　中產階級的「產」指的是財產，這是「財富分配」觀念。許多報刊引用的調查本意指的是中「所得」家庭。問題來了，什麼是「中」所得家庭。

（二）看懂新聞報導數字

　　我們看了這麼多年的新聞報導，都搞不懂許多銀行、基金公司所說：「2017 年」、「2015 年」東南亞中所得人口有 2、3 億人，這些數字怎麼來的，直到 2017 年 7 月看了一則新聞，才豁然了解，詳見表 3-12。

（三）中所得家庭是問卷受訪者自我認知

如果問卷詢問受訪者家庭所得狀況「小康」、「中所得」、「高所得」，由受訪者自行勾選，其「年所得」也是。

（四）中所得是指所得分配中間 60% 家庭？

以家庭所得分配 5 分位來說，剔除高所得 20% 家庭、低所得 20% 家庭，那麼所得第 21～80% 的家庭是否是「中所得」家庭？

（五）東南亞國家的高所得家庭在美國是「貧民」

2018 年美國人均總產值 58,471 美元，貧民人均總產值 3 萬美元；東南亞人均總產值 4,300 美元，最高 20% 家庭人均總產值 8,000 美元，在美國可說是「一級」貧民。

表 3-11　常見財富與所得分配的民間調查公司

分配	調查機構	用途
一、財富 （一）財富最高 5% 家庭「人數」	例如每年 11 月初，瑞士的瑞士信貸公布瑞士信貸全球財富報告	1. 財富管理業務銀行、信用卡發卡機構、基金公司。 2. 精品公司
（二）其他	省略	省略
二、所得分配 （一）高所得		精品、豪宅消費支出
（二）中所得		購買力
（三）低所得 其中「貧民」：2015 年起是指每人每日支出 1.75（之前 1.25）美元以下	世界銀行 1990 年全球貧民人數 14.52 億人（亞洲占 80%），2005 年 9.12 億人（亞洲占 66%）。	聯合國的「消滅貧窮」目標和計畫，2011 年出版《世界社會情勢報告—全球社會危機》報告。

表 3-12　中所得家庭的兩種說法

有爭議的說法 *	正確說法	
	所得排序	家庭 5 分位
各國不同	最高 20%	高所得
	次高 20%	中高所得
每人每日支出	中間 20%	中所得
10～100 美元	次低 20%	中低所得
聯合國對窮人的定義	最低 20%	低所得
標準：每人每日支出 1.75 美元以下		

* 資料來源：整理自經濟日報，2017 年 7 月 3 日，A8 版，林奕榮

Unit 3-9　房屋需求

　　房屋支出（購屋、家電傢俱）約占家庭財富的 35%，站另一個角度，幾乎占家庭支出 35%；購屋是家庭一生中最大支出項目。所以本書以房屋為對象說明。

一、以臺北市為例說明「房價所得比」

　　就近取譬很容易「以一舉三」，2010 年起，臺灣對房價的說法常是「在臺北市買房要 15 年不吃不喝」，即「房價所得比 15 倍」，詳細說明：

（一）房價所得比是房價除以年所得

　　任何「AB比」都是「A除以B」，A是分子，B是分母。所以「房價所得比」是「房價」除以家庭年「所得」。

（二）臺北市房價所得比 15 倍

　　由公式（3-3）可見「房價所得比」的計算方式，再加上數字例子，資料來源，可見臺北市房價所得比 15 倍是怎麼算出來的。

二、國外房價、房價所得比調查機構

　　有關各國、各國大都市的房價、房價所得比，由「小檔案」可見，主要有下列兩個資料來源。

（一）維基百科上採用 Numbeo 數字

有關各國大都市物價（生活成本）等的網站最常見的是 Numbeo，這跟維基百科的編輯原理一樣，是由網友把各國政府等相關數字填入。

（二）其他

最常見的房價資料大都來自房地產仲介公司（例如美國的 Demographic）、大學等。

三、地狹人稠以致房價所得比高

由表 3-13 可見，東南亞、南亞各國的房價所得比大都比臺灣高，不是房價高，而是家庭所得低，分成四個級距。

（一）30 倍以上，越南、柬埔寨

越南、柬埔寨都市內房屋少，供不應求，而外資「炒作」更是雪上加霜。

（二）20～30 倍：泰、星

（三）10～20 倍：大部分國家

大部分國家房價所得比都落在這級距。

（四）10 倍以下：孟加拉、馬來西亞

$$\text{房價所得比} = \frac{\text{中位數房屋買賣總價}}{\text{中位數家庭所得}} \cdots\cdots\cdots\cdots\cdots\cdots (3\text{-}3)$$

以 2017 年第二季臺灣臺北市為例

$$15.64 \text{ 倍} = \frac{2,300 \text{ 萬元}}{147 \text{ 萬元}}$$

資料來源：房屋交易價格中位數：內政部營建署實價登錄網站，以臺北市來說，一季成交約 1 萬戶。

　　中位數家庭所得：這是依財政部財訊資料中心從 2016 年 5 月繳稅資料中找出來，以臺北市來說約 94 萬個家庭，「中位數」是指依家庭所得由高往低排序第 47 萬個家庭。

全球「房價所得比」小檔案（price to income ratio）

下列是 Demographic 的標準

	3 倍		4 倍		5 倍	
可負擔		稍微負擔重		嚴重負擔重		極度負擔重

公布時間	機構	國家、都市
1 月 18 日	英國牛津郡牛津經濟研究公司	世界各大城市
4 月 17 日	美國資產公司 Demographic	同上
5 月 13 日	Numbeo 線上維基百科採用此	100 個國家、許多都市

表 3-13　2016 年相關國家的房價所得比

房價所得比	相關國家房價所得比	東南亞／南亞房價所得比
	香港　37.57	
30 倍 -		越南　34.09
		柬埔寨 29.79
	中國大陸　24.98	泰　24.38
		新加坡 13.17
	日本　20.17	
20 倍 -		印尼　19.48
		菲律賓 19.24
		＊斯里蘭卡　17.35
	南韓　14.83	＊巴基斯坦　15.27
	臺灣　12.87	＊印度　10.54
10 倍 -		＊孟加拉 9.85
	美 3.37	馬來西亞 9.07

資料來源：Numbeo

Unit 3-10　各國政府支出中的基礎建設商機

政府支出一般約占總產值 15%，分成兩大項目。

・消費支出占 80%：主要是社會福利支出，其餘是國防、教育等，這些主要是人事薪資。這部分屬國內市場。

‧資本支出占 20%：一半是交通及建設部的交通建設（陸海空）、25% 是
經濟及能源部的水電工程等。這些屬於政府採購，依世界貿易組織的規
定，以開國際標為原則。於是外國公司「英雄有用武之地」。

一、工業化是人口都市化的主因

歐洲在 1760 年第一次工業革命起都市化，美國在第二次（1870 年）工業革
命（電氣化）起都市化。亞、非洲的新興國家從 1990 年代起才大幅工業化。由
圖 3-3 可見，1990 年以前，全球都市化比率 20%，從這地方開始起漲。

‧1980 年代起，亞洲的中國大陸廣東省深圳市、東莞市等，1990 年代上海
市、北京市等。

‧21 世紀起，主要集中在下列兩區域：

1. 亞洲南亞的印度、孟加拉達卡市、巴基斯坦喀拉蚩市等。

2. 非洲中埃及開羅市、奈及利亞亞拉哥斯市。

由表 3-14 可見，到 2050 年全球都市化程度 67%。

二、政府基礎建設的範圍

由表 3-15 可見政府基礎建設（infrastructure）的大致範圍，這主要包括服務
兩個對象。

（一）公司眼中的基礎設施

公司設廠需要「水電」，運進原料、運出成品皆需「鐵公機」（鐵路、公司、
機場港口）才能「貨暢其流」。此外，電信公司要強，打電話、上網以接洽生意。

（二）都市居民

公司的員工上下班要方便，這城市就會吸引到較多勞工來，公司會「聞香
下馬」。所以都市政府須能提供大眾運輸系統（捷運為主）、道路（私家車輛）
等。

都市化（urbanization）

都市：指 15 萬人以上的鎮，尤其市；陸指 5 萬人。

都市化程度：陸又稱「城市化水平」、「城市化率」，是指：$\dfrac{\text{都市人口}}{\text{總人口}}$

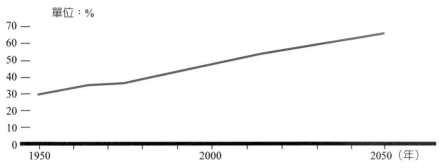

圖 3-2　全球都市居民比例

註：左軸數字代表城市居民占總人口的比率

資料來源：聯合國人口司

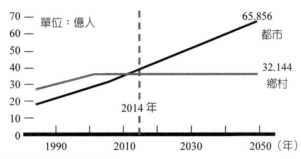

圖 3-3　全球都市與鄉村人口預測

表 3-14　全球都市化比率　　　　　　　　　　　　　　　　　　單位：億人

人口	2011 年	2050 年
(1) 都市人口	36	65.856
(2) 全球總人口	69.1	98
(3) = (1)/(2)	52.1%	67.2%
巨型城市（megacity） （人口千萬人以上都市）數目	2025 年 37 個 ・亞洲 22 個 ・非、歐、北美各 3 個 ・中南美洲 6 個	2030 年 41 個

資料來源：聯合國秘書處、經濟和社會事務部人口局發布的《World Urbanization Prospects: The 2011 Revision》報告，2017.6.21

表 3-15　基礎建設的範圍

生活項目	基礎建設
食	水：主要是水庫、自來水廠 水利：主要是下水道、防洪道等
住	電：火力發電廠 垃圾處理：垃圾焚化爐 住宅：主要是國民（臺灣稱合宜）住宅
行	陸：公路（尤其是付費的高速公路）、鐵路 海：主要是港口、相關碼頭 空：主要是機場

Unit 3-11　基礎建設商機

各國政府許多基礎建設基於「使用者付費」的原則，所以自償率（self-liquidation ratio）都在 100%（即現值計算還本），預估有 8% 的報酬率。由於承攬工程後，有政府保障營運期間且大部分為「獨占」（除非再蓋另一條高速公路），一般視為「低風險」的投資；有許多公司、出資公司會搶食大餅。

一、商機估計

由於各國政府基礎建設金額很大，因此依地理範圍由大（全球）到中（洲）到小（主要國家），皆有相關銀行、公司，提供相關統計資料。以小檔案中的 Preqin 公司來說，針對許多國家基礎建設資料的追蹤，細到每個基建案，詳見表 3-16。

（一）硬體商機

許多國家都衝刺火力電廠、電信公司設備等的整廠輸出。

（二）工程商機

中國大陸、南韓公司（例如現代營造）在非洲、中東等地，搶鐵公路等交通建設工程。

二、基礎建設的資金來源

各國政府的基礎建設大都開放民間資金參與，詳見圖 3-4，主因是政府「錢不夠」。

（一）歐美國家財政赤字到頂

歐洲、美國國會立法約束政府的舉債金額、比率，以美日來說，大都已到了「再進一步便到了懸崖」財政懸崖。

（二）新興國家的政府大都阮囊羞澀

以新興國家來說，政府稅收不足（例如印度稅收占總產值 2%，原因是抽不到稅），以致必須仰賴民間資金從事基礎建設。

（三）有自償性的基礎建設：以高速公路為例

當你開車在泰國曼谷市市區內的高速公路（比較像臺北市建國高架道路），會經過幾種不同收費的收費站，主因是分期開發，由不同外國公司（例如日本等）得標，收費金額等不同。

Preqin 公司小檔案（Private Equity Intelligence）

- 成立：2003 年
- 住址：公司在英國倫敦市，美國紐約市和舊金山市、新加坡有分公司
- 員工：350 人
- 營業項目：私募基金、房地產、基礎建設基金、衍生性商品基金資料庫

表 3-16　有關全球政府基礎建設的資料來源

地理範圍	機構
一、全球	・世界銀行
（一）全球	・世界經濟論壇（WEF）、KPMG 全球基礎建設雜誌
	・花旗銀行在「全球展望系列」，例如 2015 年 11 月「基礎設施的成長：數兆美元新資產級別的曙光」報告。
（二）跨洲	・美國彭博資訊
以 20 國（G20）	・Preqin 公司、麥肯錫顧問公司
二、洲	
（一）歐洲	歐洲復興開發銀行
（二）美洲	美洲開發銀行
（三）亞洲 45 國	亞洲開發銀行
三、國家	
（一）美國	美國土木工程學會

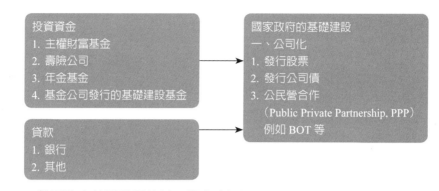

圖 3-4　各國政府基礎建設的外界資金來源

Unit 3-12　東南亞與南亞的基礎建設投資

　　發展亞洲新興國家經濟是亞洲開發銀行的本份，主要方式是對基礎建設提供貸款。每年皆會發布 45 國的基建「必要」金額估計，依金額大小依序為中國大陸、南亞、東南亞、中亞，這跟總產值、人口數相似。

　　至於基建搶單的是陸日兩國政府，在供給端的原因是產能過剩，兩國政府皆由總理帶頭衝，跟南亞、東南亞國家總統或總理談訂單，報刊非常喜歡報導。

一、基建金額

（一）應該投資金額、項目

　　由表 3-17 第一欄可見亞洲開發銀行對南亞、東南亞必要基建支出的金額，有二項：「維持經濟成長，應付氣候變遷。」由第二欄可見，在印度 56% 的基建項目是發電，以解決「電力不足」的窘境。

（二）實績約只有應該投資金額約四成

　　各國政府在基建支出往往只有必要金額的四成。以交通建設為例，徵收土地仍須考量人民的抗拒。

二、陸日在南亞、東南亞基礎建設的割喉戰

2014 年起，陸日兩國基於政治（外交）、經濟的考量，在爭取南亞、東南亞的基建訂單展開割喉戰，詳見表 3-18。

（一）政治考量：免費援外

爲了籠絡各國政府，中國大陸政府往免費援外，例如柬埔寨的總理府是中國大陸政府蓋與送的，金邊市某大道的營建也是，柬埔寨政府以陸方名義命名。東南亞國家中柬埔寨政府可說是中國大陸「最忠實的盟友」（俗稱鐵粉）。

（二）經濟考量：無息貸款

針對高速鐵路的興建，這是中日資方企業專長，陸方有成本優勢（每公里興建成本約是日方四成），再加上給予無息或低利貸款。日本政府、公司無力奉陪。

表 3-17　2016～2030 年東南亞、南亞所需基礎建設金額

區域 *	項目 *	國家
一、南亞 6.347 兆美元	電：56% 交通：32% 電信：8.8% 水、衛生等：3.2%	印度一年基建支出約 1,850 億美元，經濟持續快速成長，而基建支出成長更高，估計 2027 年支出 9,600 億美元。
二、東南亞 3.147 兆美元	2017～2025 年，東南亞每年約需要基建支出 1,100 億美元。	以 2017～2021 年為例，泰國政府共投入約 1,600 億美元。
*2015 年的物價水準		2017 年 4 月 25 日，菲律賓政府宣布，2017～2022 年基建占總產值 7.4%，2016 年 5.1%。

* 資料來源：亞洲開發銀行，2017.2.28

表 3-18　陸日在南亞、東南亞基礎建設的割喉戰

	中國大陸	日本
一、目標	1. 外交目的 2. 經濟目的 　　一帶一路政策	2016 年 1 月 10 日，日本政府為了擴大國內企業的海外營收，並加強跟新興國家的關係，訂定海外基礎建設收入目標，希望在 2020 年前達到 30 兆日圓（2,547億美元）。根據不同行業設定目標金額，包括能源行業的目標金額為 9 兆日圓，交通行業 7 兆日圓，太空和醫療等 5 兆日圓。
二、政策	經濟一體化	
三、行業		
（一）電力	核能電廠	核能電廠
（二）交通		
1. 軌道工程	中國中車	三菱重工等
2. 車廂	同上	日本車輪，例如臺灣的普悠瑪列車

討論問題

1. 在 Unit 3-1 中，本書用了簡單算式「總產值 × 消費比率＝消費」便可大抵估計各國的消費金額（註：臺灣消費比率 53%），請你驗證。

2. 以表 3-1 為基礎，以一個國家例如越南每 5 年（例如 2010、2015、2020 年）資料，來分析其支出結構（食衣住行育樂比率）的差異。

3. 當你只看臺灣「人口三化」，覺得怎麼這麼多問題，這是「經濟起飛階段」（例如東南亞的馬、泰）、「經濟成熟階段」（星、汶萊）共同問題，你同意嗎？

4. 你如何判斷柬埔寨金邊市、越南胡志明市房價太高（提示：表 3-13）？

5. 試舉東南亞一國為例，外國公司（陸日韓臺）如何搶基礎建設訂單？

東南亞的「投資」
專論國際直接投資

Unit 4-1　兩種全球化

全球企業（本書以臺灣公司為例）商品／服務進出或到國外「直接投資」（簡稱投資），經濟學者的用詞如下，企管學者的用詞不同，意思一樣，詳見表 4-1。

一、第一層：市場 vs. 生產全球化，90 比 10

以公司損益表的會計科目來說，公司到海外投資，著重點不同。「國際企業管理」把全球化分為狹義與廣義（包括六項公司功能：研發、生產、市場、財務、人資、資管），其中狹義全球化包括兩項，詳見表 4-1。

（一）商品市場導向占 90%，衝著擴大營業收入來

這是為了多賣多賺的「極大化」營收而來，企管學者稱為「市場全球化」（globalization of market、market-seeking），分成兩中類；這屬於「國際行銷管理」課程的重點。

（二）生產因素市場導向占 10%，衝著降低營業成本費用來

這是為了「降低成本」（cost reduction、efficient-seeking 和 resource seeking）而來，企管學者稱為生產全球化（globalization of production）這屬於「國際企業管理」課程的重點。

（三）綜合一下：白與黑之間是灰

以顏色中的黑與白兩個極端中，中間會有一些灰的「漸層帶」，例如最常舉的例子是 1964 年起，日本豐田到泰國設廠（尤其生產小貨卡），考量兩點。

· 市場導向：當地農民等需要排氣量 1,000cc 的小貨卡（主要是兩排椅子）且有小車斗。

· 生產因素導向：泰國土地、勞工便宜，在泰國設廠，可向東南亞以西地方出口汽車。所以 2007 年二個廠年產能 50 萬輛，占全球產能 5%，相當於速霸陸（SUBARU）一整年的全球產量。

二、第二層：生產全球化細分

在全球廠址選擇時，依據消費者對商品製造地的偏好，分成兩種情況。

（一）當生產國重要，占 10% 情況

少數情況下，產地代表原料純正、勞工工藝水準，對一些在乎品質的顧客，寧可多付一點錢，也斤斤計較生產地。例如 2015 年陸客爆買日本「免治馬桶」（組裝地在中國大陸浙江省）。

（二）當生產國不重要，占 90% 情況

八成的顧客都是「價格導向的」，因此全球企業會想方設法以「最低成本」（製造成本加貿易成本）來選擇廠址。

三、第三層：最低成本導向

以出口商品來說，運到國外，包括兩項成本：即製造成本（FOB 價格）與貿易成本（trade costs，主要是運費、保險費和進口國關稅）。

（一）當貿易成本重要：設立區域工廠

針對運輸費用高（主要是汽車）、關稅稅率高（汽車等）商品，許多公司在各洲會在交通樞紐（hub）、區域自由貿易地區中挑製造成本較低的國家，蓋區域工廠（regional factory），像豐田汽車的泰國、印尼工廠。

（二）當貿易成本不重要：設立全球工廠

當貿易成本不高時，此時以「全球工廠」（global factory）去拚，例如手機符合世貿組織的「資訊通訊協定」（Information Technology Agreement, ITA），全球 82 個會員國，約占全球資訊通訊商品銷量八成，所以蘋果公司委由鴻海（占七成）、和碩（占三成）在中國大陸的工廠組裝。

表 4-1　全球化的狹義分類

大分類	中分類	小分類
一、市場全球化（globalization of market），占 90%：偏內銷	（一）當在地化重要 推出亞洲區域甚至某一國（例如中國大陸）車款 （二）當在地化不重要 以汽車公司為例，最常見的是全球車款	＊說明 例如日本豐田汽車公司的冠美麗（Camry，陸稱凱美瑞）、Altis 都是。
二、生產全球化（globalization of production），占 10%：偏商品出口	（一）當生產國重要 例如法國製精品、日本製家電 （二）當產地國不重要	在法、日等製造 1. 當貿易成本重要 　・亞洲區域工廠 　・某一國設廠 　例如在印度設手機廠 2. 當貿易成本不重要 　全球工廠 　・越南、印尼製鞋工廠 　・孟加拉成衣工廠

Unit 4-2　全景：國際直接投資

　　2014 年，全球公司「海外直接投資」流入（inbound foreign direct investment）前四名依序為：美、歐盟區、東南亞和中國大陸，這是東南亞第一次超越中國大陸。1990～2015 年，臺灣學者用「磁吸效應」來形容中國大陸吸引臺資公司（一般稱為臺商），同樣現象在東南亞發生。在本單元說明兩個基本觀念。

一、國際直接投資相關理論

　　在《國際企業管理》書中至少有一章、《國際貿易理論》書中以二節至一章，來討論「國際直接投資相關理論」，一事不煩二主，本書套用經濟學者華爾拉斯的一般均衡的架構，以全景來看整個森林，分成兩個市場。

（一）商品市場導向：以美歐陸為主

　　「大河養得起大魚，小魚在小溪」；同樣的，大型全球公司會往占全球總產值的「三極」（歐美陸）去搶市場，小型公司偏安一隅（一區域）。以本書

來說，許多東亞國家的公司就近切入東南亞市場。尤其東南亞皆是新興國家（新加坡、汶萊例外），對東協以外國家大都以關稅來保護區域、國內公司，外國公司在此設廠，才可免受關稅之累，就近供貨。

（二）生產因素市場：以亞、非洲為主

由表 4-2 第二欄可見，五種「生產因素」（production factors，俗譯生產要素）大抵分成兩種情況。

・自然秉賦（自然資源、勞工）：去新興國家投資

工業國家的公司到新興國家去設廠，大都看重其「本錢雄厚」，主要是三低「土地便宜、礦產豐富、勞工低廉」。

・資本和技術：去工業國家投資

以「中國大陸的公司」（常簡稱中資公司或陸企）爲例，到歐（例如 2010 年吉利收購瑞典富豪汽車公司，陸稱沃爾沃汽車）美收購公司，大抵以取得技術、品牌爲考量。

二、地主國政府的角度

由圖 4-1 可見，各國大都歡迎外資，許多新興國家把各省市官員招商引資金額列爲「關鍵績效指標」。

（一）外資公司之利

由圖 4-1 可見，外資公司（foreign capital company）帶來資本（許多情況是母國的二手機檯）、技術，提升地主國的資本存量、技術水準並聘用員工。在商品市場，增加出口，賺進外匯。在圖 4-1 第三欄，有助經濟成長。本書對譯詞、用詞要求極嚴格，由表4-3可見，本書使用「外資」公司、「外資」銀行等。

（二）外資公司之弊

有些新興國家政府腐敗，有些外資公司賄賂政府官員取得特許經營執照，稱爲「尋求準租行爲」（seeking quasi-rent，簡稱尋租），吃相難看容易激發當地人民「寧與外人，不與家奴」的相對剝削感，尤其外資公司給員工低薪時，又有「血汗工廠」的惡名。再加上外資公司的工廠破壞環境，「人怒」再加上「天怒」。當地居民有時會採取「排外」的示威、暴動，甚至政府採取「沒收」等措施，這些都是政治風險（political risk）。

```
投入 ──────────→  產出 ──────────→     產出
```

生產因素市場	商品市場
1. 自然資源	1. 消費
2. 勞工：創造就業	2. 投資：✓
3. 資本：帶來資本（但主要是二手機器）	3. 政府支出
	4. 國際貿易
4. 技術：主要是外籍技師	・出口：✓
5. 企業家精神	・進口

```
┌─────────────────────┐
│ 一、經濟成長          │
│ （一）經濟成長率      │
│ （二）失業率降低      │
│ 二、所得分配          │
│ 讓許多農民工脫貧      │
└─────────────────────┘
```

圖 4-1　外商對地主國經濟的助益

表 4-2　工業、新興國家的「外國直接投資」流入的原因

市場	生產因素市場（投入）	產業（轉換）	商品市場（產出）
分類	1. 自然資源 　・農業 　・礦業 　・土地 2. 勞工 3. 資本 4. 技術 5. 企業家精神	1. 服務業 2. 工業 3. 農業	1. 消費 2. 直接投資 3. 政府支出 4. 國際貿易 　・出口 　・進口
一、對工業國家 （一）出口導向	✓，以此為輔，例如德國寶馬在美設廠，出口到歐美日。		
（二）內需導向			✓，以此為主，例如日本豐田在加美設廠，以享受北美自由貿易協定好處，就近搶攻美國市場。
二、對新興國家 （一）出口導向	✓，以此為主，臺灣寶成到越南、印尼設廠，以生產球鞋，出口到歐美日等。		
（二）內需導向			✓，以此為輔，日本豐田汽車在印尼、泰國設廠，以搶攻印尼、泰國市場。

表 4-3　本書使用外資公司、外資銀行的原因

項目	許多書刊用詞	本書的用詞
一、公司		
1. 英文	foreign company	foreign capital company
2. 中文	外國廠商（簡稱外商或稱外商公司），例如在臺的美國公司稱為美商	firm，從清朝起譯為「工廠商店」（簡稱廠商）。 在現代，firm 稱為公司、企業，例如陸稱國營企業（簡稱國企） 外資公司，例如在臺的美國公司稱為美資公司
二、銀行		
1. 英文	foreign bank	foreign capital bank
2. 中文	外商銀行	外資銀行

Unit 4-3　東南亞的外資公司投資

全球經濟的「國際產業分工」（international division of production），影響全球海外直接投資金額和區域分布。2010 年起，東南亞在吸引外資已躍居全球第四，本單元將說明。

一、東南亞占到全球／外資流入

全球直接投資（分成流出、流入，金額相近）常見的是指「外資流入」（capital inflow 或 inbound）。

（一）1993 年，陸居全球第二（2016 年例外）

中國大陸對外資公司有雙重吸引力：全球工廠、全球市場。

（二）2013 年，只一次超越中國大陸

2008 年起，隨著中國大陸製造成本的提升，土地、勞動成本飆漲、缺工、限電、環保規定日趨嚴苛等衝擊，外人直接投資流入中國大陸趨緩，並逐漸轉移至東協。2013 年東南亞吸引外資 1,362 億美元，首度超過中國大陸 1,280 億美元。

二、外資結構

由表 4-4 可見，外資結構很集中，可依兩個標準來看。

（一）前 3 名占 50%

以地緣經濟來說，區域內貿易大於區域外貿易，在海外直接投資跟國際貿易互補情況下，東南亞前三外資公司依序為東南亞 10 國、歐盟和日本，日本把東南亞當作「主攻市場」。

（二）前 6 名占 72%

前三大國再加上「美陸韓」，這 6 國的外資占東南亞外資 72%，臺灣居第 9 名。

全球投資（趨勢）報告小檔案（World Investment Report）

時：每年 2 月 1 日

地：瑞士日內瓦市

人：聯合國貿易和發展會議（UNCTAD，陸稱聯合國貿發展主義），1964 年 12 月成立，聯合國常設機構，有 194 個成員

事：2016 年全球對外投資金額 1.764 兆美元，年成長率 -12%。

依經濟發展階段區分：

＊工業國家占 57.36%，其中約九成是企業購併

＊新興國家占 42.64%

前三大國如下：

美國 3,911 億美元，成長率 12.3%

英國 2,538 億美元，成長率 669.1%，企業併購造成

中國大陸 1,337 億美元，年成長率 -1.4%

主要是高技術製造業和高附加價值服務業。

時：2017 年 11 月 17 日

事：貿易和發展會議預測如下：

2017 年 1.8 兆美元、2018 年 1.85 兆美元，歷史高點在 2007 年大趨勢是流入工業國家比重增加。

三、東南亞外資投資行業

2012～2015 年如下，四個行業占 73%。

1. 服務業：金融業 32.4%、零售業 14.7%。

2. 工業：製造業 17.5%、房地產業 8.3%。

3. 農業：省略。

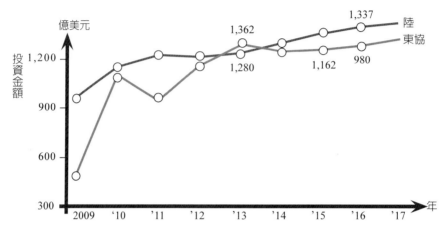

圖 4-2　陸與東南亞的外資流入

資料來源：聯合國貿易和發展會議

表 4-4　東南亞十大外人直接投資存量淨額　　　　　　　　　　　單位：億美元

國家	2013 年	2014 年	2015 年	排名	比重
東協十國	19,562	22,134	22,232	1	18.4
歐盟會員國	24,511	24,990	20,128	2	16.7
日本	24,750	15,705	17,559	3	14.5
美國	7,157	14,748	13,646	4	11.3
中國大陸	6,426	6,990	8,256	5	6.8
南韓	4,303	5,751	5,710	6	4.7
澳大利亞	2,587	6,282	5,247	7	4.3
香港	5,251	9,813	4,543	8	3.8
臺灣	1,381	3,254	2,807	9	2.7
紐西蘭	336	550	2,241	10	1.9
其他	28,600	19,777	18,449		15.3
總計	124,865	130,000	120,810		100

資料來源：Association of Southeast Asian Nations, Foreign Dire of Investment statistics, table 27 "Top ten sources of ASEAN foreign direct investments inflow" , http://asean.org/, 2016.10.5。

Unit 4-4 東南亞跟中國大陸投資環境比較：公司損益表角度

　　以製造成本導向的公司「將本求利」在各國選擇廠址（factory choice），經營環境的各項目皆可在公司損益表上找到對應的會計科目。為了簡單討論，只考慮在某一國設廠的目的是為了生產商品以便出口。表 4-5 是陸、東南亞比較。

一、營收

　　地主國有下列兩項總體因素影響公司的營收。

（一）匯率

　　以出口公司來說，總希望地主國匯率低估，即「國家級」的削價競爭。

（二）進口國關稅匯率

　　地主國出口商品到進口國，要是彼此間有簽自由貿易協定，是用零（或極低）關稅，省了關稅後，跟進口國本土的商品在價格方面競爭上較為公平。

二、營業成本

（一）經濟學五種生產因素在公司損益表主要是營業成本

　　五種生產因素有三項在公司損益表的營業成本對應，以勞力密集的成衣，製鞋業為例。

（二）營業成本細項

- ・原料成本占營收 40%：在「一條鞭」（上中下游俱齊）情況下，可說原料成本最低；次好方案是「原料」（例如紡織的布料）進口。
- ・直接人工成本占 30%：薪資成本常占代工公司營收的 30%，當原料成本固定（例如來料加工情況），這時薪資成本會占 50% 以上，輸贏就靠這項。
- ・製造費用占營收 5%：主要是土地成本的攤提，許多國家政府針對特定產業的大公司免費出售（或出租）土地，藉以創造當地人民就業，進而增加稅收（營業稅、公司稅）。

三、營業費用

　　營業費用占營收 10%。營業費用包括三項：研發費用、行銷費用（主要是運輸費用）、管理費用。

四、稅前、稅後淨利

（一）公司所得稅稅率

　　地主國針對外資公司常有「兩免三減半」等租稅優惠，例如設廠投產後，第三年開始獲利，那第三、四年免繳公司所得稅，第五、六、七年公司所得稅率（例如 20%）打對折，只需繳 10%。

（二）「法令遵循成本」

　　許多新興國家的政府官員（消防、治安、稅務、工商管理局）等，於公於私都會向外資公司收取，這些檯面上、檯面下的「養官費」，大都有行情，可視為公司稅費的一種。

表 4-5　中國大陸、東南亞公司損益表方面優劣勢比較

損益表	中國大陸	東南亞
一、營收	2007 年 7 月 12 日，中國大陸人民銀行實施匯率改革，美元兌人民幣由 8.2765 貶值到 6.2，不利陸企出口。 2015 年 8 月 11 日才漸貶至 6.8。	勝
二、營業成本 （一）原料	勝，中國大陸供應鏈完整	
（二）直接人工 1. 薪資成本	2008 年：勞動合同法實施，工資 2008～2015 年每年上漲 13%，2016 年 7.7%	勝，星泰馬「勞工不足」外，其餘 7 國皆勞動力豐沛，且薪水只有中國大陸勞工的二成，很適合發展勞動力密集行業（製衣作鞋）
2. 勞工數量	勝，6.9 億人，其中 2016 年農民工約 2.81 億人	3.17 億人
（三）製造費用 1. 地租、房租	2004 年起，廣東省等為了淘汰低附加價值行業，引進高附加價值行業，實施「騰籠換鳥」政策，由於收購價格高等，地價狂飆。	撇開馬來西亞旗下的東馬（沙巴、沙勞越）和印尼的雨林，以「人均土地」等人口密度來說，東南亞人口密集，但政府透過徵收農地，轉成工業區，政策招商的地租極便宜。

表 4-5　中國大陸、東南亞公司損益表方面優劣勢比較（續）

2. 空氣：環保成本	2012 年起，由於霧霾汙染嚴重，人民反彈，政府對公司設廠環保標準越來越高。	新加坡、越南除外，大部分國家對水、空氣汙染的環保標準很低，為了發展經濟，把環保放一邊。
3. 水	北部水不足，政府花 20 年進行「南水北調」水利工程。	以東南亞中南半島國家有湄公河、湄南河水利，水供過於求。
4. 電		
·電價	2015 年 1 度電價 3.3594 元	勝　臺灣 2.7641 元、馬 3.0491 元
·電量	2008 年起，有時為了達到環保標準，減少火力發電，以致缺電。	勝
三、營業費用		勝
四、所得稅費用	對外資的公司稅稅率調整到跟陸企一樣。針對高科技外商，公司稅率15%。	勝 1. 公司稅稅率 2. 貪汙 一般把官員的貪汙金額視為「苛捐雜稅」，即廣義的「所得稅費用」。

一般均衡模型（General Equilibrium model）小檔案

時：1874 年

地：法國

人：法國經濟學者華爾拉斯（Leon Walras, 1834~1910）

事：在《純粹經濟學的因素》一書中說明，有 2 個市場，投入面的生產因素市場、產出面的商品市場。

Unit 4-5　在中國大陸或越南設廠？

如果你是下列兩個勞力密集代工業，如何決定廠址？

· 全球最大（營收 2,700 億元）運動鞋、休閒鞋代工公司寶成工業（9904）董事兼集團執行長蔡佩君，2008 年起為何從中國大陸廣東省東莞市等，逐漸外移到越南、印尼？

· 全球很大的平價時尚服裝代工公司聚陽（1477）董事長周理平，在考慮全球廠址的分布時，會怎麼想？我認為都是從一年損益去比較，詳見圖4-3。

圖 4-3　25 國製造成本相對比較

> **全球 25 國製造成本比較**
>
> 時：2014 年 8 月
>
> 地：美國麻州波士頓市
>
> 人：美國波士頓顧問公司（BCG）
>
> 事：發表「從成本競爭而論，如何影響全球製造業」，研究期間 2004～2014 年、
>
> 　　25 國（出口為主，占全球出口值 90%）四項成本生產因素成本如下：
>
> 　　自然資源：能源成本（電力、瓦斯）
>
> 　　勞工：薪資
>
> 　　資本：勞動力生產率
>
> 　　匯率：匯率與對手國匯率

＊本書不採用任何投資環境評比

　　每年至少有下列四個著名機構推出全球經濟方面競爭優勢評比，詳見表 4-6，臺灣約第 11～14 名。但 2000 年以來，每年外資約 20 億美元，對外直接投資 110 億美元。東南亞越南、南亞印度等排名 50 名以後，每年吸引外資 200 億美元以上；即投資環境評比「無用」。

表 4-6　國際機構相關國家核心能力衡量

公布時間	機構	評比
2 月 15 日	美國華盛頓特區 傳統基金會	經濟自由度指數（180 國），臺灣第 11 名 （Index of Economic Freedom）
5 月 30 日	瑞士洛桑市 國際管理學院（IMD）	世界競爭力排名（63 國），臺灣第 14 名 （IMD World Competitiveness）
9 月 28 日	瑞士日內瓦市 世界經濟論壇 (WEF)	全球競爭力報告（138 國）臺灣第 14 名 （Global Competitiveness Report）
10 月 28 日	美國華盛頓特區 世界銀行	全球經商環境評比（189 國），臺灣第 11 名 （Doing Business）

Unit 4-6　東南亞的勞動「價格」

1990 年起，臺灣開始聘請兩種藍領外籍勞工，2018 年人數如下。

‧產業移工 40.5 萬人，主要是越南籍，俗稱越勞，主要在 3K 行業。

‧社會福利移工 24.3 萬人，主要是照顧「無生活自理能力」的老人、失能人士、嬰兒，主要來自印尼、菲律賓，俗稱印傭、菲傭，全部是女性。

由這個生活中常見的國際移工，便可見東南亞勞工薪資低，所以臺灣的雇主可以聘用很多人。本單元談東南亞、南亞勞工薪水，套用「俗擱大碗」俚語，外資都是衝著「薪資極低」聞香下馬。

一、最低年薪

由最低年薪可以推估平均年薪，為了跨國比較，所以全部換算成美元。

（一）只有部分國家有訂最低月薪

少部分國家為了保障勞工權益，針對全職勞工訂最低每月薪資，進而乘上 12 個月，可計算「最低年薪」。

（二）三洲低薪國家的最低年薪

由表 4-7 第一欄可見，維基百科把幾個國家最低年薪作表，本書依三大洲排列，可找一個參考指標。

（三）由最低年薪推估年薪

一般國家訂定「基本月薪」的邏輯有二：

‧平均月薪的 40%。

‧以基本（或最低）生活支出來說。

以第一個標準來說，美國勞工最低年薪 15,080 美元，越南 596 美元，約只有美國 4%，或者說美國勞工薪水是越南的 25 倍。

中國大陸勞工平均年薪 6,352 美元，約是越南勞工 4.26 倍，最簡單的說法，在中國大陸聘 1 位勞工，在越南可以聘到 4 人，詳見表 4-8。

二、製造業平均時薪

（一）投入面：每小時薪資

由於缺乏行業、公司產值、產量數字，所以有時純以投入面的「平均每小時薪資」來比較，這是因爲每個國家每個月基本工時（例如臺灣是每週40小時）不同，須以時薪來比較。以東南亞薪資低6國來說，時薪在中國大陸四成以下。

（二）投入產出面

在有產量（例如每人每月球鞋產量）情況下，較正確的方式是衡量「效益成本分析」方式是「產量時薪值」，例如「1.2雙鞋50元」，即在時薪50元情況下可生產1.2雙球鞋。

表 4-7　三洲主要低薪國家年薪與時薪　　　　　　　　　　　　單位：美元

最低年薪			工業中製造業平均時薪		
		年月	國家	2005 年	2016 年
一、美洲			巴西	2.9	2.7
美國	15,080	2014.11	阿根廷	2.1	2.5
			墨西哥	2.2	2.1
二、歐洲					
波蘭	6,657	2005	葡萄牙	6.3	4.5
匈牙利	5,236	2015			
捷克	5,511	2014			
俄羅斯	1,865	2015	南非	4.3	3.6
三、亞洲					
南韓	11,601	2014.4			
臺灣	8,849	2012.4			
馬來西亞	2,936	2014			
泰國	2,882	2014			
中國大陸	2,541	2014	陸	1.2	3.6
菲律賓	1,441	2014			
印尼	920	2015	印度	-	0.7
越南	596	2017	斯里蘭卡		

資料來源：維基媒體

各國製造業平均時薪比較

時：2017 年 2 月 26 日

地：英國倫敦市

人：市場調查機構歐睿國際顧問公司（Euromonitor International）

事：歐睿國際的資料由聯合國旗下的國際勞工組織（ILO）、歐盟統計局和各國統
計機構提供的資料匯編而成，然後把其轉換為美元，並進行物價上漲調整。

表 4-8　2017 年東南亞平均月薪　　　　　　　　　　　　　　　　　單位：美元

國家	月薪	說明（2018 年）
印尼	251	2018 年 348 美元
馬	230	菲泰最低月薪 120 美元
菲	191	
泰	186	
柬	153	2018 年 173 美元
越	140	2017 年 114～165 美元，四個地區
緬	53	

資料來源：經濟日報，2017.8.24，其主要來自日本日經新聞

Unit 4-7　東南亞的勞動數量

　　勞工薪資是必要條件，勞工數量是充分條件，許多勞力密集工廠（例如寶
成的運動鞋廠），員工數十萬人，小國寡民力有未逮。

一、勞動人口數量

　　計算「勞動人口」數量的方式詳見（4-1）式，公式中 2 個參數會依世界各
國的兩項因素而影響，以臺灣來做參考值。

　　・勞動年齡人口占人口比重，臺灣 72%

　　這是指 15～65（或 60）歲勞動年齡人口占人口的比重，老年化比率越高，
此比率越低。有一說，東南亞人口年齡中位數 29 歲。

　　・勞動人口占勞動年齡人口比重（即勞動參與率），臺灣 57%

　　社會福利、婦女就業率影響勞動年齡人口的勞動參與意願，臺灣較低，韓

日美 63% 以上。東南亞情況如下。

$$勞動人口 = 人口數 × 勞動年齡人口比重 × 勞動參與率 \cdots\cdots\cdots (4\text{-}1)$$
$$3.14 億人 = 6.6 億人 ×70\%×68\%$$

二、以英國經濟學公司報告為例

　　有好幾家外國公司的「人才報告」，分析 2021 年相關國家的人才供需狀況。最經常引用的是英國牛津經濟研究公司（Oxford Economics），詳見小檔案。

　　把「人才報告」（表）跟失業率數字合併來看，東南亞國家分成三群，詳見圖 4-4。

　　（一）勞工供過於求，高失業率國家：印尼（5.6%）。

　　（二）中失業率國家 3～5%：馬來西亞（3.5%）。

　　（三）低失業率國家 3% 以下：泰國（1.2%）。

　　星馬泰三國因少子化，所以缺工，人才供不應求的國家，俗稱「勞動人口赤字」（talent deficit），臺灣最嚴重，這類國家都是工業國家，少子化造成勞動人口衰退。臺灣、日本、西班牙低薪造成人才外流，是「雪上加霜」。

中國大陸、東南亞 2030 年預估缺工人數

時：2017 年 2 月 16 日

地：瑞士日內瓦市

人：國際勞工組織，聯合國旗下組織，成立於 1919 年

事：隨著人口老年化，2030 年東亞、東南亞缺工人數如下：

1. 中國大陸缺 2,000 萬人以上：勞工缺口便開始由外籍移工填補，例如每年春天有 5 萬名越南人到中國大陸廣西幫助收割甘蔗。日本約缺工 1,000 萬人。

2. 東南亞缺工 600 萬人：主要缺工國家為新加坡、馬來西亞、泰國。

表 4-9　2021 年預估全球相關國家人才供需狀況　　　　　　　　單位：%

供不應求	供需平衡	供過於求
臺灣 -1.5	科威特 0.1	印度 2.1
日本 -1.4	中國大陸 0	巴西 1.0
南韓 -0.8		埃及 0.7
美國 -0.8		菲律賓 0.6
德 -0.6		
澳大利亞 -0.5		
西班牙 -0.4		

2021 年全球人才報告小檔案（Global Talent 2021）

時：2012 年 12 月 4 日

地：英國牛津郡

人：英國牛津經濟研究公司（Oxford Economics），公司成立於 1981 年，牛津大學商學院成立，服務項目有三：（投入）資料庫、（轉換）模型、（產出）報告，另諮詢服務。該公司與韜睿專悅公司合作，以 46 國、21 個行業、352 位人資主管的問卷調查。

事：在 46 國中，臺灣是「人才不足」最嚴重國家

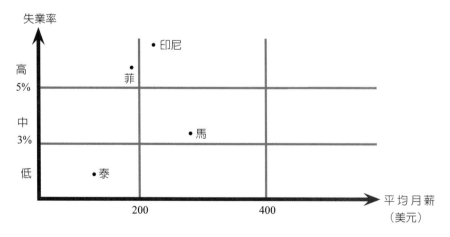

圖 4-4　東南亞的薪水與失業率

Unit 4-8　東南亞勞工素質

公司考量勞工薪資時，把勞工素質列入考量，常見衡量勞工素質的因素有三個，詳見表 4-10，本單元詳細說明。

一、勞工的體力

以勞力密集行業來說，勞工賺的是「血汗錢」，所以勞工體力很重要。

（一）需要體力的工作

年輕就是本錢，一般認為「年輕力壯」，對於低技術水準的工作，年輕勞工贏在「有青春肉體」。

（二）東南亞人口中位數 29 歲

看這數字不會覺得「年輕」，這要跟「高齡」社會的日本比，由表 4-11 可見，中位數 44.6 歲，「老年社會」的臺灣 40.5 歲。年齡「中位數」是指 100 個人中，依年齡由高往低排列，第 50 位勞工的年齡。

二、勞工的技術能力

針對技術密集行業，勞工須看懂機檯的操作手冊、派工單上的「工作程序」（簡稱工序），所以勞工須具備初、中、甚至高階的技術能力。

（一）學歷

從國中的技藝班、高級工業中學，一直到科技大學，可培養初、中、高階的技術勞工。

（二）職業訓練

1990 年代，中國大陸政府在農村廣設職業訓練中心，受訓期滿，直接到都市的相關工廠上班。最常見的技術工作便是「電焊」，技術程度差異很大，像德國寶馬汽車（BMW），汽車組裝時，在車內電焊是機器手臂搆不到的，勞工電焊也較精細。

三、勞工的智力

技術、知識密集工作，越需要仰賴勞工的「智力」（或智慧 intelligence，陸

稱智能），至少跟勞工二方面有關。

（一）工作資歷

45 歲以上勞工體力較差，經驗能彌補體力衰退，總生產力可能比年輕勞工高。

（二）勞工的學習力和創造力

勞工學習力、創造力很大部分是靠公司去帶領。

表 4-10　勞工素質衡量方式

三面向	說明
一、智力	
（一）年資	勞工的經驗對技術密集行業很重要
（二）學習力、創造力	勞工的學習力、創造力對知識密集行業很重要
二、技術	
（一）學歷	依技術水準分成四級，大抵跟學歷相對應：
	1. 高階技術勞工：大學和碩士
	2. 中階技術勞工：高中畢業
	3. 初階技術勞工：國中畢業
	2017 年 5 月 2 日，陸「國家統計局」發布「農民工監測調查報告」資料如下：
	2016 年中國大陸農民工 2.81 億人（成長率 1.5%），平均學歷國中二年級，平均月薪人民幣 3,275 元。
	4. 普通勞工：國小畢業
	臺灣稱體力工人或粗工，陸簡稱普工。
三、體力	
（一）勞工年齡中位數	體力工作分水嶺是 45 歲，以下「年輕力壯」
（二）人口年齡中位數	東南亞各國約 29 歲，人口屬金字塔型。

東南亞人才外流，不利經濟成長

時：2017 年 6 月 6 日

地：菲律賓馬尼拉市

人：亞洲開發銀行（ADB）

事：從 2010 年起的調查指出東南亞國家的大學畢業生一成以上到「經濟合作暨發展組織」（35 個會員國）國家工作。

1. 菲律賓占外流人數一半（2001～2011 年 140 萬人）

2. 金額估計：世界銀行估計 2016 年新興國家的外匯匯入金額 4,290 億美元，其中菲律賓 300 億美元，占總產值一成。

3. 大才小用：52% 的泰國移民資歷過高；菲律賓、寮國、緬甸與越南超過四成。

4. 海外移民看上的是其他國家較高的薪資、更好的工作條件、對專業發展與進修教育的期望、以及與其他人才共事的機會。

5. 醫療、科學、工程、管理與教育領域的人才流失，可能對經濟與社會的發展形成障礙。

表 4-11　亞洲幾個國家的人口年齡中位數（依人口數由高往下排列）

區域	東亞		東南亞		南亞		其他	
國家	陸	37.1**	印尼	29.2	印	27	美	37.9**
	日本	44.6*	菲	23.5	巴	22.6	巴西	30.7
	南韓	37.9*	越	29.2	孟	24.3	墨	27.3
	臺灣	40.5	泰	33.7*	尼	22.9		
			緬	27.9	斯	31.3		
			馬	27.7	不丹	26.2		
			柬	24.1				
			寮	22				
			星	39.6				
			汶	29.3				
全球	29.7							

註：*2010 年，餘 2014 年，臺灣 2017.3，**2016 年

資料來源：維基媒體，2017.10.28，主要來自美國中央情報局

Unit 4-9　東南亞自然資源對公司製造費用的影響

公司損益表中「營業成本」中的製造費用一項，分成二中類，詳見表 4-12。

・水電瓦斯費：這在各國都差不多，而且占營收 1% 以內，重點不在價格的高低，而是供應「量」夠不夠、「質」（例如不停電）高不高。

以耗水行業來說：水費占營業成本費用面板業 0.1%、半導體業中的晶圓代工台積電 0.05%；鋼鐵業比面板業稍高。從常識便可判斷，一般家庭每月水費約 322 元，占家庭支出比率 0.35%，世界衛生組織認為合理比率 3%。

・土地售價或租金：土地售價占設廠成本三成，影響投資金額甚巨。

表 4-12　東南亞在自然資源對製造費用的影響

自然資源	臺灣	東南亞
一、水		
（一）水價	1 度水平均 9.2 元（因為分級距） 1 度＝ 1 公噸＝ 1,000 公斤 以 2008 年來說，臺南科學園區的用水費 4.55 億元，占總產值 5,475 億元的 0.083%	1 度水 ・新加坡 33.8～45.1 元 ・香港 10.84 元
（二）水量	臺灣處於亞熱帶，年雨量 250 公分，一年有三分之一雨量來自颱風等，水量供應太集中，水庫、河流留不住暴雨，臺灣是全球第 18 缺水國家。因此環境資源部在對公司設廠（例如台積電）環境影響評估時，針對用水量是重點。	東南亞各國大都處於赤道附近，年雨量 300 公分以上，比較不會「缺水」。
（三）廢水的淨水處理	對於高耗水行業（晶圓代工、面板）環境資源部要求公司做到「一滴水」用 3 次以上，所以對淨水廠的設備投資較高。	
（四）汙水處理	針對不能再循環使用的廢水，須經本廠自設汙水處理廠或工業區汙水處理，處理合格後放流。	依當地法規，最好採取工業國家的標準，以免放流水排放毒死養殖戶、外海魚，遭致政府巨額罰款。

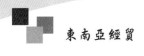

表 4-12　東南亞在自然資源對製造費用的影響（續）

二、電		
（一）電費	又稱能源費用，另包括瓦斯、油價。 營業用電1度2.7641元，分成「夏季」和「非夏季」，基本電費每度2.53元。 1度電＝1,000W連續使用1小時 臺灣電價算全球極低的。	2016年8月國際能源總署公布的2015年工業用電1度價格資料如下： 菲：5.313元（2014年） 馬：3.047元 陸：3.3594元（2014年） 美：2.1994元
（二）電量	臺灣一天1小時發電量約3,800萬瓦，夏季時備轉容量4%時，會優先對500大用量大戶要求限量。	東南亞各國中只有菲律賓缺電，大部分不缺電。 南亞大都缺電，印度是分時提供，許多工廠自設發電機。
（三）其他能源價格	主要是瓦斯、汽油等，大都是跟著國際行情。	同左
三、空氣		
（一）主要是空氣汙染量	在2016年11月起，巴黎氣候協定生效，對於空氣汙染的處理設備投資較高。	越南的空氣汙染要求標準較高。
（二）其他廢棄物	針對「事業」廢棄物，環境資源部要求要委託由合格的廢棄物處理公司來處理，一般是每天收件。比較像雙北市的垃圾處理費隨袋徵收一樣，是論「重量」等方式計價。	依當地法規，最好能「取法其上」，以免危害勞工、居民，久了以後被圍廠、吃上環保官司，那時「得不償失」。
四、土地		
（一）承租土地	以科技部管轄的北、中、南三個科學園區，土地只租不賣。 一般來說，土地租金一平方公尺月租金：竹科約53元、中科（4個園區）的臺中園區約28元。	東南亞大部分國家工業區管理局網站上皆有標示出每月租金或每平方公尺售價。
（二）購買土地時	臺灣許多工業區土地一坪6萬元以上，經濟部工業局有行情網。	2017年美國有些州，為了鼓勵外資（例如鴻海、夏普）設廠，一坪土地8元。

Unit 4-10　東南亞與南亞的公司所得稅率

公司投資關心的是「稅後」淨利，這才是股東計算權益報酬率時關心的重點。本單元從全球角度來把東南亞與南亞各國的公司所得稅稅率分類。

由於各國租稅透明程度（tax transparency）有高有低，再加上各國稅務法規改變的數量與程度頻繁，本單元只能大概來說。

一、公司所得稅基本知識

臺灣稱為「營利事業」所得稅，海外稱為「公司所得稅」（corporate income tax）。

（一）外國的分公司

一般國家對外國人（在地主國內一年居住 183 天以內）或外國在地主國分公司，皆採取「一國兩制」，即對外國分公司的淨利採取「淨利扣繳稅」（withholding tax），臺灣 15%。「分公司」是海外公司在地主國的分身，分身能作的營業範圍較有限。2010 年起，歐美政府出現財政懸崖（fiscal cliff），全球共識是打逃稅，詳見小檔案。

（二）外國子公司跟地主國公司稅率一致

世貿組織對全球直接投資的精神是國民待遇，主要是指營業項目、公司所得稅，從加入世貿組織起算，頂多有 5 年過渡期。

二、大分類：依全部或境外所得免稅來區分

由表 4-13 第一欄可見，依公司淨利的國外、國內來源是否課稅分二大類。

（一）大分類

1. 海內外淨利都須課公司所得稅，這是占全球八成國家所採取。
2. 境外淨利免稅：大部分小國、屬地（英屬維京群島等）為了吸引外國設籍，政府賺點公司年費等，皆規定境外淨利免稅，由表 4-13 第二欄可見，東南亞的新加坡、東亞的香港就是。

（二）一般來說，全球稅率大抵如下

1. 社會福利國家（北歐和美國等）公司所得稅率高：公司所得稅率大都在 27% 以上、個人所得稅率普遍落在 20～30%。

2. 經濟起飛、起飛前準備階段，公司所得稅率 25% 以下。

由表 4-13 第二、三欄可見：

· 抽不到營業稅就抽公司所得稅：表中許多國家（印度、印尼等）公司所得稅率 30% 以上，這是無奈，公司不開統一發票，稽捐處稽徵困難，間接稅再加上個人綜合所得稅稽徵困難（註：戶籍制度不健全，許多人沒有身分證），只好向公司課重稅。至少大公司有會計師簽證財務報表，捉大放小。

· 抽到營業稅，就少抽點公司所得稅：像泰、馬等國，對公司的營業稅稽徵確實（稅率泰 7%、馬 10%），公司所得稅率 20%。

三、中分類：依行業、地區細分

在國內，針對下列兩個情況常會降低或免徵公司所得稅率。

（一）依行業

有些國家有「明星」產業政策，或是依據一些獎勵資格（研發占營收比率、環保支出等），給予較低稅率。

（二）經濟特區、艱困地區

許多國家會在艱困地區（hard areas）、港口設立經濟特區（special economic zone, SEZ），公司所得稅稅率較其他地區低。

稅基侵蝕和淨利轉移（Base Erosion and Profit Shifting, BEPS）

時：2013 年 6 月

地：歐洲

人：經濟合作暨發展組織（OECD）

事：發布「BEPS 行動計畫」，以設法防止（全球）企業透過套稅等方式「逃稅」、「避稅」。9 月，「20 國」（G20）集團在俄國聖彼得堡市的高峰會上，各國領袖背書。

表 4-13　東南亞與南亞各國公司所得稅稅率　　　　　　　　　　　單位：%

大分類	東南亞	南亞	參考國家	中分類
一、境內 境內所得皆納稅占國家 80%	印尼 25 菲 30 越 22 泰柬 20 緬 25 馬 26 寮 24	印度 34 巴 35 孟 0～40	臺灣 20 波蘭 19 土耳其 20 陸 25 南韓 27.4 墨西哥 28 日本 30 巴西 34	（一）依行業獎勵投資 1. 研發比率高的科技產業 2. 環保 3. 其他
二、境外 境外所得不須納稅占國 家 20% 主要是租稅庇護區國家	星 17 汶 18.5		香港 16.5 愛爾蘭 12.5	（二）依地區 1. 自由貿易特區 　　例如中國大陸 2. 經濟特區 　　例如泰國東部經濟特區

資料來源：主要來自維基百科，許多國家本書已更新

Unit 4-11　東南亞各國的政府貪腐程度

　　許多旅遊（甚至政論）節目，每次談到有些東南亞國家（註：本書不願直指）的海關官員貪汙，要求國外旅客在入境查驗護照時，要夾 20 元美鈔，才能順利入關。

　　在當地的臺資公司常成為「待宰的肥羊」，本單元說明官員的貪腐是有項目、價碼（行情）的。有些人把設廠的「隱形成本」的範圍拉的更廣：例如員工罷工的損失、環保訴訟或勒索等。

一、官員貪汙有行情

　　大部分貪腐國家的官員「收賄」項目大抵如下。

（一）收賄項目

‧ 警察（甚至軍隊）收「治安」維護費。

‧ 消防隊收「消防檢查費」。

．衛生局收「衛生檢查費」。

．國稅局（或稅捐稽徵處）收「逃稅掩護費」。

（二）價碼

大部分的收賄項目都是有「價目表」的，主要是依據公司占地面積或員工數，這些都是從外觀顯而易見的。

由本頁小檔案，表 4-14、4-15 可見東南亞和南亞國家政府清廉程度。

二、賄賂金額的內帳處理

如同家庭開門七件事「柴米油鹽醬醋茶」一樣，公司會把這每個月的「不樂之捐」視為營業費用或所得稅費用。

「拿人錢財，與人消災」這個道理大抵是通的，碰到排華或暴民劫掠時，警察（或軍隊）會去「有繳費」的公司外站崗，往往公司可以逃過一「劫」。這情況下，有些公司會慶幸「有拜有保庇」。

各國清廉指數排名（corruption perceptions index）

時：每年 1 月 25 日公布，這從 1995 年開始發布

地：德國柏林市

人：國際透明組織（Transparency International），1993 年成立

事：調查 176 國貪腐風險分 6 級，詳見表 4-14。促使聯合國 2015 年 12 月 9 日發布，「反貪汙公約」。由於該表得分越高、清廉程度越高，排名越前，所以本書採表 4-14、4-15 的名稱為「清廉」程度，以取代「貪腐」一詞。

資料來自 10 個組織，主要如下：

．世界銀行。

．非洲發展銀行（AFDB）。

．經濟學人資訊公司（EIU），陸稱經濟學人訊息社。

表 4-14　各國政府清廉程度分 6 級

得分	貪腐程度	排名（每級 30 國）
84～100	低	1～30
67～83	中低	31～60
50～66	中高	61～90
33～49	中高	91～120
17～32	高	121～150
0～16	嚴重	151～176

表 4-15　東南亞與印度政府官員清廉排名（越低越好）

年	2014	2015	2016
新加坡	7	8	7
馬來西亞	50	54	55
汶萊	-	-	58
印尼	107	88	90
菲律賓	85	95	101
泰國	85	75	101
越南	119	112	113
寮國	145	139	123
緬甸	156	147	136
柬埔寨	156	147	156
印度	-	76	79

2016 年臺灣 31、中國大陸 79

資料來源：整理自國際透明組織，2017.1.25

討論問題

1. 在 Unit 4-1 中，我們把全球化中兩大類比重區分「市場全球化」占 90%，生產全球化占 10%，怎麼來的？（註：一年全出口約 16 兆美元、海外直接投資流出 1.8 兆美元）

2. 由圖 4-2 可見，陸吸引外資流入大於東協（只有 2017 年例外），本書認為此趨勢大抵會存在，為何？（提示：陸內需市場吸引力很強）

3. 許多企管書對公司在海外設址（site choice）大都採「點數評估表」，公司找一堆專家學者評分。本書作者以損益表（表 4-5）為架構，在各章（chap 8 越南、chap10 泰國、chap12 印尼等）都如此做，請評論孰優孰劣？（提示：損益表方式是財務管理中資本預算的基礎）

4. 由（4-1）式去估各國勞動人口很容易，試找幾個國家驗算看看。

5. 美德、臺灣（西班牙）人才供不應求的原因何在？（提示：美國管制移民，臺與西班牙人才外流）

5

東南亞的外資公司直接投資

Unit 5-1　各國政府的外資公司投資政策

　　東南亞 10 國在經濟發展階段分成三段，各國的外資公司投資政策（FDI policy）大都不同。因此我很不喜歡以「東南亞」爲一體來分析「外資投資」、「進出口」金額等。本書有越泰印度「經濟分析」，各有一單元說明「需求結構中投資中的外資」，當花許多時間作完外資投資政策後，發現「有三大缺點」。

- ·外資公司投資政策每年（甚至每季）皆有小幅度變動，上網才能查到最新狀況；
- ·一國多制，一個國家針對行業別、地區別（主要是經濟特區）皆有大同小異的法令。
- ·上述這兩項，每個國家皆可出一本書。限於篇幅，我們鳥瞰得到本單元的結果，每個國家的「外資公司投資政策」分成三部分。

一、大分類：依開放程度區分

　　由表 5-1 第一欄可見，允許外資公司投資行業依「親近遠疏」分成三個開放程度。

（一）世界貿易組織的要求開放程度約 50%

　　一國加入世貿組織後，基本範圍內該給外資公司「國民待遇」（national treatment），這可分爲兩個時期，以資料較容易的中國大陸爲例，2001 年 12 月入世貿，以銀行業來說。

- ·5 年過渡期，這主要是法令的修改、本土企業的調適（轉型）等；

．2006 年 12 月起，開放外資（銀行）獨資設立。

（二）兩國間簽自由貿易（或投資）協定開放程度 70%

當兩國有簽自由貿易協定，會特別互惠的開放會員國公司可投資行業，一般會達到 70% 行業開放外資。

（三）外資「負面表列」

大部分國家對外資公司還是有「外人勿入」的「負面表列」（negative listing），中國大陸詳見表 5-2。以 1999 年越南實施的「外資公司管理法（foreign business act）來說，針對外資公司分為三類。

．禁止投資 9 個行業：農業（農漁牧）、房地產所有權。

．特許投資：服務業 21 類、工業 3 中類（運輸、藝術、自然資源）。

．獎勵投資：大部分是高科技業。

二、中分類：外資持股比率

允許外資公司投資，針對外資公司的持股比率分成兩種情況。

．少數股權投資：外資公司最高持股比率 49%。

．多數股權投資：外資公司可以持有 50% 以上股權。

三、小分類：對於外資的優惠

每個國家政府對外資的「優惠」範圍（詳見表 5-3）大同小異，程度不同罷了。

（一）原則上，政府不會直接補貼公司

世貿組織的規定是以「自由貿易」為精神，當一個國家政府直接給公司補貼（常見是銀行優惠貸款利率），美國政府最喜歡對陸企課徵「反傾銷稅」等。所以，許多國家為了避免被歐美政府反制，不會明目張膽的給公司「補貼」。

（二）常見的優惠措施

各國政府能提供優惠措施，以公司損益表營業成本、費用科目為例，大都是「減稅」，俗稱「稅式支出」（tax expenditure），政府沒有拿錢出來「補貼」公司，是透過少收稅的「支出」方式。

表 5-1　大部分國家對外資公司直接投資政策

大分類 （依行業開放程度區分）	中分類 （依持股比率區分）	小分類 （依政策優惠來分）
70% ・稱為負面表列（nagative listing 或 table），即商務部列出「不准外資公司投資」的行業 ・適用時機：兩國間簽定自由貿易協定 50% ・適用時機：加入世貿組織 20% ・正面表列（positive listing 或 table），即商務部只列出可以允許外資公司投資的行業 （陸稱「准許進入」，簡稱准入）	（一）多數持股 2～ 　　3 個級距 1. 100% 2. 74% 3. 66% （二）少數持股 1. 最高 49% 2. 最高 10%	1. 大幅優惠 2. 小幅優惠 3. 0 優惠

表 5-2　2018 年中國大陸全面市場准入的負面清單制度

項目	說明
一、定義	以清單方式明確列出禁止和限制投資經營的行業、領域、業務等，清單外各類「市場主體」皆可依法平等進入。
二、目的	1. 發揮市場機制在資源配置中的決定性作用； 2. 促進政府職能轉變，大幅收縮政府審批範圍，促進投資貿易便利化； 3. 加快建立國際通行規則接軌的現代市場體系，提升國際競爭優勢。
三、類別	1. 市場准入負面清單包括「禁止准入類」和「限制准入類」； 2. 對禁止准入事項，市場主體不得進入，行政機關不予審批； 3. 對限制准入事項，或由市場主體提出申請； 4. 負面清單以外的行業、領域等，皆可依法平等進入。

註：市場主體（market entity），臺灣稱營利事業。審核批准（review and approval），簡稱審批。

表 5-3　對於外資公司的優惠措施──以泰國為例

損益表	2017 年 1 月投資促進法	2017 年 2 月「產業競爭力強化法」
營收		
− 營業成本		
・原料		
・直接人工		公司董事長得長期居留泰國的權利等 取得經營投資獎勵項目所需之土地等

表 5-3　對於外資公司的優惠措施——以泰國為例（續）

· 製造費用		
· 土地	取得土地所有權	
· 房屋		
= 毛利	研發相關「材料」（機器	投資研發、創新及人力資源發展領域，享有政
－ 研發費用	設備和原物料）進口免稅	府補助等。
－ 管銷費用		1. 核准外資公司持股 100%
= 營業淨利		2. 政府 100 億泰銖的投資基金可投資
＋ 營業外收入		
－ 營業外支出		
= 稅前淨利	針對公司已獲利後「13	1. 減免公司所得稅
－ 所得稅費用	年免 10 減半」	2. 在指定區工作的高階主管及研究人員，享
	· 第 1～13 年免收	有 17% 個人所得稅稅率優惠。
	· 第 14～24 年收 10%	
=（稅後）淨利		

Unit 5-2　全球外國直接投資流入

一、先看全球：依工業國家、新興國家來分類

　　全球的外資直接「流入（foreign direct inflow）」、「流出」（outflow）金額相同，一般關心資金流入，總覺得「流入」較有助於經濟成長，以 2015～2017 年來說，依工業和新興國家來二分法，詳見表 5-4。

（一）工業國家占 57%

　　對工業國家的投資，大都是併購上市公司，主要是電信、金融公司，有時一個案子金額達千億美元。上市公司本益比比未上市公司高，收購價格較高。

（二）新興國家占 43%

　　工業國家等對新興國家的投資大都是「從新開始」，即「新設公司」（green field investment），這英文字坊間直譯「綠地」投資，辭不達意，易讓人誤會為陸企綠地控股、綠地投資公司。

（三）57% 比 43% 是常態？

2014 年，新興國家外資直接投資流入小贏工業國家，2015 年全球貿易額衰退 10%，為了出口而去新興國家設廠金額也衰退。再加上歐美的跨國公司收購合併金額大增，工業國家外資流入大增，2016 年英國贏中國大陸，居第 2。

二、先看全球，依被投資公司狀況而定

由表 5-4 可見，外資公司投資方式（investment mode）分為兩種方式，以 2015 年為例。

表 5-4　全球海外直接投資樣態

被投資國	投資產業	投資目的	投資方式
一、工業國占 57%	一、服務業，尤其是金融、電信公司	一、內銷為主	一、收購或合併現成公司，占 41%
二、新興國家占 43%	二、工業 三、農業	二、80% 拚出口 20% 拚內銷	二、新設公司（green field investment），占 59%

（一）新投資占 59%

在新興國家，外資公司 70% 都是從事工業，為了出口而聞香下馬；這包括獨資、合資，都是新成立公司。

（二）公司收購合併占 41%

對特許行業（電信、金融等有限的營業執照）、品牌公司，外資公司大都採取收購地主國公司資產或合併公司的投資方式。

三、外資公司的重要性

針對外資的重要性，常見的衡量方式有兩種比率，本單元以「槓桿倍數」來衡量，以東南亞外資第一大國越南為例說明，詳見表 5-5。

（一）出口值外資倍數

2015 年 11.2 倍、2016 年 11.36 倍，這代表外資（流量）對出口的貢獻力道

小增，2015 年 1 美元外資可槓桿 11.2 美元出口；2016 年 11.36 倍。

（二）總產值外資倍數

2015 年 1 美元外資可槓桿總產值 13.35 美元，2016 年 12.81 美元，槓桿力道減弱。

表 5-5　越南 2 個外資公司投資金額倍數　　　　　　　　　　　　　單位：億美元

項目	2015 年	2016 年
出口值 / 外資	1,624/145 = 11.2 倍	1,795/158 = 11.36 倍
總產值 / 外資	1,936/145 = 13.35 倍	2,024/158 = 12.81 倍

Unit 5-3　東南亞、印度的外資公司直接投資

2017 年 8 月 16 日，中國大陸國務院印發《關於促進外資增長若干措施的通知》，宣告要從進一步減少外資准入限制、優化營商環境等五方面，提出促進外資成長的政策措施。

一、外資金額：東南亞跟中國大陸比

1995 年起，中國大陸成爲全球第二大外資流入國，少數年（例如 2016 年）由於英國等有巨額併購案（金額 790 億美元）例外，一直居此地位。本書東南亞、南亞皆是新興國家（註：東南亞新加坡、汶萊是城市國家，屬工業國家），因此拿來跟中國大陸比似有意義。

（一）2014 年起東南亞外資金額超越中國大陸

2014 年，東南亞外資流入 1,280 億美元，小贏中國大陸 1,196 億美元。

（二）2015 年中國大陸已到頂？

由表 5-6 可見，2016 年外資流入微幅衰退，跟 2011 年水準差不多，這顯示外資擔心中國大陸的房地產（含購物中心、商辦）價格泡沫破裂，以致「腳含著煞車，油門不敢全踩」。

二、外資比重：陸印比較

報刊喜歡拿陸印比較，共通點之一是人口數相近，大約 14 億人。

（一）總產值來說，大西瓜比小西瓜

拿陸印比較有點怪，因為以 2018 年來說，中國大陸總產值 12.82 兆美元，約是印度 2.5686 兆美元的 5 倍。

（二）外資金額

套用中國大陸 1995 年 375 億美元、2010 年 1,050 億美元的速度來推論。印度 2014 年 344 億美元，2015 年起「一暝大一寸」，有可能在 2023 年破千億美元，詳見表 5-6。

三、外資來源

各國的外資來源國大抵跟占全球總產值比重方向接近。

（一）大同小異

東南亞、印度主要是「假外資公司」（印度公司去模里西斯設控股公司），其次才是歐美日等外資，2009 年中國大陸成為全球第二大經濟國，2011 年起，對外投資金額 600 億美元，邁入對外投資「大國」。

（二）例外管理

有些國家的公司重點投資在東南亞某國，因此有「局部兵力優勢」，下列三國的外資第一大國：在越南，南韓公司最大；在泰國，日本公司第一；在柬埔寨，中國大陸企業居冠。

臺資公司在東南亞的投資比重

年：2014 年

地：東南亞

人：臺資公司

事：以 2014 年止，臺資公司對東南亞累積投資 836 億美元，各國比率如下：越南占 33.23%、泰國占 20.33%、馬來西亞占 14.47%、新加坡占 13.15%、其他占 18.82%。

表 5-6　2012～2017 年陸印外資比較　　　　　　　　　　　　　　　單位：兆美元

國家	2012	2013	2014	2015	2016	2017
一、中國大陸						
(1) 總產值	8.56	9.61	10.48	11.07	11.2	12.048
(2) 外資流入	0.11172	0.1240	0.1196	0.12627	0.1260	0.1300
(3) = (2)/(1) (%)	1.3	1.29	1.14	1.093	1.24	1.08
二、印度						
(1) 總產值	1.80	1.856	1.994	2.08	2.29	2.385
(2) 外資流入	0.024	0.0281	0.0344	0.0590	0.0623	0.06
(3) = (2)/(1) (%)	1.33	1.51	1.725	2.836	2.84	2.8
全球外資流入	1.5109	1.4272	1.277	1.7622	1.75	1.8

表 5-7　2016 年 6 月 20 日印度政府放寬外資投資規定

	行業	外資持股比
一、服務業	食品零售	
	1. 須政府審批	100%
	2. 不須政府審批	49%
	航空運輸	
	1. 航空業以外外資	100%
	2. 航空業外資	49%
二、工業	國際	
	如同食品零售業	

Unit 5-4　外資公司投資金額差異原因說明：兼論臺灣公司對外投資

　　如果你經常查外資投資資料，一定會發現許多資料來源的數字都不同，有時差了一、二成，這沒有誰對誰錯，只是「統計基礎」不同，只要你前後引用數字一致即可。本單元以兩個國家的數字說明。

一、計算外資流入的標準

（一）跨國比較時，以聯合國數字為先

由表 5-8 第二列可見，大部分情況下，全球在引用數字時為了一致起見，大都採用聯合國「貿易和發展會議」所發表的「世界投資報告」。依外資是新設立或併購「現成公司」分成兩中類。

（二）單一國家的各部會統計基礎不同

一國中因統計基礎不同，數字也不同，例子見表 5-8 第一欄或表 5-9 第三欄。以印度的中央銀行印度準備銀行來說，不列入印度花旗銀行保留盈餘、資本公積轉增資的部分，因為這部分沒有涉及「國際收支帳」中金融帳的資金流；但印度商工部列入。還要考慮會計年度問題，日印的會計年度是從今年 4 月到明年 3 月；所以就有 2017「年」、2017「年度」（fiscal year）2 個數字；2018 年起，印度採曆年制。

（三）承諾 vs. 實際投資

這要分清楚，一般關心的是實際投資金額。

二、以臺資公司投資中國大陸為例

投資國（investment country）是外資流出國，跟被投資國（invested country）間的投資金額往往不同，以臺灣的公司投資中國大陸為例，原因詳見表 5-9。

三、臺資公司對外直接投資分布

我原來想把臺資公司對東南亞、南亞各國的過去 5 年直接投資金額作表，但這只可能在「區域」、「期間」上都是「以管窺天」，於是我們採取鳥瞰方式，詳見表 5-10。

（一）1952 年是有統計資料的第一年

1952 年是對外直接投資，政府有統計數字的一年。

（二）工業占 69.4%

由表 5-11 可見，以三級產業來說，工業（85% 產值是製造業）占近 70%，這很合理。臺灣經濟的本質是「電子產品代工」。服務業占 30.6%，金融業（尤其是銀行業）比重大。

（三）亞洲占 76%

以對外投資的洲／區域來說，亞洲占 76%，這很合理，陸與港占 59.34%，「亞洲其他」占 16.69%，主要是本書重點東南亞。如果只考慮 2011～2016 年，「亞洲其他」占 23.55%。

表 5-8　計算一國「外商直接投資」流入金額的統計差異

金額較少	金額較多
以印度來說四個部局數字不同	聯合國旗下「貿易和發展會議」（UNCTAD）發布
1. 印度商業和工業部	1. 世界投資報告（world investment report）
2. 中央統計局	2. 全球投資趨勢監測（global investment trends monitor）
3. 印度準備銀行	這 2 份報告數字大不同，一般以「投資報告」為準。
4. 孟買市印度經濟監測中心	

表 5-9　臺資公司投資中國大陸金額　　　　　　1989～2016 年　單位：億美元

公司家數（萬家）	金額	統計單位
8.2	8,501	臺灣的中央銀行 由匯出的公司自行勾選匯出目的、國家
4.2	1,646	經濟及能源部 2010 年 7 月 23 日投資審議委員會的「國外投資處理辦法」，依第 5 條對外投資門檻 15 億元，公司須送經濟及能源部核准。
9.88（項目）	646.5	中國大陸商務部的外國投資管理司的臺資公司統計。
這有算小型商號 （含個體戶）		金額比臺灣低很多，原因是臺資公司擔心政治風險，所以勾選「港商或其他國家」

資料來源：部分整理自工商時報社論，「關注大陸臺商數量統計失真問題」，2017 年 7 月 19 日。

表 5-10　2000～2015 年臺灣公司在東南亞各國投資占比

越南	35%	馬來西亞	13.94%
印尼	19.68%	新加坡	12.64%
泰	16%	菲、柬	1～3%

表 5-11　1952～2016 年臺資公司對外直接投資　　　　　　　　　單位：%

產業分布		洲／區域分布	
一、服務業	30.6	一、歐美	22.19
二、工業	67.9	（一）美洲	19.44
・電子	29.1	・北美	5.4
・金融機電	17.9	・中南美洲	14.04
・化學	11.8	（二）歐洲	2.75
・民生	9.1	二、亞洲與大洋洲	77.54
三、農業（與其他）	1.05	（一）陸與港	59.34
		（二）亞洲其他	16.69
		（三）大洋洲	1.51
		三、非洲	0.26

資料來源：經濟及能源部產業事務局，另見孫明德、陳世憲，「臺灣製造業全球布局現況與趨勢」，產業雜誌，2017 年 3 月。

Unit 5-5　外資公司投資審核

一、外資申請的主管部

　　由表 5-12 可見，各國政府對外資公司的申請的審核採取兩種組織設計。

（一）90% 國家單一窗口

　　外資常涉及行業、環保、外匯管理等，所以表陸美臺皆採「委員會」方式，一個月 9 個部會開一次會審核，詳見表 5-13。

（二）10% 國家各部自己審

　　以印度為例，由各部審核主管行業的外資申請。

二、一站式服務：以泰國投資促進委員會為例

　　外資公司申請成立公司至少涉及 10 個部會：外國人任職涉及外交部領事事務局簽證、設立工廠涉及建築執照申請（含水電）、申請發票要向財政部國稅局等。以泰國工業部投資促進委員會為例，號稱「一站式」投資服務，把各部會相關局處在此設立窗口，一層樓就可辦好有關部會的局處的申請及審核批准，以求提高行政效率。

泰國投資促進委員會小檔案（Thailand Board of Investment, BOI）

時：1977 年成立

地：泰國曼谷市

人：隸屬於工業部

事：1. 執行國會通過的各種獎勵投資法令。依 76 個府收入和基礎服務設施等，把全國分成三個投資地區。

　　2. 審核所有的外資及泰資公司投資申請案，包括協助尋找土地、水電通訊申請、公司設立登記、工作簽證、提供投資機會及代尋合作投資夥伴等，提供一站式投資服務中心服務。

　　3. 2009 年 11 月 21 日成立一站式投資服務中心（OSOS），在曼谷市中心商業區拉瑪路 4 號附近的 Chamchuri 廣場辦公大樓 18 樓。

表 5-12　各國對外資公司直接投資申請的主管機構

單一部的單一局：90% 情況	各部會：10% 國家
1. 美國外資投資委員會（the committee on foreign investment in the US, CFIUS）這是各部的合議制	以印度為例 1. 1992～2017.5.23 　由商業與工業部外國投資促進委員會（FIPB）負責。2015～2016 年，在開放投資行業，有九成外資案上網申請自動獲得批准。
2. 臺灣經濟及能源部產業發展局	2. 2017.5.24 起 　由各行業的主管機關（即部）負責。 　印度商工部產業政策暨推廣局負責協調各部對外資公司申請的審核批准。

（註：本書採組織再造後編制）

表 5-13　東南亞各國的外資公司投資審議機構

國家	外資公司投資	說明
1. 越南	企劃暨投資部（Ministry of Planning & Investment）	比較像臺灣的行政院國發會加上經濟及能源部產業政策司、經濟合作司
2. 泰國	工業部投資促進委員會（Board of Investment）	類似臺灣經濟及能源部產業發展局
3. 印尼	印尼投資協調委員會（Badan Koordinasi Penanaman Modal, BKPM）	由總統府直轄，卻不是政府機關，下設董事長，有些甚至譯「投資部」
4. 馬來西亞	國貿與工業部旗下投資發展局（Malasian Investment Development Authority, MIDA），1967 年成立	有各部會相關辦公室，儘量做到一站式服務
5. 菲律賓	貿工部投資署（Board of Investment, BOI）	綜合投資法、外國投資法

Unit 5-6　外資公司投資經營環境法令資料來源

一個國家的投資「環境」、「法令」、「投資申請程序」等三項，在本單元說明。以臺灣公司來說，可以找的「某國投資環境」簡介很多，以三個角度說明，詳見表 5-14。

一、及時：地主國的外資促進處

每個國家（本單元以泰國爲例）商務部旗下的「投資促進委員會」爲了鼓勵外資公司來投資，都會在網站上用本國文、英文等詳細且易懂，且最及時。

二、詳細與前瞻：陸方兩個單位

（一）最詳細

一般來說，中國大陸在地主國的大使館經濟商業參贊處會很快的把地主國的「經濟建設計畫」、「外資政策／法令」等譯成中文。其商務部網站會連結。

（二）看未來 5 年

陸企中投顧問公司在每年 11 月會針對各國出版「未來 5 年投資環境及前景預測報告」，比較高瞻遠矚。

三、臺灣三個單位

由表 5-14 可見，臺灣政府有三個部皆會針對「有邦交」、「有駐外單位」的國家的投資說明。

四、以損益表作為分析架構

企業經營是「將本求利」，主要反映在損益表，所以本書以損益表為架構，把經營環境中各項法令等，依其對營收、營業成本、營業費用，例如公司所得稅法的影響在損益表上的所得稅費用，詳見表 5-3。在越泰印等皆有一個單元以作表方式來分析設廠的「得失」（即把利弊貨幣化成金額），以財務管理書上的資本預算方式，作為在許多國的許多地點選擇（site choices）的分析方法。如同日本豐田汽車公司的 A3 報告，任何再大的報告皆以 A3 紙規格來收一目了然的效果，單項說明可以附件方式來補充，損益表可扮演投資評估時 A3 報告的地位，這是本書一大堅持。

表 5-14　外國投資環境與外國直接投資政府資料來源

國家	說明	以泰國為例
一、泰國	工業部的投資促進委員會	在網站「看泰國」（Vision Thai）上公布 ・全國投資環境 ・最新投資政策
二、陸港 （一）中國大陸		以印度為例
1. 政府 ・外交部	駐印度大使館經濟商業參贊處	・政策法規 ・市場調查 ・中印經濟合作
・商務部	對外投資和經濟合作司	國別貿易投資環境報告
・中央投資公司旗下子公司	中投顧問公司每年 11 月 3 日會出版未來 5 年的各國投資環境	2018～2022 年印度投資環境及前景預測報告
2. 公司 ・財經雜誌	每年 7 月 15 日	印度投資環境報告

表 5-14 外國投資環境與外國直接投資政府資料來源（續）

（二）香港	貿易發展局 比較像臺灣的外貿協會	印度市場概況
三、臺灣		
（一）外交部	駐泰國代表處經濟組	每個月「商情快蒐」
（二）經濟及能源部		
1. 貿易事務局	‧貿易事務局	投資環境簡介
	‧外貿協會	投資環境
	‧全球資訊網（TAITRA Global 　Trade Source）	
2. 產業發展局	‧全球臺商服務網（簡稱臺商網）	
	‧臺商網：越南（舉例）	投資環境簡介
（三）科技部	科技政策研究與資訊中心旗下科	
1. 國家實驗研究院	技產業資訊室（iKow）	

Unit 5-7　東南亞與南亞的商情分析：
商業風險評估、市場調查到公司徵信

　　每個國家的公司會面臨跟東南亞和南亞公司三種財務交易，由表 5-15 可見，可委由專業公司去徵信，進行投資的商業風險評估和市場調查。

1. 資產負債表資產：例如公司資產面的授信，這分成兩中類。

　‧商業授信：例如接受對方以記帳（open account, O/A）賒購；

　‧銀行授信：銀行對公司授信，包括應收帳款買斷（factoring）。

2. 資產負債表權益面：例如合資成立公司等。

3. 損益表方面：例如保險公司銷售產險公司給該地公司，擔心該公司冒名詐保等。

表 5-15　美日義的全球徵信公司

國籍	說明
一、美國	
（一）鄧白氏	（Dun & Bradstreet）
	1. 成立：1841 年，1933 年 Dun 與 Bradstreet 兩家公司合併。
	住址：美國紐澤西州，紐約證交所股票上市（DNB）。
	業務：公司徵信（註：有全球資料庫）。員工：4,600 人。
	2. 1963 年鄧白氏環球（或鄧氏）編碼（Data Universal Numbering System, D-U-N-S）每家公司一個 9 位數號碼，聯合國、歐盟委員會和美國政府使用。
	3. 風險管理
	‧ 鄧白氏風險指數　　　‧ 風險評估管理系統（RAM）
	4. 旗下有 2 家大公司
	‧ 市調公司 AC 尼爾森　‧ 穆迪財務服務公司
（二）其他	省略
二、日本	Teikoku Databank, TDB
（一）帝國資料銀行公司	成立：1900 年，創辦人後藤武夫。住址：日本東京都。
	業務：公司徵信，對象涵蓋 20 個國家 120 萬家公司。
	1. 日本公司徵信市占率 60%。
	2. 進行公司景氣動向調查。
	3. 合作夥伴：法國信用保險公司科法斯（Coface），是大中華區和亞太區合作夥伴。
（二）東京商工調查公司	Tokyo Shoko Research（TSR）
	成立：1982 年。業務：公司徵信，80 家分公司，1,700 名員工，日本市占率 30%。
	1. 1994 年跟鄧白氏合作。
	2. 商業資料庫 COSMOS，號稱日本最大。
	3. 特殊服務：「倒產統計」
	‧「倒產」是指銀行拒絕往來、重整、清算、破產。
	‧ 每月 15 日發表上個月公司倒產統計（註：負債 1,000 萬日圓以上）。
	‧ 每年 4 月 9 日前發表去年數字。
三、東南亞	以義大利 CRIF 公司為例
	成立：1988 年。地址：義大利波洛尼亞省。
	業務：四大洲 50 國的公司徵信，3,700 位員工。
	主要客戶：金融業（銀行、保險公司）、企業。
	東南亞子公司：印尼、菲律賓。
四、南亞	義大利 CRIF 公司在印度有子公司
五、臺灣	中華徵信股份有限公司
	成立：1961 年 1 月，張祕成立。住址：臺灣臺北市。
	業務：工商徵信、市場調查、（房地產、無形資產）鑑價、商業仲裁等，員工數 100 多人。
	公司：2016 年 11 月 18 日義大利 CRIF 公司收購中華徵信公司。

日本 CoCo 壹番屋進軍馬來西亞小檔案

時：2017 年 3 月 6 日

地：馬來西亞雪蘭莪市郊萬達鎮萬達廣場（Utama）購物中心

人：CoCo 壹番屋，日式咖哩連鎖餐廳，1,400 家店，其中國外 141 家店，該餐廳成立於 1982 年日本愛知縣一宮市

事：CoCo 壹番屋總經理濱島俊哉認為從下表可看出，大馬在東南亞各國中的吸引力。

2014 年馬泰印尼的國外旅客

國家	免簽證國家數	國外旅客（萬人次）
大馬	160	2,743
泰	50	2,478
尼	30	930

CoCo 壹番屋的海外發展進程

· 1994 年：在美國夏威夷州，因日本僑民多；

· 1995～2010 年：中國大陸上海市、臺、南韓、泰

· 2011 年：美國加州，日本僑民多。

（部分整理自工商時報，2015 年 4 月 17 日，A2 版，杜松清）

Unit 5-8　日本食品、餐廳公司經略東南亞

俗語說，強龍不壓地頭蛇；這句話對於公司進軍海外市場（entry mode）有很多涵義，例如：

· 強龍跟地頭蛇合資：優點看似「吳三桂引清兵入關」，讓吳三桂當馬前卒，省得走冤枉路，但是有一天，打下天下後，「吳三桂」想「整碗端走」，這種地主地頭蛇的惡劣行徑常上新聞。

· 幾隻強龍團結力量大：另一種是幾隻強龍「團結力量大」，臺灣官員、企業家俗稱「打群架」，合作出擊；向地主國政府交涉「聲音比較大」。

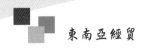

本單元以日本公司為例說明，詳見表 5-16。

表 5-16　日本公司團結力量大的作法

項目	同業一起	上中下游一起
1. 時間	2011 年	2017 年 4 月
2. 地點	新加坡	印尼
3. 公司	日本公司「可馬士」（Komars）控股公司	三菱商事等
4. 事	新加坡市中心武吉士區（Bugis）的購物中心「iluma」（在 2009 年 3 月 28 日開幕）四樓，開設第一家冠軍拉麵店（Ramen Champion），到 2013 年為止，開設 3 家店。 「拉麵冠軍」店是美食廣場，場內（400 個客席）有來自日本的 6 家拉麵店，而且都贏過拉麵比賽的獎，可馬士公司的附加價值如下： ・公司申請營業執照等； ・採購食材等：例如跟新加坡製麵公司統一採購 ・人員招募：統一辦理； ・美食廣場的統一結帳櫃檯，減少營業成本。美食廣場最大的賣點是由顧客投票決定麵店的去留。在美食廣場出口處有投票券，讓顧客可以投票，每三個月統計一次。每年獲票最少的拉麵店被淘汰，由另一家來自日本的拉麵店取代。這方式可以吸引顧客、創造出娛樂價值，並藉此定期推出新的拉麵店，創造新鮮的話題。（整理自今周刊，2014 年 2 月 17 日，第 24 頁） 2017 年 2 月 16 日，日本拉麵店丼名人（Don Meijin）入駐 Bugis 大廈的拉麵冠軍店，特色是「炸物」（日語天婦羅）。你可上網看該店的布置和丼名人的餐點照片。（詳見 www.wanwei.sg/2017 或 http://kknews.cc/zh-t）。	2017 年 3 月，日本三菱商事 2016 年度虧損（主要來自原料漲價），生活產業子公司獲利 1,213 億日圓。三菱商事決定「出走」，把印尼打造成「第二故鄉」，接著再進軍緬甸。 上游：由三菱商事在印尼供應原料 中游：日本的食品、日用品公司到印尼設廠 下游：由三菱商事旗下的 Lawson（在印尼 36 家店）與其他零售商店（例如 Alpha 集團）。（摘修自經濟日報，2017 年 7 月 10 日，A7 版，劉雪） 2016 年 1 月，三菱商事認購日清食品公司印尼公司的現金增資股，持股比率 34%。印尼的方便麵年銷 134 億包，傳次於中國大陸。三菱商事可替日清食品印尼公司購買小麥等。

一、千山我獨行，不必相送

在小檔案中，日本最大的咖哩飯連鎖餐廳 CoCo 壹番屋，2015 年 5 月公司股票在東京證券交易所一部上市，2017 年 1 月 17 日，金氏世界紀錄認證為全球最大連鎖咖哩飯店。

錢多（股票上市）、人才多（1,400 家店），所以 2008 年起進軍海外市場（第一家在泰國），大都是獨資，這個優點是「決策簡單」。

二、同業一起

如果財力不繼，那只好「結伴而行，以壯聲勢」，由表 5-16 第二欄可見，新加坡的「冠軍拉麵廣場」是由日本 6 家不同特色的拉麵店組成。6 家結合，以創造「結市」效果。當然，也有單打獨鬥的，像日本大阪市梅田區的柳麵惠比壽屋（Chabuton）拉麵店，在港、星、泰各有幾家店，其他優勢如下：

・2002 年，主廚森住康二在電視冠軍「超美味，新行列店拉麵職人選手權」冠軍。

・2011、2012 年在香港獲米其林一星。

三、上中下游一起

上中下游整個供應鏈出擊的很常見，在表 5-16 中第三欄日本三菱商事到印尼打天下，自己包括「上游」原料，子公司便利商店羅森（Lawson，2000 年三菱商事入主）負責銷售。那麼中游的日用品、食品製造公司只好配合一下。三菱商事在外國的投資（尤其是能源）突出之處，便是跟地主國政府和外國投資人合作。

Unit 5-9　陸企阿里巴巴集團在東南亞、南亞的電子商務布局

把東亞到東南亞、南亞看成一區，以「春秋戰國」中的戰國比喻，看似一百多國，大國只有戰國七雄七國，秦國花 100 年統一中國。東南亞的網路購物（俗稱消費性電子商務）為例，占零售業比重很低（約2%），看似成長空間很大（陸占 15%）。但「地頭蛇」極強，陸企阿里巴巴集團旗下的來贊達（Lazada，za

音譯來自 Zara，da 音譯來自 adida，2015 年 9 月在深圳市發布中文名稱）很強大，阿里巴巴集團可說是網路購物的「酷斯拉」（Godzilla），所到之地，很少有人能擋得住，連美國網路購物霸主亞馬遜公司跳過陸這個大市場，2017 年 7 月 28 日，進軍新加坡。有比較才知道差別，所以表 5-18 中第三欄以臺灣人比較熟悉的星企「蝦皮拍賣」（Shopee）比較。

一、2016 年，阿里巴巴的三個公司策略

2016 年阿里巴巴集團有三個公司策略。

‧淘寶村：這是指在農村縣開設網路商店，以供貨給淘寶網等。

‧雲端運算和大數據。

‧全球化，即立足中國大陸，胸懷亞洲，進軍歐美等，在東南亞詳見表 5-17。

2016 年 4 月 12 日，阿里巴巴以 10 億美元取得德企來贊達 51% 股權（其中 8.6% 是英國特易購釋出），2017 年用投資 10 億美元，持股比率 83%。阿里巴巴獨立董事伊凡斯（Michael Evans，原任高盛證券副董事長）表示：「憑藉著對來贊達公司投資，讓阿里巴巴在東南亞取得一個龐大用戶平台、管理階層，奠定未來發展的穩定基礎。」（摘自 Inside，2016 年 4 月 12 日）

二、商機

網搜龍頭谷歌和新加坡國營投資公司淡馬錫控股公司預測，東南亞的「網路經濟」（network economy）規模，2025 年 2,000 億美元，主要是電子商務。

三、東南亞版的亞馬遜：陸企來贊達

（一）創立

2011 年，德國創業加速器公司「火箭網際網路」（Rocket Internet）公司成立「來贊達」。2012 年進軍東南亞市場，2012～2014 年幾輪增資 7 億美元（主要是創投公司、零售公司）。

（二）經營方式

‧2012～2013 年，採取直營方式。

‧2014 年起，開放網路商店設店，占營收 65%。

表 5-17　阿里巴巴集團在東南亞的布局

地理範圍	商流：網路商場	金流（含支付）：螞蟻金服
一、東南亞	2016 年 4 月 12 日，入主德企「來贊達」，詳見表 5-18。	2017 年據歐睿國際的研究，東南亞 6 國的智慧型手機普及率平均 50% 以上，2021 年可望超過 70%，接近日本和美國的 80%。根據世界銀行的數據，印尼和菲律賓只有 30% 的人有銀行帳戶。此有助於手機支付發展。
二、各國	阿里巴巴積極在各國推動世界電子貿易平台（eWTP），馬來西亞是首個加入 eWTP 的國家，打造首個 eWTP 試驗區。	螞蟻金服積極推動全球化，例如2018 年支付寶在日本上線。
（一）泰	2017 年，阿里巴巴公司跟泰國工業部長宣布建設電子商務園區（主要是物流中心），以出貨給大湄公河流域 5 國。	・2016 年 11 月，跟泰國 Ascend Money（註：Ascend 的子公司）合資，導入支付寶。隸屬於泰國卜蜂集團（CP Group），該集團由泰國首富謝氏家族掌握。目標是 2021 年服務泰國一半網友。
（二）馬	2017 年 3 月，阿里巴巴宣布，跟馬來西亞合作發展數位自由貿易區，在吉隆坡機場打造國際物流樞紐，為跨境貿易提供一系列服務。 聯昌國際銀行是大馬第二大銀行，按資產計算，是東南亞第五大，在東協 10 國中的 9 國設有據點，並在香港、印度、南韓、美國、英國有分行。其持有電子錢包公司 Touch'n Go（1997 年成立）的 55.22% 股權。	2017 年 3 月，螞蟻金服跟聯昌國際銀行、馬來西亞銀行分行簽署備忘錄；5 月時，大馬境內2,000 家以上的 7-11 便利商店開通支付寶行動支付服務。 2017 年 7 月 24 日螞蟻金服宣布跟馬來西亞聯昌國際銀行（CIMB）子公司 Touch'n Go（或 TnG）簽署協議，組合資公司，打造大馬當地的支付寶。
（三）星	2014 年 5 月 29 日，以 2.49 億美元收購新加坡郵政 10.35% 股權。 2016 年 11 月，來贊達收購網路商場 RedMart。	2014 年 11 月，投資移動安全及加密公司 V-Key（2011 年成立）。 2016 年 7 月，支付寶啟動「Alipay+」方案，針對機場、百貨公司、餐廳。
（四）菲	省略	螞蟻金服旗下支付寶上線。
（五）印尼	2017 年 8 月底，阿里巴巴投資 11 億美元於印尼電子商場 Tokopedia（2009 年成立）。	2017 年 3 月 15 日螞蟻金服跟 Elang Mahkota Teknologi（報刊上簡稱 EmTek）合資成立支付公司。

（三）燒錢經營

由表 5-18 兩個方面可見來贊達在燒錢，而且越燒越大。

表 5-18　東南亞網路購物商務雙雄

公司	來贊達（Lazada）	蝦皮拍賣（Shopee）
一、公司		
1. 成立	2011 年	2015 年
2. 公司股東	火箭網路公司	新加坡 Fusionopolis 新加坡的網路遊戲公司 Garena, 陸企騰訊持股比率 30%
3. 資金	先後有創投公司投資 7 億美元	詳上述
二、市場範圍	東南亞 6 國 （即不含東寮緬汶萊）	同左，外加臺灣「樂購蝦皮公司」（員工 150 人）
三、行銷組合		
（一）商品策略	以 2015 年來說 ・網路商店：4 萬家 ・商品數：1,600 萬個 ・APP 下載：3,000 萬人次	2016 年 ・網路交易金額（GMV）約 3.46 億美元 ・6,000 萬個 ・每月訂單量 400 萬張
（二）定價策略 1. 商品價格 2. 金流：支付方式 3. 消費者免網購費用且補貼宅配費用	信用卡、貨到付款、便利商店取貨付款	賣方：蝦皮拍賣不收上架費 買方：交易成交，不向買方收成交服務費 下列三種支付方式不扣手續費 1. 信用卡 2. 銀行轉帳 3. 第三方支付
（三）促銷策略		
1. 資訊流	網站後台提供翻譯服務	同左
2. 人員銷售	多語言客服	同左
（四）實體配置策略	一般二日配 1. 外部跟各國 100 家宅配公司合作 2. 自己宅配 ・公司名稱「來贊達宅配」 　（Lazada express） ・10 座物流中心 ・80 個配送中心，2,000 輛車	以臺灣為例 1. 宅配到府：黑貓宅配等，運費 3 折優惠 2. 便利商店取貨付款免運費

GMV: gross merchandise volume, gross 是指不算退貨。

- 對內：員工數，2015 年 4,000 人，臺灣網路家庭營收是其 78%，但員工數 510 人。
- 對買方（俗稱買家）：2015 年網路成交金額 10.2417 億美元，成長 167%，稅前營業現金流量（EBITA）負成長一倍。

（四）2016 年日本樂天市場落跑

2016 年，日本樂天市場（Rakuten Global Market）關閉東南亞一些點（星馬印尼），可能是無法跟來贊達拚「燒錢」，宣布撤資。

Unit 5-10　陸企螞蟻金融服務集團在東南亞、南亞手機支付業務布局

2016 年 3 月，臺灣行政院金管會核准支付公司、銀行開辦手機支付業務，2017 年，這些公司大打廣告。2008 年 10 月，陸企螞蟻金融服務集團公司旗下子公司支付寶推出「移動支付」（分成手機、電腦和智慧型電視網路支付），憑藉著陸客、阿里巴巴電子商務的支持。2015 年，支付寶快速國際布局，在歐美陸客聚集大城市，刷支付寶「嬤唉通」。本單元以東南亞、南亞發展手機支付為例，2025 年一線城市會被支付寶滲透完。

一、陸企螞蟻金融服務公司

陸企「浙江螞蟻小微金融服務集團公司」（簡稱螞蟻金服，Ant Financial Service Group）是馬雲的公司，可說是阿里巴巴集團關係企業，這是控股公司，下轄許多子公司；涵蓋手機支付、信用貸款、財富管理業務。

（一）目標：2026 年服務 20 億人，全球第一

螞蟻金服執行長井賢棟表示，目標於 2026 年服務全球 20 億顧客。（工商時報，2016 年 11 月 2 日，A14 版，楊昌興）

2016 年海外用戶 2 億人（其中 1.6 億人是印度 Paytm，詳見表 5-19）、中國大陸用戶 4.5 億人。

147

（二）策略：遇強則合作，遇弱則硬吃

支付寶海外拓展的成長方式很簡單：地頭蛇強則合資、入股，地頭蛇弱則大軍壓境。

二、基本顧客：陸客

螞蟻金服的海外服務鎖定中國大陸遊客，2016 年 1.22 億人次出國旅遊，消費金額近 1,098 億美元。螞蟻金服向全球商店推廣支付寶平台，零售公司渴望龐大陸客商機，也樂於接受支付寶，詳見表 5-19。

表 5-19　支付寶海外拓展的顧客組合

顧客種類	說明			
一、攻擊性顧客，占營收 20%	1. 移居海外的陸客 2. 其他			
二、核心顧客，占營收 30%（港澳臺等）	網路購物 阿里巴巴（B2B） 淘寶網（B2C）即海淘網			
三、基本顧客占營收 50%，主要在東南亞、歐洲（法、義）	陸客出境人次、消費支出			
	項目	2014	2015	2016	2017(F)
	(1) 人次（億）	1.07	1.17	1.22	1.3
	(2) 消費金額（億美元）	896	1,045	1,098	1,228
	出「境」包括港澳約 3,000 萬人				

資料來源：中國大陸國家旅遊局

以泰國來說，2016 年陸客 877 萬人，是陸客第一大出境旅遊國。

- 2014 年 11 月，進軍澳大利亞，跟 Paybang 公司（註：Utimo 市，2012 年成立）合作。
- 2015 年起，跟英國巴克萊銀行、法國巴黎銀行、義大利最大的裕信銀行（UniCredit SpA）和瑞士支付公司等合作。
- 2016 年 10 月 24 日，螞蟻金服公司旗下的手機支付公司支付寶，宣布跟

美國兩家支付公司第一資料公司（First Data，註：喬治亞州亞特蘭大市，1969 年成立，紐約證交所代碼 FDC）和 Verifone（註：加州聖荷西市，1981 年成立，紐約證交所代碼 PAY）合作，進軍美國。

三、核心顧客：淘寶網的網友

港澳臺是淘寶網的海外第一波展業點，東南亞是第二波，購物刷支付寶。由表 5-20 可見螞蟻金服在南亞印度的布局。

表 5-20　螞蟻金服在南亞印度的布局

手機支付市場	螞蟻金服
1. 手機上網數 3.14 億 2. 2015 年手機支付金額 14 億美元（這是研調機構 GrowthPraxis 的數字） 　2017 年谷歌和波士頓顧問公司（BCG）預估到 2020 年的手機支付金額 5,000 億美元。 3. 以孟買市為例 　印度有 25 億個電子錢包帳戶，許多人擁有不只一個帳戶。電子錢包的用途多支付計程車資、買電影票或繳水電費，延伸至購物中心、雜貨店與餐廳。 4. 廢大鈔，有助於手機支付 　自 2016 年底印度政府為打擊貪腐，廢除面額 500、1,000 盧布貨幣後，Paytm 的行動錢包服務業務突飛猛進，使用者從 1.5 億人次提升到 2 億人次。	1. 2015 年 2 月 　收購 Paytm（2010 年成立）母公司 One97 電信公司（2010 年 8 月成立）25% 的股份。 2. 2015 年 9 月，二次收購印度電子錢包公司 Paytm 的股份，迄 40%。 3. 2017 年 7 月，投資 Paytm 1.77 億美元，累積持股 6.2%，已可稱為「印度的支付寶」，公司有 2.5 億位用戶、500 萬家商店用戶。 *2017 年 9 月 18 日，谷歌宣布在印度推出名為 Tez 的手機付款 App，在亞洲首次推出手機支付服務。 再透過印度政府的電子轉帳系統 Unifield Payments Interface 去轉帳和付款。

Unit 5-11　臺資公司在東南亞、南亞的投資：兼論臺灣銀行業打亞洲盃

東南亞的經濟發展階段大都處於「起飛前準備」階段，人民、公司錢少，存進銀行的錢少，資金供不應求，「放款利率減存款利率（即放存款利率差）」2% 以上（2017 年臺灣 1.92% 減 0.57%，約 1.35%）。再加上銀行業處於成長階

段,新進銀行有很多成長空間,2013 年 2 月起,臺灣的金管會希望銀行「打亞洲盃(Asia Cup)」,主要發展區域有二:中國大陸和東南亞,本單元以東南亞為對象說明。

一、基本客戶:臺資公司

臺灣的銀行在海外設點,主要是作臺資公司的生意,以在中國大陸為例。

(一)80% 在臺資公司集的「長江三角洲」(上海市為主,蘇州市為輔,南京市較少)、「珠江三角洲」(主要是廣東省廣州市、深圳市和東莞市)。

(二)20% 在其他省市(例如北京市)

就近取譬,就容易抓得住臺灣的銀行在東南亞的發展,已設立的據點主要在臺資公司重點國(越泰星),新據點在新興三國(柬寮緬,本書第 15 章)。

當一國臺資公司數目夠多了,臺資銀行會就近(以越南來說,主要是胡志明市、河內市、同奈省)設立「據點」。

1. 銀行「據點」:由圖 5-1 X 軸可見,銀行在外國設立據點,依序兩步驟。

‧ 設立「辦事處」(representative office,或代表處),不能經營業務,主要是了解該國商情、經營環境。

‧ 設立「分行」或子行,「子行(subsidiary)」是在地主國依當地銀行資本額(以臺灣來說 100 億元)成立銀行,業務範圍「全包」。「分行」(branch)是臺灣的銀行在地主國的「分身」,大都只能以公司為客戶,即僅「企業金融」業務。

2. 據點數排名:越柬菲泰

臺資銀行在各國設點,考慮兩方面。

‧ 需求面:主要是臺資公司數目、營收規模。

‧ 供給面:當地銀行(尤其是臺資銀行)夠不夠多,像星泰馬當地銀行業發達,大臺資公司可就近貸款。像越柬菲等,占臺資銀行在東南亞一半以上。另外,地主國中央銀行是否「友善」也很重要。

二、核心客戶:當地公司

每個經濟發展階段,個人(家庭)、公司對銀行的貸款金額和項目都不同,詳見表 5-21。

三、攻擊性顧客：當地家庭

要攻入消費金融業務必須分行數要很多，大部分成長方式都是收購當地銀行。

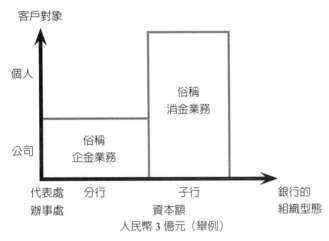

圖 5-1　三種銀行據點的業務範圍

表 5-21　東南亞在各經濟發展階段的銀行貸款需求

經濟成長階段	農業社會	起飛前準備	起飛階段
人均總產值	1,000 美元以下	1,000～4,200 美元	4,200 美元以上
一、消費者		越等六國	泰馬星汶萊四國
1. 抵押貸款	機車貸款	汽車貸款	房屋貸款
2. 信用貸款	信用卡	消費性貸款	同左
		家電分期付款	
二、公司			
1. 抵押貸款	農田等抵押貸款	基礎建設標金及工程融資例如印尼、印度等	應收帳款買斷、票貼
2. 信用貸款	農業轉型可能需政策性貸款與信用保證機制	進口信用狀開狀等貿易融資（trade financing）	電子商務金流

討論問題

1. 以中國大陸（或越南）為例，把表 5-1 的各階段作出來。

2. 新興國家的外資流入不易大於工業國家，為何？（提示：自由貿易大趨勢外，貿易會取代海外直接投資）

3. （表 5-6）在比較陸印的「引資」金額時，必須考慮印度約 25% 外資是「假外資」（設籍在模里西斯的租稅庇護區），另外 38% 是新加坡公司，也是原始來源國不明，這要如何比較兩國引資金額差異呢？

4. 你如果是學者或是要做份報告，分析臺灣公司在中國大陸的直接投資，你會用哪國哪個部會的統計數字，為什麼？

5. 臺灣的經濟部每年會公布海外直接投資金額、區域／國家分布、投資動機，幾乎每年都大同小異，其原因為何？

6

東南亞與南亞的商品／勞務出口
國際貿易課程部分

Unit 6-1 國際貿易快易通

站在國家政府、公司、上班族的角度，花時間做功課，去了解東南亞和南亞，目的依序有二。

・主要目的，是做商品出口（簡稱出口）或進口，一般來說，全球「出口」金額 16 兆美元，約是全球總產值 21%；全球「進口」金額跟「出口」金額相近。

・次要目的，是海外直接投資，分對「流入」、「流出」，兩個數字相近，2018 年對外直接投資約 1.8 兆美元，約是全球出口金額的一成。

一、全景大分類：商品 vs. 服務貿易

國際貿易交易的「標的」有兩種：商品、服務；交易方向有「進」（口）有出（口），一般聚焦在「出口」，這是許多公司營收主要來源。

（一）商品貿易（commodity trade）占 77%：「商品」（commodity）是指有形的物體，以全球出口來說，90% 靠海運、8% 靠陸運、2% 靠空運。

（二）服務貿易（service trade）占 23%：「服務」（service）是指商品以外，分成兩種消費地，以新加坡來說，星展銀行在臺灣，這是新加坡的服務出口；臺灣人去新加坡觀光，一年花 50 億美元，這也是新加坡的服務出口。從 1993 年起，全球出口的比率大抵呈商品：服務三比一，或是出口總額中，服務出口占 25%。

二、中分類

（一）商品貿易中分類：商品貿易大抵可依商品的產業分成農業、工業兩中類。

- 農礦：這分為農（農林漁牧）業、礦業（油氣煤與金屬）。
- 工業製品：這分為三小類，機檯（經濟學稱為資本品，常指工具機）、零組件、成品。

（二）服務貿易中分類：以 1980 年為分水嶺，把服務貿易分成二中類。

- 傳統服務貿易占 47%：靠「好山好水」（觀光）、出國工作（小至勞務輸出，大至鋪橋造路的建築服務），這些都是「傳統」服務貿易。
- 現代（或新興）服務貿易（emerging service trade）占 53%：1980 年，電腦普及，加上跨國打電話等，許多新興服務貿易興起。

三、全球十大出口、進口國家地區

由表 6-2 可見，全球十大出口、進口國家／地區（香港），非常集中在美、歐（德法英）、東亞（陸日南韓臺灣），至於荷蘭、新加坡、香港是區域轉口地。

四、特層：東南亞和南亞在全球的分工

東南亞與南亞除了星、汶萊以外，經濟發展階段大都在起飛、起飛前準備階段，同質性高，所以在表 6-1 中第四欄可以看到其貿易型態（trade pattern）。

（一）商品貿易型態

- 出口：由於缺錢、技術水準低，所以出口主要是「靠天吃飯」的農礦、工業製品主要是低價的成衣和鞋類代工。
- 進口：農礦產品進口主要是石化能源（油氣，大馬、汶萊、印尼例外）和工業製品中的機檯和零組件、成品（主要是汽車）。

（二）服務貿易型態

- 出口：以傳統服務貿易為主，這還是靠生產因素市場中的「土地」（觀光看好山好水）、「勞工」（出國打工）。
- 進口：以新興服務貿易，這主要是靠生產因素中的「資本」（金融業、電信業）、技術（專利金、電信、資訊服務）賺錢。

表 6-1　國際貿易交易標的分類與東南亞和南亞角色

大分類	中分類	小分類	東南亞	南亞
一、商品 占出口 77%				
（一）出口 15.950 兆美元 (-3%)	（一）工業製品	1. 機器設備 2. 工業零組件 3. 成品 　・勞力密集 　・資本密集	進口 進口 出口 進口	進口 進口 出口 進口
（二）進口 16.225 兆美元 (-3%)	（二）礦	1. 石化能源 　油、天然氣、煤 2. 金屬 　貴（金銀）、卑（鐵銅錫鎳）	印尼 馬	
	（三）一級產業	1. 農牧 2. 林 3. 漁	泰 印尼 泰	印度
二、服務 占出口 23%				
（一）出口 4.77 兆美元 (0.1%)	（一）現代 （或新興） 占 53.19%	1. *金融 8.63% 2. *電信、電腦和資訊服務 　9.79% 3. 專利權（陸稱知識產權） 4. 其他（例如管理諮詢、公共 　關係服務）21.25%	*歐洲在 左述 1, 2 占一半； 美國在左 占一半 菲律賓的 客服中心	印度的資 訊電信代 工服務
（二）進口 4.645 兆美元 (0.5%)	（二）傳統 占 46.81%	1. 觀光（陸稱旅行貿易） 2. 運輸 3. 建築服務 4. 勞務（國際移住勞工） 5. 其他	泰、馬 菲、印尼	印度、 巴基斯坦

Unit 6-2　東南亞與南亞的商品出口與進口金額

　　新興國家大抵靠進口機檯、工業零組件，加工後出口賺外匯，以發展經濟，俗稱「出口導向」經濟（export-oriented economics）；所以本書聚焦在出口，

而且不討論出口加進口的「國際貿易」金額。本單元拉個近景，分析東南亞與南亞的出口與進口情況。

一、東南亞出口與進口

（一）出口

- 金額：表 6-3 第二欄可見東南亞 10 國的出口金額。
- 出口依存度（出口值除以總產值）50% 以上算高：由表 6-3 的第三欄可見東南亞 10 國的貿易依存度，6 國在 50% 以上，泰印尼、菲和寮皆低，主要是工業化（泰例外）比率低，沒什麼好出口的。

（二）進口

主要進口油、工業零組件（以便加工）和成品（例如汽車）。

（三）貿易順（逆）差

表 6-2 中第二欄減第四欄便是商品國際貿易「差額」。

- 貿易順差：7 國，這是常態。
- 貿易逆差：菲、柬、寮，主要是出口少，進口中的油氣金額大。
- 10 國小計：貿易順差 1,637 億美元，臺灣 661 億美元。

（四）跟參考國家（臺灣）比較

以臺灣作參考對象，東南亞 10 國中只有新加坡出口值大於臺灣。像印尼 2.67 億人，人口數是臺灣 0.236 億人的 11 倍，出口金額是臺灣的 47%。

二、南亞出口與進口

（一）出口

- 金額 3,400 億美元。
- 出口依存度低的國家：南亞 6 國的出口依存度皆在 25% 以下，工業化程度低，沒什麼好出口的，無法靠出口拉動經濟成長，以致經濟深陷「起飛前準備」階段泥淖。

（二）進口

主要是進口油、工業零組件和成品（例如：汽車、手機等）。

（三）貿易順差／逆差

南亞6國皆貿易逆差，小計1,367億美元，站在發展經濟角度，被外國賺了錢。

（四）跟參考國家（中國大陸）比較

以南亞 6 國中的印度來說，人口跟中國大陸相近，出口金額是陸的 13.5%。印度出口金額比新加坡（600 萬人）少。

三、國際貿易區域分布

出口加進口合起來看，東南亞國際貿易區域分布，詳見表6-4。

（一）歐洲等占 54%：歐、其他（日韓臺）占東南亞貿易 54%。

（二）東協區域內貿易 24%：基於運輸成本等考量，區域內貿易占 24%；以歐盟來說，區域內貿易占 50%。

（三）陸美小計占 22%：令人意外的是，陸占 14%、美占 8%。

表 6-2　2016 年世界主要商品出口進口國家地區　　　　　　　單位：億美元

排名	出口			進口		
	國／地區	金額	比重	國／地區	金額	比重
1	陸	20,980	13.2	美	22,510	13.9
2	美	14,550	9.1	陸	15,870	9.8
3	德	13,400	8.4	德	10,550	6.5
4	日	6,450	4	英	6,360	3.9
5	荷蘭	5,700	3.6	日	6,070	3.7
6	香港	5,170	3.2	─		
7	法	5,010	3.1	香港	5,470	3.4
8	南韓	4,900	3.1	10. 南韓	4,060	2.5
14	新加坡	3,300	2.1	16. 新加坡	283	1.7
18	臺灣	2,800	1.8	臺灣	2,310	1.4
全球		159,550	100		16,225	100

資料來源：世界貿易組織

東南亞經貿

表 6-3　2016 年東南亞與南亞出口進口金額　　　　　　　　　　　　單位：億美元

東南亞	(1) 出口	占總產值 比率 (%)	(2) 進口	南亞	(1) 出口	占總產值 比率 (%)	(2) 進口
星	3,533	176.5	2,713	印度	2,716	13	4,024
泰	1,900	33.7	1,713	孟加拉	317	17.3	392
馬	1,805	68.9	1,395	巴基斯坦	237	10.6	382.5
越	1,766	85.8	1,610	斯里蘭卡 *	113	20.5	186.4
印尼	1,484	21.1	1,215	尼泊爾 *	10.6	11.7	71.16
菲	433	28.2	610	不丹	5.31	23.74	9.92
柬埔寨 *	79	61.7	123.2				
汶萊	63.5	70.5	38.9				
寮 *	31	36	39.4				
小計	11,094.5		9,457.5	小計	3,399		4,766
參考國 臺灣	3,148	61	2,487	中國大陸	20,110	22.1	1,437

*2015 年

表 6-4　東南亞的國際貿易區域分布

洲／區域／國家	比率
歐洲等	54%
東協內	24%
中國大陸	14%
美國	8%

Unit 6-3　東南亞的自由貿易協定

　　由於歷史、地理（主要是運費）、經濟等因素，大部分洲的區域內貿易（intra regional trade）往往會大於區域外貿易，歐盟就是典型。有這先天基礎，所以更有誘因簽定區域自由貿易協定（regional free trade agreement），歐盟 28 國便是典範，其次是加美墨 3 國的北美自貿協定（NAFTA）。東南亞各國政府大抵有這看法，在東協組織這平台上，發展出東協經濟共同體，並進一步往外

擴散到鄰近 6 國。本單元說明。

一、東協經濟共同體

2015 年 12 月 31 日，東協（ASEAN）由政治結合，邁入經濟共同體（ASEAN Economic Community, AEC），由表 6-5 可見其發展過程。

表 6-5　東協經濟共同體發展進程

轉換：產業	產出： 需求結構中的投資	產出： 需求結構中的投資、國際貿易
1996 年 11 月東協工業合作計畫（AICO）主要是區域內的合資公司，進口原物料關稅稅率降至 0～0.5%，由於各國經濟發展差距大，案子少，主要是汽車組裝。這可視為東協經濟共同體前的過渡措施。	1998 年 10 月 7 日東協投資區（Asean Investment Area, AIA）這是東協下設的經濟部長會議的一項。主要是監督「東協全面（comprehensive）投資協定」（ACIA）的執行。在各國的執行，此協定在 2009 年 2 月 26 日簽署，2012 年 3 月 1 日，10 國國內皆通過後實施。	2015 年 12 月 31 日 一、東協經濟共同體藍圖 二、投資：對各會員國來國內投資，對公司的持股比率最高可到 70%。 三、政府支出 四、國際貿易： （一）對外：關稅同盟（custom union） （二）對內：1992 年共同有效優惠關稅計畫（Common Effective Preferential Tariff, CEPT）、2009 年東協貨品貿易協定。 1. 6 國：2010 年降低關稅稅率至 0。 2. 後進 4 國（CLMV）：2015～2017 年逐漸降低關稅稅率，2018 年全面加入稱為「完全成員國」。

（一）歐洲經濟共同體

東協經濟共同體是模仿歐洲共同體（European Economic Community, EEC），緣自歐洲大經濟國中的 3 個德法義、西歐 3 小國（荷蘭、比利時、盧森堡），在 1957 年 3 月簽約，1958 年元旦成立，共同體秘書處設在比利時首都布魯塞爾。「共同體」（community）這個字最白話的說法是「鄰里」（或社區），俗語說「遠親不如近鄰」。

經濟共同體特色：

・對外，是關稅同盟（custom union），即對外「關稅」、「配額」槍口一致；

・對內分二階段落實自貿協定。

二、東協（＋）加六

「區域全面經濟夥伴協定」（Regional Comprehensive Economic Partnership, RCEP），俗稱東協（＋）加六，詳見表 6-6。

表 6-6　東協的自由貿易協定（生效日，簽約日另加「簽約日」）

地理層級	2001～2010 年	2011～2020 年
一、東協		
（一）東亞	東協 +3 ・陸（2004.11.29 簽） ・日本（2008.12.1 簽） ・南韓（2009.6.2）	在左述東協單獨跟 6 國簽自由協定作基礎，現簽東協 6 的「區域全面經濟夥伴關係協定」（RCEP）
（二）南亞	東協 +4 ・印度（2009.8.13 簽）	東協 10 加 6 　東亞 3（陸、南韓、日） 　南亞 1 大洋洲（紐、澳）
（三）大洋洲	東協加 5.6 紐澳（2010.1.1）	
二、泰國		
（一）亞洲	・東協 4 國（1993.11） ・巴林（2002.12.29 簽） ・印度（2003.10.9 簽） ・澳大利亞（2005.1.1） ・紐西蘭（2005.7.1） ・日本（2007.4.3） ・南韓（2009.2.27 簽）	協商中 ・巴基斯坦 ・孟加拉灣多領域技術暨經濟合作倡議（BIMSTEC），包括南亞 5 國（不含巴基斯坦）和東南亞 2 國（緬泰），1997 年
（二）大洋洲	—	
（三）美洲	—	・祕魯（2011.12.11 早期收獲清單） ・智利（2015.11.5）（貨品貿易）
（四）其他	—	・歐盟（2013.11.7 起談判）

・東協加三（東亞 3 國，陸韓日，ASEAN plus 3 cooperation, APT），一般認為 2010 年起，陸續有限度的自貿協定，

・再加三，包括南亞的印度、大洋洲的紐澳，這是因為紐澳政府向亞洲傾斜。

另外，亞洲太平洋 11 國組成的跨太平洋夥伴全面進步經濟協定（CPTPP，

2017 年 11 月 11 日）。很多報刊花很多篇幅比較兩個新的區域經濟協定，大都作表比較其涵蓋國家數目、人口數、面積、總產值、出口值、國際貿易值，及其占全球比重。本書不打算這麼做，主因是在「美歐」等的角度，東協經濟共同體、東協加六，「量體」太小了，以 2016 年東南亞出口 1.11 兆美元，占全球出口 15.955 兆美元 6.96%。更重要的是歐美的自貿協定的「自由化」範圍較廣（貨品、服務貿易與投資），自由化程度較高（即立即關稅 0 的項目至少占商品項目 80% 以上）。

三、東協經濟共同體為什麼只是三線等級

講到國家看起來很大，以緬甸來說，2018 年人口 5,565 萬人，總產值 806 億美元。跟美國蘋果公司淨利 505 億美元相近，公司員工 12 萬人。東南亞、南亞有 3 國總產值比蘋果公司淨利少。簡單的說，東南亞加南亞占全球出口 8.6%，長期來說，在全球貿易扮演三線區域角色。

Unit 6-4 東南亞的出口商品：以農礦為主

本書是以東南亞與南亞為主，談到農礦產品的出口，南亞各國人口多，農產品大都進口；再加上沒什麼高產值的礦產，大都是靠進口。所以本單元討論東南亞農礦產品出口。

一、農產品

一般來說，大宗穀物的價格不高，很難「以農致富」，必須靠畜牧業（肉、乳製品）或高經濟作物（咖啡、花卉等）才能賺大錢。

（一）以農致富的國家

農產富國例如歐洲中荷蘭的花卉、丹麥的豬肉，大洋洲中澳大利亞的牛肉、紐西蘭（陸稱新西蘭）的牛奶和奇異果。

（二）東南亞

東南亞的大國在農業方面：印尼主要出口水產品（蝦）、木材。泰國主要生產稻米，且為全球最大出口國，橡膠也是。越南水產為主，咖啡大宗。

二、礦物

東南亞的礦料，主要有二。

（一）化石燃料

原油—汶萊；天然氣—大馬；油品（煉製的石油、柴油）—星；煤—印尼。

（二）金屬礦料中的卑金屬

一般來說，卑金屬礦石價格不高，以噸來算，常見的是鐵礦砂。東南亞少數國家有些特產，例如菲律賓的鎳（主要作不銹鋼）、馬來西亞的錫、印尼的銅（全球第 2 大銅礦格雷斯堡 Grasberg）。

三、進口國：東南亞與中國大陸

在地緣經濟情況下，東南亞的自然資源主要出口到中國大陸，後者可說是「資源消耗大國」，這主要用於兩大項目。

（一）2003 年成為農產品淨進口國

五大作物（米麥黃豆玉米等）皆須進口，以養活 13.97 億人：米主要來自泰國。

（二）礦產品

原油進口率 55%、煤用於火力發電、銅用於作電纜（電力與電信電纜）、鐵礦用於煉鋼以蓋房子和鐵公機等交通建設。

四、東南亞進口工業原料

東南亞各國主要是進口工業原料，以進行加工、組裝，是工業原料的淨進口國，只有一些工業原料出口。

（一）汽車零組件

日本豐田在日本製造率 30%（1,000 萬輛中占 300 萬輛），針對塑膠料件（小箱、防撞桿等）主要從泰國進口。

（二）其他

表 6-7　東南亞在農礦、工業製品的出口

國家	農	礦	工業
越南	水產（蝦） 香蕉、咖啡		機車零組件
泰國	米、糖（全球第二） 橡膠 水產（蝦）		石化 汽車零組件
馬來西亞	棕櫚油 橡膠	錫	
印尼	木材、紙漿 橡膠 腰果	銅 煤	
菲律賓	香蕉	鎳	
寮國	木材		
緬甸		寶石	

Unit 6-5　傳統服務出口 I：國際勞務輸出

　　在服務貿易中，有一項是很原始的，也就是把生產因素中的勞工出口到外國去，提供勞務，稱爲「國際勞務輸出」（international export of labor service）。本單元先拉個全景的全球國際勞務輸出，再拉近景到本書重點東南亞和南亞，再拉特寫鏡頭到各國。

表 6-8　2016 年全球服務貿易主要出口進口國家地區　　　　　　　　　　　單位：億美元

7	國家／地區	金額	比重	國家／地區	金額	比重
1	美	7,330	15.4	美	4,800	10.4
2	英	3,290	6.9	陸	4,490	9.7
3	德	2,670	5.6	德	3,040	6.5
4	法	2,350	4.9	法	2,350	5.1
5	陸	2,070	4.3	愛爾蘭	1,920	4.1

表 6-8　2016 年全球服務貿易主要出口進口國家地區（續）

7	日	1,690	3.5	日	1,810	3.9
9	新加坡	1,490	3.1	新加坡	1,550	3.3
15	香港	980	2.1	16. 香港	740	1.6
17	南韓	920	1.9	—	—	—
26	臺灣	410	0.9	24	520	1.1
全球		47,700	100		4,645	100

一、國際勞務輸出的重要性

由世界銀行估計，國際勞務輸出的重要性可分二個範圍來看。

（一）占全球總產值 0.67%

以 2016 年 5,000 億美元來看，占全球總產值不到 1%，金額、比率不大。

（二）占一國總產值的比重

中亞塔吉克占 50%、南亞尼泊爾占 25%。

二、國際移住勞工的工作型態

你在臺灣會看到 2 種外籍「移住勞工」（foreign migrant workers，簡稱外籍移工），詳見表 6-9。

表 6-9　國際移住勞工的工作性質與找工作方式

工作性質	輸出國（以印度為例）	輸入國
一、專業人士，占 30%	自行	
二、藍領勞工，占 70%	1. 由勞務代理公司 2. 其他	1. 由外國雇主召聘 2. 其他

（二）中分類：藍領勞工分成兩中類

由表 6-10 可見，藍領移工的工作性質。

三、國際勞務輸出的統計

國際勞務輸出統計機構常見有二。

（一）全球

主要是世界銀行，2016 年勞務所得約 5,000 億美元，這是估計，因為國際移住勞工（簡稱國際移工）款項大都由地下匯兌公司匯款。

（二）歐美日韓 35 國

經濟合作暨合作發展組織每年 10 月 1 日，發布 2 年前的「國際移民展望」（International Migration Outlook）主要討論移民（一年全球約 5,000 萬人），其次國際移工。

表 6-10　男女性在藍領移工的工作

性別	社會福利國際移工	產業國際移工
男性		1. 營建業 2. 工廠作業員
女性	1. 長期照護工（healthcare），主要是照顧生活無法自理的老人。 2. 家事（house care），主要是照顧家中有 2 位 5 歲以下兒童家庭。 3. 其他	1. 工廠作業員（operator）

Unit 6-6　國際勞務輸出 II：南亞和東南亞

一、國際勞務輸出

「水往低處流，人往高處爬」，去國外長期工作賺錢，要忍受離鄉背景之苦，必要條件是「活不下去」，印尼、尼泊爾農村、都市都無法提供足夠工作機會，為了生活，人們只好出國去打拚。有些國家的人民是為了賺更高薪水，

去國外工作。

（一）大分類：亞洲占 60%、其他洲占 40%

由表 6-11 第一欄可見，以亞洲、其他洲二分法來區分國際移工的來源，這很容易了解，亞洲是全球五大洲中人口最多洲，人口數 46 億人，占全球人口 60%，所以占國際移工 60% 是合理推估。

（二）中分類：以亞洲為例

由表 6-11 第二欄可見，亞洲中以南亞為主，3,620 萬人在外國工作，主要是到中東各國工作。

（三）陸韓主要是傳統服務貿易中的建築勞務

在 Unit 6-1 中有提到傳統服務貿易中的建築勞務，這主要是在「鐵公機」等交通建設，或是一般的大廈營建工程。在全球（尤其是亞洲的中東、非洲），許多「建築」案都是由陸企或韓企所承攬，他們有營造業的重機械，再加上工程水準中高，承攬外國工程案，陸韓的員工一起到國外施工。

二、國際勞務輸入

由表 6-11 第三、四欄可見，國際勞務輸入的洲、區域。

（一）大分類：亞洲占 70%、其他洲 30%。

（二）中分類（區域）：以亞洲為例。

・中東占 60%，主要是阿拉伯海灣國家中的產油國，例如沙烏地阿拉伯、阿聯、卡達和科威特。

・東亞占 10%。

表 6-11　國際勞務輸出／輸入

移工出口國		移工進口國	
洲	區域／國家	洲	區域／國家
一、亞洲 60%	（一）南亞 3,620 萬人 比重： 印 38% 巴 29%	一、亞洲 70%	（一）中東 60% 主要做： 1. 建築 2. 維修

表 6-11　國際勞務輸出／輸入（續）

	孟	3. 其他
	斯	（二）東亞 10%
	（二）東南亞 960 萬人	
	菲	
	泰、越、印尼	
	（三）東亞	
	陸	
	南韓	
二、其他洲 40%	（一）歐洲中的中東	二、其他洲 30%
	（二）中南美洲	（一）歐
	墨西哥	北美
	（三）非洲	15%
	北非的埃及	
小計		
人數	5,000 萬人	
金額	5,000 億美元	

三、東南亞的勞務輸出

　　東南亞 3 個人口大國（印尼、菲、越）處於經濟發展階段中「起飛前準備」階段，人均總產值 3,500 美元以下，失業率 5% 以上，數百萬人為了脫離貧窮，到東南亞各國工作，本質上是「經濟難民」（economic refugees）。

　　（一）到東南亞星馬上班：印尼人最常就近去星馬、寮國人去泰國上班。

　　（二）到東亞上班：菲律賓人占全球國際移工第 4（約 960 萬人），次於印度、陸、巴基斯坦。由於英語強，去的地方包括美國、加拿大等英語系國家。

　　（三）到中東上班：南亞中孟加拉和巴基斯坦人民以伊斯蘭教為主，優先會到中東各國去上班。

國際移住勞工用詞小檔案（migrant workers，簡稱國際移工）

· 上述是臺灣官方的稱呼

· 下列稱呼是「不雅的」

外籍勞工（foreign workers，簡稱外勞）；

外籍幫傭（簡稱外傭），例如菲傭、印傭。

Unit 6-7　傳統服務貿易 II：東南亞觀光旅遊業

在新興國家的東南亞，在服務貿易仍以「傳統」服務項目為主，本單元說明觀光旅遊業。在文獻回顧時，發現東南亞旅遊業是全球大潮流的一部分，必須先拉個全景（本單元第一段），再拉個近景（本單元第二、三段），再拉個特寫（Unit 6-9 亞洲醫療觀光、Unit 10-3 泰國旅遊觀光）。

一、全球角度

站在全球角度，大規模的跨國觀光旅遊起自 1960 年，本書依人數成長率把全球觀光旅遊分成三階段：導入期、成長期，詳見表 6-12。

（一）第一階段（導入期）：1960～1980 年

1. 科技面的進步：飛機，以波音 737 機型為例。由表 6-12「科技面」可見，1957 年 12 月波音 707 機型上市，載客量約 170 人，是「區域」航線的飛機。接著每 5 年推出衍生款，重點在省油。尤其 1968 年 737 機型，以 737-100 型來說，售價 3,200 萬美元，可說是「國民」機款，迄 2016 年 6 月，銷量 9,100 架。

2. 人口／所得：1950 年代，美國邁入二戰後黃金十年，1960 年代，歐洲戰後重建結束且恢復經濟實力，歐美人民出國旅遊，成為全球旅遊主力，跟商品貿易一樣。

3. 1967 年，聯合國定為「全球觀光年」。

（二）第二階段（成長期）：1981～2004 年

1. 科技面的進步：以波音 767 機型為例。波音 767 機型航程遠，可跨太平洋，有助於洲際空中運輸，因為洲際運輸須靠乘客量（載客最多 375 人），入門款 1.441 億美元，迄 2016 年銷量 1,110 架。

2. 人口／經濟因素：1990 年，蘇聯瓦解，許多東歐共產國家，由共產主義改為資本主義，人民所得改善了，出國自由了，以俄國人來說，最常見氣候溫和的鄰近區域，主要是南歐（包括塞浦路斯）。

表 6-12 全球觀光旅遊的發展階段

階段	導入期	成長期	成熟期
期間	1960〜1980 年	1981〜2004 年	2005 年起
一、總體環境			
1. 科技	1957 年 12 月 20 日，波音 707 上市，載客量 140〜180 人，航程 3,840〜4,300 公里。1963 年 2 月，727 發表，1968 年 737 機型發表。	1981 年 9 月 26 日波音 767 機型發表，載客 181〜375 人，航程 6,160〜10,216 公里，入門款 1.441 億美元。	上網買機票（甚至觀光行程）很便宜
2. 政治		1989 年兩德統一 1990 年蘇聯 20 國瓦解，俄國共產黨垮台	2017 年 10 月恐怖組織伊斯蘭國被滅國
3. 經濟／人口			中國大陸成「世界市場」。
4. 社會／文化	聯合國訂 1967 年為國際觀光年		2012 起陸客成全球出國第一。自助旅行成為風潮。上網。
二、主要出國人			
1. 占 10%	美國人	北美、歐洲各區域	陸客占全球約 10%
2. 55%		俄國人到南歐等	
三、金額	1950 年 0.25 億人次 20 億美元 1980 年 2.78 億人次 1,040 億美元	2000 年 6.74 億人次 4,950 億美元	國際旅遊占總出口 7%，第三大行業

（三）第三階段（成熟期）：2005 年起

這階段，推力（科技面）、拉力（人口／經濟面）跟前二期不同，詳見表 6-13。

1. 科技面進步：2002 年全球進入網路 2.0 時代，消費性電子商務發達，其中基本商品是「機票」，自助旅行快速興起，低成本航空公司（詳見 Unit 6-9）興起。

表 6-13　2015～2017 年全球出國觀光旅遊

	2015 年		2016 年		2017年（F）	
	人次	億美元	人次	億美元	人次	億美元
一、出國／支出						
1. 陸	1.17 億	1,045	1.22 億	1,098	1.3 億	1,228
2. 全球	11.89 億	12,600	12.35 億	12,200	12.83 億	12,800
二、入國／收入			歐洲 50.2%			
排名／國家			北美 10.7%			
（一）東南亞			占 9.2%			
11 泰	2,990 萬		3,262 萬	499	省略	
14 馬	2,570 萬		－	180		
27 星	1,210 萬		－	183		
31 印尼	1,030 萬		－	－		
41 越	790 萬		－	－		
48 菲	540 萬		占 1.6%	224		
（二）南亞						
40 印度	800 萬		－			

資料來源：世界旅遊組織（UNWTO），Tourism Highlight, World Tourism Barometes

表 6-14　2016 年全球十大觀光收入國家地區

排名	國	萬人次	億美元	排名	國家／地區	人次	億美元
1	美	7,560	2,059	6	義大利	5,240	402
2	西班牙	7,560	603	7	英	3,580	396
3	泰	3,260	499	8	德	3,560	374
4	陸	5,930	444	9	香港	－	329
5	法	－	425	10	澳	－	324

2. 人口／經濟：約在 2005 年，中國大陸成為「世界市場」，人民有能力大量出國旅遊。

‧2009 年，出國 4,767 萬人次。

‧2016 年起，陸客旅遊支出占全球觀光旅遊支出 9%，成爲全球旅遊「成長新引擎」。

2015 年起，全球旅遊人次、金額成長率 4%，比世界經濟成長率高 1 個百分點。

Unit 6-8 傳統與新興服務貿易醫療觀光：以東南亞與南亞（印度）爲例

2007 年，臺灣政府推出「醫療服務國際化旗艦計畫」，想仿照韓泰星等推展國際醫療業務，2008 年 7 月，臺灣開放陸客來臺觀光，政府在 2010 年 2 月擬仿馬來西亞方式，推動「國際醫療院區」，在內設立「醫療服務公司」（仿星泰），但胎死腹中。衛福部表示 2016 年觀光醫療（medical tourism）28 萬人次、135 億元，支撐 3,860 個工作機會。把角度放大到東南亞與南亞。

一、全球商機

（一）1980 年代：國際醫療觀光起始於 1980 年代，墨西哥與哥斯大黎加、巴西等南美國家以相對便宜的牙科、整形美容和其他療程，向歐洲和美國民衆招手，鼓勵他們南下就醫兼觀光。

（二）1990 年代：隨著新興國家醫療體系改善，全球航空網路綿密，網路拓展病患的視野，海外就診已發展成規模數十億美元的觀光產業。各國的醫療專長也不盡相同：巴貝多擅長不孕症治療、巴西專精整形手術、馬來西亞以心臟和眼睛手術著稱、變性手術以泰國爲首選。

（三）慘遭 1997 年亞洲金融風暴肆虐後，這些亞洲國家更把醫療旅遊視爲賺外匯的捷徑，紛紛鬆綁管制，投注大把金錢人力拼醫療觀光事業。

（四）占觀光產值 5%：2017 年市調機構 Research and Markets 預測 2020 年 550 億美元，2025 年產值 993 億美元。

二、亞洲

亞洲醫療觀光之所以大行其道，Allied Market Research 報告調查顯示，北

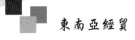

美、亞太市占率占 33%，亞太區泰、星、印度市占率占亞太區 75%，詳見表 6-15、6-16。

表 6-15　東南亞與南亞醫療觀光產值

項目	馬	星	泰	印
1. 人次（萬）	85	85	281	18.43
2. 營收（億美元）	2.16	35	36.4	30
3. 年	2015 年 2017 年 2.9 億 美元	2014 年 2015 年起觀光 局不提供	2015 年	2014 年 目標：2020 年 80 億美元

資料來源：美國醫療網站「病患無國界」（Patients Beyond Borders）
　　　　　醫療觀光範圍包括預防（健康檢查）、治病（醫療護理）、病後（康復、休養），
　　　　　泰國把水療也加入。

表 6-16　東南亞在醫療旅遊的供需

	供給端：東南亞	需求端：以美國為例
一、價	收費低廉。收費比起工業國家最高可節省 80% 為號召，格外積極推動醫療觀光。以腹部抽脂手術，馬來西亞費用 5,000 美元約是澳大利亞的 25%。	為了節省保險支出，美國企業雇主多鼓勵員工到海外就醫，隨著美國總統歐巴馬 2016 年底宣布與古巴的外交關係恢復正常化，市場恐風雲變色，在全球醫療觀光客中占 10% 的美國人，可能就近轉往古巴尋求服務。
二、量	西方國家法令取締的醫療服務，在亞洲可輕易取得，包括另類療法、整形手術和爭議性高的代理孕母。	省略
三、質	亞洲地區的醫療水準突飛猛進，引進最先進技術的醫療院所越來越多，成了吸引觀光客的誘因，尤其是對醫療水準較低國家（例如孟加拉、巴基斯坦），部分公司還推出套裝行程，讓顧客享受沙灘陽光兼做整形美容。馬來西亞檳城的「美麗假期」公司專門幫海外顧客與當地的醫美外科醫生接洽，帶他們進行術前和術後檢查，還有安排住宿。該公司也提供檳城市區觀光和餐飲服務。	2013 年 8 月 8 日，美國《紐約時報》報導醫療旅行協會協助美國人出國就醫。新流行地點是歐洲、墨西哥。

表 6-16　東南亞在醫療旅遊的供需（續）

| 四、時 | 「病患無國界」組織把馬來西亞喻為醫療觀光最佳祕境，當地醫療人員英語流利且費用便宜。（摘自工商時報，2015年5月10日，A8版，顏嘉南） | 美國東海岸的人通常去歐洲，西海岸的人去亞洲（例如南韓、泰）。 |

（一）東南亞

泰與馬觀光醫療情況如下：

1. 市場定位：鎖定東南亞、東南亞以西（中東、印度、歐美）、以東（陸）。

2. 商品：健康檢查、醫療（牙科、抗衰老、手術）、美容（俗稱整形）。

3. 立足點：泰（1980年起）、馬（1998年起）、星（2002年起）。

4. 泰國三大醫院：康民國際（Bumrungred）、曼谷國際、三美泰（Samitivej）。泰國在醫學領域擁有優勢，其醫護人員素質和醫療水準都與工業國家「接軌」，像曼谷、清邁這樣的大城市有很多國際性綜合醫院，其中的醫護人員幾乎都有海外留學背景，泰國的醫療水準在歐美（包括美國、加拿大、英國等國）享有盛譽，具備一流的技術和服務，政府陸續改變投資優惠政策吸引更多國外新技術移轉。

5. 馬來西亞：大馬衛生部表示2015年醫療觀光人數約85萬人，醫療外匯收入約2.16億美元，AB Berstien與Global Health & Travel公司每年公布「醫療觀光（吸引力）指數」，泰馬物美價廉，大受歡迎，星因「價貴」，吸引力大減。

（二）南亞的印度

1998年起，印度政府推動觀光醫療旅遊。

1. 市場定位：吃南亞以西（中東、非洲）、以東（東南亞）市場。

2. 商品：保健、整形與小型手術。

3. 立足點：班加羅爾邦的「保健城」。

Unit 6-9 傳統服務貿易中的運輸：
東南亞的低成本航空公司

東南亞旅遊是東南亞許多國家（泰馬）的基本商機，跟著旅遊而來便是搭機，尤其是低成本航空公司，這也是許多國家的重要行業。站在個人就業角度，有許多臺灣的大學畢業生搶著進航空公司當服務員，每年 7、8 月，電視台都會「炒冷飯」的作這新聞，強調錄取率 1% 等。

一、低成本航空的定義

由小檔案可見「低成本航空公司」的定義，雖然學者主張「沒有標準定義，但是你用谷歌打關鍵字「廉價航空」可以精準搜集到各國的低成本航空公司，以東南亞和南亞來說，詳見表 6-17。

表 6-17　東南亞的廉價航空公司

國家	航空公司	說明
一、東南亞		
（一）馬來西亞	1. 亞洲航空（Air Asia），2009～2014 年 Skytrax 評為全球最佳廉價航空公司	亞洲最大、馬來西亞第二家國際航空公司
	2. 飛螢航空（Firefly）、大馬之翼	樞紐機場：吉隆坡國際機場
（二）泰國	1. 飛鳥航空（Nok Air）	
	2. 泰東方航空（Orient Thai）	
（三）新加坡	惠旅（Valuair） 酷航（Scoot）	
（四）印尼	獅航、曼達拉、Ga-cbitilink、Garuda・Bouraq	
（五）越南	越捷	
（六）菲律賓	宿霧太平洋	
二、東亞		
（一）日本	樂桃、香草	
（二）中國大陸	春秋、甘泉、非凡航空	
（三）南韓	易斯達（East Jet）、釜山航空 德國、真航空	2007 年 10 月成立，在首爾市
三、大洋洲		
（一）澳大利亞	捷星航空（Jetstar Airway）、維珍藍（Virgin Blue）	澳洲航空旗下、2003 年成立，公司在澳大利亞墨爾本市

二、低成本航空的行銷策略

「平價商店（discount shop）」強調商品定價比一般商店便宜三折以上，像德國的阿爾迪超市（A&di）。同樣的，低成本航空公司的「行銷策略」（marketing strategy），包括三步驟（STP），詳見表 6-18。

表 6-18　低成本航空公司行銷策略

行銷策略	說明
一、市場定位	
1. 觀光旅客	尤其是自助旅行的背包客。
二、行銷組合	
（一）商品	
1. 機場	二線機場（註：大部分在一線都市的極郊外），飛航費用較低。
2. 航距	區域或國內，一般航程 4 小時內點對點航班，即沒有中途停站。
3. 機型	1 或 2 種，以利維修、調度，主要是單走道的波音 737、歐洲空中巴士 A320（當座位距離 29 吋時，乘客人數 180 人），另外 E-190（乘客人數 100 人）。
4. 旅客劃位	自由座為主，如果劃位須另付費。
5. 機上服務	有限度的乘客服務。
（二）定價	
1. 價位水準	「乘機」價位是一般航空的對折；
2. 機動	登機日前會大打折；
3. 額外收費	以機上餐飲服務為例，如果把各項費用加總，則跟一般航空相近。
（三）促銷	打廣告
（四）實體配置	
1. 網路	✓

（一）市場區隔（market segmentation）

依旅客身分（商務、觀光和其他）、所得，把乘客分群。

（二）行銷定位（market positioning）

低成本航空公司只取市場中「觀光客（X 軸）、中低所得（Y 軸）中這塊為主要市場，詳見圖 6-1。

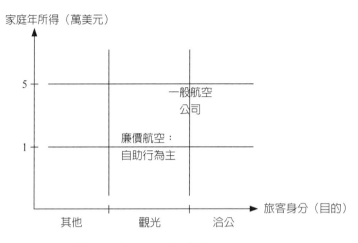

圖 6-1　廉價航空公司在航空客運的市場定位

（三）行銷組合（marketing mix）

這是常見的行銷 4Ps。

低成本航空公司小檔案

· 英文：low cost airline (LCC), low-cost carrier, budget airline
· 中文：低成本航空公司、廉價航空公司（簡稱廉航）
· 源頭：1967 年美國西南航空公司成立，1971 年營運。

討論問題

1. 為何在討論東南亞、南亞的出口時，在勞務出口（國際移住勞工）如此重要？
   （尤其是南亞的印巴、尼泊爾與東南亞的菲印尼）

2. 為什麼東南亞出口金額長期來說不容易做大（註：約只有陸的一半）？（提示：
   勞動密集的工業所生產產品衣服和鞋子、農礦產值皆低）

3. 東協經濟共同體跟歐洲經濟共同體的程度差了多少？請做表整理比較，為何
   報刊上對「東協經濟共同體」的內容（例如商品降稅日期、開放直接投資）
   都語焉不詳？

4. 區域全面經濟夥伴關係協定（RCEP）何時會修成正果？

5. 為什麼低成本航空公司在東南亞經營績效甚佳，歐美則不流行？

6. 印度、印尼和菲等將從美國普遍化優惠關稅制度畢業，對這些國家衝擊大嗎？（提示：2010 年對美出口 190 億美元，省關稅 7 億美元）

普遍化優惠關稅制度（GSP）

（generalized system of proferences）

時：1971 年實施，於 1968 年聯合國貿易及發展會議第二次會議中首次被提出。

地：美國

人：美、歐盟等

事：對新興國家產品進入已開發國家的市場時，給予優惠關稅稅率，以提高開發中國家產品的競爭力。臺灣、新加坡、馬來西亞及南韓等 1989 年 1 月起已從美國受惠國名單中畢業，但仍包括印度、印尼、菲律賓及泰國等國，預估 2020年前畢業。

7

東亞四國與歐美對東南亞政策

Unit 7-1　陸日兩國政府對東南亞的開發援助

表 7-1　日陸政府在東南亞的開發援助

項目	日本政府 *	中國大陸政府 **
一、時間	1954 年起	1950 年代起
二、計畫	以開發援助（Official Development Assistance, ODA）為例	對外援助，分成戰略、人道、發展型三種
三、分期	（一）1950 年代，「食品」援助為主。1950~1953 年韓戰後，日本因應美國補給需求而擴大生產的過剩產品，日本政府從 1954 年起分別與東南亞 9 國（不包括汶萊）、南韓及密克羅尼西亞等國簽署「賠償與經濟合作協定」，日本商品大量輸出。 （二）1960 年代，「資金」援助為主。1960 年代成為經濟合作與開發組織旗下開發援助委員會（Development Assistance Committee, DAC）會員，透過日圓貸款等方式對東南亞國家進行援助，促使當地市場大量引進日本設備，為日本賺取大量的外匯。該組織定義：「優惠貸款占總貸款 25% 以上」項目屬於政府開發援助中的開發性援助。 （三）1970 年代：隨著中東戰爭引發的石油危機，開發援助成為日本政府跟亞洲各國改善關係的工具，及確保資源的來源，並為企業開創海外的投資環境。1979 年起，日本海外援助金額，東南亞占六成。	（一）1950~1978 年，戰略型援助為主。越柬寮 3 國推翻殖民政府（法國），甚至 1968~1975 年的越戰，陸提供軍事援助（陸稱戰略援助）給北越。 1. 戰略援助分成幾類目標：政治、經濟、安全。 2. 戰略援助方式：政治、軍事（例如贈送武器裝備） （二）1978~2000 年，以下列二種援助為主。 1. 人道型援助：醫療衛生、教育、救災等。 2. 發展型援助：由於此時中國大陸發展經濟、資金有限，難以支持「生產性援助」。這方面偏重技術、人力資源援助。援助對象有二，政府和民間組織。

表 7-1　日陸政府在東南亞的開發援助（續）

（四）1990 年代：1992 年為提高海外開發援助政策的透明度，日本政府制定「政府開發援助大綱」，把「人道立場」等理念延伸到「環境保護」等議題，列入援外的基本理念。1990 年日本經濟泡沫破裂後，日本政府援外金額衰退，改採「文化社會交流」，日本政府聯手日本公司，透過衛星轉播、影音（CD、DVD）、雜誌，把日本商品置入性行銷，東南亞許多國家有「日本衛星社區」，看日劇、買日貨，蔚為時尚。

（五）21 世紀
隨著全球政經環境變遷的影響，2003、2015 年修訂調整「開發援助大綱」，主要把海外開發援助政策與肩負的國際責任及貢獻、外交政策與國家利益連結一起。於 2012 年 3 月修訂「中小企業海外發展援助憲章」，提出日本國際協力事業團（Japan International Cooperation Agency, JICA）辦理海外開發援助案件能有系統地支援中小企業在海外進行擴張。

由中央政府的經濟產業省到地方政府經濟產業局，跟日本國際協力事業團通力合作，架構出「區域中小企業海外開發援助會議」，把中小企業產品及技術推向新興市場。2013 年對東南亞援助金額 20 億日圓（約 1,845 萬美元），由日本政府購買欲赴海外發展的中小企業產品，無償轉給各國，並負責運輸等費用，讓當地日本中小企業能站穩腳跟，俗稱夾帶日本公司踩點。

3. 受援助國家：主要是柬菲，1979 年陸越大戰引發陸越關係破裂，陸方停止對越援助。

（三）2001~2013 年
1. 人道（主義）援助為輔。包括救災（例如 2004 年的南亞海嘯），對基本福利（衛生、農業）項目援助。
2. 開發性援助為主。由於中國大陸政府財力雄厚，對東南亞的援助偏重生產性項目援助。
   (1) 150 億美元貸款。約 56% 投入各國的基礎建設，例如鐵公機、水力發電廠等，寮國最大援助來源國是中國大陸。
   (2) 100 億美元「中國大陸－東協投資合作基金」。
   (3) 2.7 億美元特別援助，給柬寮緬，主要用於基礎建設、產業（農業、工業）。

* 資料來源：整理自許碧書，「多元援外創商機」，《臺灣經濟研究月刊》，2017 年 4 月，第 97~98 頁。

** 劉方平，「一帶一路倡議與中國對東南亞援助」，《中國大陸國際展望雜誌》，2016 年第 3 期，第 70~89 頁。

表 7-2　日陸政府在東南亞湄公河流域的經濟發展計畫

項目	日本政府	中國大陸政府
一、時間	2015 年 7 月 4 日	2008 年 3 月
二、人	日本首相安倍晉三	中國大陸總理溫家寶

表 7-2 日陸政府在東南亞湄公河流域的經濟發展計畫（續）

三、計畫	「新東京策略，經濟合作計畫」或稱「新東京策略」（New Tokyo Strategy）*	大湄公河次區域經濟合作（Greater Mekong Subregion Economic Cooperation），以 2008 年 3 月在寮國萬象市簽的「2008~2012 年大湄公河次區域發展行動計畫」為例。
（一）宗旨	1. 貧窮消除； 2. 環境改善； 3. 維護南海、麻六甲海峽海上安全。	1. 加強東南亞「次」區域（陸瀾滄江到東南亞稱湄公河）的經濟聯繫。 2. 推動本次區域經濟、社會發展，提高經濟競爭優勢（例如透過貿易便捷化）。
（二）對象	湄公河 5 國（越泰柬寮緬）	同左，人口約 3.26 億人，涵蓋面積 256.86 萬平方公里
（三）投資	協助 5 國發展綠能行業	陸政府（尤其是跟緬泰寮接壤的雲南省等）、陸企參與 5 國的農業、衛生、環境、電信、旅遊、人力開發等投資。
（四）政府支出	日本政府出資 61 億美元（7,500 億日圓）協助 5 國政府從事基礎建設，一般會綁日本公司得標。	1. 資金協助 2. 協助基礎建設 例如〈跨國電力貿易路線備忘錄〉、〈經濟走廊可持續與均衡發展備忘錄〉
（五）期間	2016~2018 年	2008~2012 年

*2009 年 10 月，日本跟湄公河五國簽「日本湄公經濟產業合作倡議」（MJ-CI），11 月「東京宣言」

Unit 7-2　日本政府與公司在東南亞蓋工業區

表 7-3 日本政府與公司在東南亞蓋工業區進程

項目	1980~1990 年代：泰國	2010 年起：越、印尼	2014 年起：柬寮緬
一、政府層級			
（一）日本政府	1. 由日本政府對泰國政府提供銀行貸款。 2. 日本縣市政府跟東南亞各國地方政府合作開發日本工業區。	1. 2014 年 11 月，日本帝國資料銀行公司（TDB）「日本企業關於海外投資的意識調查」中，日本公司選越南「作為生產據點最重視的國家」。 2. 例如埼玉縣、神奈川縣皆跟越南一些省政府合作。 3. 以印尼來說，日本大阪府政府出面。	1. 以對寮國來說，日本政府出資協助寮國政府從事交通建設。 2. 以緬甸來說，第一個經濟特區迪拉瓦（Thilawa）2015 年 9 月完工，由日本公司主導，2,500 公頃。迪拉瓦開發公司有 10% 股權由日本國際協力事業團持股。

表 7-3　日本政府與公司在東南亞蓋工業區進程（續）

（二）東南亞各國政府	泰國政府須「錢」以從事基礎建設，鼓勵日本公司前往設廠。	越南的隆德工業園區（Long Duc Industrial Park），土地是越南的國營企業所有。	2006 年由柬埔寨與日本合資公司開發金邊（首都）經濟特區。
二、營建公司	從造鎮開始，由基礎生活機能做起，替日本公司建立完工業區和生活區。 ・東京都大田區跟泰國公司在泰國東南部開發安美德（Amata）工業區。 ・日本川崎市在曼谷市北40公里Chumnumsap工業園區，以每月每坪200泰銖優先出租給川崎市公司。有醫院、學校、餐廳。（部分摘自余承儒，環球經濟，2015 年10 月5 日）	以隆德工業區為例，2012年開發，有 3 家公司出資 ・雙日商社 ・大和房屋工業 ・神鋼環境解決方案公司大和房屋在越南和印尼的工業園區內的公司大多是日資公司，因此大和房屋會從客戶考慮進軍東南亞階段開始提供全包式服務。園區內從設計、施工到完成後的物業管理都是由大和房屋工業主導。從安保警備到供餐服務等，都與合作公司配合提供日本同等級的服務。蓋工業區因徹底追求「日本品質」而大受歡迎，出租廠房也頗有人氣。 大和房屋工業公司講究日本品質的全套顧問服等，再加上常溫、定溫、冷凍、冷藏 4 階段溫度管理的物流設施，塑造出藉著品牌力打進東南亞市場的成功關鍵之一。	在寮國湄公河岸的沙灣拿吉市（Savannakhet） ・興建工業區 2016 年帝國資料銀行公司「日本企業進軍東協實況調查」報告，11,328 家日本公司分布如下： ・泰 30.4% ・星 17.9% ・越 16% ・印尼 12.8% ・緬甸 1.8% 行業分布： ・服務業：其中批發業 24.9%。 ・工業：製造業 43.5% 公司分布： 營收 100 億日圓以上占25.6%
三、入駐公司	以泰國東部沿海地區（尤其是羅勇府），日本豐田、日產汽車等汽車公司進駐泰國，泰國有「亞洲底特律」之稱。 美國密西根底特律市是美國汽車公司的工廠所在，有「汽車城」之稱。	由於印尼內需擴大，對有冷凍、冷藏設備的高機能物流中心需求較大，所以這個工業區有出租廠房外，還開發新的合租型物流中心。（摘修自工商時報，2017 年 6 月 4 日，C8版，黃菁菁）	以緬甸迪拉瓦經濟特區為例。 ・入駐公司：40 家以上，一半是日本公司或日本合資公司，臺資公司 3 家。 ・行業：民生工業等為主，有高科技工業。 ・銀行：主要是日本瑞穗銀行。 ・土地使用權：75年。

越南龍德工業園區小檔案

時：2013 年 9 月 8 日起營運。

地：越南同奈省龍城縣龍德鄉，同奈省在南越（或越南東南部），離胡志明市 40
公里。

人：隆德投資公司，由 3 家日本公司合資成立。

事：土地面積 280 公頃

開發金額：5,200 萬美元

2014 年 10 月 12 日，越南國家主席張晉創（任期 2011.7.25~2016.3.31）參訪

日本大和房屋工業（Daiwa House Industry, 1925 JP）公司小檔案

成立：1955 年，大阪、東京證交所股票上市，股價約 4,430 日圓，也在美國以存託
憑證方式上市（DWAHY），股價約 40 美元。

住址：日本大阪市北區

資本額：66.32 億日圓

董事長：大野直行　　總裁：同左

營收（2017 年度）：3.513 兆日圓

淨利（2017 年度）：0.2017 兆日圓

主要產品：綜合營建開發公司

　　　　　·營造

　　　　　·建築：住宅、商場、飯店、長照機構、高爾夫球俱樂部

主要客戶：公司等

員工數：集團 30,000 人，子公司 92 家

海外子公司：臺灣、印尼、美國、澳大利亞

Unit 7-3　日本農產品公司經略東南亞：
　　　　　有政府協助

　　2009 年，臺灣的虱目魚外銷到中國大陸上海市，當地居民因魚刺多且不會
烹煮等，以致接受度很低，只好動用政府經費來向臺灣養殖戶買，再分送給相

關單位。那麼日本的「農林水產省」（類似臺灣的農業部）如何在海外推廣日本農漁產品？2006 年該部便展開日本推展東亞食品產業政策。

投入	轉換	產出
在海外	在日本國外	
1.「人才育成」，從事日本料理的相關人士，對於和食文化理解愈深刻，才能真正傳遞和食精神。透過跟海外開設日本料理相關學程的餐飲學校合作推廣，強化日本料理專業人才程度。這些人成為和食文化「粉絲」，開始講究日本料理的刀具與食材，形成「原汁原味的堅持」，有利於開拓日本工藝品與食材的海外市場。	1. 商品策略 　以餐廳為例 　·和食（日本料理）強調「安全安心，營養健康，豐富食材」，便當（BENTO）是和食文化的縮影。和食故事從便當「The Food of Japan」：透過海外日本料理餐廳認證，強化和食「安全，衛生」的公信力。 2. 促銷策略 　·聯合國際盛事，海外餐廳，以海外大使館等關鍵機構與業者，共同推廣，使和食與食文化迅速普及。 　·認知度提升方式是「體驗」，唯有切身體驗，和食美味才會存留在消費者腦海中，為提升和食的海外認知度，和食親善大使扮演極為重要角色，讓和食推廣活動更加聚焦與人性化。 3. 最高層次 　文化行銷實踐「食文化」	營收 1. 2005 年時定的目標 　·2009 年 6,000 億日圓 　·2015 年 1 兆日圓，但未達標 2. 2015 年時，設定 2019年 1 兆日圓，2013 年才達到 6,000 億日圓
在日本		
1. 排除出口障礙。 2. 整合輸出，例如譯成各種語言。 3. 三種產品： 　·農漁產品（稻米、海鮮、蔬菜、水果、和牛、日本茶、調味料）。 　·包裝食品、酒類飲品（日本酒） 　·餐廳海外展店		

圖 7-1　日本農水產省的海外擴展市場政策

資料來源：部分整理自曾志成，工商時報，2017 年 3 月 14 日，A5 版。

註：對臺灣有興趣者，可參考「臺灣美食國際化行動計畫」（2010.5）

日本料理小檔案

·又稱和食

·日語本意：日本式烹飪

·2013 年 12 月 4 日，聯合國教科文組織認定「和食」為世界非物質文化遺產。

表 7-4　日本農水產省和農戶的農產品出口

農漁產出	說明	補充
一、米	日本稻米年產量 768 萬公噸 · 水稻面積 161 萬公頃，2016 年出口量約 7.5 萬噸，2020 年預估出口值 600 億日圓。 日本過去主要出口較高檔的近江米，2016 年，日本全國農業合作協會聯盟（簡稱「全農」）開始輸出一款專為出口而種植的米至東南亞國家與英國。米價比國內主要稻米種類便宜三至四成。 2016 年日本山藥出口額 21.9 億日圓（成長率 8%），出口地以熟知山藥健康效益的臺灣為大宗，新加坡是下個目標。	日本對自產的農產品引以為傲，十分有信心能在海外掀起購買熱潮。各地方政府積極向海外耕耘拓展，各縣知事（縣長）絡繹不絕地安排訪問外國。首長行銷有效提升國際媒體對日本食品與食文化認知度；九州政府在香港推廣特有農產品（大蘿蔔），青森縣蘋果有 25% 賣到臺灣，其他特產有新潟越光米等特級稻米。
二、牛肉	澳大利亞與美國是全球第三、第四大牛肉出口國，日本的肉品進口稅率為 38.5%，在澳、美加緊對日本施壓要求降低肉品關稅之際，亞洲富裕人口帶動頂級牛肉消費，以雪花（或霜降油花）般肉質和獨特畜養技術著稱的和牛養殖戶積極開拓出口市場。日本整合原先零散的各地區牛肉名稱，統一以「日本牛」聯合行銷至全球。 2017 年 1 月 6 日東京食肉市場進行的首場和牛競標中，以油花來說最高等級 A5 和牛以每公斤 2,928 日圓（25 美元）價格售出，2016 年漲 16%，價位已逼近歷史高點。和牛與乳牛雜交種的 B3 等級和牛價格 1,659 日圓，交易量最大的 A4 等級和牛價格 2,620 日圓（跌 2%）。	整合各行業的力量，在海外以 J-Brand、J-Fruit、J-Beef 等稱呼共同行銷，再加上固有的信用，中小公司可快速拓展至國外，創造出獨特的價值。 日本農林水產省的和牛出口數字：2015 年 110 億日圓、2016 年 120 億日圓。剔除加工食品和酒類，和牛僅次於蘋果（133 億日圓）的第二大出口農產品。主要出口地區為香港、新加坡、泰國、臺灣等。2016 年 12 月起，北海道食產業總合振興機構展開對阿拉伯聯合大公國出口混種牛與乳牛肉的試驗性計畫。
三、水產品	2016 年日本銷往中國大陸的農產品中，出口金額最高的食品為扇貝，銷往香港是乾海參居冠。這二樣是中華料理的熱門食材，日本漁產品因品質優良而廣受好評。	養殖漁業（如：鰻魚、鮪魚）逐漸崛起，諸多案例，不勝枚舉。

Unit 7-4 中國大陸政府「一帶一路」中的「一路」：21 世紀海上絲綢之路中的東南亞和南亞

中國大陸「一帶一路」經濟帶觀念（The Road & Belt, R&B）小檔案

時：2013 年 9 月

地：哈薩克納扎爾巴耶夫大學

人：習近平，中國大陸國家主席

事：在演講中，習近平提出一帶一路觀念，區域 66 國人口占全球人口 67%（2018 年全球 77.21 億人）、占全球面積 41.3%（全球 13,412 萬平方公里）、全球貨物貿易逾 35% 及全球總產值 38.3%（2018 年 78 兆美元）。

1. 一帶（one belt economics）：絲綢之路經濟帶（silk road economic belt），9 個省市，以鐵路來說，簡稱「中歐班列」；
   - 北線：經中亞、俄羅斯到北歐；
   - 中線：經中亞、東歐到中歐。
   - 南線：經中亞、西亞到波斯灣和南歐。

2. 一路（one road economics）：21 世紀海上絲綢之路（21st century maritime silk road），6 個省（北到山東、南到海南省），打造國際經濟合作走廊。
   - 中線：經南海到印度洋，東南亞、南亞、中東、東非和歐洲。
   - 南線：經南海到南太平洋。

海上絲綢之路（Maritime Silk Road）小檔案

時：北宋（960～11217 年）

地：中國大陸福建省泉州市

人：元朝馬可波羅稱為「世界第一大港」

事：宋朝為了創造稅收，鼓勵人們為海路出口商品，在北宋中期泉州市成為第一大港，超越廣州港。

2017 年 1 月 26 日，中國大陸政府向聯合國教科文組織世界遺產中心，申請以泉州市作海上絲路的代表性港口。

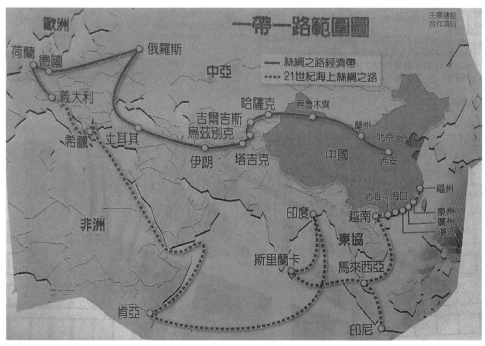

資料來源：中國大陸中央電視臺，2015.4.13

圖 7-2　中國大陸政府一帶一路路線

表 7-5　中國大陸政府推動一帶一路政策

目的	說明
一、政治	英國 BBC 中文網：提高中國大陸政府和領導人在國際國內的地位
（一）外交	以 2017 年 5 月 14 日在北京市舉辦的「一帶一路國際合作高峰論壇」有 29 個國家的元首或政府首長，110 個國家的官員及 61 個國際組織負責人或代表出席。重塑地緣政治國際秩序。
（二）軍事	以中國大陸為主的「陸權國」對抗以美國為首的海權國
二、經濟	
（一）對手	
1. 美國	泛太平洋夥伴經濟協定（TPP），以美國帶頭的亞太 12 國的區域自由貿易協定，2016 年 11 月實施，2017 年 1 月美國總統川普宣布美國退出，日本扛下大旗，繼續推動，改稱跨太平洋夥伴全面進步協定（CPTPP）。
2. 東南亞	「區域全面經濟夥伴關係協定」（RCEP），俗稱東協「10+6」（10 指東南亞）。
（二）陸	一帶一路是中國大陸國家主席習近平力倡的「中國大陸版全球化」的主要落實平台，有改寫全球政經版圖的潛力，也將創造出一個嶄新的 21 世紀國際經貿大市場。2017 年 5 月 15 日，美國《華爾街日報》新聞報導打造一個基礎建設（鐵路、港口與汽油、天然氣管道）、工業區的網路。2014~2017 年中國大陸在「一帶一路」沿線國家共投資 500 億美元以上。

表 7-5　中國大陸政府推動一帶一路政（續）

（三）陸方生 產因素方面	
1. 勞工	省略
2. 資金	1. 2016 年 1 月 16 日亞洲投資銀行（AIIB）開業，有 83 個會員國，資本 額 1,000 億美元。 2. 2014 年 12 月 29 日，成立絲路基金提供「一帶一路」相關基建貸款， 初始規模 400 億美元，後再新增人民幣 1,000 億元。 3. 鼓勵金融機構支援建設，規模約人民幣 3,000 億元。 4. 國家開發銀行和進出口銀行共提供約人民幣 3,800 億元專項貸款。
3. 技術	省略。
	很多臺資公司運用「一帶一路」的「中歐鐵路貨運快線」，提高了對歐貿 易的運輸速率。另有臺資物流業者把臺灣產品海運到中國大陸後，轉由中 歐鐵路運到歐洲，是臺歐貿易新路線。

Unit 7-5　中國大陸境外經貿合作區：東南亞和南亞

　　2006 年起，陸方商務部為貫徹「走出去」（go global）的策略，提出一些措施。

・由商務部帶頭，跟政治穩定且跟陸方關係較好的國家政府達成協議。

・由陸企在境內（不含港澳）成立控股公司，在境外設立陸資控股公司，建設「國家級境外經濟貿易合作區」，迄 2016 年，約 36 國、77 個區，另 56 個區在建，入駐公司 1,522 家，投資 242 億美元、年營收 703 億美元。

・2013 年，商務部和財政部通過中國大陸上海社會科學院提出的「一帶一路『中外合作園區發展報告』」「經貿合作區確認考核和年度考核管理辦法」（簡稱管理辦法）。

　　至於民營公司在外國設立的工業區（簡稱工業園區或工業園）約 100 個，本單元以南亞與東南亞 4 國 4 個合作區作表（表 7-6）說明，本單元部分參考中華經濟院副研究員溫芳宜，〈中國大陸境外經濟貿易合作區之發展現況及對臺意涵〉，《經濟前瞻月刊》，2016 年 11 月，第 71~75 頁。

表 7-6 中國大陸在南亞與東南亞經貿合作區案例

國家	巴基斯坦	泰國	越南	柬埔寨
一、年	2006.1.26 開幕（第一批第一家）	2007 年（第一批）	2007 年 11 月（第二批）	2009 年 7 月 30 日（第二批）
二、省市	旁遮普省省會拉合爾市，巴國第二大都市，在內陸	羅勇府，距曼谷市 114 公里、距曼谷素萬那普機場 99 公里、廉差邦港 27 公里	前江省新福縣，在南部，距胡志明市、國際機場、西貢港各 50 公里	西哈努克省，在 4 號國家道路旁 西哈努克（Sihanouh）是柬已故國王諾羅敦・西哈努克的姓，是柬國國王
三、工業區				
（一）名稱	海爾－魯巴經濟區	泰中羅勇	龍江	西哈努克港（簡稱西港）經濟特區（SSEE）
（二）面積（平方公里，等於 100 公頃）	2.33，五年，三期，分兩區：海爾家電工廠和工業區	12，一、二期已開發 4	60 公頃（工業區 0.54、住宅區 0.06）	11.13 第一期 5.28
（三）投資金額（億美元）	1.29	1.96	1.05	--
四、開發公司	海爾－魯巴	泰中羅勇工業園開發公司	龍江工業園區發展公司	西哈努克港經濟特區公司
（一）陸方	山東省海爾集團，占 55%	浙江省華立集團旗下華方醫療科技	浙江省溫州市前江投資管理公司	江蘇太湖柬埔寨國際經濟合作區投資（或紅豆集團）
（二）地主國	魯巴（Ruba）占 45%	安美德集團（陸稱安梅德）	－	
五、行業				成本
（一）科技				月租金
1. 電子		✓	✓	工業用地：
2. 新材料			✓	18~27 美元每平方公尺，50 年
3. 生技製藥			✓	標準廠房每月每平方公尺 0.8 美元
（二）傳統產業				
1. 化工	✓			水費：0.3 美元／度

表 7-6　中國大陸在南亞與東南亞經貿合作區案例（續）

2. 汽車配件		✓		電費：0.15 美元 / 千瓦時
3. 紡織服裝	✓		✓	✓
4. 五金機械	✓	✓	✓	✓
5. 輕工家電	✓	✓	✓	✓
6. 建材			✓	
7. 其他				紙、橡膠、農產加工
六、經營績效				
（一）公司數	28 家，陸企華眾、金龍汽車（福建省廈門市）	86 家，以浙江省、江蘇省陸企為主，其次是廣東省	34 家，另有 5 國（包括臺、南韓家居 Lock &Lock）投資金額 12 億美元	109 家 員工數 1.6 萬人
（二）產出	2014 年巴國海爾營收 2.3 億美元	–	2015 年產值 5 億美元	目標成為柬埔寨的「深圳」
（三）評語	海爾的家電在巴基斯坦市占率 32% 全部公司排第二外資公司排第一	陸商務部研究院海外投資研究所：「做得最好的境外工業區之一。」	屬於中國大陸 8 大國家級境外經貿合作區之一	2016 年 10 月陸方國家主席習近平跟柬方總理洪森「聯合聲明」中一項。習近平稱「中柬務實合作的樣板。」

資料來源：中國大陸商務部網站及各境外經貿合作過網站整理。

Unit 7-6　歐美的東南亞政策

一、歐盟

歐盟對東南亞的經濟政策詳見表 7-7 第二欄。

（一）東協出口以歐盟為主

東協的衣鞋等很大比重出口至歐盟。

（二）歐盟各國到東南亞投資

歐盟許多企業到東南亞設廠。

二、美國「以經濟鞏固政治外交」

美國政府的政經以「歐洲」為主，2003 年擺平阿富汗、伊拉克後，逐漸把亞洲重點由中東移到東亞（韓日）、東南亞，本處說明對東南亞的兩時期。

（一）環太平洋第一島鏈的戰略

美國以中國大陸為「假想敵」，從東亞韓日、東南亞的菲等，成為第一島鏈。以軍事部署為主，以自由貿易協定等經貿好處給這些國家「糖果」吃。

（二）2017 年起，川普在經濟政策的改弦更張

川普以「創造美國勞工就業」為施政主軸，1 月 23 日簽署退出「泛太平洋經濟協定」（TPP），美國公司在東南亞的投資占外資 11%，動向待觀察。2017年 10 月起，川普在演講中以「印度洋—太平洋」（Indo-Pacific，簡稱印太），但缺乏具體的政策內容，詳見表 7-7 第三欄。

表 7-7　歐盟與美國政府在東南亞的經濟發展政策

領域	歐盟	美國政府
一、政治		
（一）外交	1994 年起歐盟與東協提出亞洲策略，鼓勵歐洲國家參與亞洲市場的崛起與擴張。1996 年成立亞歐會議（ASEM），透過兩年舉辦一次的亞歐政治領袖會議，進行政治、經濟和文化議題的交流，並跟東協簽署「東南亞友好合作條約」（TAC），進而強化雙邊貿易和投資關係。	1. 2009.1~2016.12，歐巴馬總額 美國總統歐巴馬（Barack Obama）提出「亞洲再平衡」（Rebalance to Asia）及「重返亞洲」（Pivot to Asia）策略。 2. 2017 年 1 月起，川普總統 2017 年 1 月 20 日美國總統川普表示以美國的利益優先，以減稅方案鼓勵美國海外企業回歸，未來美國投資海外的資金及製造業有可能轉回美國，對東協經濟會有一些負面影響。簡單的說，川普「重交易，輕秩序」，即不再花大錢去扮演世界警察。2017 年 3 月起，美國國務卿提勒森會見東協 10 國駐美大使，4 月 25 日，副總統彭斯訪問印尼，並拜訪東協祕書長黎良明。

表 7-7　歐盟與美國政府在東南亞的經濟發展政策（續）

二、投資	歐盟（EU）在東南亞十國的外人直接投資額居第二名，僅次於東協十國的加總，顯示歐盟近年與東南亞國家經貿關係愈趨深化。	美國對東協投資排第 3
（一）投資東協金額	2015 年約 197 億美元	2015 年 122 億美元，排第 3，第 2 是日本 174 億美元。
（二）投資協定	無	無
三、自由貿易協定		
（一）國際貿易金額	1. 東協跟歐盟的貿易額（2016 年 208 億歐元）占東協貿易額第一，第二是東協內部，第三、四、五各為陸日美。 2. 站在歐盟角度：三大貿易夥伴為美陸和東協。	以 2014 年為例 1. 站在東協立場，2013 年對美出口 1,150、進口 920 億美元。 2. 站在美國角度：美跟東協 2,200 億美元，美國逆差。
（二）自貿協定	2006 年歐盟提出歐洲貿易政策白皮書，積極跟亞洲國家簽自貿協定，2007 年雙方開始談判自貿協定，2009 年中止。2012 年 7 月 12 日，德國總理梅克爾（Angela Merkel）呼籲為了因應東協經濟體的快速發展，歐盟應加速跟東協簽訂自由貿易協定。2017 年 3 月 10 日，歐盟委員會旗下貿易委員會跟東協經濟部長在菲律賓馬尼拉市會談，決議加快重啟自貿協定談判。	2017 年 1 月 22 日美國宣布退出「跨太平洋夥伴關係協定」（TPP），貫徹美國的保護貿易政策，川普稱為「公平貿易」。 以 2016 年為例，商品貿易逆差 7,300 億美元，幾個對美順差國如下（單位：億美元） ・陸 3,470 ・日 690 ・德 650 ・墨 530 ・愛爾蘭 360 ・越南 320
（三）跟各國	由於上述 2009 年中止談判，歐盟改跟東協各國（越泰馬）談自貿協定。	2017 年 11 月 11 日，在亞太經合會（APEC）會議，川普表示，美國不會再加入 TPP 等多邊協定；只會跟守規矩、對美國貿易公平國家簽自貿協定。

Unit 7-7　臺灣政府對東南亞與南亞的政策

一、南向 vs. 新南向政策

以臺灣為中心，政府往南邊的政治（外交軍事）、經濟，政府稱為「南向政策」（southbound policy）。由於 1994 年 3 月、2017 年 7 月，政府各推動一次，詳見表 7-8。2017 年 11 月 9 日，南韓總統訪問印尼時，首次提出「新南方政策」構想，跟陸方「一帶一路」政策對接。

二、新南向政策

政府每次提出什麼「綱領」、「行動計畫」、（部會級）旗艦計畫，洋洋灑灑，常常列出 10 大行動原則、幾大政策內容，往往缺乏架構。本書一以貫之，依「投入－轉換－產出」的一般均衡架構整理成表 7-9，表中（一）（二）（三）（四）是四大綱領。

表 7-8　臺灣政府的二次南向政策

項目	南向政策 （southbound policy）	新南向政策 （new southbound policy）
一、時間	1994 年 3 月	2016 年 7 月 26 日
二、目的		
（一）對中國大陸	認為中國大陸可能分裂為 6 個「邦」，對臺資公司有很大風險，對大公司西進投資金額有淨值四成內限制，稱為「戒急用忍」。	不承認「92 共識」，採取「親美友日」方式。
（二）對東南亞	1993 年，臺資公司大舉南進，政府想藉力使力，槓桿在東南亞政治影響力。	希望跟南向各國政府等友好，協助臺灣公司開拓 18 國經貿關係。
三、地理區域	東南亞 7 國（不含柬寮緬）	1. 東南亞 10 國； 2. 南亞 6 國； 3. 大洋洲 2 國（紐、澳）。
四、政策	1994 年 3 月《加強對東南亞地區經濟合作綱領》	2016 年 8 月 16 日，「新南向政策」綱領，2016 年 9 月 5 日行政院推動計畫啟動，2017 年預算 44.5 億元、2018 年 72.6 億元。
五、組織設計	在行政院層級，由行政院負責。	在行政院層級，由行政院經貿辦公室督導各部會新南向旗艦計畫。

表 7-8　臺灣政府的二次南向政策（續）

| 六、結果 | 1. 1990~1997 年，共投資 400 億美元。
2. 1997 年 7 月 2 日東南亞（泰馬印尼）金融風暴，東南亞經濟萎縮，2001 年臺灣公司對東南亞投資 14.2 億美元。
3. 2002 年起中國大陸「磁吸效應」，2002 年臺灣公司對中國大陸投資 77.23 億美元，占對外投資 53.3%；2004 年起占 65% 以上。 | 1. 陸方對東南亞施壓，越寮等政府宣布不支持「臺獨」，變相不跟臺灣簽訂經濟合作協議等。
2. 陸方對臺灣政府「冷戰」（或冷和）。2016 年 5 月起，限制陸客到臺灣人數。2011~2016 年，臺灣公司對外投資陸（含港）占 58.77%，亞洲其他占 23%（主要是東南亞占 15%）。 |

表 7-9　臺灣新南向政策「綱領」與「旗艦計畫」（註：（一）～（五）是政府的順序）

投入 （生產因素市場）	轉換 （產業結構）	產出 （商品市場）
一、自然資源 二、勞工 （二）人才交流 （二）1. 教育深耕 新南向國際學生 2016 年 2.8 萬人來臺倍增至 2020 年 5.8 人，擴大國際產學合作專班，每年至少 2,000 人，2017 年核定招收 4,290 人協助來臺就讀外籍生或僑生畢業後在企業實習，扶植成為新南向經貿尖兵。詳見 2017 年 1 月 5 日教育部「新南向人才培育推動計畫」（2017~2020） （二）2. 產業人力 每年代訓 200 位產業領袖人才，讓其回到新南向國家擔任講師培訓當地人力。 （二）3. 新住民發揮力量 三、資本 四、技術 （三）4. 科技 建置科技交流平台（註：大部分是指一年一次的會議，宣稱簽備忘錄），強化科學	一、服務業 （二）2. 產業價值鏈整合 （三）資源共享 偏重產業連結 （三）2. 文化 ・文化交流 　包括文藝青年交流 ・國際合作資金，跨國拍攝電影等 ・其他 二、工業 三、農業 （三）5. 區域農業合作 * 鎖定越、泰、馬、印尼、印度等五國為農業合作重點目標國。 * 選定目標國作重要糧食生產海外備援基地，降低臺灣農產品過度仰賴中國大陸市場。 * 選定種子種苗、農業設施、農業機械、清真食品、生物性農業及肥料、農畜產品等 11 具潛力優勢品。	一、消費 （一）經貿合作 （一）2. 內需市場連結 二、投資 2018 年目標 300 億元 三、政府支出 （一）3. 基礎建設工程合作 這包括政府編列 2018 年 35 億美元的策略性放款，盼工程得標金額 200 億元（註：2015 年海外得標 630.8 億元） 四、國際貿易 （四）區域鏈結 （四）1. 區域整合 偏重簽經濟合作協議（ECA） （四）2. 協商對話 （四）3. 策略聯盟 （四）4. 僑民網路 （三）2. 觀光 2017 年 180 萬人、2018 年目標 200 萬人。 （三）1. 醫衛合作 衛福部擬訂長期計畫，2018~2020 年投入 16 億元，跟越、泰、印尼、菲、馬及柬埔

表一表 7-9　臺灣新南向政策「綱領」與「旗艦計畫」（續）

園區及法人（例如工研院）跨國「連結」，推動智慧防災等技術交流。 五、企業家精神 （三）中小企業	* 以人為本針對新南向國家進行農業人才雙向交流。 * 複製拓展臺灣經驗協助新南向國家提升農業技術。	寨、緬甸、印度等 8 個重點目標國合作。利用醫衛軟實力換取臺灣在東南亞國家影響力，利用醫衛合作帶領產業拓銷。 * 國際醫療服務盼 4 年成長逾50%。2016 年新南向外籍人士來臺就醫計 85,348 人次。在 3 個目標國設立國際醫療病人服務中心，吸引新南向民眾來臺進行醫療照護。 * 拓展醫材、藥品、醫管服務等輸出。在醫藥、醫材外，有軟＋硬（設備）＋管理服務，協助新南向醫院進行智慧醫療管理，且 4 年要協助臺灣公司取得 15 張牙材許可證。
	註：產業價值鏈中的重點：電子收費（ETC）、智慧醫療、智慧擴園等物聯網系統	醫藥品輸出涉及法規調和，官員說，臺灣跟新南向國家進行醫衛合作協議諮商，針對在臺灣進行的檢驗程序，甚至臨床實驗，爭取相互採認機制，減少企業進入新南向市場障礙，希望公平、對等合作。

資料來源：綜合整理自政府各部會資料，尤其是行政院經貿辦公室、國家發展委員會，2016年 9 月 5 日。

Unit 7-8　韓臺公司對東南亞的經營方式

表 7-10　臺資跟韓資公司在東南亞（以越南為例）經營方式比較

項目	臺灣公司	南韓公司
一、典型公司	1. 2008 年投資累計越南 110 億美元，是第 1 大外資。 2. 中小企業約 4,000 家，長期居住的臺灣人 4 萬人以上。	三星集團，2007 年起開始在越南投資，迄 2016 年承諾投資 150 億美元，且出口 399 億美元，占越南出口22.7%，越南是全球第 12 大電子產品出口國。

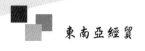
東南亞經貿

表 7-10　臺資跟韓資公司在東南亞（以越南為例）經營方式比較（續）

二、事業發展方向	1. 一條龍的供應鏈：主要以製衣為主，鞋類等也有。 2. 打群架：中小企業成立「臺商總會」。	1. 一條龍的供應鏈生態系：例如三星、樂金、現代汽車。 2. 打群架：成立「韓商總會」。
三、生產因素 （一）自然資源		
1. 土地	越南有 290 個工業區，臺資公司規模較小，除了少數較大的（例如台塑河靜鋼鐵公司），大都「分」入某一個工業區。	2007 年起設廠，稱為三星 Complex： ・1 廠：北寧省 ・2 廠：太原省 ・3 廠：在胡志明市 以北寧廠來說，越南政府給整個工業區，臺灣媒體稱為「三星村」。在河內市設三星研發中心，2016 年人數 1,000 人。
2. 其他	省略	
（二）勞工		
1. 建教合作	越南臺資公司大都為中小企業，規模不夠大跟當地或臺灣的大學談建教合作。2016 年 3 月 28 日，臺灣外交部駐胡志明市辦事處教育組，舉行臺灣高等教育展，該組邀請 60 多位臺資公司人士跟 43 家大學代表洽談「產學合作」（主要是建教合作），最缺模具、材料、機械、化工、會計人力。	以國立河內、胡志明大學來說，三星電子集團給大學生全額獎學金，在越南的大學捐款蓋南韓學生宿舍。考試不及格的，會被遣返回國，且須賠償學費。畢業後進三星上班（簽約 2~3 年）。
2. 外派人員生活情況	(1) 單身赴任 (2) 住在工廠宿舍：6 萬人，七成在胡志明市附近的工業區富美興（詳見小檔案）	(1) 全家赴任：子女唸國際學校，但久了以後就會越語。 (2) 住在市區：例如胡志明市第 7 郡，可說是「南韓區」，南韓人開了許多韓國餐廳。

資料來源：部分整理自何則文，「只用 5 年就翻轉越南經濟結構，在越南看見韓國可怕的南向經濟戰略」，科技橘報（Tech Orange），2017 年 2 月 23 日。

表 7-11　臺灣公司在東南亞的直接投資布局

項目	1990~2008 年	2009 年起
一、國家		
（一）第 1 名	越南	星（2012 年起，占八成），主要是服務業
（二）第 2~6 名	泰、馬、星、菲、印尼	泰 5.61%，越、印尼、菲 1%
二、產業		
（一）服務業	少	1. 金融業：保險、銀行（租賃）、證券，占對星投資 90%。 2. 其他：零售、房地產、餐飲等，例如鼎泰豐、日出茶太、COMEBUY 進軍馬、印尼等。
（二）工業	勞力密集，成衣、製鞋為主	同左
（三）農業	農漁養殖為主	同左

資料來源：部分摘自徐遵慈，「臺灣產業的新南向政策」，貿易政策論壇，2014 年 12 月，第 21 期，第 67~111 頁。

胡志明市第 7 郡富美興小檔案

土地面積：郡中心 6 平方公里（600 公頃），全郡 36 平方公里

人口：30 萬人

地理位置：胡志明市市中心是第 2 郡，在南部西貢河的對岸，有橋相連

交通：2007 年 12 月 30 日，由胡志明市通往富美興的國道一號阮文靈大道，拓寬為 120 公尺，全線 17.8 公里，通車。

本區由 1989 年動工開發，臺商稱為胡志明市的小天母。1997 年起，胡志明市政府成立南區管理委員會（MASD），成為單一窗口，處理外資公司的申訴。

2008 年 10 月起，西貢國際會展中心（SECC）首座展覽館落成，陸續三座落成，四星和五星級飯店一座，一棟國際會議中心，一座 38 層辦公大廈落成，許多全球企業辦公室進駐，高檔住宅區等，像臺北市的信義計畫區。由於南韓公司、南韓人進住，此郡更像南韓首都首爾市。

討論問題

1. 由表 7-1 可見，每個國家在援外時，國內都有反彈聲音，例如如果把這筆錢在支付「低收入戶」學童的營養午餐等。你的看法呢？（提示：個人層級也是如此，德不孤必有鄰，遠親不如近鄰）

2. 日本水產省的產品出口政策（表 7-2），對臺灣農業部、農會、任何農產品銷售組織有什麼涵義？

3. 去討論臺灣政府的新南向政策有多少成效有意義嗎？（提示：企業經營是靠自己打拚，政府沒政策，公司、個人該去東南亞的還是須去）

4. 中國大陸政府的「一帶一路」政策，請以一個項目（例如某國的某個工業園區）詳細說明其效益。

5. 表 7-10 是個典型「南韓能，為什麼臺灣不能」的思考結果，請你以一家南韓公司在東南亞的經營管理方式來具體說明。

越南經濟分析

Unit 8-1　越南經濟快易通

　　我們把越南放在東南亞的第一個國家分二章來仔細分析，原因有二。

‧對臺灣的海外投資重要程度：臺灣公司在東南亞投資金額破 1,000 億美元，越南約占 35%，主因是越南可說是「東南亞版的中國大陸廣東省」，2008 年起適合臺灣公司外移。

‧地理位置：東南亞 10 國，6 個在中南半島，4 個是海島國；本書從中南半島由東往西介紹。

一、越南經濟快易通

　　由「國家基本資料」大抵可以抓住一個國家的總體環境「經濟／人口」、「文化／社會」，獨缺「科技水準」（這比較抽象，本書沒有共識性較高衡量指標）。

二、經濟轉型：從社會主義轉型到半套市場經濟

　　越南是個久於戰亂的國家，1965～1975 年 4 月 30 日南北越戰爭，北越統一，採行共產主義（越南政府自稱社會主義）。

（一）1979 年起，中國大陸經濟改革開放

　　1978 年 12 月，中共大會，透過「改革」（開放民營公司）、開放（國際貿易和外商）經濟政策，以挽救無以為濟的經濟（人均總產值 222 美元）。

（二）1986 年起，越南經濟改革開放

1986 年 12 月，越南共產黨第六次全國代表大會（簡稱六大全會）決議「經濟革新」（Doi Moi），總書記是阮文靈，人均總產值 85 美元。

三、首都與第一大城市

全球大部分國家的首都大都是政治、經濟、文化中心，人口集中往往是第一大城市。小部分國家（例如美國、越南、緬甸）等基於歷史、政治考量，首都跟第一大城分開。

（一）首都：河內市

在 1895 年時，法國占領南越；1945 年胡志明於北越河內市宣布獨立。迄 1975 年，北越統一南越，仍以河內市爲首都。

（二）第一大城市：胡志明市

胡志明市因在湄公河流域，農產豐裕；且有河港、外有海港，適合務農經商，所是早已是越南第一大都市。

越南社會主義共和國（Vietnam）國家基本資料（2018 年）

土地面積：33.12 萬平方公里（全球第 66 名）

首都：河內市	國歌：進軍歌
人口數：9,700 萬人（全球第 15 名）	民族：京族占 87%、其他 53 族占 13%
總統：陳大光　　　總理：阮春福	執政黨：共產黨

總產值（GDP）：2,320 億美元（全球第 45 名）

產業結構（2016 年）：農 18.14%、工 36.37%、服務業 45.49%

需求結構：消費 68.5%、投資 27%、政府支出 6.5%、出進口：-2%

經濟成長率：6.8%

人均總產值：2,392 美元（全球第 125 名）

失業率（城市）：3.18%	吉尼係數：0.356
中央銀行：越南國家銀行	匯率：1 美元兌 22,700 越南盾
貨幣：越南盾（VND，D 指 Dong）	語言：越南語

國家格言：獨立、自由、幸福

宗教：5 大，佛教占 63%、天主教 30%、道教 6%、高臺教、和好教等

行政區：58 個省、5 個直轄市，省下設縣、縣下分「社」、「市鎮」等

表 8-1　臺陸與越南改革經濟成長階段比較

經濟發展階段	農業社會	起飛前準備	起飛
以人生階段比喻	嬰兒	兒童	青少年
一、以人均總產值來劃分	1,100 美元以下	1,100～4,200 美元	4,200 美元以上
二、臺灣			
1. 期間	1966～1975 年（9 年）	1976～1986 年（10 年）	1987～1994 年（7 年）
2. 人均總產值	249～985 美元	1,156～4,038 美元	5,350～12,160 美元
3. 經濟成長率	11.8～33.8%（1974年2.7%等例外）	17%（1982年4.8%等例外）	10%
三、中國大陸			
1. 期間	1979～2001 年（22 年）	2002～2009 年（7 年）	2010 年以來
* 經濟成長率	11.4～20%	14%	10% 以下
2. 改革	1992 年開放民營公司、成立房地產交易		2012 年 3 月起，實施「國退民進」，俗稱「改革紅利」
3. 開放	1986 年頒布「關於鼓勵外商投資的規定」	2001 年 12 月加入世界貿易組織。2008 年對外國企業「國民待遇」	2010 年外資1,057 億美元首次突破 1,000 億美元
四、越南			
1. 期間	1987～2007 年（20 年）	2008～2026年（18年）	預計 2027 年起
2. 改革	1986 年 12 月，受中國大陸影響，總書記阮文靈提倡「改革開放」基本方針，實施「經濟革新」（Doi Moi）政策，工業取消計畫經濟。	補充左述1. 服務業　少數例外（油電等），所有商品價格市場決定。2. 工業　發展民營公司。3. 農業　1993 年 7 月，土地使用權制。	
3. 開放	1987 年頒布「外人投資法」，1994 年美國解除對越南貿易禁運，1995 年美越關係正常化，1996～2012 年美國是越南最大出口國	· 2006 年 11 月加入世貿組織，自貿協定如下：· 2009 年 10 月越日· 2010 年東協與陸· 2015 年 10 月越韓· 2016 年外資 209 億美元，2017 年 376 億美元· 2018 年越歐盟	

Unit 8-2　從越南的經濟發展階段預測未來經濟走勢

　　越南未來幾年的經濟情況（例如總產值、人均總產值）會如何？總產值涉及經濟成長率。

　　世界銀行、國際貨幣基金一般只作未來 2 年的經濟成長率預測，例如在 2018 年時，你會看到 2019、2020 年的經濟成長率。對於想看遠一點的。本書運用目錄之前的圖「經濟發展階段剖面圖」。

　　以越南來說，2018 年人均總產值 2,392 美元，在經濟成長率 7% 情況下，查財務管理書的「終值利率因子」表，以人均總產值 4,200 美元視爲「經濟起飛前準備階段」邁入「起飛階段」的分水嶺，約須 9 年，即 2027 年左右。

一、臺越經濟發展進程比較

　　有比較才知道差異，比較對象須符合俚語「西瓜跟西瓜比，橘子跟橘子比」，本處以「土地面積、人口數」來區分西瓜、橘子，先以臺灣跟越南相比，套用棒球比賽用詞，臺灣完勝，臺灣的經濟發展算快、越南算慢的。

二、陸越經濟發展進程比較

　　以同樣都是共產主義轉向「改革開放」的陸越兩國比較。

（一）農業社會晉級：陸越 22 比 20

　　這階段雙方所花時間皆很長，主要是內部有保守（反改革）勢力牽制，再加上外資觀望。

（二）起飛前準備晉級：陸越 7 比 18

　　這階段，陸可說「手腳很快」，只花了 7 年，甚至比臺灣的 10 年還快。主因是「天時」（2001 年 12 月加入世貿）、「地利」（位於太平洋西岸，東亞的韓日臺就近）、「人和」（勞動人口 6.9 億人，全球第一）。以需求結構中的「投資」占總產值比重最高時 47%，投資帶動經濟成長。相形之下，越南的「投資」不足。

表 8-2　越南經濟發展階段

經濟發展階段	農業社會			起飛前準備		起飛		
* 人均總產值	1,100 美元以下			1,100～2,000 美元		2,001～4,200 美元		
一、期間	1986～2007 年			2008 年～2014 年		2015 年起		
	1970 年	1986 年	2007 年	2008 年	2014 年	2015 年	2016 年	2017 年
(1) 人口（萬人）	4,281	6.168	8,462	8,542	9,276	9,480	9,503	9,607
(2) 人均總產值（美元）	65	85	915	1,160	2,052	2,047	2,153	2,242
二、經濟績效								
（一）經濟成長率	4～9%			15%		6.68	6.21	6.81
物價上漲率						0.63	2.7	3.7
（二）貧窮線以下人口比重	省略			—	—	7%		
三、產業結構								
（一）服務業			42.83	42.51	43.4	44.16	45.49	—
（二）工業			38.51	36.74	36.93	36.95	36.37	—
（三）農業			18.66	20.41	19.68	18.89	18.14	—
四、需求結構								
（一）投資	2005 年投資占總產值 38%							
1. 外資	2007 年臺資公司累積投資 300 億美元，第一大外資					南韓公司成為最大外資，尤其是電視、手機		
2. 投資行業	機車 農業中的水產養殖（2000 年起）、飼料業			紡織業		工業 80% 製造業（含加工）占 60% 服務業 20% 主要是房地產		
（二）國際貿易	1995 年加入東南亞國協			2006 年加入世界貿易組織		2015 年 12 月 31 日東協經濟共同體啓程		
1. 出口國家	美歐			美歐		美歐陸		
2. 出口商品	農產品為主			2004 年 紡織、製鞋、石化		2016 年 手機占 22.7%		

項目	2015 年	2016 年	2017 年
出口	1,634	1,759	2,130
進口	1,656	1,733	2,080

3. 貿易差額	2012 年起開始順差
4. 出口依存度	1993 年 64% 2004 年 145%

Unit 8-3　越南政府的經濟政策首長

　　一般認為，隨著總理阮晉勇（任期 2006.6.27～2016.4.6）卸任，越南政府以共產黨總書記、國家主席、總理和國會主席四人為中心的集體領導制度。一般民主國家，內閣制的總理是最高政治首長，國王（或女王）、總統是虛位元首。在共產主義國家，總理比較像是公司的總經理（詳見表 8-3），上面至少有二個長官，有必要說明。

一、共產黨的以黨領政制度

（一）以黨領政，但槍桿子出政權

　　以公司「三權」（所有權、經營權和管理權）來類比共產黨國家的以黨領政，便很容易了解，詳見表 8-3。越南國會成立於 1946 年，500 席議員，可選出國家主席、總理、最高法院院長、最高檢察署檢察長。

　　1992 年起，國會直選，每 5 年選舉一次，以 2011 年為例，越共獲 458 席，組成的「越南祖國陣線」有 498 席。

　　一般來說，國會對總理提出的法案都會同意，2010 年，國會否決高速鐵路計畫，是極少數例外。

（二）黨得票決定中央政治局排名

　　2011 年 11 月的越共第 10 屆中央委員會，中央政治局 19 名委員的排名是依據其在中央委員會的得票數而定。2016 年 11 屆只有 18 名委員，不設常務委員會。一般來說，權力排名如下：黨總書記、政府總理、國家主席、國會主席。

二、行政首長總理阮春福

　　由小檔案可見總理阮春福的資歷：省長（地方資歷）、副總理（中央行政資歷）。由表 8-4 可見阮春福的施政目標等。

表 8-3　共產黨國家以黨領政的制度

第 12 屆政治局（2016.1 選出）

權力種類	公司	權力種類 *	得票排名	組織／姓名
一、所有權	股東大會	一、共產黨黨權		
		（一）黨的政權		共產黨全國代表大會
二、經營權	董事會	（二）黨的治權		共產黨政治局
	1. 常務董事會	1. 中央政治局委員		18 席（正常 19 席）
	2. 董事長	2. 總書記、軍委會書記	1	阮富仲
		（三）軍權	4	吳春歷（國防部長）
三、管理權	總經理	二、政權	5	蘇林（公安部長）
		（一）立法		國會
			3	國會主席阮氏金銀
		（二）國家主席	2	陳大光
		（三）行政	6	總理：阮春福
				副總理：5 位

* 資料來源：麥朝成、伍忠賢，《中國大陸經濟》，五南圖書公司，2013 年 9 月，第 59 頁圖
　　2.2 黨政制度。

表 8-4　越南阮春福總理的施政目標與政策

項目	說明	補充
一、施政目標	社會主義越南	爭取實現社會經濟發展目標
（一）政治	民主（黨內、社會民主）	改革行政，建立強大、團結的政府
（二）社會	文明、公平（註：法院獨立）	全面促進革新
（三）經濟	國強民富	融入世界，認真傾聽人民的意見和需求
二、政策	2016.4.7 就職總理承諾	
（一）政治	捍衛國家主權	這是對外，例如南海主權
（二）社會	打擊腐敗	2010 年副科長以上官員（黨政軍和國營企業）財產申報制度
（三）經濟	改善商業環境 2017 年 8 月，要求計畫投資部（MOPI）提出「經濟特區法」（或特別行政經濟單位法），10 月提交國會。	2018 年世界銀行與國際金融公司（IFC）的全球經商環境評比報告，越南的經商便利度是第 68 名，比菲律賓、印尼好一點，比 2016 年進步 22 名。

越南政府總理阮春福小檔案
出生：1954 年 7 月 20 日，越南廣南省桂山縣
現職：越南總理（2016.4.7 就任）、中央軍事委員會常務委員、越共中央委員會委員
經歷：副總理（任期 2011.8.2～2016.4.7）、省長（名稱為人民委員會主席）
學歷：河內市國家經濟大學經濟學士

Unit 8-4 越南政府的經濟相關部會

表 8-5 越南政府經濟相關部會：跟臺灣政府比較

項目	臺灣	越南（22 個部中 13 個部）
一、經濟政策		
（一）規劃	行政院國發會	計劃投資部
（二）公務統計	行政院主計總處	國家統計局
二、生產		
（一）自然資源		
1. 土地	經濟及能源部 產業園區管理局 科技部 北中南 3 個科學園區管理區	工業和貿易部（Ministry of Industry and Trade, MOIT, 2007 年合併成立） 註：源自俄羅斯
2. 礦	環境資源部 水保及地礦署	
3. 水	水利署	環境資源部（或自然資源與環境部）
4. 空氣	污染防治局	同上
5. 能源	經濟及能源部 能源署	工貿部 能源局
（二）勞工	1. 勞動部 　勞動力發展署 2. 教育部	1. 勞動、傷兵暨社會事務部 2. 教育培訓部
（三）資本	1. 中央銀行 2. 行政院金融監督管理委員會 3. 財政部	國家銀行 ・胡志明證券交易所 ・河內證券交易所 同左

表 8-5　越南政府經濟相關部會：跟臺灣政府比較（續）

（四）技術	1. 科技部	同左
	2. 經濟及能源部	
	・ 產業技術司	
	・ 智慧財產局	
（五）企業家精神	經濟及能源部	
	中小企業局	
三、產業		
（一）服務業		
1. 大部分	經濟及能源部	工貿部
	產業發展局（原商業司併入）	
2. 醫藥	衛生福利部	衛生部
	食品藥物管理署	
3. 廣播、電視、通訊	國家通訊傳播委員會（NCC）	通訊傳播部
4. 交通	交通及建設部	交通運輸部
5. 文化等	文化部	文化、體育暨旅遊部
	教育部體育署	
	交通及建設部觀光局	
（二）工業	經濟及能源部	工貿部
	・ 產業發展局	・ 產業與貿易資料中心
	・ 標準檢驗局	
（三）農業	農業部	農業暨農村發展部
四、商品市場	國民所得中的需求結構	
（一）消費	行政院消費者保護處	工貿部
	公平交易委員會	・ 消費者利用保護
（二）投資	經濟及能源部	計畫暨投資部
	・ 產業發展局（含原「投資處、投審會」）	（或計畫投資部，MOPI）
（三）政府支出	交通及建設部	・ 同上
		・ 建設部
（四）國際貿易	經濟及能源部	工貿部
	・ 貿易商務局	・ 貿易促進局
	・ 貿易政策司	・ 競爭管理局（Competition Authority）

註：臺灣政府的組織是採「組織改造」後。

表 8-6　越南對外自由貿易協定

洲／國	生效日期	說明
一、亞洲		
1. 日本	2009.10.1	
2. 南韓	2015.12.20	越南三大貿易夥伴陸、美、南韓
3. 紐西蘭	2015.12.20	紐西蘭喜歡跟外國簽自貿協定，以利農產品出口
二、歐洲		
1. 歐亞經濟聯盟（EEU）	2016 年 10 月	該聯盟有：(1) 歐洲的俄、白俄；(2) 亞洲一中亞五國中、亞美尼亞、哈薩克、吉爾吉斯
2. 歐盟	2018 年	越南第二出口市場，2014 年占 18.62%
三、美洲		
1. 智利	2014.1.1	智利是全球簽最多自貿協定國家

Unit 8-5　外資公司在越南設廠的投資損益表分析

公司考慮在哪一國的哪一地區設廠（即廠址選擇 factory site choices），會把營收、營業成本費用等損益表計算出來。

一、陸越 PK 賽

把中國大陸人口規模比喻成「大西瓜」（2018年人口13.97億人）跟越南「小玉西瓜」（人口 0.97 億人）比較，共同點是由共產主義轉向資本主義。

（一）起跑點，陸快越 8 年

由表 8-8 可見，陸比越南早 8 年改革（開放民營企業經營，俗稱解除管制）、開放（國際貿易、外資，稱自由化）。

（二）農業社會階段轉到起飛前準備階段

中國大陸花了 22 年，越南花 20 年。

（三）起飛前準備階段升級到起飛階段

中國大陸花了 7 年，越南可能花 18 年，在這階段，中國大陸平均每年經濟

成長率 10% 以上，越南 6%。簡單的說，越南在「兒童階段」營養不良以致發育遲緩，遲遲才進入「青少年期」。

1. 天時較晚：轉捩點在加入世貿組織的時間

由表 8-8 可見，陸越拉大距離的轉捩點在於 2001 年 12 月中國大陸加入世貿組織，比越南早 5 年。加入世貿的好處是會員國對其敞開市場，出口導向的外資會湧入，外資帶來機器設備、技術，使國家快速提高「工業化程度」（工業占總產值比率由 15% 到 40%），需求結構中「投資率」（投資占總產值比重，由 10% 到 45%）。

2. 地利較遜

- 從東亞三國（韓日臺）進口工業零組件：以上海市到臺灣基隆港約 650 公里；越南胡志明市到臺灣基隆港約 1,700 公里。以臺資公司來說，去上海市較近較快。
- 出口：以美國加州洛杉磯港來說，中國大陸上海市 12,523 公里、胡志明市約 13,130 公里，上海市略近 607 公里。

3. 人和較遜

- 中國大陸勞工薪資是越南勞工 5 倍以上，越南有優勢；
- 人數來說，陸方有大優勢。

2012 年陸人口 12.8 億人，是越南（0.807 億人）的 16 倍，中國大陸有 6 億勞動人口，光 2.3 億人的農民工就是越南人口的 2.85 倍。

表 8-7　以損益表說明越南外資公司的投資環境

損益表	說明（現況）	補充（展望）
營收	越南的前三大出口國，大都已跟越南簽定自由貿易協定，詳見表8-6。	
一、營業成本		
（一）原料	1. 鞋材：主要從中國大陸進口 2. 紡織（紗、布）：主要從臺灣進口 3. 汽機車業 4. 電子零組件：從中國大陸、臺灣、南韓進口	在「泛太平自貿協定」下，有「由紗開始」（yarn forward），紗、布須在自由貿易區內生產，無法再從區外（例如臺灣）進口

表 8-7　以損益表說明越南外資公司的投資環境（續）

（二）直接人工		
1. 價：薪資	分四區，2017 年調幅約 7.3% (1) 第一區（涵蓋河內、胡志明市等都會區）：165 美元（375 萬越南盾，1 元兌 22727 越南盾），例如宏全、達新。 (2) 第二區（大致兩大都會區郊區地帶）：332 萬越南盾，臺資公司最多） (3) 第三區（省級市） (4) 第四區（鄉間）	依據「最低工資調整路線圖 2020」，第一區 2020 年約 213 美元（400 萬越南盾） 就業人口產業結構（2016 年） ・服務業：33.41% ・工業：24.69% ・農業：41.90%
2. 量	(1) 人口年輕：70% 的勞動人口，約 6,500 萬人。 (2) 人口年齡中位數 29.6 歲。 (3) 每週工作天：5 天半，一年固定假日 9 天。	2016 年失業率 城鎮 11.30%、鄉村 5.74%
3. 勞工素質	(1) 政府投入教育的支出約占總產值 3%，比中低所得國家平均值高 2 個百分點。年輕學生的數理成績在全球排名超英勝美。 (2) 工會作風彪悍，隨時罷工。	聚陽分散工廠到柬埔寨。
（三）製造費用		
1. 土地		
2. 水電	1 度水 13.3 元，1 度電 1.87 元	臺灣 1 度電 2.9207 元，1 度水 11.50 元（以每月 50 度以上計算）
3. 能源		
4. 空氣	環保標準趨於嚴格	
二、毛利		
− 研發費用		
− 管理費用		
− 行銷費用		
＝營業淨利		
＋營業外收入		
− 營業外支出		
＝稅前淨利		

表 8-7 以損益表說明越南外資公司的投資環境（續）

－ 所得稅費用	稅捐是外商在越南經商的一大負擔，政府每年向企業課徵 32 種租稅，耗費企業 875 個小時報稅。 ·2019 年稅法修正如下： 公司所得稅按交易價格的 1% 計算，只要有交易，都需要繳納資本利得稅。	在越南經商一點都不容易，申請接電得花上 115 天；辦理營建許可花110 天，有 11 道手續；財產登記花57 天。（摘自經濟日報，2016 年8 月 11 日，A13 版，鍾詠翔）
＝ 淨利		

Unit 8-6 越南的外資公司直接投資

　　東南亞外資公司投資金額越南占 11%，約是第二。以臺資公司來說，越南占 33%，一直是第一名。我們再拉個全景來說明越南引進外資三個時期，這歷程跟中國大陸很像，後進國家（柬寮緬）可能會慢個 10 年走上同樣路。

一、第一階段：1986～2007 年

　　越南開放的第一階段，外資公司中以臺資公司為主，是臺灣公司在臺灣面臨土地價格漲、薪水漲、環保標準嚴格、美元兌臺幣貶值（從 1974 年 9 月 1 比 40元到 1985 年 1 比 28 元），臺灣公司外移。臺灣政府限制上市公司赴中國大陸投資項目與金額，越南在東南亞國家中離臺灣很近，因此成臺資公司外移首選。

（一）臺資公司第一次南向

　　臺灣傳統產業公司外移，主要是機車（例如三陽工業）等。

（二）臺資公司成為第一大外資公司

　　2007 年，臺資公司直接、間接對越南投資總額 300 億美元，越南政府成立臺灣事務委員會，專門處理臺資公司投資事宜。

二、第二階段：2008～2014 年

（一）接收來自中國大陸公司外移

　　2008 年 5 月 29 日起，中國大陸廣東省政府開始實施「騰籠換鳥」政策（the

policy of emptying the cage for the new birds），土地收回，2007 年 7 月匯率改革
（1 美元兌 8.2 人民幣，人民幣開始升值）、2002 年起薪資每年漲 10% 以上。
大約 2008 年，廣東省外資公司（以臺資公司爲例）開始外移，主要是東莞市的
製鞋、成衣業。

（二）越南贏在地利之便

越南在東南亞的東邊，北邊連接中國大陸的廣西省、東邊隔海接海南省，
中國大陸稱「北部灣經濟圈」。從陸路、海路，中國大陸的零組件出口到越南，
越南扮演勞力密集業成品「組裝」角色。

（三）外資公司蜂湧而至

2006 年，越南加入世貿組織，外資公司湧入，臺資公司占外資公司比重掉
到第 4 名以後。每年外資金額 60～90 億美元。

三、第三階段：2015 年起

2015 年，越南「改革」、「開放」加碼演出，外資公司投資每年破 100 億
美元。

（一）主要自貿協定紛紛生效

由表 8-6 可見，越南在自由貿協定方面不仰賴東協，走自己的路，而且走得
很快。

（二）政府的引資目標

2015 年，越南計畫投資部長裴光榮表示，越南的目標是 2016 年成爲亞洲外
資公司流入前四名國家。越南外國投資局局長杜一皇（Do Nhat Hoang）說，越
南不會取代中國大陸「世界工廠」的位置，「但我們可以在中國大陸之後成爲
第二名」。

（三）南韓成為最大投資國

南韓公司「南向政策」聚焦越南，把越南當成手機組裝地（取代中國大陸
山東省），結果越南最大貿易赤字國是南韓，2017 年約 300 億美元，因爲向南
韓的三星公司進口手機零組件等。

（四）臺資公司居第四

1986～2016 年，臺資公司對越南共投資 315 億美元（居第四），雇用勞工 140 萬人。

表 8-8　越南在吸引外國直接投資進程

經濟發展階段	I 農業社會	II 起飛前準備	III 起飛	
一、中國大陸情況	1979～1990 年 香港公司進廣東省東莞市做成衣的牛仔褲	1991～2003 年 臺資公司進廣東省深圳市，以鴻海為例，做電腦、手機組裝	2008 年起廣東省政府騰籠換鳥，強調引進高科技產業，例如面板、晶圓代工廠	
二、越南情況	1986～2007 年	2008～2014 年 起飛前準備階段第 1 期	2015 年起 起飛前準備階段第 2 期	
三、改革部分（即解除管制、民營化）	— 1. 1990 年准許民營行業	「2013～2020 年經濟結構調整總體規劃」 1. 公營企業家數 690 家	1. 2020 年目標 200 家 2. 2015 年 7 月公營企業由 51 個目標降至 6 個，鬆綁 100 項法規	
四、開放部分 ・自由化	・1987 年外國人投資法 ・2007 年越南加入世貿組織	分類	2014 年	2015 年起
		1. 管制行業：銀行	20%（原 15%）	30%
		2. 敏感行業：國防業	—	—
		3. 一般行業	49%	100%
（一）高關稅行業 詳見越南海關總局	1. 配額：蛋、菸、糖、鹽 2. 高關稅：摩托車、汽車、紡織品	腳踏車、鞋材、紡織物	2016 年 9 月起，供生產出口品的進口原料「免」繳稅，以取代之前的「關稅退稅」。	
（二）每年外資金額，主要外資	20 億美元以下 臺資公司	60～90 億美元 星、印尼等	2016 年 158 億美元 南韓 29%、日 11%、星 10%、陸 8%、其他 43%	
（三）行業	機車、木製品、腳踏車、食品加工	機械設備與零組件、紡織（成衣）、製鞋	手機組裝、汽車	

Unit 8-7　越南外資公司中的臺資公司

基於越南中臺資公司的重要性、越南占東南亞臺資公司投資第一,兩個角度,本書單獨以一單元篇幅說明越南臺資公司。

一、從「投入—轉換—產出」架構來分析外商中的臺商

在表 8-9 中,以「投入—轉換—產出」架構說明越南臺資公司的「重要程度」(或稱貢獻)。

表 8-9　以「投入—轉換—產出」架構分析越南臺資公司

架構	投入	轉換（行業分布）	產出
說明	(一) 金額	(一) 臺資公司	(一) 出口
	1. 流量 2007～2010 年外資公司中第一 1992 年臺越通航 2011 年起,星、印尼一度超越臺資公司 2. 存量 ・有臺灣端號稱 600 億美元	八成集中在工業中的製造業,詳見表 8-10。	2015 年臺灣對越南出口 110 億美元、進口 20.84 億美元
	(二) 勞工 聘用 140 萬人	(二) 其他外商 五成以上 ・服務業 ・工業中營建業	(二) 其他

二、以表取代圖

許多文章談到越南臺資公司皆以越南地圖標示「產業地圖」(各行業在地圖上的分布),但無法容納太多文字。本單元以表方式呈現,詳見表 8-10。

(一)靠山吃山,靠水吃水

以經濟學中的區域經濟或企管「策略管理」中的「資源依賴理論」,許多農礦業設廠,大都是「靠山吃山,靠水吃水」,例如台塑越南鋼鐵公司設在河靜省,就近取得鐵礦砂。

（二）產業群聚

以成衣、製鞋業來說，組裝廠未設廠之前，會先跟上中游的零組件談妥「一起去」，所以一開始時，便是上中下游「一條龍」的垂直整合。出口行業大都設在沿海，以便透過海港出口。

表 8-10　越南臺資公司的行業地理分布　　　　　　　　　　　　單位：億美元

地區／省	行業／公司	出口金額
一、北部		
（一）河內市北邊	1. 電子製造業	106
1. 北江省	環隆、正文、勝華	
2. 永福省		
（二）河內市南邊		
1. 巴地頭頓省	鋼鐵業	
2. 河靜省	台塑越南鋼鐵公司，詳見 Unit 9-7	
二、中部	1. 水產加工業	
（一）慶和省	信海等，詳見 Unit 9-1	68
	2. 飼料業	
	統一企業	
三、東南部		46
以胡志明市來分	1. 汽機車業	
（一）東北邊 I	・汽車	
1. 平陽省	・機車：豐祥 -KY，詳見 Unit 9-2，以三陽工業越南	
2. 同奈省	公司 VMEP，共有 2 個廠—河內市河西廠、同奈省	
3. 胡志明市	廠	
（二）東北邊 II	1. 皮革製品業	101
1. 同奈省	三芳（人工皮革）等	
2. 胡志明市	2. 鞋	
	寶成（子公司裕元），詳見 Unit 9-5	
（三）北邊	* 木製家具業	55.6
1. 平陽省	宏森等	
2. 廣南省	* 越南 95% 出口家具是臺商做的	
（四）西北邊		
1. 平陽省	1. 自行車業：鋒明（詳見 Unit 9-3）、建大等	
2. 同奈省		
（五）西邊	1. 紡織業	204
・平陽省、同奈省	・紗：台化	
・巴地頭頓省	・布：台元、台南、中興紡織	
・陽安省、河南省	・成衣：儒鴻、聚陽（詳見 Unit 9-4）	

資料來源：整理自臺灣貿易中心駐胡志明市辦事處，「越南經濟現況與消費市場展望」，
　　　　　2017.3.3。

Unit 8-8　越南消費

以 2018 年來說，套用中國大陸的情況來舉例。

· 人口數 9,700 萬人跟人口數第 3 的河南省（約 9,700 萬人）相同。

· 總產值跟雲南省（人口數 4,700 萬人）相近，在 31 個省市排第 20。

一、套用「中國大陸經驗」

前例可援，例如人口結構，日本約比臺灣「先行」10 年，有些人用「日本模式」來形容。

（一）中國大陸經驗

在越南的消費比率等，越南比較像中國大陸，由表 8-11 可見，越南在約 2020 年成為「區域（消費）市場」，東南亞中落在印尼、泰國之後。

（二）中所得人口人數「跳過」

由於每家外國機構對中所得家庭的定義不同，而且也無法從這估計消費金額，所以本書不討論。

（三）越南國家統計局的數字

2018 年零售／服務 1,771 億美元，以總產值 2,320 億美元來計算消費率 76%，這比美國 70% 還高，本書作者認為頂多 60% 合理，推論 1,400 億美元。

二、地區分布

由表 8-12 可知，把南北狹長的越南分成三地區（可細分到 8 區），消費力集中在東南部，這地方有湄公河三角洲，工商發達，較富裕，人口數較多。

三、消費各方面的商店發展

由表 8-13 可見，越南在消費各方面的商店發展。

表 8-11 以中國大陸經驗來看越南消費

國家	I 發展契機	II 製造業地位	III 消費市場地位
一、中國大陸	2001 年 12 月 加入世貿組織	2002 年 成為世界工廠	2005 年 成為世界市場，僅次於美日 總產值 × 消費率 $2.27 \times 0.32 = 0.73$ 兆美元
二、越南	2006 年 加入世貿組織	2015 年起 成為區域工廠，在手機、 成衣、製鞋等行業	2020 年起 成為東南亞區域市場 2,590 億美元 $\times 60\%$ $= 1,554$ 億美元

表 8-12 越南零售業的地區（可細分到 8 區）分布

單位：%

地區	北部	27	中部	15.5	東南部	52.6
中分類	1. 西北（丘陵與山區）	4.8	1. 北中部和沿海	10.9	＊ 其他	10.7
		11.6	2. 南中部	4.6	1. 東南部（胡志明市）	23.5
	2. 東北	10.5	3. 高原			18.4
	＊ 河內市				2. 湄公河三角洲	
	3. 紅河三角洲					

表 8-13 越南在消費方面的發展

生活層面	說明	商店發展		
一、食	（一）2016 年都市占人口數 34.6%，各菜系較多 （二）鄉村占人口數 65.4%，以越南餐為主	現代化商店占 40% 2020 年目標店數		
		公司國籍	便利商店	超市
		一、外商		
		1. 日本	7-11	
		2. 南韓		樂天 60
		二、本土		
		VinMart VinMart+	8,000	500
		2016 年	1,000	700
二、衣	（一）北越：緯度比較近臺灣的屏東縣、高雄市 （二）南越：比較近熱帶	4,000 萬位上網人口，網路購物商機大 2017 年約有 50% 人上網購物		

表 8-13　越南在消費方面的發展（續）

三、住	世界銀行預估都市人口比率將於 2040 年提高至 50%，2018～2022 年，每年需要約 37.4 萬個新房來滿足人口成長的需求。	*2016 年汽車市占率長海（Truong Han）34.6%、豐田 18.7%、Vina 馬自達 10.5%、福特 8.5%
四、行	（一）手機：擁有高檔手機是炫富方式 （二）機車：每年約 250 萬輛 （三）汽車：2013 年 11 萬輛，2014 年 16 萬輛，2015 年 24.5 萬輛，2016 年 30.4 萬輛。	最大手機連鎖店 MWG、2016 年起，4G 導入 2018 年起大幅成長 汽車銷量來源：越南汽車工業協會（YAMA）
五、育	（一）小學五年、國中四年：越南學制只有國小、國中，年數跟臺灣不同 （二）國民義務教育 9 年，號稱識字率 92%	2015 年 207 所大專、294 所中專學校
六、樂	以旅遊業來說，國外觀光人次約 1,350 萬人次，陸客占第一。	越南共有 10 座賭場，僅限外國人士進入。2017 年開放年滿 21 歲、月所得 1,000 萬越南盾以上（442 美元）的民眾可在三年試辦期內進入特定賭場，希望有利提振國內觀光和稅收。

討論問題

1. 越南的開放外資公司經營項目夠嗎？政府在擔心什麼？

2. 限制越南經濟發展的因素有哪些？（提示：鐵公機不足、官員行政效率）

3. 南韓公司（例如三星電子）為什麼重押越南？（提示：南韓公司在中國大陸政治風險程度較高等）

4. 臺灣公司為何重押越南？

5. 臺灣的電視新聞報導，越南年輕人收入不高，但很多買蘋果公司 iPhone 新機，在想什麼？

越南企業經營管理

Unit 9-1　農業社會階段的基本行業：養蝦業
── 兼論越南信海水產系列公司

　　農業社會階段大抵是「靠山吃山，靠水吃水」，以水產中養殖業主要有蟹（例如中國大陸的大閘蟹）、蝦、貝（例如蚵仔等）、魚等。本單元以東南亞水產中的大宗「蝦」為例來說明。以臺資公司越南信海系列公司為例，可說是臺灣公司從「貿易─加工─養殖」逆向垂直整合的典範。該公司股票未公開發行，由本書作者訪問董事長特別助理 Jim Chen 完成。

一、全球商機分析

　　以聯合國糧飯農業組織（FAO）的統計，2014 年全球水產供給 1.4 億噸、需求量約 1.5 億噸，養殖 10.738 億噸超過野生，養殖水產中陸占 61.65%、東南亞占 22.7%（詳見 2016 年世界漁業和水產養殖狀況）。

　　以亞太水產協會（Aquaculture Asia Pacifica）的統計，2016 年全球蝦產量約 500 萬噸、產值 300 億美元。

（一）全球商機

　　中國大陸是全球蝦的最大生產國，跟其他農產品一樣，因人口多，農產品供不應求。

（二）出口商機

　　美歐日等溫帶國家，比較不適合養「蝦」（水溫最好在 18 度 C 以上），需求量占全球出口量一半以上，是養蝦出口國的出口主力市場。

二、全球養殖區域／國家進程

由表 9-1 可見，全球養殖區域的進程，背後影響因素有三：天氣、病害（也受地下水汙染有關）、成本（例如 2016 年，白蝦的每公斤養殖成本如下：臺灣 3.5～4.5 美元，東南亞 2～3 美元）。

（一）亞洲 vs. 美洲，84% 比 16%

以白蝦產量來說，亞洲占的量大；中南美洲國家不產草蝦。以產值來說，2016 年全球 500 億美元，越南占 31 億美元。

（二）白蝦 vs. 草蝦，產量 4 比 1

以 2 種主要蝦種的產量來說。

三、信海系列公司從貿易起家，進而發展成一條龍

1990 年代起，在臺灣高雄市的水產進口公司，從越南進口近海捕撈的蟹貝蝦，隨著臺灣客戶需求增加，光採購越南近海捕撈水產已不足，於是向蝦養殖公司採購。當採購量逐漸變大，董事長覺得已達自製規模。分兩階段垂直整合，詳見圖 9-1，其中 2008 年，在湄公河三角洲南邊的檳椥省，以買、租方式，取得 64 公頃土地，從事白蝦（養殖條件比草蝦低）養殖。

表 9-1　全球養殖蝦的區域國家進程

區域	東亞	東南亞／中南美洲	南亞
一、期間	1963～1987 年	1988～2007 年	2008 年起
		市占率以 2013 年、白蝦為準，因 2015 年末迄 2016 年亞洲出現蝦瘟	
二、國家			
（一）亞洲	臺灣，宜蘭和屏東縣	約占 84%	
1. 東亞		中國大陸（45.7%）	
2. 東南亞		泰（9.96%）、越（8.18%）	印度（6.74%）
3. 南亞		印尼（12%）	
（二）中南美洲		只養白蝦	約占 16%
1. 中美洲		墨、宏都拉斯	
2. 南美洲		巴西、厄瓜多爾	
三、蝦種	1987 年因 2 種蝦皆染病，養殖大減		
（一）白蝦	病毒：白點病毒		約白蝦 4 比草蝦 1
（二）草蝦	病毒：草蝦桿菌		但草蝦單價較高，有水中黃金之稱。

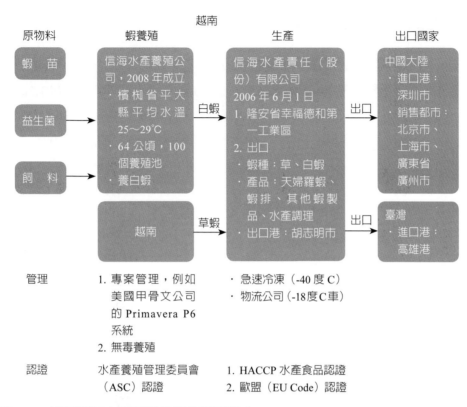

圖 9-1　越南信海水產系列公司的垂直整合

Unit 9-2　起飛前準備階段的基本行業：機車　　　　　　——兼論豐祥—KY 公司

　　一國個人交通工具大都隨著所得水準的提升，由自行車到機車到汽車，臺灣在 1970、1980 年代，是全球機車產銷大國。迄 2017 年，機車存量 1,380 萬輛，年銷新車 100.5 萬輛。

　　1993 年，臺灣的三陽工業決定到越南設廠，進可攻（出口，甚至回銷臺灣），退可守。本單元以機車零組件的上市公司豐祥控股公司（簡稱豐祥）為例，說明其經營策略，這是典型「第一次南向」的臺灣公司，是隨著成品客戶外移的零組件公司，是防禦性外移。

一、全球市場分析

（一）全球銷量 8,000 萬輛，印度占 20%

由圖 9-2 右邊可見，一年機車銷量約 8,000 萬輛。由於購車成本約 1,500 美元，是汽車售價（以 1,600cc 美國 12,000 美元）的 13%。騎機車是「肉包鐵」，安全性、舒適性遠遜於汽車，所以大都是在人均產值 1,000～4,200 美元的「起飛前準備階段」的新興國家，主要是亞洲的東南亞和南亞、非洲和美洲的中南美洲。

（二）2017 年汽車 9,300 萬輛比機車 8,000 萬輛

當你知道全球汽車銷量贏機車後，才體會到人們對交通工具安全、舒適的要求遠大於機車的便利、廉價。

二、臺資公司豐祥公司

由圖 9-2 可見，臺資公司豐祥公司 1989 年跟著客戶三陽工業到越南設廠，生產機車車架等，核心技術在於鐵件模具和塗裝。

由表 9-2 可見，這些核心技術初期運用於機車，進而運用於雪地摩托車、汽車。

三、三階段事業發展進程

由表 9-2 可見，豐祥－KY、臺灣豐祥三階段拓展事業，大抵以核心技術去衍生，摩托車零組件占八成。

豐祥－KY 控股（5288）公司小檔案

（Eurocharm Holding Co., Ltd.）

成立：2011 年 7 月，2014 年 9 月 25 日股票在臺灣證交所上市，股價約 84 元
公司在開曼群島註冊，這是為了股票上市等成立的公司

住址：臺灣新北市新莊區，這是初成立公司住址，公司名稱是豐祥金屬工業，成立於 1974 年。

資本額：6.58 億元

董事長：游明輝（2012 年起）　　總經理：游明輝（2016.12.20 起）

營收（2017 年）：40.62　　　　億元（成長率 -2.61%），2012 年起 30 億元以上

淨利（2017 年）：本書估 4.6　　億元，2012 年起每股盈餘 5 元以上

主要產品：詳見表 9-2

主要客戶：詳見表 9-2，外銷比率 25% 以上

員工數：3,500 人

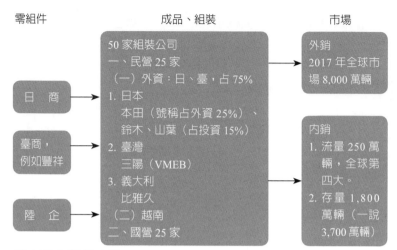

圖 9-2　越南機車業供應鏈

表 9-2　越南豐祥的事業部進程

項目	機車	醫療器材	汽車
一、期間	1994～2007 年	1988 年起（臺灣豐祥）	2008 年起
二、商品	（一）材料 1. 車架：鋼板式、鋼管式 2. 鋁件 （二）機車零組件：組裝零件 （三）雪車、越野車	電動病床 洗澡輪椅 病床吊架	車架總成 座椅：前座椅 背骨架、座椅 底鈑和絞鍊 車側：腳踏板
三、主要客戶	日商本田、山葉 義大利杜卡迪（Ducati）	France Bed	越南豐田 福特
四、占營收比重	越野車 美國北極星（Polaris）80%	13%	7%

Unit 9-3　起飛前準備階段的基本行業：自行車 —— 兼論越南鋒明

　　臺灣是全球中價位自行車的生產大國，主要公司有巨大機械、美利達（1972 年成立）、愛地雅（1980 年成立）。臺灣人喜歡騎自行車，花 2 週環島 1,000 公里是每年一些人的盛事。各縣市政府都有公共自行車租賃系統，例如 2011 年

12 月，臺北市的 U-bike 由巨大機械承包。本單元以越南的自行車車座墊公司鋒明為對象，該公司董事長蔡文瑞曝光度高。

一、全球商機分析

（一）2017 年全球年產 1.5 億輛產值、485 億美元

2016 年 12 月 15 日，美國紐約市市調機構 PMR 預估，2005～2024 年平均成長率 4%，產值 451 到 620 億美元（其中 39% 是電動自行車）。

（二）臺灣自行車卡在中間

由圖 9-3 第三欄可見，臺灣的自行車三雄主要以陸、歐為市場，平均客單價約 450 美元，偏重中價位的車種（主要是公路競賽車、登山車等運動自行車，占自行車銷量 45%）。至於城市車（像淑女車、休閒車等等通勤自行車）單價低，在中國大陸主要臺資公司 100 家本土公司市占率 30%，但漸漸被印度、越南生產的低價車滲透。

二、全球自行車供應鏈

由圖 9-3 可見全球自行車的供應鏈。

（一）消費大國

自行車消費大國跟人口數有關，中國大陸占全球 24%，主要是城市車，歐洲主要也是通勤用（尤其是城市較小的荷蘭阿姆斯特丹市、丹麥哥本哈根市）。

（二）生產大國

自行車全車不規則，組裝又耗人工，所以大抵以區域工廠方式在當地生產，以巨大成都廠為例，供應中國大陸中西部，荷蘭廠供應歐洲，中國大陸是全球最大生產國。

三、越南鋒明

鋒明集團（DDK）以自行車座墊為主，員工數約 1,300 人，在全球排名約第 10（依年產 700 萬個，約占全球 4.67%），詳見表 9-3。

・根留臺灣：臺灣鋒明興業員工 70 人，主要是「根」（研發、財務）留臺灣。

・在越南生產：由表 9-3 可見，鋒明第二成長階段是到越南設廠，主因是第一時間（1991 年左右）沒去中國大陸，第二時間以越南爲主。

・柬埔寨廠：2006 年設廠。

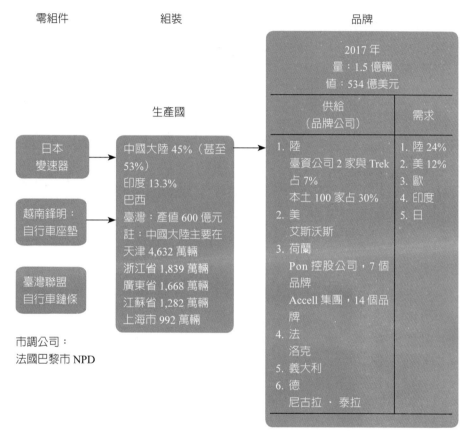

圖 9-3　全球自行車供應鏈

表 9-3　臺灣與越南鋒明興業公司

階段	I 創辦人階段	II 蔡文瑞階段	III 同左
一、期間	1970 年	2000 年迄今	2006 年 2 月起
二、地點	鋒明興業公司 臺灣彰化縣福興鄉 70 人	越南 1. 2000 年 3 月 2 日，神浪工業區，鋒明國際 2. 2015 年 10 月 22 日，大登工業區	柬埔寨

表 9-3　臺灣與越南鋒明興業公司（續）

三、商品	1970 年創辦人先做機車座墊，1982 年進入自行車座墊，由製造代工到設計代工到品牌（Foming），並改稱鋒明興業	2009 年起生產自行車 ・手握把 ・袋類製品 ・其他，塑膠配件 市占率號稱全球第 10（年產能 700 萬個座墊）	省略

Unit 9-4　起飛前準備階段的基本工業：成衣業的代工臺灣公司雙雄

　　一個國家在經濟起飛階段，因為缺錢買機檯，所以大部分都是靠勞力密集的行業：紡織業中的成衣代工、製鞋等，小的行業有雨傘、球拍（羽球、網球、乒乓球）、玩具（尤其是填充玩具）。

一、全球商機分析

（一）商機分析

　　由表 9-4 可見，全球服飾跟鞋子分類方式一樣。

　　・一般服飾占 89%

　　・運動服飾占 11%

　　有關服飾零售值，各家市調機構差異甚大。

（二）生產

　　分成兩種：

　　・全球工廠：由表 16-5 可見依產值依序為中國大陸（38.36%）、孟加拉（約 5.86%）、越南（4.05%）、印度（約 4.0%），這是全球供貨，以運動服飾為例，北美市場占 35%。

　　・區域工廠：少數為了搶時效，在各洲區域內設廠，例如中歐的波蘭、羅馬尼亞。

二、臺灣成衣代工雙雄

由表 9-5 可見，臺灣成衣代工雙雄營收相近，工廠布局不同。

（一）儒鴻以美國百貨公司的服裝代工爲主：儒鴻的成衣主要客戶有兩大類－運動服裝和百貨公司的服裝（占 25%）。

（二）聚陽以平價服飾爲主：工廠主要在印尼。

表 9-4　全球服飾零售業產值　　　　　　　　　　　　　　　　單位：億美元

項目	2016 年	國家 公司	國家 公司	品牌	營收
一、經營績效					
（一）產值	4,539				
（二）數量					
二、產品					
（一）便服		高檔	平價		
1. 女裝	成長率約 3.6%	法 迪奧 普拉達 路威 義 古馳 LANVIN Tony Buch	瑞典 H&M 西班牙 印第紡 日本 迅銷 美國 蓋璞	H&M ZARA UNIQLO GAP	
2. 男裝	成長率約 3.8%				
3. 童裝					
（二）運動服飾（active sportswear）		2016 年 1,852	2017 年 1,953	2018 年 2,055	
1. 功能性運動服（performance sportswear）	占 44% 824	869	913	美	耐吉 內在武裝（UA） 威富（VF）
2. 運動休閒服（athleisure 或 life style）	占 37% 705	741	779	加拿大 德國	露露 （Lulu lemon） 飆馬
3. 戶外服飾	占 19% 323	343	363	美國	目標百貨

資料來源：整理自紡拓會，「2016～2020 運動及健身服裝全球市場展望」，2017 年 6 月

表 9-5　臺灣成衣代工雙雄

公司	2017 年 經營績效	中國大陸	越南	其他
一、儒鴻 （1476） 資本額：26.1 億元 員工：14,000 人（其中海外 12,500 人） 布料廠：2 成衣廠：15	（一）經營績效 ・值：242.26億元（-1.2%） ・量：800 萬公斤／年 （二）產品／客戶 1. 針織布 35% 2. 成衣 65% ・機能運動衣 主要是美國的百貨公司： 潘尼（J.C. Penny）、梅 西、諾斯壯、柯爾	1 9 8 8 年 登 陸 一 無 錫 廠，最多時 3 個廠，2016 年 12 月 8 日 無錫廠撤資 3 個合作工 廠	2006 年起約 9 座 廠，皆在胡志明 市附近，占產能 60% ＊織布廠工廠 ：臺灣苗栗縣 ：越，2008 年 越南：河內市 2 個合作工廠	1. 柬埔寨，二 　個廠：妙 　頓廠、金 　邊廠，占 　10～15% 2. 南非賴索托 　（合作工 　廠），占 　20～25%
二、聚陽實業 （1477） 資本額： 20.7 億元 員工： 25,000 人 工廠數： 26 個	（一）經營績效 ・值：223.75億元（+1.1%） ・量：2 億件 （二）產品／客戶 1. 女裝 75% ・零售品牌：沃爾瑪、目 標、柯爾百貨 ・平價服飾：H＆M、 Mango、蓋璞 2. 運動服裝 25% 耐吉、愛迪達、內在武裝 （UA）	3 個廠，主 要處理須快 速反應的短 期訂單（交 貨週期 10～ 15 週），單 價較高，占 出貨二成	2018 年占產能 40% ・北越廠 ・Leade 廠 ・南方紡織公司 這是 2013 年跟臺 南紡織（1440） 合資成立，供應 短纖布。2016 年 8 月，跟臺灣公 司合資設長纖布 廠。	1. 印尼：6 個 　廠，占 32% 2. 菲 3. 柬

Unit 9-5　起飛前準備階段的基本工業：製鞋業
——臺資公司一大一中一小

　　1979～1987 年臺灣、1988～2005 年中國大陸的經濟起飛階段都是靠勞力密集行業，製鞋（表 9-6）中最耗工（黏鞋底、車縫鞋身）的運動鞋，廠址大都由主要客戶（詳見表 9-7）建議。本單元以臺資公司中「一大一中一小」舉例，詳見表 9-8。

表 9-6　全球鞋子的產值與數量

項目	2015 年	2018 年 (F)
一、值與量		
1. 產值（億美元）	2,250	-- 　4,920
2. 數量（億雙）	260	歐睿國際 2016.9.18
二、產品	製造：陸占 65%	
（一）皮鞋類		
．男鞋		
．女鞋		
．童鞋		
（二）運動鞋類	480	525
中分類詳見表 9-7	年成長率約 5%	

資料來源：World Footwear，2010 年起歐睿國際（Euromonitors International）。另 Statistic 數字 2015 年 920 億美元，另 NPD 集團、Technario。

表 9-7　全球三種運動鞋的品牌公司

國家	運動鞋（athletic footwear）	慢跑鞋（jogging shoes）	登山鞋（hiking shoes）
1. 美國	耐吉（Nike）36.9% 匡威（Converse）6.9% VF 紐巴倫（New Balance）4.7%	索康尼（Saucony）	天伯倫（Timberland） 北面（The North Face）
2. 德國	愛迪達 19% 旗下有銳跑（Reebok）、 2006 年收購彪馬（Puma）	哥倫比亞	邁因德爾（Meindl） 旗下 Gore-tex
3. 日本	百岳（Mont-bell）	亞瑟士（Asics）5.5% 美津濃（Mizuno）	--
4. 法國	--	--	所羅門
5. 英國	--	--	高科技（Hi-Tec）
	耐吉包括匡威 愛迪達包括銳跑、TMaG	威富（VF）包括 Vans、 北面、Reef、天伯倫	

資料來源：運動商品情報（Sporting Goods Intelligence, SGI）

表 9-8　臺灣運動鞋代工一大一中一小公司

公司	營收（2017 年）	中國大陸	越南	其他
一大：寶成（9904）公司在臺中市 全球員工 40 萬人	（一）經營績效 ・值：（鞋業代工）2,786 億元 ・量：3.1 億雙，全球市占率 20% （二）產品 1. 運動鞋 偏重少樣量，客單價約 600 元	1. 廣東省珠海市（1988 年）、東莞市 2. 江西省 3. 湖北省	1. 同奈省（1994年），占 42%，3 省及胡志明市	1. 印尼 西爪哇省西冷縣（1992）等 3 縣 2. 柬緬 3. 孟加拉
一中：豐泰（9910）公司在雲林縣斗六市雲林科技園區 全球員工 85,000 人	（一）經營績效 ・值：601 億元，耐吉占 85% ・量：1 億雙，占耐吉銷量 16.7% （二）產品 1. 運動鞋 86%，客單價約 567 元 2. 休閒鞋 10% 3. 其他 4%	1. 福建省（1988年），占 14% 協豐及三豐鞋廠，占產能 13%	1. 同奈省（2003年），占 53% DO、DS、DV三家公司，占產能 52%	1. 印尼 12% 2. 印度 23% 註：銷售地區如下： 美洲 59% 歐洲 20% 亞洲 18% 其他 3%
一小：F-鈺齊（9802）公司在雲林縣斗六市 員工 20,000 人	（一）經營績效 ・值：103.88 億元 ・量：1,300 萬雙 （二）產品 1. 戶外功能鞋占 58%，偏重小量多樣，客單價約 680 元 2. 運動鞋 38% 3. 三大客戶占 40%，主要是歐洲客戶，占其中 54%	1. 占產能 55% 襄誠 長誠 和誠	1. 興安省 占 31% 2003 年設立 2. 海陽省 鈺興廠 占 7% 2015 年設立	柬 12～16%

Unit 9-6　起飛階段的核心行業：智慧型手機生產 —— 南韓三星電子集團

臺灣電視新聞很喜歡報導南韓三星電子集團在越南的智慧型手機零組件生產、組裝工業區布局，稱其「三星越南村」。本單元以表方式說明。

一、越南政府的「給與取」

2006 年 11 月，富士康集團跟中國大陸河南省省會鄭州市、河北省廊坊市簽約，把手機廠由 2004 年的環渤海灣經濟圈（天津市、山東省）往大中部挺進。中國大陸中央、地方（例如河南省鄭州市）政府為了發展內陸貧困省的經濟，給予富士康集團各項優惠，以吸引其設廠生產手機。

2008 年 3 月，越南政府複製同樣方式，吸引全球手機市占率最高的南韓三星電子集團到越南設廠。由表 9-9 可見，越南政府的「給與取」（give and take）。

二、南韓三星電子集團的手機布局

全球各國政府都在招商、就看各國的條件，三星電子覺得越南政府給的划算，就大膽砸大錢下去，詳見表 9-10。2013 年以來，三星電子集團工廠布局：核心更組件在陸、電子產品的普及（例如電視、手機）以越南為主。

表 9-9　以損益表分析越南政府對三星電子設廠的取與捨

損益表	越南政府的「給」	越南政府的「得」
營收	2016 年 10 月 7 日，臺灣《蘋果日報》引用美國彭博資訊，越南政府給予越南三星電子集團兩項優惠。 ・免除越南手機出口到南韓的相關關稅 ・在外國手機退貨後，運送回越南，免除進口關稅	一、需求結構 （一）國際貿易 1. 手機出口金額 　2013 年，手機是出口第一，出口 399 億美元。2016 年占出口值 1,759 億美元的 22.6%。2016 年越南出超 26 億美元 2. 北寧省出口金額越南第二，僅次於胡志明市
一營業成本原料	2014 年 8 月，零組件在地化比率 39% 2014 年 9 月，三星電子集團跟越南計畫與投資部談妥，90 項零組件，由三星電子集團技術移轉給 50 家越南本土公司	二、產業結構 2016 年 10 月 6 日，越南北寧省社會結構研究院主管表示：「三星電子集團設廠等加速越南工業化」，使經濟突飛猛進。

表 9-9　以損益表分析越南政府對三星電子設廠的取與捨（續）

直接人工	2018 年起，預估聘用 13 萬位勞工	三、經濟產出 （一）加拿大 Wilfried Laurier 大學經濟系教授 Brian Malay 表示：「三星電子集團直接、間接提高勞工薪資」
製造費用	免土地租金 50 年	（二）手機生產的附加價值比紡織（成衣）高
一營業費用		
行銷費用 （物流費是是其中心）	・高速公路從工業區直達國際機場 ・機場內有三座三星專屬的貨運處	

表 9-10　南韓三星電子集團在越南的智慧型手機生產

項目	2008 年 3 月起	2014 年	2015 年	2016 年	2017 年
一、地點	北寧省（Bac Ninh）安風（CN Yen Dhong）工業區	太原省（Thai Ngugen）Yun Binhi 工業區			胡志明市
二、投入					
（一）承諾投資（累計）	25 億美元	55 億美元	75 億美元	110 億美元	173 億美元
（二）雇工	—	—	4.5 萬人	11 萬人	14 萬人
三、三星					
（一）零組件：三星電機，12 億美元	PCB 機殼 拆機		量產		
（二）三星顯示器公司（SDC），65 億美元		7 月北寧省新廠動工，斥資 10 億美元	2015 年初啓用「有機發光二極體」（OLED）面板		2 月 24 日總理核准 25.1 億美元蓋新廠，合計手機面板 2.2 億片
（三）三星電子：組裝，95 億美元	2009 年手機第一廠投產	3 月斥資 20 億美元第二廠投產	下半年產能超過三星電子集團三成	投資 30 億美元廠房投產	3 月 4 日手機 Galaxy 8，月產能 800 萬支

表 9-10　南韓三星電子集團在越南的智慧型手機生產（續）

四、供應鏈：南韓公司	2009年Flexcome 供應軟板（FPCB）	2014～2015年 BHFlax、Interflex 軟板、相機零組件、機殼公司集龍	Dae Duck GDS 生產「高密度連結」（HDI）板	6月，有60家零組件公司	三星電子越南廠占產能四、五成

Unit 9-7　替「成熟」階段打基礎的基本工業：鋼鐵業、石化業──兼論台塑河靜鋼鐵公司

　　發展經濟如同火箭發射，要脫離地心引力，每一階段皆須有「大推力」（big push），像美國義勇兵三型洲際飛彈，有三節火箭，一節燒完後燃料倉便脫離，下一節接力。

　　同樣的，2008 年時，越南政府也知道要從起飛前準備階段晉階起飛階段，必須靠高科技或重工業（鋼鐵、石化，甚至汽車）。於是核准臺灣的台塑集團的「大煉鋼廠」、大石化廠兩個投資案，以台塑河靜鋼鐵公司（簡稱台塑越鋼）來說，它是越南最大的外資投資案，第一期投資案 100 億美元。

　　正因為台塑越鋼對越南、台塑集團的重要性，再加上原本 30 個月（2 年半，即 2010 年）建廠投產，因為環保、政治風險等走了 9 年，才在 2017 年 5 月 29 日，花了 9 年投產。過程中許多大事在臺灣的電視政論節目討論了好幾天。

一、商機分析

　　由圖 9-4 可見，鋼的用途主要有二：住（蓋房子加上鋪橋造路）、行（車船），一般國家視為「基礎」工業，「基礎」的涵義是有煉鋼廠才能發展汽車業、造船業等。

（一）全球供需

　　由圖 9-4 可見，煉鋼過程中須用焦煤來融化鐵礦砂成鐵水，燃燒煤會造成空氣汙染，鋼鐵、石化是工業中兩大空氣汙染行業，一般占一國溫室氣體排放量

的三成。全球年產能 16 億公噸，主要集中在印陸等。2008 年起，全球鋼鐵供過於求，2014 年起，中國大陸的「供給側改革」（supply-side reform），指的便是削減鐵、水泥、有色金屬（主要是鋁）的產能，2016 年鋼鐵減產能 5,500 萬噸，2017 年 6 月起價格漲。

（二）區域供需

煉鋼廠涉及資本密集、技術密集，東南亞缺鋼鐵廠，是全球主要的鋼鐵進口區域，詳見表 9-11 第一欄說明。

二、越南政府與台塑集團的考量

（一）越南政府的一石兩鳥

對越南政府來說，鋼鐵、石化業皆極待發展，詳見表 9-11 第一欄。恰巧能找到台塑集團有能力一次承接，而且願意在貧窮省河靜省設廠，越南政府兼顧發展地方經濟。所以光土地就給了 5,700 公頃，再加上許多優惠。

（二）台塑集團的如意算盤

2016 年 6 月 29 日，越南政府以台塑越鋼汙染海水為由，處罰 5 億美元，可說是臺灣公司在海外投資最大的罰款金額。當你看了表 9-11 第二欄、表 9-12 以後，你會體會台塑集團「忍小事以成大謀」。

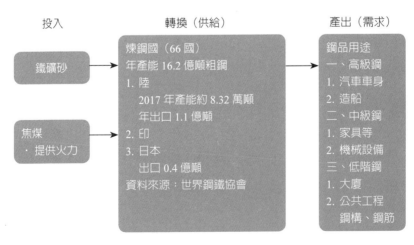

圖 9-4　鋼鐵的主要用途

表 9-11 在越南河靜省鋼鐵、石化廠政府與台塑集團

越南政府的考量	台塑集團在越南河靜省二個廠
下列兩廠「退可守」（即第二次進口替代）、「進可攻」（可出口） 一、鋼鐵廠 這是第二階段進口替代 依據東南亞鋼鐵協會（SEAISI）總計，2015 年越南進口 1,490 萬噸，是全球第二，第一美國 2,650 萬噸，第三泰國 1,340 萬噸，第四印尼 940 萬噸 二、石化廠 （一）汽油、柴油 （二）化纖原料 三、對經濟 （一）總產值：2018 年占 1.27% （二）對稅收：占河靜省外資 99.4%	5,700 公頃 一、河靜鋼鐵公司 2,000 公頃 在臺灣的中國鋼鐵公司面積 530 公頃，年產粗鋼 1,100 萬公噸，造就臺灣蓬勃的鋼鐵工業鏈。 在越南河靜鋼鐵：分三期。1 期年產能 710 萬噸；2 期共 1,500 萬噸，營收 1,500 億元；3 期共 2,200 萬噸，為東南亞最大的一貫作業大煉鋼廠。 二、河靜石化公司 3,700 公頃 台塑石化在臺灣雲林縣麥寮填海造陸 2,100 公頃興建臺灣第六座輕油裂解廠（俗稱六輕）；越南廠更大。

表 9-12 河靜鋼鐵公司兩大股東的如意算盤

臺灣公司	說明	補充
一、台塑集團	（一）東協商機 東協 6.6 億人，每年每人平均用鋼 200 公斤（註：星臺 750 公斤）來計算，年鋼鐵消費量 1.32 億公噸，是很大市場；且成長空間大。 （二）南亞商機 印度進口關稅 10%，越南是東協僅次於新加坡、對外簽自由貿易協定第二多的國家（43 國）。	2017 年全球鋼鐵（粗鋼）生產達 16.2 億噸，市場競爭激烈，美國 2017 年實施反傾銷稅，主要針對陸企。
二、中國鋼鐵公司	東協對自貿區以外進口鋼鐵的稅率 5% 以上、印度 10%。東協自貿區免關稅的前提，是產品需有 40%「東協製造」，台塑越鋼量產後充分供應料源，中鋼越南冷軋廠完全符合「東協製造」需求，競爭力將大躍進。 台塑越鋼營運後，中鋼每年可取得 200 萬公噸鋼料，鋼材調度與產銷更靈活，尤其臺灣鋼胚自給率 85%。	中鋼在越南、印度及馬來西亞子公司都可受惠，臺灣的鋼鐵工業可把東南亞視為內需市場的延伸，大步南向，共享商機。 2013 年中鋼在頭頓省成立中鋼住金公司，年產能 120 萬噸的冷軋鋼廠，中鋼擁有 56% 股份，加上新光鋼等，臺資達 65%。中鋼住金可使用河靜鋼鐵的鋼。

Unit 9-8 爲「成熟階段」熱身的服務業：航空業（越捷航空）——越南民營廉價航空公司

你有沒有去過越南？是不是搭越捷航空？

你有沒有看過空中小姐穿比基尼泳裝或是比基尼泳裝空姊的月曆、影片？是的，這是越捷航空的噱頭。

一、有關創辦人、總經理阮氏芳邵

（一）人生第一桶金：約 1997～2003 年

1988 年蘇聯解體前，阮氏芳邵（註：維基媒體譯爲阮氏芳草）在俄羅斯莫斯科市的大學唸大二，由於民生日用品缺乏、物價狂飆，她向親友募資，從東歐和亞洲（香港日韓）進口商品（服飾、生活用品和咖啡設備）販售給俄國客戶，這項生意爲她賺進人生第 1 個 100 萬美元。

（二）人生第二桶金：2004～2010 年

2000 年阮氏芳邵返回越南，投入貿易、發電設備、金融業（透過轉投資併購越南第一家民營銀行「越南科技及商業股份銀行」和「越南國際商業股份銀行」，開始在胡志明市投資房地產，她相中的標的是人口稀少的西貢河南岸地區（主要是第 7 郡，詳見 Unit 9-9）。隨著人口增加帶動房價水漲船高，她賺到足夠的資金跨足航空業。

二、有關越捷航空

（一）市場定位

2007 年 12 月，越捷航空取得越南民航局的飛航執照。因種種因素，2011 年 12 月才投入航運。2008 年 9 月，全球金融海嘯，2009 年全球經濟衰退，越南人民消費縮水，阮氏芳邵研究廉價航空，例如美國西南航空、愛爾蘭的瑞安航空（Ryanair）和馬來西亞的亞洲航空（AirAsia）。目標是成爲「亞洲的阿聯酋航空」（小國的大公司）。

（二）從越南的國內線開始，靠比基尼泳裝打響知名度

一開始是國內線，主要是以胡志明、河內市爲出發點。

（三）最通俗的行銷方式

2012 年，越捷航空曾因讓空姐穿上比基尼泳裝與紅色網襪一炮而紅，阮氏芳邵表示：「我們第一次讓空姐穿上比基尼的時候被民航局罰款 1,000 美元，這是越捷用來宣傳新的海灘航點，即便宜又有趣的行銷手法。」外面稱越捷爲「比基尼航空」。

（四）2016 年 5 月 27 日

越捷航空跟美國波音公司簽約訂購 100 架波音 737 飛機，金額 113 億美元，在越南訪問的美國總統歐巴馬和越南國家主席陳大光出席。打算 2020 年機隊規模 100 架。經營績效詳見表 9-13。

越捷航空（VJC）公司小檔案

（Vietjet Air）

成立：2007 年 12 月。2017 年 2 月 28 日股票上市，首日漲 20%，收盤 12.7 萬越南
　　盾（15.57 美元），外資持股比率 24%

住址：越南胡志明市

總裁：阮氏芳邵

主要產品：公司口號「起飛了就馬上喜歡」

　　　　　2015 年 42 架飛機，2020 年 100 架飛機

　　　　　通航城市：28 個

　　　　　樞紐機場：河內市內排國際機場

主要顧客：2015 年搭乘人次 930 萬

阮氏芳邵（Nguyen Thi Phuong Thao）　經典人物小檔案

· 出生：1971 年 6 月 7 日

· 現職：越捷航空總裁

· 學歷：俄羅斯門捷列夫化工大學經濟管理博士

· 經歷：省略

· 值得參考之處：越南首位白手起家的女億萬富豪

　　　　　　　　《富比士》2016 年全球最有權勢女性排名第 62 名

　　　　　　　　入選《富比士》2016 年亞洲商界最有權勢 50 位女性商業領袖

表 9-13　越捷航空經營績效　　　　　　　　　　　　　　　　　　　　單位：兆越南盾

績效	2012	2013	2014	2015	2016	2017(F)
營收	1.249	3.79	8.699	19.845	27.499	42
淨利	-0.15	0.032	0.36	1.171	2.496	3.395
權益報率（%）	-40.1	6.6	45.9	75.2	72.5	—
	2017 年 1 美元兌 23,333 越南盾					

Unit 9-9　越南的房地產投資分析

表 9-14　2005～2014 年越南房地產泡沫前後

項目	房市泡沫	房市泡沫破裂	政府救房市、銀行
一、期間	2005～2011 年	2011～2013 年	1. 2013 年要求建設公司資本額 100 萬美元以上，對新建案須提繳屋款 1～3% 資金給政府。
二、房地產市場	2007 年越南加入世界貿易組織，全球也吹著越南風，因此「越南是下個中國大陸」之說，瀰漫著全球的金融圈。越南股市受到國際熱錢的追捧，泡沫越吹越大，1980 年代發生在臺灣的全民炒股在越南上演。房地產價格大漲。	房價下跌五成以上 ・胡志明市跌五成以上 ・住宅大廈每平方公尺 1,400 美元 ・辦公大廈每平方公尺 2,000 美元	2. 2014 年政府提出 14 億美元的「首次購屋貸款」計畫給公務人員、中低收入家庭。
三、對銀行的影響	2013 年房地產貸款金額 97 億美元，占總產值 10%。	政府公布銀行呆帳率 6%，美國惠譽評為 20%。	3. 2015 年 7 月實施住房法修正案，2013 年公營資產管理公司以 80 億美元收購銀行的「不良債權」（主要是房地產貸款）。

表 9-15 越南對外國人購買房地產的規定

項目	說明
一、外國人購屋資格	2015 年 7 月住房法修正案實施
（一）物件	1. 沒有產權，只有 50 年使用權，所以只能買新屋。 2. 有效居民簽證的外國人和外國公司。
（二）最低金額	1. 公寓、大廈：不可超過該項目的 30%。 2. 別墅：不可超過該區的 10%。
二、政府稅費	
（一）買入時：買方	· 增值稅 10% · 公寓維護基金 2% · 過戶登記費
（二）持有時	
1. 出租稅	每月房租 900 美元以上者，房屋出租稅稅率 10%
（三）出售時：賣方	交易稅 2%
三、銀行房屋貸款	
（一）成數	1. 外國人在越南有工作證，可在越南向銀行貸款 2. 純外國人不可以在越南貸款
（二）利率	第 1 年 7%；第 2 年 8%；第 3 年 9%。
（三）期間	省略

表 9-16 2017 年越南河內市與胡志明市房地產狀況

項目	河內市	胡志明市
一、基本		
（一）人口	700～800 萬人，每年人口成長率 1～2%。	756 萬人（都會區 900 萬人）
（二）交通	1. 捷運（越稱都市鐵路）：2 條，第一條 2018 年初通車。 2. 公路：高速公路。	1. 捷運：M1 線 2020 年通車 2. 其他
二、建案	1. 英國上市公司第一太平戴維斯（Savills）代銷的二個建案 2. 跟越南 Vin 集團旗下建設公司 Vinhomes 合建「大都會」（Metropolis）建案，2016 年年底銷售，有 2, 3, 5 號捷運線通過。 3. 右述第 2 個建案。	1. 新加坡上市公司凱德公司（Capita Land）建案「The Vista」位於第 2 郡，類似臺北市的二個區。 · 外國人居住，類似臺北市大安區，2020 年完工的第一條 M1 捷運

表 9-16　2017 年越南河內市與胡志明市房地產狀況（續）

> 2. 香港新華公司在平盛（Binh Thanh）郡建案 Sun Wah Paah
> 3. Vingroups，越南第一大建設公司
> 4. 富美興，臺資公司中央貿易開發公司在第 7 郡的建案
> 5. Kppel Land 是 Kppel 公司旗下子公司

台塑河靜鋼鐵興業（Formosa Ha Tinh Steel Co.）公司小檔案

成立：2008 年 6 月 11 日

住址：越南河靜省奇英市永安經濟區

資本額：55 億美元（註：2017 年 5 月現金增資 10 億美元，迄 2017 年底投資額 116.24 億美元），台塑集團占 60%、中鋼 25%、日本 JFE 等 15%。

董事長：陳源成

營收（2017 年）：8 億美元（2018 年預估 20～25 億美元）

淨利（2017 年）：省略

主要產品：山陽國際深水港（可停 20 萬噸級船），鐵礦砂需求量 1,000 萬噸，煤炭 800 萬噸，汽電共生廠，一貫作業煉鋼廠一廠年產能 350 萬噸鋼鐵，共二座（一廠 2017 年 5 月、二廠 2018 年投產）；三廠 450 萬噸，規劃中，目標六廠 2,250 萬噸，包括粗鋼（粗鋼捲、熱軋鋼捲、捲棒鋼、線材）。

主要客戶：中鋼取得 200 噸鋼料，用於越、馬、印度等。

員工：6,000 人。

討論問題

1. 請比較泰、越、印度養蝦（白蝦、草蝦）的損益表。

2. 陸的機車數超過 1 億輛，是全球最大銷售國，第 2 是印尼（人口第 4 大），第 3 是越南（人口第 15 大），為什麼人口第 2 大印度或其他人口大國，不熱銷呢？

3. 全球自行車一年銷量 1.5 億輛，跟汽車 0.97 億輛來比算少的，什麼原因？

4. 全球成衣代工為何仍以中國大陸為第一？

5. 全球運動鞋代工為何仍以中國大陸為主？

10

泰國經濟分析

Unit 10-1　泰國經濟快易通

臺灣人對泰國的印象大抵來自：

- 食：量販店（家樂福、大潤發、愛買）每年的泰國週，有泰國食品，主要是榴槤、果乾、罐頭等。
- 行：一年70萬人次去泰國觀光，有文章談及臺灣觀光人數約比泰國「慢」了15年。2017年，泰國人來臺觀光25萬人次，大幅成長。
- 樂：泰國電影，2010年起，臺灣的國片流行播泰國恐怖片、「初戀那件小事」（2010年）、「模範生」（2016年）。

本章分二階段介紹泰國經濟和重要行業。

一、泰國政體與政局

泰國的政體和政局影響泰國經濟和企業經營，必須先了解。

（一）國際政治上：東南亞中的瑞士

從19世紀迄1947年，泰國處於清、英（占領大馬、緬、印度）、法（占越東寮）強權夾縫中，以中立政策，避免成為殖民地，但仍受英法壓制。21世紀起，美陸兩國在東南亞角力，泰國繼續「光榮的」中立。

（二）政體上，像英國、日本的君主立憲國家

從清乾隆起，泰國卻克里王朝成立，1932年6月，成為君主立憲國，1939

年，更改國名由暹羅成為泰王國。總理一般由眾議院聯合政府（多數黨派領袖）出任，再請國王指定。泰國國王是國家及國家精神的代表。

（三）1991 年起，由軍人政府過渡到文人政府

泰國政黨林立，且互相攻擊，政局不穩，軍人政變變成常態，以求「力挽狂瀾」。2014 年 5 月～2018 年 11 月軍人執政，2018 年 11 月國會大選。

二、泰國的生活環境

（一）治安是第一要務

東南亞幾個國家令人有刻板印象：菲律賓治安最差，大街小巷搶匪多。印尼、越南有排華（殺華人）的不良紀錄。去觀光，人身安全是最基本的，拿命去玩是不划算的。馬星泰以治安良好聞名，也是東南亞中三大觀光國。

（二）食和醫院是生活兩大要件

由表 10-1 可見，泰國在飲食、醫院兩方面，在東南亞各國中名列前茅。

表 10-1　泰國生活環境

說明	說明
一、食 　　泰國餐酸辣，在臺灣許多 100 元的廉價泰國菜餐廳，許多臺灣人都熟悉泰國菜。 二、衣 　　泰國中南部四季皆夏，穿著很簡單。 三、住 　　曼谷市平均房價最多是臺北市的三分之二，房屋出租回報率為 5~8%，房價每年漲幅大約 12%，房地產具低總價、低首付、低利率、高回報的優勢。 　　2015 年 10 月 13 日泰國內閣批准房地產業激勵措施，包括放寬住房貸款的核准、房地產過戶費以及房產銀行抵押手續費降至 0.01%，房地產並無相關的持有稅負，房地產政策全面啟動投資人的購房意願。	四、行－東南亞區域中心 　（一）四通八達 　（二）泰國位居東南亞國家的中心地理位置，具物流樞紐優勢、經商自由度、國際化程度高，連接周邊國家的包容性發展政策，使泰國成為全球企業進軍整個東南亞的主要跳板。 五、育 　（一）世界頂級療養院、中高階醫院 　（二）曼谷市有 100 多間國家學校 六、樂 　（一）優質的自然環境觀光產業評價高泰國人善良且服務態度良好，給予外籍人士安全和高水準的觀光保障，政府持續強化基礎設施建設和提振觀光產業。 　（二）其他

泰王國　國家基本資料　2018 年

簡稱：泰國（Thailand），Thai 在泰語中為「自由」之意，以象徵脫離高棉統治

土地面積：51.31 萬平方公里（全球第 51 名）

首都：曼谷市　　　　　　　　　　　　　國歌：泰王國國歌

人口數：6,960 萬人（全球第 20 名）　　民族：泰族占 75%；華僑 14%

國王：瑪哈 ‧ 哇集拉隆功（2016 年 10 月 13 日繼位）　執政黨：省略

總理：帕拉育（陸稱巴育）

總產值（GDP）：4,107 億美元（全球第 26 名）

經濟成長率：3.8%

產業結搆：農 8.9%、工 35.9%、服務業 55.2%

人均總產值：5,900 美元（全球第 80 名）

失業率：1.2%　　　　　　　　　　　　　吉尼係數：0.445

中央銀行：泰國中央銀行　　　　　　　　匯率：1 美元兌 31.96 泰銖

貨幣：泰銖（Baht）　　　　　　　　　　語言：泰語

宗教：佛教占 95% 以上

行政區：75 個府、一個直轄市（曼谷市）、府下設「縣」（795 個，有譯為郡或區）
　　　　　或「次縣」（81 個）

產業結構：（2016 年）農 8.9%、工 35.9%、服務業 55.2%

需求結構：（2016 年）消費 50.9%、投資 22.7%、政府支出 17.9%、出進口 8.5%

Unit 10-2　從泰國的經濟發展階段預測未來經濟走勢

　　套用本書「以經濟發展階段」來預測一個國家 5 年以後的經濟狀況，由表 10-2 可見，泰國經濟起跑早（約 1960 年），但因政局不穩（多黨政治和軍事政變）與天災（主要是水災），拖累經濟成長，以致經濟發展耗時甚久，本書預估 2031 年，人均總產值 12,000 美元，進入「成熟階段」，詳見表 10-2。

一、農業社會階段（1958~1987年，29年）

（一）臺灣花23年，陸22年升級到下一階段

泰國花了29年才走完這一階段，跟臺灣沒多大差別。

（二）靠兩個天然本錢出口

這階段的國家大都靠農產品（泰國主要是稻米，號稱全球出口第二大，1963年占出口35%）、旅遊業（勞務輸出，外匯收入最高時占總產值16%）。

二、起飛前準備階段（1988~2007年，19年）

（一）臺灣花10年、陸7年升級到下一階段

泰國花了19年才走完這一段，算很慢，原因是下段所說「有8年白過了」。

（二）1990年代亞洲四小虎

1980年代，在東亞國家（日臺）南向發展，有外商協助，泰馬菲印尼成為「亞洲四小虎」，高利率也吸引金融投資資金匯入，泰國出現股票、房地產、外匯（1美元兌25泰銖）泡沫，1997年7月泡沫破裂，外資匯出，美元大幅升值，1998年7月1美元兌41泰銖。經濟衰退，1996年總產值1,830億美元，1998年只剩1,134億美元，迄2005年才恢復1996年水準（1,889億美元）。

三、起飛階段（2008~2031年，23年）

臺陸在起飛階段主要是在需求結構中大幅「投資」（投資除以總產值的投資率30%以上），泰國沒如此做，所以「飛機一直在跑道上滑行了23年才起飛」。

（一）臺灣花7年、陸12年

泰國可能花23年才走完這一段，算很慢的。

（二）2008~2014年，泰國「失落的十年」

2008~2014年從塔信（陸稱塔克辛・欽那瓦）擔任總理到其妹盈拉（陸稱英拉・欽那瓦）接任總理，反獨裁民主聯盟（2006年成立，俗稱黃衫軍）在2010年起與「支持塔信派（為泰黨）」（俗稱紅衫軍）在街頭火爆對抗。政府公共支出大幅跳票，再加上工業部投資促進委員會（BOI）停擺，外資不耐久候，轉到鄰國投資。外國遊客大減，2014年第一季經濟衰退2.1%。

表 10-2　泰國經濟發展階段

經濟發展階段	農業社會	起飛前準備	起飛	成熟
・以人生階段比喻	嬰兒	兒童	青少年	青年
一、人均總產值（美元）	1,100 美元以下	1,100~4,200 美元	4,200~12,000 美元	12,000 美元
*　泰國用詞	泰國 1.0	泰國 2.0	泰國 3.0	泰國 4.0
期間	1958~1987 年（29 年）	1988~2007 年（19 年）	2008~2031 年（23 年）	2032 年起
1. 人均總產值（美元）	只有 1960 年資料 101~936 美元	1,122~3,993 美元	4,374~12,000 美元	--
2. 經濟成長率	約 12%	約 9%	假設 5%	--
3. 貧困人口比率	70% 以上	1988 年 65.26%	2011 年 13.15% 2014 年 10.5%	--
二、產業結構	農業	勞力密集輕工業	重工業	科技產業
1. 服務業		觀光旅遊業	同左，占 55.2%	同左
2. 工業		・紡織、鞋出口 ・食品	占 35.9% 汽車 水泥建材 電器電腦	傳統產業高值化新興科技業
3. 農業	稻米、木薯 玉米、橡膠 寶石	同左 稻米全球第二大出口國	同左，占 8.9% 加水產（泰國蝦）	同左
三、工業重點				
（一）投入				
1. 研發費用占總產值比重	0%	0.25%	0.48%	1%
2. 國際貿易重點	1963 年稻米占出口 35%	進口替代為主 1990 年稻米占出口 4.9%	出口導向為主	同左

Unit 10-3 總理帕拉育的經濟政策「泰國 4.0」

一、泰國總理與副總理

（一）泰國總理帕拉育

2008~2014 年 4 月，泰國政爭，由「帕拉育」小檔案可見，帕拉育發動軍事政變，取得政權，他是保守的保皇派，外界稱他為「強人」。

（二）副總理兼財政部長頌奇

帕拉育任命經濟學者頌奇（Somkid Jatusripitak, 1953~，有譯為宋奇，中文名字曾漢興）擔任副總理兼財政部部長，他在泰國的大學教行銷學，且跟多個人創辦泰愛黨。由帕拉育、頌奇等譯名可見，這皆為其「名」，而泰國人的「姓氏」常較長，譯成中文可能一般人記不住，所以挑較短的「名」來稱呼。

二、目標：經濟成長率 4~4.5%

（一）問題

進步太慢就是落伍。由本書目錄之前的表一可見，2012 年起，泰國平均經濟成長率 3%（2014 年第一季甚至衰退 2.1%），原因詳見表 10-3。

（二）目標

經濟成長率 4~4.5%。2014 年 5 月，軍政府上台後，提名帕拉育擔任總理，強勢主政，力求政局穩定。深覺得越南、印尼經濟成長率高，越南很快在總產值會追上泰國。泰國政府深覺得必須產業結構（農工服比重）調整、產業（主要是工業中製造業）升級，才能使人均總產值跳脫 12,000 美元以下的「中低所得陷阱」（middle-low income trap），更上一層樓。

三、泰國 4.0 政策

2016 年 10 月起，政府推出「泰國 4.0」（Thailand 4.0）經濟政策，想推升泰國經濟到經濟成熟階段，詳見表 10-3。

・期間：2017~2036 年，五年一期，國家施政綱領。

・政策：產業結構調整，製造業升級。

‧可能問題：2017 年 8 月 14 日，《曼谷時報》報導，泰國勞動發展諮詢委員會副主席估計對國中以下勞工 2,300 萬人不利。

泰國總理帕拉育‧詹歐查（Prayuth Chan-ocha，陸稱巴育‧占奧差）小檔案

生辰：1954 年 3 月 4 日

現職：泰國政府總理（2014 年 8 月 25 日起）、全國維持和平秩序委員會主席（2014 年 5 月 22 日起）

經歷：泰國陸軍總司令（2010 年 10 月~2014 年 9 月）

學歷：泰國朱拉隆功皇家軍事學院

表 10-3　泰國 4.0 經濟政策

項目	說明
一、目標	1. 平均經濟成長率：4~4.5%，2012~2016 年平均 3%，2020 年 10 個政策行業產值 5,500 億泰銖。 2. 人均總產值（註：本書所加）：13,000 美元，擺脫中低所得陷阱。 3. 政策期間：2017~2036 年。
二、政策	泰國 4.0（Thailand 4.0），2016 年 10 月 4 日，內閣通過，2017 年 2 月帕拉育公布，國會通過。
（一）政府支出	
1. 基礎建設	2017~2024 年，政府將投入 3 兆多泰銖於基礎建設，例如串連曼谷市廊曼機場、素萬那普（有譯為索旺納普）機場和羅勇府武打拋機場的高速鐵路，貨客運鐵路、高速公路。
2. 其他	2016 年 8 月 22 日，帕拉育總理在「國家教育及政策發展委員會」，希望 20 年內投入 340 億泰銖，培養 12,290 位博士學歷研究員。
（二）投資	
1. 產業政策	10 個行業邁入新一波 S 形曲線（New S-Curve），引領泰國轉型與蛻變，從勞力密集業為主的經濟體系，轉變為以數位化為主軸，發展研發、創意及具高附加價值為導向的產業型態。 第二波 S 形曲線（Sendary S-Curve） 產業如下：時尚行業（紡織服裝、皮革、珠寶、飾品）、材料行業（水泥、陶瓷、玻璃、金屬、合金）
2. 貿易自由化	在 4 國邊境，設立 10 個經濟特區，讓鄰國勞工當日上下班工作，促進邊境貿易，例如東部經濟特區。
3. 投資優惠	土地租借期 99 年、公司所得稅稅率 10%（13 年內）等

泰國曼谷市朝向「東方威尼斯」發展

時：2017 年 8 月起

地：泰國曼谷市昭披耶河（臺灣稱為湄南河）沿岸

人：曼谷市政府的都市管理局（BMA）

事：‧目的：使河岸交通更便利（之前 90 分鐘），提升觀光吸引力。

　　‧地區：拉瑪八世大橋迄帕賓勞大橋

　　‧作法：打造 12 個全新項目與景點，包括興建總長 7 公里三線道的散步步道
　　　　　　與自行車道，並翻新具有悠久歷史的河道地區，包括水上市場。

　　‧經費：100 多億泰銖

（資料來源：部分整理自經濟日報，2017 年 7 月 18 日，A7 版，葉亭均）

Unit 10-4　泰國政府的經濟相關部會

表 10-4　泰國政府經濟相關部會：跟臺灣政府比較

市場／產業	臺灣（14 部 4 會）	泰國（19 個部）
一、經濟規劃、協調	行政院國家發展委員會	國家經濟與社會發展委員會（NESDB，下設辦公室，直屬總理）
二、生產因素市場		
（一）自然資源		
1. 土地	‧經濟及能源部產業園區管理區 ‧科技部 3 個園區管理局	工業部工業區管理局（Industrial works）、科學園區管理局
2. 礦	環境資源部水保及地質礦產署	自然資源與環境部（2002 年）
3. 水	水利署	
4. 空氣	環境污染防治局	
5. 能源	經濟及能源部能源署	能源部
（二）勞工	勞動部	勞工部
（三）資本	1. 行政院金融監督管理委員會 2. 中央銀行	1. 省略 2. 同左

表 10-4　泰國政府經濟相關部會：跟臺灣政府比較（續）

（四）技術	1. 科技部	1. 科技部 此部組織規模極小，具體有科學服務局
	2. 經濟及能源部 ・產業 ・技術司 ・智慧財產局	2. 商業部 ・智慧財產局（DIP）
（五）企業家精神	中小企業局	工業部「工業促進局」
三、產業		
（一）服務業		
1. 行	交通及建設部觀光局	交通運輸部、觀光與體育部（2002年）、商業部保險辦公室
2. 樂	國家通訊傳播委會（NCC）	國家寬頻通訊委員會（NBTC）
（二）工業	經濟及能源部產業事務局	數位經濟與社會部（2016年）
（三）農業	農業部	農業和合作社部
四、商品市場		
（一）消費	1. 公平交易委員會 2. 經濟及能源部 ・產業事務局 ・標準檢驗局	1. 省略 2. 商業部（1892年成立） ・國內貿易局 ・商業發展局 ・中央標準機構，另工業部有工業標準「所」
	3. 衛生福利部 食品藥物管理署 4. 省略	3. 公共衛生部 同左 4. 社會發展與人類安全部（2002年） 工業部（1942年成立）
（二）投資	1. 投資 經濟及能源部 產業發展局（含原投資處、投審會） 2. 產業 ・產業事務局 ・產業園區管理局	1. 投資 投資促進委員會（BOI） 陸稱：投資委 BOI辦公室：陸稱投資辦 2. 產業 工・工業促進局 ・工業工程局 ・工業區管理局
（三）政府支出	交通及建設部	省略
（四）國際貿易	1. 行政院經濟貿易談判辦公室（2016.9.2掛牌），前身為經濟部經貿談判辦公室 2. 經濟及能源部貿易商務局 經濟合作司（原國際合作處） 貿易政策司	1. 商業部貿易談判局 2. 國際貿易局 3. 貿易促進局（DITP）

註：national economic and development board, 成立於1950年，1972年改此名，1961年起推出「5年經濟發展計畫」，第12個計畫2017~2022年。

註：臺灣政府的組織採「組織改造」後。

Unit 10-5 起飛前準備階段的基本行業：旅遊業——兼論泰國旅遊業政策

　　2016 年泰國是全球國際觀光人次（約 3,262 萬人）第 11 名，外匯收入第 3 大（詳見表 6-13、6-14），這些數字很不容易。本單元詳細說明下列兩件事。

　　泰國政府在觀光旅遊方面作了什麼事？

　　泰國觀光業（主要指餐廳、飯店）、旅遊業（旅行社、觀光景點、商店業等）作了什麼？

一、二階段三時期發展

　　在第六章中說明全球觀光業的分期，泰國旅遊業是大時代縮影。

（一）導入期：1960~1980 年

　　1951~1953 年的韓戰，救了日臺的經濟，1964~1974 年的大規模越戰，50 萬聯軍輪流度假，到有地利之便的鄰國泰菲（少部分到臺），造就泰國觀光業。

（二）成長期初期：1981~2004 年

　　1980 年代，日本經濟如日中天，美元兌日圓貶值（400 到 140），兌臺灣、南韓貨幣皆是，日韓臺甚至東南亞各國人民成為泰國觀光成長新動力。

（三）成長期中期：2005 年起

　　2010 年中國大陸公路喜劇片《人在囧途》的高人氣，2012 年續集《人在囧途之泰國》兩位男主角在泰國搞笑，在中國大陸捧紅了泰國觀光業，陸客爆量成長，2016 年占外國觀光客 27%，其他依序為大馬、俄、英、澳。

二、政府的觀光旅遊政策

　　泰國政府在 1960 年起主導觀光業發展，先把導遊、飯店人才準備好。

（一）觀光業政策

　　由表 10-5（一）策略可見，在三個時期，泰國政府依序採取相關措施。像 1997 年 7 月的亞洲金融風暴（主要是泰馬印尼），美元兌泰銖匯率由 1 比 25 升值到 1 比 40，有匯率之助，1988 年泰國政府乘勢發展醫療觀光旅遊，對特定人士給予 1 年簽證。

（二）政府的觀光業組織設計

由表 10-5（二）的「組織設計」那一列可見，在導入期、成長期初期，泰國政府三次升格觀光業主管機關的位階。

三、泰國國際觀光旅遊的賣點

對歐美、東亞國家遊客來說，到泰國旅遊「物美價廉」，對外國觀光客的吸引力很高。

（一）物美

泰國曼谷市有「東方威尼斯」之稱，對歐美人士來說，冬天到泰國度假，可以避寒。泰國普吉島等可說是「東方夏威夷」。

（二）價廉

臺灣去泰國旅遊4日遊，合理團費16,000元起，比絕大部分國內旅遊便宜。2005年起，成為大學生畢業旅行的選項；一如1980年代，日本大學生畢旅一樣。

表 10-5　泰國觀光業政策與發展階段

階段	導入期	成長期初期	成長期中期
一、期間	1960~1980 年 1962~1975 年越戰，最多時美軍 50 萬人，度假商機捧紅了泰菲觀光業。	1981~2004 年 歐美、東亞人民到泰國觀光。	2005 年起 陸客成為成長動力，2012 年起成為主力。
二、政策 （一）策略	1. 人才：1960 年起，泰國旅遊組織跟大學合作，設立旅館學校。 2. 1973 年觀光發展計畫。 3. 1977 年起，觀光業納入「國家經濟與社會發展計畫」（NESDP） 4. 1980 年第一次泰國觀光年。	1. 1987 年起，政府在外國打「神奇旅遊年」廣告。 2. 1998 年起，為推動醫療觀光旅遊，對海外華裔、日本人給予 1 年簽證，以便到泰治病養病。 3. 1998~1999 年推出「驚奇泰國」（Amazing Thailand）。	1. 國際機場擴建 ・曼谷市郊的蘇萬那普機場：年容量 4,500 萬人次。第二階段 6,500 萬人次。 ・普吉島國際機場：許多中國大陸二線城市飛機直飛普吉島，2016 年年容量 1,250 萬人次。 2. 鐵公路 跟鄰國四通八達 3. 2007 年，泰國政府推動「可持續旅遊國家

表 10-5　泰國觀光業政策與發展階段（續）

			議程」，減少（旅遊景點）汙染。 4. 2014 年 7 月~2017 年 8 月對臺灣等多國觀光免簽證費。 5. 2016 年起取締陸客低價團。
（二）組織設計	1967 年成立「旅遊組織」（TOT） 1967 年起把上述升格為「觀光局」（TAT）	2002 年成立觀光與體育部，下設觀光局，「局長」職稱為「董事長」。	省略，「觀光與體育部」編制極小，2 局（觀光局、體育教育局）
三、經營績效	· 1960 年 8 萬人次、外匯收入 780 萬美元。 · 1982 年觀光外匯收入超越稻米。 · 1996 年觀光外匯收入 85.5 億美元。 · 1992 年觀光相關行業就業人口 93 萬人，人數第三。	· 2000 年 912 萬人次、73 億美元。 · 2001 年 1,013 萬人次。	· 2010 年，1,590 萬人次，陸客占 6.92%。 · 2012 年 2,230 萬人次，陸客第一。

項目	2015 年	2016 年	2017年（F）
觀光人次（萬）	2,990（第11名）	3,262	3,538
外匯收入（億美元）	412	459（第3）	498

＊ 世界旅遊數字 499 / 占總產值比率 16%

Unit 10-6　起飛階段的基本產業：汽車相關行業

表 10-6　泰國汽車零組件與汽車組裝公司

年代	汽車零組件	汽車組裝
一、進口替代階段 （一）1960 年代	1969 年泰國成立「汽車產業發展委員會」，推動本土零組件公司	高進口關稅（稅率 80%） 1. 1961 年本土汽車公司成立 2. 1962~1970 年日商設廠日產（1962）、豐田（1964）、日野（Hino, 1966）、三菱（1966）

表 10-6 泰國汽車零組件與汽車組裝公司（續）

（二）1970 年代		
1. 1971 年	採用 25% 的國產零組件 ＊輕型卡車（pick up），音譯皮卡，其車斗是開放空間載貨用、也可當轎車使用，具備多用途、方便實用且可輕度越野，適合鄉間使用等特性。	工業部透過汽車政策引導外資公司組裝輕型卡車，以適應泰國技術水準與國內產品需求，並符合日本汽車公司的海外布局策略，輕型貨車少量對外出口。
2. 1978 年	工業部要求汽車公司在 1983 年前，轎車自製率 50%、1984 年商用車 45%。 泰國工業總會旗下汽車零件公會成立「泰國汽車零件製造公會」（TADMA）。	商業部禁止轎車進口 1975 年馬自達設廠 1977 年日產工廠設廠
二、出口導向階段 （一）1980 年代	1. 1984 年工業部宣布「汽車工業育成方針」，汽車公司在 1988 年的「自製率」（或原產地需求，LCR）目標如下： ・輕型貨車（10 噸重）62%； ・轎車 45%； ・商用車 45%。 2. 成立共同引擎製造公司 由泰國「暹羅水泥公司跟 3 家日本汽車公司（豐田、日產、三菱、五十鈴）」成立「暹羅豐田汽造公司」	1. 1984 年泰國推動東部沿海地區發展計畫（Eastern Seaboard Development, ESB），引導建立群聚型的產業發展地區。吸引日本汽車與電子電器相關產業投資，建立該區的技術、人力資源與供應鏈體系。 2. 一直到 2000 年 10 家汽車公司的 16 個車廠主要在 2 個地區 7 個廠： ・中部：大城、佛統、呵叻 ・東部地區 4 個廠：其中的羅勇府有亞洲底特律之稱。
（二）1990 年代	1996 年 4 月，推動東協工業合作計畫，落實東協國家間汽車相關行業的合作。	1991 年開放汽車進口 1993 年本田設廠 1998 年馬自達／福特設廠 1999 年外國企業法允許外資 100% 持股 2000 年美國通用汽車／德國寶馬設廠
三、全球化階段 （一）2001～2010 年	此部分無相關說明。基於篇幅平衡，把第三欄 2 則在此補白。 1. 1994 年 泰國豐田推出以東南亞為基礎的亞洲汽車（Asia Car），例如 1,500cc 的雄鷹（TERCEL），在中東和中南美洲熱銷，奠定日本汽車公司以泰國為中心，設計新興國車種地位。 2. 2003 年 7 月 日本豐田在泰國成立「豐田	泰國政府高舉起「亞洲底特律（Detroit, Asia）」的目標，著重於建立與深化高階行業機能，例如產品設計、技術研發、人才訓練等。 2007 年開始推動「車輛人力資源開發計畫」（Automotive Human Resource Development, AHRDP）。受到日本政府與汽車業支持，運用泰日國際合作，促進關鍵技術移轉，以開發汽車業人力資源。 2007 年提出「泰國汽車產業總體計畫」

表 10-6 泰國汽車零組件與汽車組裝公司（續）

	亞太工程製造中心」（Toyota Motor Asia Pacific Engineering and Manufacturing Co., Ltd，註：全球第 5 個）以及全球第二、日本第一汽車零組件公司電綜（Denso）的泰國訓練中心，以提升泰國豐田的生產品質與技術開發能力。	（Thailand Automotive Industry Master Plan 2007~2011），針對節能環保汽車（Eco-car）計畫，重點推動轎車開發、生產和製造。2019 年起投產，年產能 158 萬輛。
（二）2011~ 2020 年	2015 年零組件公司行業水準如下： ・1 級 709 家，其中泰商占一半； ・2~3 級 1,700 家。 參考文獻 1. 王文岳，「造就亞洲底特律：全球市場、外資與泰國的汽車工業發展史」，自由電子報自由評論網「超 A 評論」，2016 年 12 月 30 日。 2. 戴萬平相關論文，例如戴萬平等，「日本汽車集團在泰國的發展」，全球商業經營管理學報，2012 年 9 月，第 1~12 頁。	從產業發展的重要指標觀察，泰國是汽車業的「發達國家」：整車產能 250 萬輛／年以上、汽車業就業人數 60 萬人以上。 2015 年五大汽車公司，占 16 家汽車公司產能 80%；豐田 32.2%，產能 50 萬輛等於富士重工一年全球產能；本田 25.7%、馬自達 9.2%、日產 6.6%、鈴木 6%。

表 10-7 泰國汽車產銷　　　　　　　　　　　　　　　　　　　單位：萬輛

項目	2014 年	2015 年	2016 年	2017 年	2018 年	2019 年	2020 年
1. 產量	188	192	194	202	210	219	228
2. 需求							
・出口	108	112	118	124	130	132	143
・國內	80	80	76	78	80	87	85

註：1. 2013 年整車及零組件出口金額 240 億美元，占出口第 3 大，產能全球第 11 名；2017 年起為預測值。

　　2. 出口主要在亞洲（東亞的日、東南亞馬菲印尼）、大洋洲（澳）。

　　3. 國內需求：乘用汽車（passenger vehicles）和商用汽車（主要是 1 噸重皮卡等）各一半。

Unit 10-7　由泰國前十大富豪來看產業結構

　　我們分別看泰國前十大集團來看行業的強弱，由十大富豪來看行業的淨利。谷歌的搜索結果「畢其功於一役」，由表 10-8 可見美國《富比士》雜誌上《全球富豪》（詳見小檔案）所選出的泰國十大富豪。這有二個版本，一是每年 3 月 16 日的全球富豪排行榜，另一是 5 月 31 日的泰國 50 大富豪排行榜（Thailand's 50 Riches），由於時間差了 2 個月，泰國 10 大富豪名單有差異，本單元採取後者。

一、在全球來說

　　由表 10-8 第四欄可見，泰國的十大富豪在全球排名。

（一）2017 年 10 月 17 日，跟美國比爾 · 蓋茲夫婦 890 億美元比

　　以第一富豪謝國民家族來說，財富是美國比爾 · 蓋茲夫婦 890 億美元的 24%；臺灣的國泰集團董事長蔡家 177 億美元，陸企恆大集團許家印 313 億美元（第 14 名）。

（二）第 4 名富豪以後掉入全球 400 名以後

　　卜蜂、TCC 這第一、二大富豪以外，大部分集團、公司國際化程度較低，營收受限於國內，創辦人、董事長的財富有限。

二、由十大富豪看產業結構

　　由表 10-8 可見，泰國十大富豪及其所處行業，有二個特色。

（一）不包括工業中的汽車業、石化業

　　泰國汽車業全是日資公司，石化業、紡織業大抵也是。把範圍拉大到 50 大富豪，則製造汽車零件、石油化學、纖維的富人便入列。

（二）入榜六人全是華裔泰人

　　十大富豪中有六位是第四代以上華裔泰人，不像馬來西亞的華人聚居，有講華語的環境，四代以上的華裔大都不會說華語，且都改了泰國姓，以便入籍泰國，所以其中文姓名跟泰語（以英文字表示）會對不起來。

表 10-8　2017 年富比士全球富豪榜中泰國人士　　　　　　　　　　　　　單位：億美元

排名	公司	富豪	身價	說明
1	卜蜂集團（CP）	謝國民家族	215	全球最大農工商公司、泰國 7-11
2	TCC 集團	蘇旭明	154	象牌啤酒、泰國釀酒公司
3	尚泰公司等（Cental）	鄭昌家族	153	零售（超市、百貨等）
4	紅牛泰國	許書恩	125	飲料、紅牛等
5	King Power 免稅店	（姓）斯里瓦塔那布拉帕	47	零售
6	大城銀行	李智正	39	第六大銀行、傳媒（泰國廣播電視公司）、房地產
7	泰國人壽保險	侯業順	38	壽險公司、軟性飲料
8	曼谷航空	（姓）奧索斯	26	全泰最大連鎖醫院曼谷杜斯特醫療服務公司
9	布恩羅德公司	桑滴・必羅巴迪	23	啤酒（勝獅 Singha）、獅子座 Leo 能量飲料（汽水和冰茶）
10	Indorama Ventures	阿洛克・洛西亞（印度裔）	17.5	石油化學、生產聚酯纖維

資料來源：富比士，2017 年 5 月 31 日，泰國 50 大富豪排行榜。

全球富豪排名小檔案（The World's Billionaries）

時：1987 年起，每年 3 月發布；另 10 月 17 日發布亞洲富豪排行

地：美國紐約州紐約市

人：富比士雜誌（Forbes），或富比世，陸稱「福布斯」，首發日期 1917 年

事：50 位全球各國記者來計算該國富豪的下列數字。

　　「淨資產」＝資產－負債

　　資產主要指：股票（每年 2 月股價）、房地產、汽車和藝術品

　　淨資產 10 億美元以上才會算，但不計算各國皇族、獨裁者

Unit 10-8 外資公司在泰國投資的損益表分析

單一公司在考慮在各國設廠時，從「損益表」的角度來分析，在泰國設廠的損益表詳見表 10-10，本單元分兩部分說明。

一、營收方面

以出口的行業來說，想的是泰國跟外國簽了多少自由貿易協定。

（一）東協經濟共同體（ASEAN Economic Community，簡稱 AEC）

2015 年 12 月 31 日，東協經濟共同體上路，東協十國的貨物關稅「逐步」降至零，人民移動門檻降低，會員國入境彼此免簽，持一國護照即可通關無阻。

（二）跟其他國家，少之又少

泰國很少單獨跟外國簽自貿協定，大都是以東南亞國協的大傘去跟別國簽。

二、成本費用方面

由表 10-10 可見，跟東南亞其他「大國」比較，泰國「優勢」、「劣勢」的部分。

（一）營業成本方面

以營業成本三項來說，泰國較「貴」的是勞工薪資、製造費用中的土地租金。

（二）營業費用方面

三項營業費用，以行銷費用中的物流費用來說，泰國位於東南亞中心，有地利之便，運費較低。

表 10-9 泰國 3,750 萬位就業人士的學歷分布　　　　　單位：萬人

勞工技術水準	學歷	人數	比重	說明
中階	大學	802	21.4	水準跟大馬等相近
低階	高中（職）	610	16.3	高工高職不重視實作，訓用脫節
普通	國中	615	16.4	2015 年世界銀行推估三成是功能性文盲
	小學	1,690	45.9	其中農民 1,120

表 10-10　泰國在公司投資方面的損益表

損益表科目	說明
營收	
－營業成本	泰國跟外國簽的自由貿易協定，詳見表 6-6。
1. 原料	(1) 農業：亞洲唯一糧食淨出口國
	全球第一：米、木薯、鳳梨罐頭、橡膠
	全球第二：魚、第 3 橡膠、第 4 玉米
	(2) 礦：燃料礦、金屬礦（錫、鎢）、非金屬礦（螢石、寶石等）
2. 直接人工	2017 年元旦，最低日薪 360 泰銖；2013 年 12 月 300 泰銖。
・薪資	以 2016 年 9 月為例，製造業平均月薪如下：
	・泰國 383 美元；
	・越南 116 美元；
	・緬甸 85 美元。
・數量	
	・國際勞工輸出，東北區人民出國賺錢
	・2015 年起缺工，引進鄰國（柬寮緬）國際移工
・素質	泰國在工業生產和技術層次，都領先東南亞其他國家。政府立志成為東南亞的德國。泰國的英語化程度居東協第三，僅次新加坡、菲律賓；在曼谷市，就有約一百間國際學校，居東協城市之冠。另一種說法則是勞工素質「差」，詳見表 10-9。
3. 製造費用	
・土地	在經濟特區，外國公司可租 50 年，到期可延長 49 年。
・水電瓦斯	住宅如下：基本費 1 度電 3.27 泰銖，水費 1 度約 15 泰銖。
・空氣	自然資源與環境部針對 13 個行業（一定規模以上）要求環境影響評估
＝毛利	
－營業費用	
・行銷費用（含物流費用）	連接中國大陸和東南亞 7 國的泛亞鐵路網，9 條跨國公路，這些鐵公路全都經過泰國，這個樞紐的位置，具有發展成東南亞最佳的物流中心的「地位」。
＝稅前淨利	
－所得稅費用	
＝淨利	2013 年公司所得稅率 30% 降至 20%

Unit 10-9 泰國 4.0 政策

你進入泰國駐美大使館網頁，會看到 20 頁的「泰國 4.0」的投影片，從 2015 年 7 月 7 日上架，把此政策從很多角度切入。本書以表 10-11 呈現，針對 10 個項目中的 2 個以表 10-12、小檔案呈現。

表 10-11　泰國 4.0 政策的行業與產業地圖

大分類：產業 / 中分類：行業	行業		邊境經濟特區	
	舊	新	地區	市、府
一、服務業				
1. 高端健檢旅遊（Affluent, Medical and Wellness Tourism）	✓		中部（20 個府）	曼谷市
2. 醫療中心（Medical Hub）	✓			
二、工業				
1. 航空與物流（Aviation & Logistics）詳見物流計畫小檔案	✓		北部（17 個府）	清萊（春武里）
2. 新一代汽車產業（Next-Generation Automotive）		✓	東部沿海（6 個府）	沙繳
3. 自動設備及機器人（Automation and Robotics）		✓		
4. 數位產業（Digigal Industires）包括 4G、寬頻等主要是資訊通訊業、電子商務、金融科技 5 項等		✓	東部（6 個府）	
5. 智慧電子（Smart Electronics）		✓		
6. 生物化學及環保石化（Biochemical and Eco-friendly Petrochemical，後者又稱 biofuels）		✓	中部	北碧
三、農業			南部	
1. 未來食品（Food for the Future）		✓	（14 個府）	・陶公 ・宋卡 莫達漢
2. 農業和生技（Agriculture and Biotechnology）		✓	東北部（19 個府）	・那空拍濃 ・廊開

表 10-12　大馬智慧城市與泰國的「智慧電子」計畫比較

項目	馬來西亞	泰國
一、部	2011 年陸續推動	2012 年數位經濟與社會部提出的，名稱為「智慧電子」，主要向馬來西亞取經。
二、地區	宣布 11 項計畫 1. 賽城 2. 多媒體超級走廊 3. 依斯干達經濟特區 　例如 2016 年 8 月陸企綠地控股宣布在此區興建智慧城市體驗館	1. 智慧城市試點 　例如 2017 年 4 月省力局宣布 　　· 清邁市、呵叻府呵叻市 　　· 普吉島、芭達雅 2. 智慧泰國（Smart Thailand） 　主要是普及寬頻網路，以便人民上網，政府也要提供上網辦業務以便民。
三、項目	· 智慧交通 · 智慧治理 · 智慧健康 · 手機支付等 · 智慧媒體	例如智慧電網 · 智慧城市（Smart City） · 智慧健康照顧

航空與物流中心的物流計畫

時間：2017~2021 年

地點：經濟特區，例如東部經濟走廊

人：交通運輸部

事：主要有下列 2 個計畫

1. 2017~2021 年製造業物流總體計畫：2016 年 11 月 18 日宣布，2017~2021 年斥資 7,000 億泰銖（約 197 億美元）投入興建新經濟特區與基礎建設系統的開發，協助泰國發展為亞洲區域的航空與中心，降低每個行業的物流費用 20%，優化供應鏈。

2. 泰國郵政公司：2016~2018 年，每年投入 30 億泰銖，以升級自動化設備和物流中心，尤其是春武里府，以便出口去歐洲。

Unit 10-10　東部經濟特區

　　泰國首都曼谷市在中部地區，是政府發展經濟的第一個地區，南部地區跟大馬交界，比較偏重農業（尤其是種橡膠樹）。相形之下，東部地區在經濟發展上比較落後。本單元以兩個時期來比較 40 年前後政策的差異。

一、第一次列入經濟發展計畫

　　由表 10-13 第二欄可見，第四個經濟發展計畫三項目標幾乎都是衝著東部地區來的，發展成為類似臺灣桃園市（中壢區有日本豐田汽車旗下國瑞汽車、美國福特汽車，平鎮區有電子公司等的型態）。

二、第二次列入，產業政策中的經濟特區

（一）標竿學習

　　南韓首都首爾市附近的仁川經濟特區，日本東京都附近也有，因此在泰國首都曼谷市右邊三個府交接處的走廊地帶，稱為「東部經濟特區」，俗稱東部經濟走廊（east economic corridor, EEC）。

（二）其他

　　10 個邊境經濟特區。

　　　　泰國最大的工業區開發公司　安美德公司（AMATA Co.）小檔案

成立：1989 年 3 月 6 日。「安美德」（amata）泰文意即永恆。1997 年泰國股票上
　　　市，股價約 26 泰銖。

住址：泰國春武里府

董事長、創辦人：邱威功（Vikrom Kromadit, 1953~），臺灣大學機械系畢，寫 7 本
　　　　　　　　以上的書，例如《作一個更好的人》（2011）。

資本額：107.6 億泰銖

業務：工業園區開發，號稱泰國最大

公司口號：創造城市，駕駛經濟

子公司：工業自來水

轉投資公司：主要是

　　　・天然氣公司

> ・火力發電公司
> 營業地區：泰國東部地區二個府二個工業區
> 　　　　　2018 年安美德智慧城
> 　　　　　越南　同奈省安美德城工業區
> 　　　　　　　　胡志明市安美德快捷區

表 10-13　泰國對東部地區二次經濟政策

時間	第四個經濟發展計畫	東部經濟特區計畫
・時間	1977~1981 年	2017 年起
一、目標	1. 消除農村貧窮； 2. 提升生產力； 3. 發展東部沿海地區。	1. 促進產業升級，例如能源、生物化學（以稻米、木薯）。
二、地區	東部地區、沿海、東臨柬埔寨、西臨泰國中部地區，7 個府（下表前 3 個府，加上尖竹汶、巴真、桐艾、沙繳）	左下表 4 個府中前 3 個府，稱為「東部經濟走廊」 這是東海岸工業開發區的延伸。

府	工業區	說明
一、北柳府	省略	
二、春武里府	安美德納康	
三、羅勇府	1. 合美樂東海岸，泰國第二大工業區 2. 安美德	度假勝地芭達雅位於本府 汽車公司群聚之地，有「東方底特律」之稱。
四、巴真府	304 甲民武里	因為位於 304 高速公路之旁
蘭查邦港（Laem Chabarg）：深水港		左邊港擴建

表 10-14　東部經濟特區專論

組織設計與優惠措施	基礎建設
一、組織設計 　　設立東部經濟特區政策委員會 二、政策優惠 　　投資促進委員會（BOI）給予下列優惠：	一、築巢引鳳 ・健全基礎設施：投入 4,000 億泰銖，例如鐵公機（曼谷市到羅勇府的高速鐵路、公路與港口，前二者主要是連

表 10-14　東部經濟特區專論（續）

・土地：取得土地所有權； ・租稅優惠：多取得 5 年； ・公司所得稅率減半。	結到曼谷市）；烏塔堡（有譯為烏達拋）國際機場、蘭查邦港擴建。 以飛機航程來說，距中國大陸上海市 4.5 小時，日本東京都 6 小時。 ・工業部工業區管理局（IEAT）開發 3,388 萬坪土地。 ・發展研發產業和技術服務。 ・發展物流系統。

資料來源：部分參考泰國大城銀行（Bank of Ayudhya）旗下 Krungsri 證券公司預估，2016
年 11 月

表 10-15　泰國在國際觀光旅遊的吸引力

食衣住	育樂
一、食：美食 1. 泰式料理。 2. 強調「世界廚房」，美食佳餚聞名全球。 二、衣：購物 1. 曼谷市等購物中心 　　零售市場主要由 The Mall Group 與尚泰集團（Central Retail）兩大零售集團掌控，曼谷市是市中心的素坤逸路（Sukhumvit），百貨公司超過 20 間；全東南亞最大的百貨商場，占地 33 萬坪，H&M 全球前三大旗艦店、英國量販店特易購（Tesco）最大國外據點、瑞士鐘錶歐米茄（Omega）等知名品牌，皆以泰國作為第一、甚至唯一首選的開設地點。 2. 亞洲熱帶服飾流行中心。 三、住 1. 飯店：以五星級飯店來說，數量多且標準 2 人房房價 3,500 元。 2. 溫泉：在曼谷市有標榜最大溫泉飯店－素坤逸 55 酒店。	一、育，以醫療美容觀光為例，強調「世界醫療中心」，尚泰館使（Central Embassy）商場（號稱 6 星級貴婦百貨公司）頂樓 Open House 書店的設計。 二、樂：觀光 強調「亞洲觀光資源」 1. 攻擊性商品：成人級／色情 　　1996 年估計雛妓 50~70 萬人，2011 年估計妓女人數 200 萬人（占成年女性人數 9%），主要來自泰北較窮家庭。2016 年 7 月起，警方「掃黃」。 2. 核心商品：文化旅遊 　　泰國是世界上知名的佛教國家之一，佛教徒占全國人口 95% 以上，天使之城曼谷市坐擁幾百座寺廟（包括四面佛）環繞，小鎮風情、民間藝術、文化遺產。 　　節慶：佛教節日（萬佛節、佛誕節、三寶佛節）、宋干節（潑水節，農曆新年）、龍舟賽、水燈節、芒果節。 　　高爾夫球團、婚禮團。 3. 海島旅遊：旅遊業強調「微笑的國家」 　　泰國以其優美的自然環境而聞名於世，有延長蜿蜒的海灘，還有熱情好客的泰國人民，由於幾乎沒有重工業，環境保持著最原始的潔淨狀態。 　　普吉島，泰南珍珠。 　　芭達雅，每晚的「人妖秀」。 　　蘇美島。

東南亞經貿

討論問題

1. 泰國經濟為何長期在人均總產值 5,500 美元（2011 年起）附近？

2. 許多學者專家以泰國過去軍人政府（1932 年來 12 次）的執政績效看壞帕拉育總理的執政，你如何看？

3. 如果你想設立汽車（零件）公司，你會挑泰國或印尼（甚至越南），為何？

4. 泰國 4.0 政策可說把泰國各地區都照顧到，成果如何？

5. 以表 10-12 來說，大馬的智慧城市跟泰國「智慧電子」計畫成效如何？

11

泰國企業經營管理

Unit 11-1　泰國前二大集團

　　泰國前 10 大富豪，大部分是華裔，祖籍中國大陸廣東省為主。本單元說明第一、二大集團發展歷程。

一、第一大集團：卜蜂集團

　　本書以全球華人為市場，用詞以臺灣為主，以中國大陸為輔。以泰國第一大集團來說，陸稱「正大集團」，其他國家稱為「卜蜂集團」。

（一）立足泰國

　　卜蜂集團（Chia Tai Group，簡稱 CP Group，CP 來自 Charoen Pokphand）從第一代二位兄弟創辦人 1924 年的「正大莊」菜籽行起家，1953 年起生產動物飼料。1970 年到了第二代謝國民四兄弟開枝散葉，泰國 10 大富豪（詳見 Unit 10-2）中 4 兄弟占 4 名，其中謝國民是泰國首富、東南亞第二富豪（第一是馬來西亞郭鶴年）。公司經營哲學：三利－對「國家」、「人民」、「公司」有利。

（二）胸懷中國大陸

　　1979 年，中國大陸改革開放，正大集團是第一個投資中國大陸深圳市的外資公司，也是投資項目最多、投資金額最大的外資公司之一，事業版圖跨農產畜牧魚、零售、金融與房地產等，是阿里巴巴及騰訊的大股東之一，更是這兩家公司進軍泰國市場的關鍵人。在泰國，2016 年底阿里巴巴集團旗下的網路金

融公司螞蟻金服投資正大集團旗下的 Ascend Money，把手機支付推進泰國，並從 7-ELEVEn 著手。

（三）跟日本伊藤忠商事換股

2014 年 7 月 4 日，卜蜂集團旗下卜蜂國際（港交所：43）跟日本最大貿易商伊藤忠商事相互參股，成為彼此最大的法人股東，要攜手共同進軍中國大陸與東南亞市場。

二、第二大集團：TCC 集團

泰國第二大集團 TCC，在臺灣較少聽到 TCC 集團。

（一）創辦人華裔泰人蘇旭明

生在曼谷市唐人街，家境不佳，15 歲便出來工作。因認識酒廠的幹部和師傅，獲得他們的支持，1960 年開設小規模小酒廠；1988 年收購紅牛釀酒廠。

（二）事業版圖

1993 年，跟丹麥名牌啤酒公司合資，推出嘉士伯啤酒，橫跨兩種酒類。再進軍飲料，2002 年起逐漸擴大事業版圖到中國大陸等。經營哲學（蘇旭明夫人周美滿的名言）：權力是暫時的，名譽是永遠的；財富是別人的，身體是自己的。

表 11-1　泰國第一、二大集團

項目	正大集團（Chia Tai）	TCC 集團
一、時間	1924 年，中國大陸廣東省移民謝易初（1896~1983）、謝少飛創立。	1960 年 泰國釀酒公司 60,000 名員工
二、事業	臺灣稱「卜蜂集團」（Charoen Pokphand Group）400 家公司，營收 400 億美元、員工 30 萬人。 1. 農業相關 ・正大飼料，全球第三大，雞、豬飼料。 ・1977 年 8 月在臺成立臺灣卜蜂公司，1987 年股票上市（1215）。 ・正大食品	1. 啤酒公司 1988 年收購紅牛釀酒廠等 1994 年推出象牌，市占率 80% 以上。 2. 飲料 2003 年成立泰國飲料公司，2006 年 5 月 30 日，新加坡股票上市。 3. 中國大陸飯店 2010 年引入洲際集團旗下假日、皇

表 11-1　泰國第一、二大集團（續）

項目	正大集團（Chia Tai）	TCC 集團
	2. 工業 ・製藥 　・泰：正大元晴藥業 　・陸：山東省、浙江省杭州市 3. 服務業 　・便利商店：代理 7-11 　・量販店：2013 年 4 月 23 日，旗下便利商店公司 CPALL 斥資 66 億美元收購萬客隆（Siam Makro）64.3% 股權。	冠飯店，改造陸雲南省昆明市邦克酒店。 4. 星 　2013 年 1 月，以 112 億美元收購新加坡星獅公司。 5. 澳，房地產公司 　2013 年 6 月，26 億澳元收購房地產公司 Austra land。

Charoen Pokphand Group 名稱來源

Charoen：泰文，繁榮的意思

Pokphand：泰文，大眾商品或農產品

時：1953 年

人：謝國民太太的養父（曾任將軍）取的

Unit 11-2　工業：綠河－KY 公司

你知道你家的鞋櫃、書櫃、酒櫃、桌子，甚至木地板用的是實木還是塑合板（臺灣稱三合板或美麗板）嗎？那宜家（IKEA）或家具行的木材來自哪裡呢？要是來自泰國，那很有可能是第一大 Vanachai 或第二大的「綠河」。

換另一個角度，你有沒有買過上櫃公司綠河－KY（8444）的股票，2016 年每股淨利 7.14 元，2017 年股價 154 元，本益比 21.59 倍。傳統產業卻有電子類股的本益比，為什麼？本單元說明。

一、有關經營者和公司

由公司小檔案可見，公司是由謝榮輝、黃登士、李木文等創業，再加上一些股東。原本從事建業，為了蓋屋灌水泥漿所需的板模，所以必須找尋更好更便宜的木材，因而發現商機。

（一）2000 年 1 月，成立綠河，從事鋸木業；2008 年 9 月，向前整合生產塑合板。

（二）2011 年 1 月 24 日：爲了在臺灣股票上櫃，設立綠河控股公司（在臺灣上櫃時簡稱 F- 綠河，F 代表 foreign，外國公司）。

二、事業發展進程

綠河在木板事業的發展依序分成二階段。

（一）2000 年起，實木板

泰國在全球橡膠樹種植面積全球第二（第一印尼），泰國南部種植面積占泰國的 66%。第一階段，綠河是向泰國南部的橡膠園買進汰除的橡膠樹。橡膠樹主要價值在生產生膠，以作爲輪胎的基本材料，橡膠樹約到樹齡 25 年便無法產膠汁，橡膠園主會砍樹，賣給木材公司。綠河公司經營階層深耕，跟膠農、政界與商界關係良好，且工廠取得泰國投資促進委員會（BOI）核准。

（二）2004 年起，投入塑合板

由於實木「取材」方正只能用到橡膠樹木的三成，售價較高，商機較少。塑合板是整株橡膠樹鋸成木屑後，透過膠水化合，木材使用率高，塑合板化學物質屬性皆比實木佳，商機大。二次大戰後，歐洲的家具公司大量採用塑合板；1990 年代中國大陸爲了水土保持及涵養水源等，採取復林與限伐的林業政策，大量從國外進口木料。綠河 2004 年斥資 15 億元購買最先進壓機，再加上德國等資深技師，投產，每年逐漸擴充產線。

（三）2019 年目標亞洲第一大塑合板公司

2017 年 1 月 25 日，發行海外轉換公司債 0.426 億美元（13.5 億元），用於償還銀行貸款。2017 年 5 月 18 日，綠河在臺灣發行 33 億元有擔保公司債（號稱海外上市公司第一家）掛牌交易，運用於蓋泰國第三廠。2019 年投產，目標是產能成爲亞洲第一大公司。

綠河看好東北亞及中東等市場，公司持續擴充這些市場的產品銷售，未來預計透過併購方式，擴大競爭優勢。（工商時報，2016 年 3 月 5 日，A4 版，袁延壽）

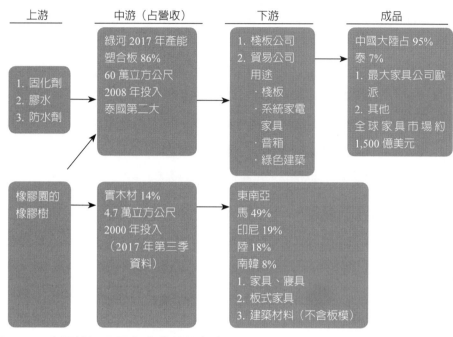

圖 11-1　泰國綠河公司在產業鏈的角色

```
綠河－KY（8444）公司小檔案
（Green River Holding Co. Ltd.）

成立：2011 年 1 月 14 日綠河控股公司，2015 年 10 月 27 日股票上櫃，股價 60 元
住址：泰國宋卡府 A. Bangklum 市
資本額：7.48 億元
董事長：謝榮輝　　　總經理：黃登士
營收（2017 年）：34.61 億元（2016 年 28.31 億元）
淨利（2017 年）：作者估 8 億元（2016 年 5.28 億元）
主要產品：詳見圖 11-1
主要客戶：詳見圖 11-1
員工數：866 人
```

Unit 11-3　泰國餐廳業

一般觀光客的出國旅遊的動機常見如下。

・觀光：主要是「遊山玩水」（泰國偏向玩水）、「度假區」（俗稱慢活

或深度旅遊），在泰國曼谷市廚藝教室到孔提縣的孔提市場（Klong Toeg Market）。

・購物：主要是買精品（包包到珠寶，可免貨物稅或加值型營業稅）或特定商品（去南韓買人蔘、日本買藥和家電）。

・美食：吃當地「道地」的美食，以臺灣的泰式料理來說，大都是適合臺灣人口味的「臺式」泰國料理，像「月亮蝦餅」就是。

本單元先拉個全景「亞洲」，再拉個近景「泰國」。

一、亞洲 50 最佳餐廳

由於法國米其林餐廳評等只評「一」、「二」、「三」星，在同一星等內沒有名次之別。因此 2012 年起英國威廉・瑞德商業媒體公司跟英國《Restaurant》雜誌合作，每年發表「全球 50 最佳餐廳」，並且以「餐廳界的奧斯卡」稱呼。詳見小檔案，以 2017 年為例：

（一）前 10 名中，新加坡 3 家

由表 11-2 可見，新加坡以美食、賭場、F1 賽車等吸引遊客。

（二）臺灣

臺灣有 3 家，臺北市 Raw（主要是主廚江振誠）24 名、臺中市樂沐（Le Mout）28 名、臺北市 MUME 43 名。

二、泰國入榜前 10 名的 2 家

由表 11-3 中可見泰國有 2 家餐廳打入前 10 大，在表 11-3 中說明這二家餐廳的特色。

世界 50 最佳餐廳小檔案（The World's 50 Best Restaurants）

時：2002 年起，每年 2 月 22 日公布第 1~50 名，4 月 5 日公布第 50~100 名（在澳大利亞）

地：2016 年在美國紐約州紐約市

人：英國威廉・瑞德商業媒體公司（William Reed Business Media）與《Restaurant》

事：2016 年起，每年 10 月 16 日，發表「亞洲 50 最佳餐廳」，2017 年地點在泰國曼谷市 W Hotel。

評審人員：900 位國際餐飲業專家，世界分 26 個區域

表 11-2　2017 年亞洲 50 最佳餐廳

排名	國家 / 地區	餐廳
1	泰國	Gaggan
2	新加坡	Restaurant ANDRE（註：臺灣老闆江振誠），2016 年米其林 2 星 2018 年 2 月 14 日結束營業
3	香港	Amber
4	香港	8-1/2 Otto E Mezzo Bombana
5	泰國	Nahm
6	日本	Narisawa
7	日本	Nihonryori Ryngin
8	中國大陸	Ultrariolet
9	新加坡	Odette
10	新加坡	Burnt Ends

資料來源：英國威廉・瑞德商業媒體公司

表 11-3　曼谷市二家得獎餐廳

菜系	說明	補充
一、泰式料理 Nahm（水的意思），全球第 28 名	第一家米其林星級泰國餐廳古法泰國菜宮廷料理	2001 年起，主廚 David Thompson。
二、印度菜 Gaggan，2017 年全球第 7 名，2010 年 12 月成立，且是前 50 名中唯一印度菜	威廉・瑞德商業媒體公司發表的亞洲最佳餐廳前 50 排名，2015 年起，Gaggan 奪冠。Gaggan 以「視覺創意」餐點打敗各國對手，菜單 25 道餐點全都以類似表情符號的圖示代表。可說是分子料理式印度菜，簡稱「革新印度料理」，客單價 350 泰銖。	主廚 Gaggan Anand 以其「名字」作為餐廳名字。

Unit 11-4　消費：以美妝商品為例

　　陸客到臺灣主要買的商品：鳳梨酥、面膜；臺灣觀光客到南韓必買商品之一是 BB 霜。臺灣許多專家自認臺灣的化妝品（例如面膜），在東南亞有「臺灣

製」的品牌溢酬，像臺灣鹽業（簡稱臺鹽）2016 年 11 月，跟泰國 Applied DB 工業集團（ADB）旗下的 SaveMor International（SMI）簽署合作協議書，由後者代理臺鹽的美容保養（例如「綠迷雅」及電視購物通路的「臺鹽 beauty」和保健食品（新健安），布局當地傳銷、電視購物及泰國藥妝店。本單元以泰國本土的美妝品牌公司的角度，來分析如何抵抗外國品牌。

一、泰國市場在東南亞的地位

宏碁電腦很早進入泰國市場，宏碁泰國總經理江煌鵬表示，泰國是中南半島國家發展最早最快，許多外商把泰國視為進入東南亞市場的起點，新產品從泰國市場開始，測試市場接受度。在泰國市場消費者反應熱絡，在其他國家成功的機會就高。（經濟日報，2017 年 5 月 14 日，A12 版，華紹強）

二、泰國女性化妝品的首選

在東南亞國家中，泰國美妝產業發展較早。泰國人愛美，認為化妝是種禮貌、女人習慣化妝，更偏好濃妝；而男人保養意識近年也逐漸抬頭。國際研究機構歐睿國際調查，泰國是東協最大美妝市場，2015 年泰國美妝市場規模 50.7 億美元，占東南亞美妝市場 30%。以 2013~2015 年成長率來預估，2020 年 65.9 億美元。

（一）外國品牌吃得開

商品形象佳、品質有保障、消費者較偏好外來美妝品。

（二）泰國本土美妝品牌公司行銷策略

- ・市場定位：泰國本土美妝品牌多屬中低價位，目標瞄準都市中、低收入及鄉下地區消費者，詳見圖 11-2。
- ・行銷組合：面對國際大公司的競爭壓力，泰國本土美妝公司，行銷組合如表 11-4。

> **南韓公司從電視購物切入泰國市場**
>
> 時：2015 年 4 月起
>
> 地：泰國曼谷市
>
> 人：大韓貿易投資振興公社（KOTRA）把這股在吹向泰國美妝市場的南韓電視購物革命，定義為「流通韓流」，結合韓式內容與有競爭優勢產品（如美妝）。南韓三大電視購物公司：GS home shopping、CJ「O shopping」，現代電視購物「High shopping」，皆跟泰國公司合資，以電視購物方式為南韓美妝中小企業，在泰國打響知名度。（部分摘自經濟日報，2017 年 4 月 4 日，B3 版，曾志成）

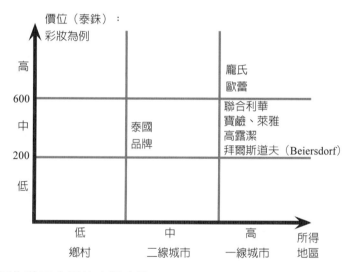

圖 11-2　泰國化妝品市場的市場定位

表 11-4　泰國本土美妝公司的行銷組合

行銷組合	說明	補充
一、商品策略		
（一）美白	「美白」是消費者的一大保養訴求，2014 年有近五成的臉部潤膚銷售，是具有美白功能訴求。	SNAIL WHITE 蝸牛美白霜是人氣美白商品，「面膜」品牌「我的美麗日記」公司表示，黑珍珠美白系列面膜最受歡迎。

表 11-4　泰國本土美妝公司的行銷組合（續）

（二）抗老	2015 年泰國抗老產品市場規模近 9 億美元，2013~2015 年的成長率 4%，高於整體臉部護膚品的成長率 2.8%。	強調泰式古老草本秘方的高檔本土品牌 Erb，頗受泰國皇室喜愛，尤其跟泰國公主合作推出的 Princess PA 系列護膚品更大受消費者歡迎，顧客群忠誠度相當高。
二、定價策略	中低價為主	
三、促銷策略		
（一）廣告	走在曼谷市街頭，本土美妝品牌 Mistine 的宣傳廣告隨處可見，Mistine 是泰國 Better Way 公司旗下品牌，以直銷起家，因物美價廉，迅速闖出名聲。泰國人稱為「百元（泰銖）以內的平價好貨」、「泰國彩妝第一品牌」。	Mistine 聘請泰國一線明星擔任產品代言人，推出在亞洲航空機上才能買到的限定色口紅，靠著親民的價格、快速的產品更新、大量的廣告行銷，以及綿密的銷售據點布局，2015 年躍為彩妝品類排名第一大及護膚品類排名第五大。
（二）人員銷售	專櫃小姐	
（三）促銷	品牌公司和零售公司為促進線上銷售，提供各種優惠，例如「中央在線」（central.co.th）推出消費滿泰銖 499 元以上享有免運費服務。	社群媒體銷售平台之一，2013 年 12 月 LINE 在泰國跟媚比琳（Maybelline，陸稱美寶蓮）及泰國電子商務流通整合公司 aCommerce 合作，推出快閃銷售（簡稱閃購），LINE 用戶可優先購買 2014 年媚比琳上架的新品，吸引消費者的關注。
四、實體配置策略		
（一）商店 1. 店鋪 2. 直銷	以 Mistine 為例，產品多、專櫃遍及 67 個府，號稱「有泰國人的地方，就有 Mistine」。	量販店、超市、百貨公司購物中心、美妝專賣店等。 在臺灣屈臣氏有 Mistine 專區
（二）網路銷售	有	有

資料來源：整理自陳宛頤，經濟日報，2016 年 12 月 18 日，A2 版。

Unit 11-5　泰國房地產投資：以曼谷市爲例

　　打開臺灣的電視新聞頻道，會經常看到藍海地產集團的泰國曼谷市等房地產廣告。報紙的廣告、報導很多，主要是曼谷市，限於篇幅，本單元以表爲主。

表 11-5 泰國對於外國人購買房地產規定，表 11-6 曼谷市二個區的相關商情。

表 11-5 對於外國人購買房地產的規定

項目	說明	補充
一、外國人購屋資格	外國人買賣泰國房產無特別規定，且不需要永久居留。 21～65 歲	・曼谷市基礎建設完善，國際機場直達世界各大城市 ・對華人十分友善，國際化程度高，常用語言仍以泰語為主
（一）物件	外國人不允許直接擁有土地（即不含別墅）。 外國人可直接買公寓，並擁有永久產權，持有面積不得逾總面積 49%。 地點：大曼谷、清邁、普吉、華欣、芭達雅	資金來源必須合法、透明，如果不能取得銀行發出的外匯交易證明（FET），是無法在泰國土地廳辦理過戶，因此必須特別注重金流。泰國房地產皆為「實坪」（即不含公共設施）且含車位。
（二）最低金額	省略	
二、政府稅費		
（一）買入時	省略	
（二）持有 1. 地價 2. 房屋稅	付物業管理費 「無」	
（三）出售	1. 持有房屋 5 年以內出售房屋，課房屋總價 3.3%「特殊營業稅」。 2. 持有 5 年以上出售，課房屋總價 0.5% 的「印花稅」。	
三、銀行房屋貸款	以中國工商銀行泰國 3 行為例	「65」條款
（一）成數	五成以下	貸款人年齡＋貸款期間＜65
（二）利率	6% 左右	
（三）期間	一般 10 年	

表 11-6　泰國曼谷市二個區的房地產案的賣點

項目	阿索克商圈（Asoke）	阿索克區內素坤逸路	新中央商業區（New BD）
・類比臺灣臺北市	臺灣臺北市頂好商圈，例如忠孝復興站。	同左，名人巷。	類似信義計畫區
一、交通	有地鐵、輕軌（BTS）及機場快線 ARL 在這裡交匯，地區中多條高速和城市道路連接了曼谷的多個主要社區 Siam，水門市場，Thonglor-Ekamai 及新拉瑪（Rama）9 區。	曼谷市人均總產值逾 14,000 美元	在曼谷市北邊 * 原中央商業區為 Silom 區，內有 Silom 路、Sathorn 二條。
二、商圈	阿索克（Asoke）區以阿索蒙特里（Asoke-Montri）區的商業形態最完整，包括購物中心 7 家、商辦大樓、換匯中心、五星級酒店 10 家、會展中心以及高檔住宅大廈。 在阿索克站捷運出口的素坤逸路（Sukhumvit）21，具主題特色的 Terminal 21 百貨是地標性購物中心之一，每一層樓都是以不同的國家為主題，以及因電影「醉後大丈夫 2」而聲名大噪的「牛仔街」，包括情調餐廳、高檔酒店、啤酒屋、泰式按摩店，Health land SPA 按摩館便宜的價格就可享受高檔按摩。	該路段結合高級住宅和繁華商業區，素坤逸路是許多外商、外商銀行聚集地，日本、南韓、香港、新加坡、中國大陸等外資企業總部，紛紛在此進駐，造成此區商辦大樓辦公室行情每平方公尺 1,000~1,300 泰銖。	1. 25 層樓的大樓 2. 尚泰百貨公司 3. 卜蜂集團、聯合利華公司亞洲總部 4. 傳聞泰國證交所、陸企入駐
三、房地產	1999 年第一條捷運空鐵（BTS）在素坤逸路通車，房價連續成長，2008 年金融危機也照漲。路上的單數 21 到 63 巷，雙數 14 到 42 巷，從空鐵的阿索克、澎蓬（PhromPhong）、通羅（Thong lo）、伊卡邁（Ekkamai）周遭，是素坤逸路最精華區，又稱「中央素坤逸區」。許多日本人居住於此，又被稱作「日本區」。外籍人士進駐，因子女教育需求，設有多間國際學校。	以藍海地產公司在阿索克區附近的建案「THE ESSE ASOKE」來說，都是大坪數房，總價約 1,000 萬泰銖、每平方公尺約 22 萬泰銖，較近捷運站的「ASHTON ASOKE」每平方公尺 27~30 萬泰銖。（摘自經濟日報，2017 年 1 月 6 日，A4 版，郭及人）	

討論問題

1. 泰國前十大富豪中,是否可反映產業結構的變遷?

2. 泰國橡膠工業發達,與其汽車業有無關係?

3. 綠河—KY 公司的發展進程對同業有何涵義?

4. 泰國的美妝商品跟泰流(服飾),是否可說泰國想成為東南亞的時尚中心?

5. 泰國曼谷房地產跟大馬、吉隆坡房地產的吸引力,哪個較強?

印尼經濟分析

Unit 12-1　印尼經濟快易通

　　以前張小燕主持台視一個小學生益智節目「百萬小學堂」，許多題目看似腦筋急轉彎問題，公布答案後才發現「我們所知甚少」。例如「全球伊斯蘭教徒人口最多的國家是哪一國？」我會回答：「埃及（我記得有 0.9 億人）或沙烏地阿拉伯，因為是中東的大國。」正確答案是「東南亞的印尼」。有印象了嗎？許多臺灣的看護移工都是印尼籍，出外時都戴著頭巾。如果請你再講印尼的兩個點，下面可能是常見的：

・印尼峇里島：主要是去觀光。

・印尼傑蒂盧維梯田（Jatiluwih Green Land）：聯合國教科文組織世界遺產，有 600 公頃。

　　印尼對很多人來說，可用名歌星蕭亞軒 1999 年專輯中的一首歌「最熟悉的陌生人」來比喻。

一、2004 年起民選總統，但經濟仍遲滯

　　在 2004 年起全民普選總統，經濟發展被兩股政治力量拖累了，這是民主政治的缺點。

（一）中央政府

　　小黨林立，聯合政府難大破大立。在第二任總統蘇哈托任內，這問題就出現。強人總統有時還是擺不平國會。

小黨林立，以致必須組聯合政府，這種朝小野大情況，執政黨執政會被合作小黨「要挾」，會被在野黨掣肘。代表情況便是首都雅加達市的第二條環狀高速公路，1980 年代迄今「無解」。該興建案送到議會之前，官員、執政黨議員就先搶著買周邊土地。但土地有限，沒搶到的在野議員與背後集團就到議會杯葛草案，逼迫政府修改路線，在這樣政商掛勾的環境中，一再延宕。結果 30 年下來，二環還是不見蹤影。在 2010 年初，印尼投資協調委員會主席、後來擔任財政部長的巴斯利（Chatib Basri）說，「印尼讓人失望了，我們的經濟成長率應該可以破 10%，卻只有 6%，加強掃除貪腐、改善效率，是印尼政府的當務之急。」（摘修自天下雜誌，2014 年 3 月 19 日，第 67 頁）

（二）2014 年，佐科威當總統仍是小黨執政

由表 12-1 可見，以 2014 年 5 月國會改選來說，民主奮鬥黨得票率 19%，為達提名總統候選人 25% 門檻，必須跟國家民主黨等合作，推出佐科威。由於佐科威擔任省長、市長時，施政績效佳，陸續有在野黨加入執政黨聯盟，例如表 12-1 中的專業集團黨和回教國民使命黨。

二、地方分權

印尼是個地方分權的國家，省級政府權力很大，當中央政府跟省政府不同黨，省政府許多事仍可「走自己的路」。

印尼（Republic Indonesia） 國家基本資料 2018 年

土地面積：191 萬平方公里（全球第 15 名）

首都：雅加達市	國歌：偉大的印度尼西亞
人口數：2.67 億人（全球第 4 名）	民族：爪哇族 40.6% 等
總統：佐科威（Joko Widodo）	執政黨：印尼民主奮鬥黨

總產值（GDP）：10,177 億美元（全球第 16 名）

產業結構：農 14%、工 40%、服務業 46%

需求結構：（2017 年）消費 56.9%、投資 33.3%、政府支出 8.8%、出超 1%

經濟成長率：5.4%

人均總產值：3,812 美元（全球第 107 名）

失業率：5.3%	吉尼係數：0.368
中央銀行：印度尼西亞銀行	匯率：1 美元兌 13,350 印尼盾

貨幣：印尼「盾」（或幣，IDP）或印尼盧比　　語言：印度尼西亞語

國家精神：建國五項原則

國家格言：存異求同

宗教：伊斯蘭教遜尼派 86% 等

行政區：29 個省、1 個首都、4 個特區。省下設縣、市，縣市下設鄉、區等。

印尼首都雅加達（Jakarta）

面積：662 平方公里，大都會區 4,383 平方公里

人口：1,200 萬人（全球 17 名），大都會區 2,800 萬人

地理位置：爪哇島的西北海岸

別名：大榴槤，格言「繁榮，偉大」

行政分區：依地理方位分成東西南北中「市」

人均總產值：16,000 美元

交通：蘇加諾・哈達機場。南北線、東西線（2020 年完成）1 條地鐵、雅加達港口。

表 12-1　2014 年 5 月 9 日國會各黨得票率

排名	政黨	英文	得票率 (%)
1	民主奮鬥黨	PDI-P	18.95
2	專業集團黨（加入聯合政府）	Golkar	14.75
3	大印尼運動黨	Gerindra	11.81
4	民主黨（前執政黨）	Dem	10.19
5	民族復興黨	PKB	9.04
6	國家民主黨（加入聯合政府）	NasDem	6.71

Unit 12-2　從印尼經濟發展階段來預測經濟走勢：「資源詛咒」的印尼？

刻板印象來說，印尼是個「自然資源」豐富的國家，分為農礦兩類。

・農業：橡膠、棕櫚油、咖啡、茶葉、米、木材。

．礦業：油（石油輸出國組織，OPEC 14 個成員國之一）、貴金屬（金銀）、卑金屬（銅錫鎳）等。

「先天本錢佳」，經濟發展階段仍停留在「起飛前準備階段」，主要是「人謀不臧」，本單元說明。

一、農業社會階段：1967~1998 年

（一）29 年才從農業社會晉升下一階段

由表 12-2 可見，套用「西瓜跟西瓜比，橘子跟橘子比」的俚語，以國土面積、人口數來說，臺韓是「橘子」大小，臺灣花 14 年、南韓 15 年，從農業社會階段「翻身」到「起飛前準備」階段。印尼花了 29 年，是臺韓的二倍，主因是第 2 任總統貪腐。

二、起飛前準備階段

（一）花了 21 年經濟準備起飛

表 12-2 可見，印尼在「起飛前準備」階段「熬」了 22 年，苦的是人民，2010 年貧民占全國人口 13.3%，全國人口 2.52%（600 萬人）出國打工。

（二）原因還是政府

由表 12-2 第三欄可見，1998~2004 年 6 年 4 位「任期短」的總統，第六任且是第一任人民直選總統尤多約諾（軍人出身）拼經濟，但仍無法脫離泥淖。

三、起飛階段，2020 年起

依據 2018 年總產值，在經濟成長率 6% 情況下，印尼人均總產值 2020 年會破 4,200 美元，經濟發展進入起飛階段。

四、經濟成熟階段──兼論 2043 年，印尼成為全球第 6 大經濟國

印尼經濟的重要性在於人口數 2.67 億人，套用中國大陸第 2 代領導人鄧小平的話，「任何數字乘上 12 億人（以 1997 年 12.3 億人）都會很大。」同樣情況運用在印尼，可能情節如下：

（一）2044年，印尼總產值4.72兆美元

由表12-3可見，在經濟成長率印尼6%、英國2%，查「財務管理書」上的終值表，約26年後（以2018年來說），2044年，印尼總產值會超過英國。由於印度也超越，再保守一些，印尼可能成為全球第七大經濟國。

（二）人均總產值

2018年印尼人均總產值3,812美元乘以4.5494倍，2044年17,342美元。即印尼在2038年突破12,000美元（屆時水準會高一些），晉級經濟成熟階段。

表12-2　印尼經濟發展階段

經濟發展階段	農業社會	起飛前準備	起飛
・從人成長階段比喻	嬰兒	兒童	青少年
一、人均總產值門檻	1,100美元	1,100~4,200美元	4,200美元以上
（一）臺灣	1951~1975年（24年）154~985美元	1976~1986年（10年）1,158~4,038美元	1987~1994年（7年）5,350~12,160美元
（二）南韓	1962~1977年（15年）90~1,051美元	1978~1987年（9年）1,452~3,512美元	1988~2001年（13年）4,692~11,257美元
二、印尼	1967~1996年（29年）55~1,180美元	1997~2019年（22年）1,104~4,173美元	2020年起 4,200美元起
三、總統	第1任：1945.8.17~1967.3.12蘇加諾 第2任：1967.3.12~1998.5.21蘇哈托 ・1968~1981年經濟成長率7%，拜油價大漲之故。 ・1988~1997年大幅引進外商，經齊成長率7%，號稱亞洲四小虎之一。	第3任：1998.5.21~1999.10.20哈比比 第4任：1999.10.20~2001.7.27瓦希德 第5任：2001.7.23~2004.10梅加瓦蒂 第6任：2004.10~2014.10.20尤多約諾，推出720億美元的百年基建許諾 ・1997年7月亞洲金融風暴重創印尼。政府貪汙如上經濟發展緩，2010年13.3%是貧民，另600萬人出國工作。	第7任：2014.10.20~2019.10佐科威 產業結構： ・服務業46% ・工業40% ・農業14%

表 12-3　英、印尼兩國總產值預測

國家	(1) 總產值（兆美元） 2018 年	(2) 終值倍數 R = r% N = 26	(3) = (1)× 終值 （兆美元） 2044 年
英國	2.724 （第 5 大）	R = 2% 終值 1.6734 倍	4.558
印尼	1.0173 （第 16 大）	R = 6% 終值 4.5494 倍	4.63

Unit 12-3　印尼總統佐科威與經濟政策

　　電視新聞為了簡化起見，往往拿有名的人士去形容後起之秀；例如印尼總統佐科威外表長得神似當時美國總統歐巴馬，所以稱為「印尼版歐巴馬」。這個比喻的危險在於歐巴馬總統 8 年任期，2017 年 1 月 19 日屆滿，媒體、人民對其政績評得「平平」。佐科威號稱出身貧民窟的總統，很懂民生疾苦。本單元以二個次期來分析他的經濟政策。第一次期主要內容有二：

　　・2014 年 7~9 月競選時政見；

　　・2014 年 10 月 20 日宣誓就職時提出 9 項「遠見」（Vision，俗譯願景）。

表 12-4　印尼總統佐科威的經濟政策

項目	2014~2015 年			2016~2019 年	
・經濟目標					
（一）經濟成長率	在 2014 年 7 月的競選總統職位期間，他的政見如下： 透過各項改革把經濟成長率提高至 7% 以上、8 年人均總產值倍增。				
（二）所得分配	項目	2010	2014	2015	2016
	(1) 貧民人數（萬人）	-	2,764	2,801	2,820
	(2) 總人口（萬人）	23,852	25,216	25,546	25,870
	(3) = (1) / (2) 貧民比率		10.89	10.96	10.9

表 12-4　印尼總統佐科威的經濟政策（續）

一、生產因素市場		
（一）自然資源		
（二）勞工	9 項遠見： 通過推行「印尼機智」綱領，發展教育及提高人民素質。 推行「印尼工作」和「印尼福利」綱領，使耕者有其田，住者有其屋。打算 2019 年停止出口女傭。	左項在此說明。2015 年推出「福利家庭儲蓄計畫」，對象 1,500 萬人，每月每人 16.5 美元補貼。
（三）資本	政見 2：改善金融體系	
（四）科技		
（五）企業家精神	政見 3：透過支持小微型企業提高生產力	
二、產業		
（一）服務業		
（二）工業	遠見 1：透過政黨、選舉和議會制度革新，建立廉能民主政府。 遠見 2：進行伸張法治改革。	
（三）農業	政見 4：保衛「汪洋大海、海峽、海灣」，要以海洋戰略思維，使印尼民族和平崛起。 遠見 3：根據民族利益加強作為海洋國家的力量。 在科威上任後立即設立「海事和漁業部」，跨部會處理航運、漁業、旅遊及能源礦業四大領域，宣示建設 24 個港口，期望永續開發、利用、享受海洋資源。 為了保護農業、農村、農民，限制稻米進口。	海洋政策：互助合作印尼群島號，我們在海洋勝出，打造經濟自主的海洋強國。 物價水準高，消費者物價上漲率 5%
三、需求面		
（一）消費	2015 年福利家庭儲蓄計畫	打算 2019 年全民健保、12 年國教
（二）投資	印尼司法體系貪腐成習，且經濟國有化浪潮高漲。2014 年初政府禁止未經加工的礦物出口，引發國際糾紛。在科威之前擔任地方首長時，曾對外資採取務實作法，因此有機會改善投資氣候。	· 建立外資投資的單一窗口 · 2015 年 7 月，要求手機和平板電腦自製率 30% · 2016 年外資投資 290 億美元

表 12-4　印尼總統佐科威的經濟政策（續）

（三）政府支出	政見 5：未來四年逐步縮減燃油補貼，以擠出鉅額公共資金來進行基礎建設、醫療及教育，且有利債市。但此舉會得罪中產階級「開車族」，以及控制燃料進、出口的「石油黑幫」。印尼政府於 2015 年 1 月 1 日起廢除汽油價格補貼。 遠見 4：促進偏遠和鄉村地區建設。	依據國際能源總署數字，2012 年印度政府花 320 億美元、印尼 210 億美元於油價補助，占政府總預算 13%。
（四）貿易		一般認為政府為了保護本土大公司，保護主義盛行，但犧牲消費者權益。

Unit 12-4　印尼政府經濟相關部會

表 12-5　印尼政府經濟相關部會：跟臺灣政府比較

項目	臺灣	印尼（22 個部）
・經濟政策	行政院國家發展委員會	國家發展規劃部
公務統計	行政院主計總處	中央統計局
一、生產因素市場		
（一）自然資源		
1. 土地	內政部營建署	土地和空間規劃部
2. 礦	環境資源部水保及地礦署	能源與礦產資源部
3. 水電	水利署	
4. 能源	經濟及能源部能源署	環境與林業部
5. 空氣	環境資源部環境污染防治局	
（二）勞工	教育部青年發展署、體育署 勞動部	青年與運動事務部 人力資源與文化事務部
（三）資本	中央銀行	印度尼西亞銀行
（四）科技	科技部	科技與高等教育部
（五）企業家精神	經濟及能源部中小企業局	中小企業暨合作部

表 12-5　印尼政府經濟相關部會：跟臺灣政府比較（續）

二、產業		
（一）服務業		
1. 一般	經濟及能源部產業發展局	--
2. 行	交通及建設部觀光局 國家通訊傳播委員會（NCC）	交通部、旅遊部 傳播暨資訊部
3. 育	衛生福利部	衛生部
4. 樂	文化部	教育暨文化部
（二）工業	經濟及能源部產業發展局 資源經營管理司 （原國營事業管理委員會）	工業部 國營企業部
（三）農業	農業部漁業署、海巡署	農業部、海事和漁業部（佐科威 設立，陸稱海洋事務統籌部）農 村與低度發展地區部
四、商品市場		
（一）消費		
（二）投資	經濟及能源部 產業發展局（含原投資處、投審 會）	公共工作與大眾住宅部 印尼投資協調委員會（Indonesia Investment Coordinating Board）
（三）政府支出	--	--
（四）國際貿易	貿易商務局	貿易部

註：臺灣政府組織採「組織改造」後。

佐科威（Joko Widodo，全名佐科 · 維多多）小檔案

生辰：1961 年 6 月 21 日

現職：印尼總統（任期 2014.10.20~2019.10）

經歷：雅加達省省長（任期 2012.10.15~2014.6.2）、梭羅市市長（又稱蘇卡塔爾市，
　　　任期 2005.7.28~2012.10.1），之前跟叔叔合開木材公司。

學歷：日惹市加查馬達大學林業學院

榮譽或貢獻：2014 年 10 月 18 日，美國《時代雜誌》封面人物、2014 年 3 月美國《財
　　　　　　富》雜誌「全球 50 大領袖」之一。

資源詛咒（resource curse）小檔案

時：1950 年代起

地：英國蘭卡斯特市

人：理查・奧提（Richard Auty，蘭卡斯特大學地理系教授）1993 年提出此名詞，
　　2002 年 9 月出了一本這方面書

事：又稱為「富足矛盾」（paradox of plenty）指一個國家擁有許多天然資源，因過
　　度依賴此，以致不進行工業化，結果可能是「政府富，人民窮」，常舉例國家
　　是俄、委內瑞拉奈及利亞（天然氣、油）、獅子山與安哥拉（血鑽石）、玻利
　　維亞（鋰）。這類國家特色如下：寡頭政治，政府腐敗程度高、經濟自由度低
　　（例如擋住外資）。

Unit 12-5　印尼的十大富豪：
兼論裙帶資本主義

　　我們以「泰國十大富豪」來說明泰國在經濟成長階段三個階段的公司、企業家。在本單元中，我們想由「闇黑角度」來看東南亞、南亞（印度）、中南美洲甚至歐美的富豪的誕生，許多都是「政商關係」（government-business relationship）良好，獲得經濟特權，陸稱「尋求準地租」（rent-seeking）行為。

一、從墨西哥首富史林談起

　　墨西哥首富卡洛斯・史林・埃盧（Carlos Slim Helu, 1940~，但一般稱為卡洛斯・史林，繼而簡稱史林）常名列《富比士》全球百大富豪前茅，甚至 2007、2010、2011 年全球首富。2017 年 545 億美元，排第 6。

　　墨西哥 2016 年總產值 1.05 兆美元（美國的 5%）、人口 1.275 億人，怎會培養出 2007、2010～2013 年全球首富？小湖怎麼養出鯨魚？當你打開埃盧的事業名單，答案就出來了。

　　・銀行

　　・美洲：墨西哥電信費率偏高，電信公司（America Movie）旗下無線電信
　　　　墨西哥美洲電信（Telcel）全國市占率 70%、市話電信公司墨西哥電信

（Telmex）全國市占率 80%、電視公司 Televisa 全國市占率 60%。

・菸草公司、房地產、採礦公司等，公司名稱 Grupo Galas。

許多都是政府特許行業，都必須「朝中有人好經商」，史林「政商關係」良好。

二、裙帶資本主義

裙帶資本主義（crony capitalism）最近最有名的例子如下。

2017 年 3 月 10 日，南韓憲法法院通過「國會對朴槿惠總統彈劾案」，主因是「閨密干政」，指的是崔順實藉勢藉端勒索企業。由小檔案可見，英國《經濟學人》周刊 2014 年起編製「裙帶資本主義指數」（crony capitalism index），以衡量 22 個國家「政商關係」，詳見表 12-6，東南亞幾個國家情況嚴重。

三、印尼華僑

印尼有華僑 2,000 萬人，大多數是 1850 年後從中國大陸廣東、福建省移民，先從事捕魚業，後來進入服務業（零售、金融業等）、工業。經過幾代人的努力，在經濟中占有一席之地。由表 12-7 可見，印尼十大富豪中華人常占 7 席以上，甚至報刊喜歡用「印尼華人前 8 大富豪占全國家庭財富四成」。

表 12-6　2017 年全球裙帶指數排名　　　　　　　　　　　　　單位：%

排名	國家	比率	排名	國家	比率
1	俄	18	11	陸	3.2
2	馬	13	12	泰	3
3	菲	11.3	13	南非	2.9
4	星	11	14	英	2.8
5	烏克蘭	6.8	15	巴西	2.5
6	墨西哥	6.7	16	美	2.3
7	印尼	3.9	17	阿根廷	1.8
8	土耳其	3.4	18	法	1
9	印度	3.3	19	日本	0.8
10	臺灣	3.2	20	南韓	0.6

資料來源：《經濟學人》，2017.5.4

表 12-7　2017 年印尼十大富豪

排名	公司	富豪	淨資產（億美元）	說明
1	針記集團（Djarum）	黃輝聰（弟）	90	針記「菸草」，另有電器、房地產、電子商務
2	中亞銀行（BCG）	黃輝祥（兄）	89	市占率第二
3	CT 集團	羅希亞（Sri Prakash Lohia），印尼人	54	化學纖維
4	CT 集團	海魯爾（Chairul Tanjung），原印尼人	46	印尼家樂福，13 家電視台，飯店與休閒中心
5	國信銀行	翁俊民，岳父是力寶集團李文正	28	1998 年創立
6	中央公司經營（CCM）集團	傅志寬	21	農業（林、棕櫚油）、工業（製造、建築）、服務業（醫院等）
7	Astra 國際	蒂奧多爾 · 拉馬特(Theodore Rachmat)，印尼人	19	棕櫚油
8	力寶集團	李文正	19	事業很廣，包括保健、媒體、金融業、電子商務
9	太平洋集團	彭雲鵬	18	石化、銀行、房地產、林業
10	飛鷹集團（Rajawali）	彼得 · 宋達	17	礦業、電視台、房地產、棕櫚油等

資料來源：富比士，2017.3.22.

Unit 12-6　印尼外資公司投資的損益表分析

表 12-8　以損益表分析外資在印尼設廠

損益表	說明	補充 / 展望
營收	2017 年跟日本簽自貿協定	印尼大都是透過東協這大傘
− 營業成本		

表 12-8　以損益表分析外資在印尼設廠（續）

1. 原料	農工原料充足	印尼是石油、天然氣出口國
2. 直接人工		
・薪資	寶成國際集團旗下印尼公司共有 4 個廠，以位於印尼 Serang 的工廠為例，2017 年勞工每月最低薪資 325 萬印尼盾（以 1 美元兌 13,500 印尼盾來說，244 美元）	2017 年，雅加達市最低工資 340 萬印尼盾（252 美元）
・數量	2.6 億人中，有 60% 是農民	農民大都是小農
・勞工素質	根據印尼中央統計局 2015 年勞動人口調查，2.6 億人中，不到 10% 是大學教育程度。根據亞洲開發銀行的資料，大學畢業的印尼人大多從事教職，只有 8% 擔任工程師。（工商時報，2017 年 2 月 19 日，C9 版，諶悠文）	根據印尼科技暨高教部統計，600 萬的大學生和研究生，其中有 20% 主修伊斯蘭研究，而且這些畢業生經常找不到本科系的工作。倫敦的國際諮詢公司 HIS 估計印尼每年短缺約 3 萬名工程方面的畢業生，人才不是基礎設施建設和製造業成長的主要絆腳石之一。
3. 製造費用		
・土地		
・水電		
・能源		
・空氣		
＝毛利		
－研發費用		
－管理費用		
－行銷費用		
＝營業淨利		
＋營業外收入		
－營業外支出		
＝稅前淨利		2018 年世界銀行的經商便利指數，190 國中排第 72，進步 19 名。
－所得稅費用	公司所得稅率 25%	
＝淨利		

印尼投資協調委員會（BKPM）小檔案

年：2015 年起

地：印尼

人：印尼投資協調委員會接受政府委任，成為外資投資管理機構

事：2015 年 10 月底起，實施大額外資快速通關

商用對象：1. 投資 1,000 億印尼盾（約 679 萬美元）

        2. 或雇用 1,000 人以上

審核時效：3 小時准證，包括下列

生產面：公司進口執照（API-P）

      外勞聘僱許可（IMTA，最多 10 人）

      土地許可文件

營業面：營業登記證（TDP），主要營業准證、公司章程、稅籍編號（NPWP）、

      海關註冊編號（NIK）。

裙帶資本主義（crony capitalism）小檔案

· 其他名稱：官僚、朋黨、權貴、密友、關係資本主義

  裙帶資本主義指數（crony capitalism index）

時：2014 年起，每年 5 月 7 日

地：英國倫敦市

人：英國〈經濟學人〉周刊

事：針對 23 國

$$裙帶資本主義指數 = \frac{裙帶行業公司董事長財富}{該國總產值}$$

裙帶行業（crony-linked sector）主要是政府管制行業，由政府給予營業執照。

服務業：銀行、賭場

工業：國防、能源（煤、油、瓦斯）、礦（含石化、鋼鐵）、基本建設（鐵公機）、公用事業（例如電信公司）、房地產（例如建設公司）

董事長財富資料：來自《富比士》雜誌

討論問題

1. 印尼的經濟成長率 5.2%，為何無法拉到 7% 以上？

2. 印尼有「資源詛咒」的現象嗎？

3. 印尼裙帶資本主義問題嚴重嗎？怎麼看？

4. 佐科威總統在「消滅貧窮」的績效如何？

5. 你會挑印尼設廠嗎？為什麼？

13

馬來半島星馬經濟分析

Unit 13-1　新加坡經濟分析

你對新加坡的印象來自下列哪些？

· 觀光景點：環球影城、聖淘沙名勝世界、地標魚尾獅、烏節路（Orchard road, orcdhard 果樹、果園）等；

· 新聞報導：例如杜莎夫人蠟像館有哪位藝人蠟像推出，金沙娛樂城（或稱濱海灣金沙綜合度假村，俗稱新加坡賭場）、無人駕駛計程車；

· 新加坡總理李顯龍跟其弟、妹，為了是否拆掉父親李光耀故居的宮廷家族口水戰。

一、政治－經濟制度

新加坡在全球「政治－經濟」制度的組合是少數特例，由圖 13-1 可見。

（一）政治：人民行動黨一黨獨大、稱為集中式民主

全球 80% 的國家都是民主制，採取獨裁的國家大都在非洲等。1965 年 8 月 9 日，新加坡從馬來西亞聯邦獨立建國。國父李光耀（1923~2015）創立人民行動黨，半個世紀以來一黨獨大執政，稱為「集中式」民主。

（二）經濟：公營企業式資本主義

新加坡建國初期，以政府資金（例如淡馬錫控股公司）來發展國營企業，在此之前，1972 年新加坡航空公司成立，便是國營企業的典型。

二、財經首長薪資跟經濟績效連結

（一）高薪以養「能」與養「廉」

　　1994 年，新加坡政府向國會提出「以具競爭優勢薪水建立賢能廉正的政府部長與高階公務員薪水標準」白皮書。2016 年，新加坡總理年薪全球第一。同樣的，部長等的年薪在全球也是數一。高薪的目的是聘用好人才而且讓其不貪汙。

（二）財經首長的績效薪水

　　跟財經相關首長（含總理）的薪資結構約六比四，有六成是底薪，另四成是績效薪水，跟經濟成長率、失業率、所得分配有關。高薪「重責」，這是指一旦未達標，高階公務員便予以降級或解僱。

三、新加坡跟臺灣超級比一比

　　2005 年起，南韓人均總產值超越臺灣後，臺灣人均總產值落居四小龍之末，「見賢思齊」的心理，喜歡作下列兩個專題：

　　「南韓能，為什麼臺灣不能？」

　　「新加坡能，為什麼臺灣不能？」

　　在表 13-1 中，我們把新加坡在有數字的相關方面列表比較，新加坡小勝，但差距不大。

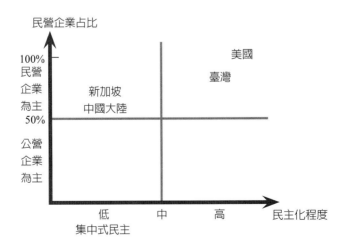

圖 13-1　政治─經濟制度的分類

新加坡（Singapore）國家基本資料　2018 年

土地面積：716 平方公里（全球第 189 名）

首都：新加坡市	國歌：前進吧！新加坡
人口數：585 萬人（全球第 114 名）	民族：華人、馬來人、印度人等

總統：哈莉瑪 · 雅各布（Halimah Yacob, 2017.9.14 上任）

執政黨：人民行動黨

總理：李顯龍

總產值（GDP）：3,164 億美元（全球第 37 名），2019 年 3,243 億美元（CIA World Factbook）

產業結構：（2016 年）農 0.2%、工 26.2%、服務業 73.6%

需求結構：（2016 年）消費 36.5%、投資 26.4%、政府消費 11.3%、出進口 25.8%

經濟成長率：2.5%

人均總產值：約 53,627 美元（全球第 6 名）

失業率：3%	吉尼係數：0.458（2016 年）
中央銀行：新加坡金融管理局（MAS）	匯率：1 美元兌 1.3277 新幣

貨幣：新加坡元（SGD, S$）

主權基金：淡馬錫控股公司、新加坡政府投資公司（GIC）

語言：英語、馬來語（官方）、華語

國家格言：前進吧！新加坡

宗教：佛教 33%、基督教 18.8%、伊斯蘭教 15%、道教 11%、印度教 5.1% 和猶太教等。

行政區：5 個區，首長稱為市長。

表 13-1　臺灣跟新加坡政治經濟社會比較

項目	臺灣	新加坡
一、快樂國家排名	排名第 33，2017 年 3 月 20 日聯合國公布「2017 年全球國家快樂報告」。	（勝），排名第 26（亞洲最高），泰 32、馬 42。
二、政治		
（一）民主程度	「高」，1949 年起，尤其 2000 年起，已 2 次政黨輪替	「低」，一黨獨大、一黨執政，1967 年 8 月起
（二）能力		

表 13-1 臺灣跟新加坡政治經濟社會比較（續）

（三）廉潔	2017 年 1 月 25 日國際透明組織的「全球清廉印象指數」第 31 名（61 分）	（勝），第 7 名（84 分）
三、經濟		
（一）人均總產值	25,260 美元	（勝），51,282 美元
1. 生活成本	以英國經濟學人智庫（EIU）2017 年 4 月 7 日的「133 個城市生活成本」	新加坡是臺北市 1.538 倍，以購買力來說 36,410 美元
（二）所得分配		
1. 吉尼係數	（勝），每戶 0.338（2015 年）	0.458（2016 年）
2. 財富吉尼係數	2015 年 10 月瑞士信貸公布的「2015 全球財富報告」0.727	（勝），新加坡財富分配比較平均
三、社會		
（一）平均壽命	2017 年 9 月內政部公布「2016 年簡易生命表」，國人平均壽命 80.2 歲，女性 83.63 歲、男性 77.01 歲	2017 年 5 月 20 日世界衛生組織發布「世界衛生統計」83.1 歲（全球第三，排在日、瑞士後）女性 86.1 歲、男性 80 歲

Unit 13-2　新加坡的經濟發展階段

「看人起大厝」總是那麼天經地義，如同人由「嬰兒－兒童－青少年－成人」的成長過程，會有發育遲緩、停滯情況，有些人就是「無法轉大人」。在經濟成長理論中，至少有三關。

‧中低所得陷阱（median-low income trap），指人均總產值 4,200 美元突破不了；

‧中所得陷阱（median income trap），指人均總產值 12,000 美元這門檻突破不了；

‧中高所得陷阱（median-high income trap），指人均總產值 30,000 美元這關踏不過去。韓臺在這關前已卡關很久。

由這角度來看，新加坡如何快速「過關」呢？

一、農業社會進入起飛前準備階段

　　新加坡跟香港一樣，沒有農地，所以農業幾乎占總產值比重 0。1960 年起，新加坡開始有國民所得統計資料，1965 年 8 月獨立，新加坡在經濟發展的起跑點比臺灣晚 4 年，仿臺灣作法。

　　（一）1965 年，臺灣成立加工出口區：臺灣於 1965 年起，陸續設立加工出口區，1965 年高雄市前鎮區、1968 年楠梓、1969 年臺中（在潭子區）。

　　（二）1969 年：新加坡仿照臺灣的加工出口區，建立裕廊城工業區，引進外資，從事勞力密集的工業。1980 年代，韓臺港星稱為亞洲四小龍。用「龍」這個字大抵是因為華人的代表獸是「龍」。

二、進入起飛階段

　　新加坡向瑞士學習，以時差、地理位置，打造亞洲瑞士。

　　（一）打造東方瑞士（或亞洲蘇黎世市）：1968 年起，新加坡逐漸朝向「東方瑞士」發展，先取消外國人的利息所得，逐年進行金融開放。

　　（二）新加坡金融管理局 1971 年元旦成立：此單位兼具臺灣的中央銀行和行政院金融監督管理委員會。金管會兼具金融監理和金融業主管機關角色，一般偏管理。新加坡偏重金融業管理，透過法令自由化等吸引各國金融業來此設立亞洲甚至全球總部。

　　（三）金融業占總產值 12.2%、占就業人口 5.5%。

三、進入成熟階段

　　在起飛階段，1980 年起，新加坡靠「地利」、「人和」大幅發展兩個行業。

（一）貨運等運輸業

　　1973 年、1978 年 12 月兩次石油危機，1970 年代全球貿易受油價高漲所苦。1981~2015 年全球貿易量（註：2015 年全球出口值衰退 13.5%）進入黃金 35 年，新加坡得歐亞樞紐之便，扮演轉口港角色，曾經成為全球最大貨櫃港。

（二）電子業

　　隨著 1978 年起，個人電腦業進入導入期，新加坡政府很快進入。

　　·電子代工業：臺灣鴻海是電子代工業第一，星偉創力第二；

・晶圓代工業：1987 年 2 月，臺灣的台積電成立，1993 年，新加坡特許半導體製造公司成立，員工數 5,200 人，曾打到全球第三，次於台積電、聯電。2009 年被格羅方德半導體公司收購。

四、進入大量消費階段

1997 年，新加坡政府擬透過重工業等提高工業占總產值比率到 25% 以上。重點是石化業（煉油、石油化學、特用化學）。重點是在離島裕廊島「填海造陸」（由 10 到 32 平方公里，花了 6 年）。投入石化業，以供應東南亞各國。

表 13-2　新加坡經濟發展階段

項目	農業社會	起飛前準備	起飛
以人發育過程為例	嬰兒	兒童	青少年
一、門檻值 ＊陷阱	1,100 美元 低所得陷阱	1,100~4,200 美元 中低所得陷阱	4,200~12,000 美元 中所得陷阱
二、卡關			
（一）東南亞		印尼 2011 年起 3,525 菲 2010 年起 2,800	泰 2008 年起 馬 1995 年起
（二）南亞			
三、新加坡 耗時 人均總產值	1960~1971 年 11 年 428~1,075 美元	1972~1979 年 7 年 1,371~4,078 美元	1980~1989 年 9 年 5,004~10,711 美元
四、經濟政策	1969 年新加坡建立裕廊城工業區，把英國殖民時期的轉運港邊，建立自由貿易港與出口導向（外資為主）的加工產業。	接受聯合國的建議，利用時區的地理特色，發展以亞洲美元為起始的金融中心。	1. 1980 年代以新加坡港為核心，全力發展貨櫃轉運倉儲。1990 年代以亞洲區域營運中心為聯繫，經由租稅減免與運籌自動化的建立，把新加坡貨櫃運輸推向世界第一。 2. 電子：1981 年，美國偉創力（Flextronic）在星設廠。1987 年晶圓代工公司格羅方德在星設立第 7 廠。

表 13-2　新加坡經濟發展階段（續）

項目	邁向成熟	大眾消費
以人均總產值	成人	輕熟年
一、人發育階段	12,000~30,000 美元	30,000 美元以上
陷阱	中高所得陷阱	高所得高原
期間	1990~2005 年	2006 年起
耗時	14 年	
人均總產值	12,766~29,866 美元	33,580 美元起
二、經濟政策	1. 1993 年提出「製造業 2000 計畫」，製造業到 2000 年占總產值 25% 以上。 2. 2000 年起，離島裕廊工業園區投產，主要是石化業，以荷蘭殼牌（Shell）為主	1. 知識經濟：例如生技製藥業 2. 2006 年提出「智慧國家（Intelligence Nation）10 年計畫」（2006～2015 年），2016～2025 年「聰明國家」（Smart Nation）。 2. 2010 年 6 月 23 日：濱海灣金沙綜合度假村營業，發展旅遊、賭場、會展中心之度假產業等。

Unit 13-3　新加坡的主權基金

　　新加坡稅率（公司所得稅率 17%、營業稅 7%）不高，公共建設很先進，重點是政府「生財有道」，在許多產油國家（尤其是挪威）會把出口油氣所賺的錢，成立主權財富基金（sovereign wealth fund，詳見小檔案）。在東南亞中較有名的是新加坡的 3 家（其 2 詳見表 13-3）國家投資公司，其每年報酬約占總產值 5%，這是財務報酬，還未考慮其投入產業時，對於產業附加價值的貢獻。

一、兩個例子，拉近你跟淡馬錫控股公司的距離

　　臺灣的人對淡馬錫（Temasek，新加坡的古名）控股公司的投資報導較少，挑二個較熟悉的。

・2006 年 3 月 15 日，淡馬錫公司旗下亞洲金融控股公司以 4 億美元購買臺灣玉山金控公司的海外轉換公司債，轉換後持股比率 15%。

・2014 年 4 月 16 日，以 440 億港元入股藥妝公司屈臣氏（和記黃埔集團旗下），持股比率 24.95%。

二、以一個具體案例說明

　　主權基金「大小」通吃，可扮演私下、公開募集股權基金，底下以新加坡政府投資公司扮演私募股權基金，7 年大賺 100 億美元的一個投資案為例說明，詳見表 13-4。

主權財富基金（Sovereign Wealth Fund, SWF）

・ 簡稱主權基金，起源自 1956 年
・ 所有權：大都是國家政府的財政部，資金來源為財政盈餘、外匯存底等
・ 型態：投資公司，對外投資可以少一點「泛政治」的政府味道
・ 較有名的如下：
　　・ 挪威政府養老基金（DF）
　　・ 阿聯的阿布達比投資局（ADIA）
　　・ 中國大陸有 3 家以上，中國投資公司（簡稱中投）

表 13-3　新加坡兩家主權基金

項目	淡馬錫 （Temasek Holding Private Limited）	新加坡政府投資公司 （Government of Singapore Investment, Corp. GIC）*
一、成立	1974 年	1981 年 5 月 22 日
二、宗旨	初期以提升國家投資報酬率為目的，以策略性產業（金融、電信、運輸）為主；People, Purpose, Passion	新加坡政府最大的國際投資公司，管理星國的外匯存底，投資策略較保守，長期目標是超越全球物價上漲率。
三、規模		
（一）金額	2,750 億星元（以美元兌 1.39 星元）	3,430 億美元，全球第 10 大
（二）員工數	350 人	1,350 人
（三）子公司	亞洲金融控股公司，主要投資於亞洲 7 國 母公司：新加坡政府投資公司	新加坡政府直接投資公司 GIC 房地產投資公司 GIC 特殊投資公司，偏創投等
四、投資對象／區域		
（一）國家	歐美（即經濟合作暨開發組織）、亞洲（含新加坡），股票可能占 44%、債券 26%、房地產和私募股權基金 2%	北美 50%（美占 34%） 歐洲 18%（歐元區 12%，英 6%） 亞洲：東亞（日占 12%）、東南亞 31%、其他 17%

表 13-3　新加坡兩家主權基金（續）

（二）產業	電信媒體與科技業（25%）、金融業（22%）、交通與工業（18%）等	服務業中的金融業、電信，運輸工業中的廠房等
五、投資績效	1974~2011 年 15% 2016 年度淨利 60 億美元、2017 年度（4 月迄翌年 3 月）100 億美元	1997 年 2 月~2017 年 3 月，3.7% 2012 年 3 月~2017 年 3 月，5.1%

* 資料來源：部分整理自經濟日報，2017 年 7 月 11 日，A6 版，劉忠賢。

表 13-4　陸企萬科收購星企普洛斯

項目	賣方：星企普洛斯	買方：陸企萬科
一、買賣方狀況	普洛斯最大股東新加坡政府投資公司（GIC）持股 36.84%	中國大陸地產業龍頭萬科集團占股 21.4%、厚樸投資 21.3%、高瓴資本 21.2%、中銀集團投資 15%，普洛斯現任總裁梅志明聯合成立的 SMG 基金占股 21.2%。這項收購成有史以來私募股權基金收購亞洲公司規模最大的交易案。
二、相關事項	1. 2008 年 12 月 全球最大的物流倉儲企業、美國上市的 ProLogis，因過度舉債擴張中國大陸業務，現金周轉不靈，股價暴跌，董事長帶著中國大陸區總經理梅志明前往新加坡，爭取新加坡政府投資公司投資成立普洛斯。2008 年 12 月新加坡政府以 13 億美元，收購其在中國大陸的全部資產及日本資產的 20%（日本資產的 80% 由投資公司持有），於 2009 年 3 月改名普洛斯（Global Logistic Properties, GLP）。 2. 2010 年 10 月 18 日股票上市 普洛斯 2010 年 10 月 18 日在新加坡上市，承銷價為 1.96 星元，集資 34.5 億星元，市值近百億美元。新加坡股市中表現最好的績優股。普洛斯在中國大陸、日本、巴西和美國等 117 個城市持有或管理的物流地產面積約 5,500 萬平方公尺，資產價值約 410 億美元。普洛斯在中國大陸有園區 252 個，分布在 35 個主要城市，房地產總面積達 2,870 萬平方公尺。	1. 2017 年 7 月 14 日 全球第二大的物流倉儲地產公司：普洛斯公司出售競購交易案，陸資財團以 116 億美元獲得普洛斯董事會支持，在競購中勝出。報價為每股 3.38 星元，較過去 12 個月的加權平均價溢價 81%。這次公開競購，還有美國紅木集團和華平投資集團組成的聯合財團也出手競標。報載，買方著眼於一帶一路市場商機。 2. 2018 年 4 月 普洛斯在 2018 年 4 月從新加坡交易所下市。萬科是美國資產管理公司黑石集團在中國大陸的物流合作夥伴，萬科在 2015 年跟黑石集團成立物流合資企業，這次併購普洛斯，形同如虎添翼。

資料來源：整理自工商時報，2017 年 7 月 15 日，A8 版，吳瑞達；經濟日報，A1 版。

Unit 13-4　2015 年起的新加坡經濟政策

　　新加坡經濟發展階段在 2005 年邁入「大量消費階段（以人均總產值 30,000 美元為分水嶺）」。2016 年起經濟成長率 2% 比美國還低，令人懷疑新加坡是否來到「成長高原」。

一、新加坡經濟的威脅

　　新加坡高水準的經濟成就有其「天時地利人和」，但逐漸的這些核心能力都被「蠶食鯨吞」了，詳見表 13-5。

（一）天時

　　新加坡贏在起跑點早，1995 年起，中國大陸經濟快速成長以後，中國大陸快速搶走東南亞的代工商機，此不利於東南亞的新加坡轉口貿易。

（二）地利

　　以運輸來說，在空運部分，中東阿拉伯聯合大公國的多哈、杜拜兩個機場，運輸量 1.6 億人次（臺灣桃園機場的 3.48 倍），大幅搶走新加坡樟宜機場的旅客量。在海運部分，中國大陸各港口興起，以貨櫃運輸來說，新加坡掉到第二名。

（三）人和

　　新加坡人口 600 萬人，大學採菁英教育，高階人力無法支撐尖端產業所需，主要靠國際移工來支撐。

二、新加坡政府的政策

　　2013 年起，新加坡政府想方設法讓產業「轉型」（一般是指產業所占比重）、升級（一般是指產業內的行業提高附加價值）。

（一）2013~2015 年

　　經濟政策以「產業轉型」（industrial transformation）為主，特色是提高附加價值率，2013 年 7 月起調高各行業普通外籍工人的「移工稅」，有點像 2008 年中國大陸實施「勞動合同法」，每年調高基本工資 10% 以上。

（二）2016 年，經濟成長率 2%

這成長率太低了，政府採取三招拼經濟。

· 救急：降低「移工稅」；先「固本」，尤其是建築業。

· 財政政策：政府財政預算以「攜手同心，共創未來」為主題。

· 組織設計：成立「未來經濟委員會」，廣納雅言。

表 13-5　新加坡的支柱行業

產業	新加坡狀況	鄰近國家的搶食市場
一、服務業	占總產值 73.6%	
（一）金融業	占總產值 12.6% 全球第四大金融中心，亞洲第二大，次於美國紐約市、英國倫敦市和陸香港。 其中星展銀行市值 475 億美元，東南亞公司中第一。	1. 中國大陸上海市 上海市甚至天津市都在政府支援下，快速聯合香港成為亞洲金融中心。 2. 中東阿聯酋 杜拜一直想成為中東區域的金融中心。
（二）觀光業	一年觀光客約 1,600 萬人次，免稅商店多，全球有名的購物天堂 例如烏節路；政府努力發展「會議、公司獎勵旅遊及展覽旅遊業」（MICE），國際會議協會（ICCA）評為 2016 年全球第 6 名。	2008 年新加坡舉辦「新加坡 F1 賽車大獎賽」，盼能跟法國南邊摩納哥蒙地卡羅一樣，但到了 2016 年只剩 21.9 萬人買票，比 2009 年金融海嘯時還差，2017 年馬來西亞（1999 年起辦）不辦了，新加坡硬撐。
（三）運輸業		
1. 空運	一年在新加坡樟宜機場進出旅客 6,000 萬人次。2017 年 10 月 31 日，第四航廈營運，主要特色是設置具臉部掃描以及斷層掃描功能的自動登機報到機，加快旅客登機速度。 樟宜機場 2011~2016 年被評為全球最佳機場。	中東的阿聯酋大公國中，杜拜機場等發展迅速，成為中東的樞紐，旅客人數全球第二（倫敦市第一大）。最直接的是大馬吉隆坡機場，容納 4,500 萬人次，有廉價航空的優勢，威脅樟宜機場。
2. 海運	2016 年全球 100 大貨櫃港中，前 10 名陸占 7 名。新加坡是第二大。華益國際公司設籍在星，年營收 400 多億美元，號稱全球最大的糧食、食用油、農產品貿易公司。	2005 年 12 月中國大陸上海市的外港（浙江省）嵊泗縣上的洋山港啓用，2010 年貨櫃吞吐量全球第一，2017 年 3,400 萬個貨櫃。另外，中國大陸來自中東的天然氣部分走巴基斯坦陸路。

表 13-5　新加坡的支柱行業（續）

二、工業	占總產值 26.2%	
（一）電子業	占製造業產值 26.7% 1. 晶圓代工：格羅方德 2. 電子代工業：偉創力	中國大陸砸大錢發展半導體業
（二）石化業	占製造業產值 14.8% 煉油業 在離島	2011 年，泰國國家石油管理局投資成立東南亞第二大石化公司
（三）航空業	飛機組裝 憑藉東南亞樞紐地位，有 25 家航空公司在此修理飛機，2012 年 2 月，英國勞斯萊斯、美國普惠在此作飛機引擎工廠。	2009 年起，陸天津市設立空中巴士公司飛機組裝廠 2016 年 11 月，美國波音公司在陸浙江省舟山縣設飛機整備（產機）廠
（四）生技製藥業	占製造業 19.9%	
三、農業	占總產值 0.2	

MICE：meeting、incentive、conferencing、exhibitions

表 13-6　新加坡「聰明國家 2025」計畫

項目	說明
時	2014 年 12 月公布
目標	2016~2025 年
一、策略	聰明國家
（一）公共服務	由 MIC 於 2015 年提出，由教育部長負責 ・完善資訊通訊基礎建設（98% 公共服務網路方式提供）並善用大數據 ・創造一個鼓勵創新、願意冒險和具實驗精神的資訊通訊媒體產業環境
（二）生活	
1. 方針	聰明家庭（Smart Homes），以緩解人口老化的照護人力。
2. 行	運輸革新（智慧交通），這包括物聯網、雲端運算的交通路況監視、停車位等，到自動駕駛汽車；以緩解地狹人稠車多的交通問題。
3. 育	醫療革新，例如遠端看診（或遠距醫療）等，由整合健康資訊系統公司（Integrated Health Information Systems）負責，從 2016 年 12 月起
4. 樂	智慧旅遊
二、組織	聰明國家計畫辦公室（smart nation programme office, SNPO），由外交部長負責 2017 年 5 月 1 日成立「聰明國家及數位政府工作團」（SNDGO），由副總理兼國家安全統籌部（2015 年成立，CSA）部長負責

Unit 13-5　未來經濟委員會的經濟建議

　　1990 年起，臺灣的政府有時喜歡開「國是會議」（註：國是來自後漢書中「共定國是」），來個廣納雅言，有時也可作為卸責的擋箭牌。

一、問題

　　2015 年星經濟成長率 2%（2014 年 3.3%），而且預期 2016 年也是 1~3%。一般國家政府官員大都「官話連篇」。以新加坡來說，2016 年 1 到 9 月，解雇勞工 1.37 萬人，其中七成是白領階級。再加上「工業 4.0」（智慧製造）之說，智慧機器人會取代幾成勞工。2016 年 12 月 18 日，財政部長王瑞傑（註：報派下一任總理）表示：「當務之急是把勞工的焦慮轉化成前進動力，由政府提供支援架構，協助勞工和公司相互合作提升能力，替未來轉型做好準備。」

二、構思構想

　　1985 年，新加坡政府作過一次，星政府再把 1985 年老招再用一次，組成「未來經濟委員會」（Committee on Future Economy），詳見小檔案。

三、三條途徑，七項措施

　　2017 年 2 月 9 日，未來經濟委員會對外公布「未來 10 年（或 2017~2027 年）經濟發展策略」，選在農曆過年後發表，應該是求個「一元復始，萬象更新」的兆頭。在對外發表之前，委員會已對內閣提親，所以總理李顯龍表示：「政府接受委員會的建議並且會落實」。全文 144 頁，許多網站有針對三條途徑，7 個策略中的 7 個策略說明，我們以「二個就可以做表、三個就可以分類」的治學理念，套入一般均衡架構，就知道重點在哪。你只要上網針對每個策略稍微搜尋一下，會發現大部分都是「新瓶裝舊酒」。

未來經濟委員會（Committee on Future Economy）

時：2016 年

地：新加坡

人：由財政部長王瑞傑（或杰）與貿易和工業部長易華仁共同擔任主席。由官員、
　　民間人士等組成，共諮詢了 9,000 人。

事：1985 年曾經等組過這樣委員會。2016 年再做一次，目標是找到經濟成長率
2~3% 的藥方。2017 年 2 月 9 日，該委員會提出報告。

　1.三大途徑：新加坡要保持開放性，繼續跟世界接軌；要與時俱進、精益求
　　精，這就要求新加坡人掌握和善用精深技能，企業增強創新能力；新加坡政
　　府、企業和人民要探索新的合作方式，協力落實有助經濟成長的策略。

　2.七項政策，詳見表 13-7。

表 13-7　新加坡未來經濟委員會的經濟政策

項目	說明
一、生產因素市場	
（一）自然資源	省略
（二）勞工	掌握和善用精深技能：提供勞工科技輔助訓練計畫等
（三）資本	強化企業規模與創新能力：簡化創投資金的監管架構、鼓勵更多私募股權業者落腳星國、針對特定高成長企業提供協助； 支持新加坡證交所：成為高科技、生物醫藥及生命科技公司掛牌上市之地，應允許雙軌股票架構。
（四）技術	建立數位能力：協助中小企業採用數位科技，建立分析與網路資安能力。這是「老調」，2013 年起，政府啟動「採用科技計畫」（technology adoption program），政府找大學、研究機構等發展新科技，以提供給中小企業。
（五）企業家精神	設計能支持創新與鼓勵冒險的監理環境，檢討租稅制度。
二、產業	
（一）服務業	* 發展並落實產業轉型藍圖 找出高潛力優勢行業：數位、先進製造業、樞紐服務、都市解決方案、基礎建設及醫療保健等策略產業，政府會發展具成長性的產業聚落。
（二）工業	打造機遇處處的蓬勃互通城市：這是表 13-6 談的「聰明城市」（原本用詞是聰明國家，但星是城市國家，所以本書採原意）
三、商品市場	
（一）國際貿易	深化並多元全球連結：跟思維相近的夥伴推動開放貿易與投資，透過東協經濟共同體與「東協加六」（RCEP）等協定加強貿易合作、減少壁壘。

> 新加坡的產業轉型計畫（industry transformation programmer）
>
> 年：2016 年 5 月 20 日
>
> 地：新加坡
>
> 人：產業轉型藍圖之執行由「技能、創新與生產力理事會」（Council for Skills, Innovation and Productivity, CSIP）負責
>
> 事：產業轉型藍圖是新加坡政府針對各產業特定需求及面臨不同環境變遷的挑戰，由一個相關政府部門專責統合各方意見，提出各行業的轉型藍圖，每個產業轉型藍圖皆包含生產力、工作與技能、創新與科技、貿易與國際化等。該委員會彙整各產業相關的政府、公協會、工會及產業界等單位意見制定各行業的轉型計畫。依序推出 6 行業：精密工程、食品服務業、零售業和物流業等。例如 2016 年政府提列 4.5 億星元配合。

Unit 13-6　馬來西亞經濟分析

你對馬來西亞的印象來自什麼？

・馬來西亞的觀光景點：例如星馬 5 日遊，吉隆坡市的雙峰塔、蘭卡威、麻六甲（清眞寺等）、熱浪島。

・馬來西亞爲背景的電影：2010 年「初戀紅豆冰」（6 位大馬歌手演出）、2014 年「一路有你」。

・大馬的重大新聞：例如 2016 年 7 月爆發的總理（大馬稱首相）納吉的一馬發展公司（IMDB）的貪腐案；2014 年 3 月 8 日，馬來西亞航空 MH370 號跳機失蹤案，239 人（主要是中國大陸人民）人間蒸發。不是我們特別挑負面新聞，大部分國際新聞都是天災人禍。

一、政治

（一）獨立

1896 年起，英殖民政府把馬來半島上的四個王朝，組成馬來聯邦，成爲英國的保護國。1945 年二戰後，英國殖民地紛紛獨立，1957 年 8 月 31 日宣告獨立。

（二）選舉君主制

大馬的「國王」稱為「最高元首」（馬來西亞語蘇丹）是由馬來州 9 個州的「州長」（不含麻六甲、檳城）中選出，任期 5 年。

（三）執政黨

1957 年以來，大馬都是由馬來西亞全國巫人統一陣線國民陣線（簡稱巫統國陣）執政，由 13 個政黨組成的政黨聯盟。

二、經濟

（一）2018 年人均總產值 11,240 美元，大馬在東南亞 10 國中，人均總產值第 3，次於星、汶萊（產油國）。

· 大馬怎會如此高？你上網會看到一些陸生去過大馬，認為從城市外觀來說，大馬首都吉隆坡市跟陸一線城市（四個直轄市中三個北京、天津和上海市，加廣東省深圳市）接近，其餘都市離陸二線城市（主要指人口 600 萬人的省會，約 35 個）還很遠。答案令我訝異，大馬是全球第二大天然氣出口國（第一大是蘇俄），其重要性如下。

· 占總產值 20%：2017 年日產原油約 63 萬桶（沙烏地阿拉伯 1,046 萬桶），年產天然氣 660 億立方公尺（蘇俄 5.61 億噸約當量，占全球出口 18.3%）。

· 占出口 14%。

（二）所得分配

· 2014 年貧窮率 0.6%，比 2012 年 1.7% 降低。

· 2014 年吉尼係數 0.401，往改善方向發展。

· 大島指數：最高所得組（20% 家庭所得）除以最低所得組的大島指數約 6.8 倍，略高於臺灣 2016 年的 6.08 倍。

三、文化／社會

（一）宗教

在馬來西亞「國家小檔案」中，有說明馬來西亞 3,200 萬人民的宗教信仰比重，這跟人口種族結構很接近。

（二）人口種族

2018 年 3,262 萬人中，馬來人占 55%、華人 23.4%、印度人 7.3%；1957 年華人占 37.2%，華人占比越來越少主要是華人生育較少。

馬來西亞（Malaysia）　國家基本資料　2018 年

簡稱：大馬，「馬來」（Melayu）源自古印度人稱呼，群山之地

土地面積：33.08 萬平方公里（全球第 67 名）

首都：吉隆坡市　　　　　　　　　　　　國歌：我的祖國

人口數：3,262 萬人（全球第 44 名）

民族：（2014 年）馬來裔 50.1%、華裔 22.6%、原住民 11.8%、印度裔 6.7% 等

總理：納吉·拉薩（Najib Razah，2009 年 4 月 3 日起）

執政黨：巫統國民陣線

總產值（GDP）：3,665 億美元（全球第 38 名）。2019 年 3,833 億美元（CIA World Factbook）

產業結構：（2016 年）農 8.7%、工 37%、服務業 54.3%

需求結構：消費 54.9%、投資 25.9%、政府消費 12.6%、出進口 6.6%

經濟成長率：4.7%

人均總產值：11,240 美元（全球第 61 名）　　吉尼係數：0.401

失業率：3.4%　　　　　　　　　　　　貧窮（人口）率：（2009 年）3.8%

中央銀行：馬來西亞國家銀行　　　　　匯率：1 美元兌 3.9733 馬來幣

貨幣：馬來西亞令吉（Ringitto MYR）

語言：馬來西亞語

國家格言：團結就是力量

宗教：2010 年人口及房屋調查，伊斯蘭教遜尼派 61.3%、佛教和道教 19.8%、基督教 9.1%、印度教 6.3%

行政區：13 個州，3 個直轄區

馬來西亞首都吉隆坡市（Kuala Lumpur）

土地面積：243 平方公里，都會區 2,243 平方公里

人口數：160 萬人，都會區（包括巴生河流域）725 萬人

人均總產值：24,700 美元（2016 年）是全國平均數 2.6 倍

交通：

　　・空：2 座機場，吉隆坡機場，另有「蘇丹阿布都－阿濟茲沙」機場，前者靠
　　　　「吉隆坡機場快鐵」連接到吉隆坡市火車站，28 分鐘可達。

　　・海：缺。

　　・陸：鐵路、輕快鐵 2 條、單軌鐵路、公路

行政區：11 個區

Unit 13-7　馬來西亞的經濟發展階段

　　馬來西亞擁有令人羨慕的農（全球第一大棕櫚油、第二大生膠出口國）、礦（錫全球第一、油氣出口大），天生麗質，人均總產值 10,600 美元。本單元說明馬來西亞為何從 2011 年起陷在中所得陷阱，很不容易出關。

　　・病因：以公營企業去追求所得分配平均，以免華人經濟勢力過大。但公營企業經營績效差，汽車公司賣給陸企、鋼鐵公司虧損累累，甚至有些資源詛咒的味道。

一、農業社會

　　1957 年 8 月獨立的大馬，由表 13-8 第二欄可見，在農業社會階段待了 20 年，比臺灣的 15 年稍微長一點。

（一）從農業社會階段晉級之道

　　大馬在此時期：

　　・農業：發展棕櫚、橡膠業。

　　・工業：以關稅配額等保護貿易方式，進行生活（食衣）行業的第一次進口替代。

（二）1969 年 513 事件

簡單的說，這可說是「大馬版的 228 事件」（臺灣 1947 年發生），迄 11 月截止。政府公布數字 196 人死亡（華人 143 人），被捕 9,143 人（華人 5,126 人）。

1. 亡羊補牢
   - 1970 年 9 月 21 日總理東姑拉曼（註：有大馬國父之稱）被迫辭職。
   - 新經濟政策（new economic policy, NEP）：目標是消除各種族（巫族與華人）間的政治衝突。

2. 經濟能力的差異，減低貧民率：政府的作法是「官進民退」，即成立許多公營企業。大馬專欄作者孫和聲（註：本書作者大學同學）表示，在 1960~1980 年代，亞洲四小龍靠民營公司大力拚經濟，大馬少了這個引擎，結果就是大馬經濟跑得慢、缺乏大型全球公司（尤其是電子業）。（亞洲周刊，2017 年 2 月 26 日，第 22 頁）

3. 路徑相依：1990 年，新經濟政策慢慢淡出，但有人認為在一黨專政情況下，只是換當總理，但經濟路線還是「蕭規曹隨」的路徑相依（path dependence），詳見小檔案。

二、起飛前準備階段

臺灣只花 10 年便從「起飛前準備」階段到「起飛階段」。馬來西亞花了 16 年，主要還是「新經濟政策」的弊端，許多政府高官打著藉政府預算支援原住民發展，即行貪腐之實。

三、起飛階段

2010 年，政府推出經濟成長目標：「2020 年人均總產值 15,000 美元以上」，策略是「經濟轉型計畫」，列出 12 個潛力產業（農業的棕櫚種業，工業的電子業；服務業的旅遊業、金融業）。2015 年 5 月，宣布的「十一五計畫」，詳見表 13-10。

表 13-8　馬來西亞經濟發展階段

經濟發展階段	農業社會	起飛前準備	起飛
以人發育過程比喻	嬰兒	兒童	青少年
*門檻值	1,100 美元以下	1,100~4,200 美元	4,200~12,000 美元
一、跟臺灣比較	1960~1975 年	1976~1986 年	1989~1993 年
（一）期間	15 年	10 年	6 年
（二）人均總產值	163~985 美元	1,158~4,038 美元	5,350~11,251 美元
（三）經濟成長率	10% 以上	15% 以上	15% 以上
二、馬來西亞	1960~1977 年	1978~1994 年	1995~2020 年
（一）期間	17 年	16 年	25 年
（二）人均總產值	299~1,084 美元	1,263~3,686 美元	4,280~11,000 美元
（三）經濟成長率	7%	15% 以上（主要是第 2 次石油危機，油價大漲）	2014 年 11,048 美元 2016 年 9,366 美元，是因馬元 2015 年對美元貶值 18.7%。
三、總理	1. 東姑拉曼（任期 1957.8.31~1970.9.22）以民營公司為主 2. 拉薩（1970.9.22~1976.1.14）以公營企業為主的「新經濟政策」	3. 胡先翁（1976.1.15~1981.7.16）強化「新經濟政策」 4. 瑪哈迪（1981.7.16~2003.10.31）採取「國家發展政策」（NPP）、「國家遠景政策」（NVP） ・向東學習（日韓） ・發展重工業，1983 年 5 月 7 日設立寶騰控股公司（Proton） ・1982 年成立柏華惹（Perwaja）鋼鐵公司成立	5. 巴達威（2003.10.31~2009.4.3）推動經濟走廊發展計畫，最有名的是馬來西亞伊斯干達「經濟特區」（Iskandar），詳見 Unit 13-8。 6. 納吉、阿都、拉薩（2009.4.3~）

路徑依賴理論（Path Dependence Theory）小檔案

年：1990 年

地：美國密蘇里州聖路易市

人：道格拉斯・諾斯（Douglas North, 1920~2015），1993 年諾貝爾經濟學獎二位得主之一。

事：這跟物理學中「慣性」一樣，在人來說稱為「習慣」。擴大來說，一家公司、一個國家也有其「路線」（path）的慣性。「好路徑」會有良性循環的飛輪效果，「壞路徑」會有惡性循環的厄運。這在諾斯 1990 年的書《制度，制度改變和經濟績效》（英國劍橋大學出版公司）詳細說明。

Unit 13-8　2020 年大馬會晉升「邁向成熟」階段

馬來西亞的官聯公司（government link company, GLC），臺灣稱為公營或泛公股公司。

一、重要性

表 13-9　官聯公司的重要程度

投入面：生產因素	產出面：商品市場
1. 勞工雇用人數 5%	（一）以營收來看　在前十大公司，占 8 家　36 家營收百億馬幣以上公司，占一半 （二）以股市來說　‧占市值 36%　‧占綜合指數 54%

二、官聯公司的前 20 大（俗稱 G20）的主要公司

工業	服務業
1. 能源：石油公司	1. 銀行：馬來西亞銀行
2. 汽車：森那美（Sime Darby）	2. 電信：馬來西亞電信（TM）
2017 年 6 月 23 日陸企吉利集團以人民幣 7.39 億元，收購 DRB 旗下寶騰汽車（Proton 控股）49.9% 的股份及豪華跑車品牌蓮花（Lotus）51% 的股份。	
寶騰控股公司 1987 年成立，目標是國民汽車，產量 15 萬輛	

三、政策

2014 年政府推動「官聯公司轉型」計畫（GLCT），2016 年 1 月成立政府官聯投資公司（GLICs）和 G20 俱樂部，推動大馬進入中高所得國家。

表 13-10　馬來西亞 2020 年人均總產值 15,000 美元的經濟目標與政策

項目	馬哈迪總理任內	納吉總理任內
一、提出目標的時間	1990 年	2010 年 9 月
二、目標與實績		
（一）目標	2020 年要達到	2020 年目標如下
1. 總產值	3,894 億美元	5,062 億美元
2. 人口數	3,245 萬人	3,245 萬人
3. 人均總產值	12,000 美元	15,600 美元
4. 必要經濟成長率	7%	6~7%
（二）實際		總產值 3,772 億美元 人均總產值 11,623 美元 經濟成長率 4.5~5%
二、產業與吸引外資	主要是經濟特區 （一）大馬版的矽谷，1996 年 2 月 12 日，多媒體超級走廊計畫（MSC），2006 年 12 月 7 日，巴生港加入。地點雪邦，在吉隆坡市南邊 30 公里，約 750 平方公里大，成立馬來西亞數位經濟機構（MDEC）管理區內核心城市「網路之城」（Cyberjaya，俗稱賽城）、布城（Putrajaya），盼能成為馬來西亞的「矽谷」。 （二）陸版自由貿易特區 2006~2025 年伊斯干達（Iskandar，位於大馬南邊，自比為東南亞的香港（印星）旁的「深圳市」（即伊斯干達特區）。	經濟轉型計畫（economic transformation program） （一）2001~2015 年（七、八、九計畫） 12 項關鍵經濟領域（national key economic areas, NKEA） *2010~2012 年：邊佳蘭獨立終站（Pengerang Independent Terminal）公司在柔佛州的一個縣的邊佳蘭區，主要是海港油氣儲存。 （二）2016~2020 年（十一五計畫） 透過綠色科技和基礎建設等重要經濟領域吸引投資，並擬興建能源廠。
三、需求結構中之三政府支出	第七個五年計畫（1996~2000 年），投入 400 億美元	2016 年 5 月 21 日規模 2,600 億馬幣（約 721.8 億美元）的經濟計畫。

表 13-10　馬來西亞 2020 年人均總產值 15,000 美元的經濟目標與政策（續）

(一) 都市計畫	吉隆坡市現代化 1. 地標：國家石油公司雙峰塔 2. 行政中心：布城，除了 4 個部，其餘部皆搬來，1995 年 6 月興建，2001 年入駐	1. 更多學校和醫院 2. 社會住宅
(二) 交通建設		
1. 鐵路	2017 年 8 月 9 日，馬來西亞東海岸鐵路開工，全長 688 公里，人民幣 859 億元，由陸企中國交通建設公司承建，使東、西海岸城鎮相連，可促進經貿及旅遊發展，並提高民眾生活便利。	1. 西線高速鐵路：吉隆坡市到新加坡。 2. 吉隆坡市輕軌鐵路運輸系統。
2. 公路	700 公里高速公路	
3. 機場	吉隆坡，1998 年 6 月開放	沙勞越

MCS：多媒體超級走廊（multimedia super corridor）

討論問題

1. 2013 年起，臺灣對東南亞的投資以新加坡居首，取代越南，為何？（提示：銀行大舉南進，其他行業以此為註冊地）

2. 新加坡人口 600 萬人，為何能發展出兩大網路商場「來贊達」（Lazada）與蝦皮拍賣（shopee）？

3. 新加坡的離島（裕廊）石化工業區，在臺灣高雄市為何做不到？

4. 如何判斷馬來西亞經濟有「資源的詛咒」、「政商勾結」問題呢？

5. 評估馬來西亞多媒體走廊的績效，你的公司會來這裡設分公司嗎？

14

菲律賓、汶萊經濟分析

Unit 14-1　菲律賓經濟分析

你對菲律賓的印象來自哪些？

- 你家巷子、大樓的下午，一些菲律賓女性移工攙扶著老太太、推著輪椅載著老先生出來曬太陽？可能是菲律賓是天主教國家，天主教、基督徒占人口 92%，許多女人都以耶穌基督的母親瑪麗亞的名字命名。
- 菲律賓總統杜特蒂（Rodrigo Roa Duterte）的大砲式言論，他有菲律賓版「川普」（美國總統，2017 年 1 月 20 日就任）之稱。
- 你去菲律賓旅遊，去過馬尼拉市、長灘島？

一、1952~2016 年 6 月 30 日，菲律賓親美

1951 年 8 月美菲簽定「美菲共同防禦條約」以來，美菲在經濟上（例如 2015 年對菲投資最大的是美資公司）綁在一起。這種走老路，在經濟制度、經濟成長方面，稱為路徑相依理論（path dependence theory）。以艾奎諾三世總統（任期 2010.6.30~2016.6.29）來說，因著南海主權歸屬，跟陸方把關係搞僵了。

- 2012 年 4 月，菲律賓跟陸方軍艦在南沙黃岩島（菲稱民主礁，Scarborough Shoal，這是菲的他加祿語）對峙；
- 2013 年 3 月，菲律賓政府把南海爭議提交國際仲裁後，菲陸交惡，菲律賓從此極力拉攏美國與日本，共同對抗中國大陸的海上擴張。

二、2016 年 6 月 30 日起，菲律賓兩面親陸美

2016 年 6 月 30 日，杜特蒂就任總統，10 月 18 日訪陸，為了爭取中國大陸政府的直接投資與融資（詳見表 7-5）、一帶一路的商機，大幅度的「親陸」。

三、從美韓反美帝（美國帝國主義）談起

杜特蒂親陸主要是經濟上的考量，包括軍事上可以獲得陸方的軍事援助（半買半送的船艦、飛機等）。把眼光看得更深更遠一些，2016 年 11 月 6 日，杜特蒂的發言人兼法律顧問班尼洛（Salvador Panelo）表示，杜特蒂所說的跟美國切斷聯繫，指的是一種被奴役、美國支配菲律賓的關係。這是從前菲律賓跟美國的關係，菲律賓服從於美國的利益，而不是自己的利益，美國的敵人就是菲律賓的敵人。（詳見亞洲週刊，2016 年 11 月 6 日，第 37 頁）

菲律賓政府採取「杜特蒂主義」（Dutti doctrine）菲國根據自身利益制定外交政策。

菲律賓（Philippines）國家基本資料　　2018 年

土地面積：約 30 萬平方公里（全球第 72 名）

首都：馬尼拉市	國歌：親愛的土地
人口數：1.065 億人（全球第 13 名）	民族：菲律賓人，例如他加碌人等
總統：羅德里戈‧杜特蒂	執政黨：菲律賓民主黨（PDP）

總產值（GDP）：3,564 億美元（全球第 36 名）

產業結構：（2016 年）農 9.6%、工 30.8%、服務 59.6%　　經濟成長率：6.8%

需求結構：消費 73.6%、政府消費 11.1%、投資 24.3%、出進口 –9%

人均總產值：約 3,346 美元（全球第 115 名）	吉尼係數：（2015 年）0.444
失業率：4.7%	貧窮（人口）率：（2015 年）21.6%
中央銀行：菲律賓中央銀行	匯率：1 美元兌 50 菲律賓披索
貨幣：菲律賓披索（PHP）	語言：菲律賓語、英語

國家格言：為了上帝，人民，自然與祖國

宗教：天主教占 83%、基督新教占 9%、伊斯蘭教占 5%（集中在三大島之一的南部民答那峨島）

行政區：三大島 17 個區、76 省

> **菲律賓首都馬尼拉市（Manila）**
>
> 面積：42.88 平方公里，大都會區 1,619.6 平方公里
>
> 人口：（2015 年）178 萬人，大都會區 1,288 萬人（全球第 6）
>
> 地理位置：呂宋島馬尼拉灣東岸
>
> 行政分區：直轄市（178 萬人，16 區）、17 個城市
>
> 人均總產值：9,000 美元（全國平均數 3 倍）
>
> 交通：艾奎諾機場，1 條捷運 3 號線（MRT3）、地鐵，另有 2 條輕軌（LRT），高
> 　　　速公路，馬尼拉港口

Unit 14-2　由菲律賓經濟發展階段來預測經濟走勢

　　媒體對菲律賓報導的重點大部分在災難（例如海燕颱風、渡輪翻覆），等到杜特蒂總統上任，媒體聚焦在他大砲式的發言，忽略了對經濟的發展的報導。開宗明義的說，菲律賓約於 2022 年起，人均總產值 4,250 美元，邁入經濟起飛階段。那年 6 月 30 日，杜特蒂總統卸任（註：只能擔任一屆）。

一、農業社會階段

　　菲律賓、印尼等地狹人稠的海島國家，務農養活不了多少人，這兩國在農業社會階段時間拖太久，人民出國當勞工求條生路。

　　（一）菲律賓花了 46 年從農業社會階段晉級到下一階段，以 3 個人口標準來看，菲律賓經濟發展速度「算很慢」。

　　‧人口小國：臺灣 14 年，

　　‧人口中型國：南韓 15 年，

　　‧人口大國：印尼 29 年。

　　（二）原因出在總統

　　印尼出個蘇哈托總統，執政期間 1968~1988 年 5 月，共 30 年。菲律賓馬可仕總統，任期 1966~1985 年共 20 年。臺灣媒體喜歡以菲律賓「經濟一蹶不振，人民離鄉背井去當菲傭菲勞」稱為「菲律賓化」（Philippinization）。

二、起飛前準備階段

由「起飛前準備」階段進入起飛階段，臺韓只花了 10 年便經濟「換檔」，如同汽車檔位由 2 檔進入 3 檔。

（一）菲律賓花了 26 年

印尼花了 22 年，算很慢的；菲律賓 26 年，更慢。

（二）原因出在總統

菲律賓土地集中在 100 個家族，馬可仕之後的第五共和政權掌握在兩個黨（自由黨、基督教穆斯林民主力量黨），選來選去，都是政治家族。以第 11~15 任總統來說，第 11~14 任總統，1992~2010 年，經濟歷經「失落的 20 年」；第 15 任總統艾奎諾三世經濟政績卓著。

臺灣「菲律賓化」小檔案

時：1997 年

地：臺灣臺北市

人：江丙坤，行政院「國發會」（前身為經建會）主委

事：在報告「跨世紀國家建設計畫」時，當政治和社會紛擾影響經濟成長，長久下去，臺灣將「菲律賓化」，即像菲律賓人一樣出國在外成為「菲勞」，臺灣人被迫出國工作成為「臺勞」（臺籍勞工）。

表 14-1　菲律賓經濟發展階段

經濟發展階段	農業社會	起飛前準備	起飛
以人發育過程比喻	嬰兒	兒童	青少年
一、人均總產值	1,100 美元以下	1,100~4,200 美元	4,200 美元以上
二、期間	1948~1994 年	1995~2021 年	預計 2022 年起
（一）人均總產值	175~1,049 美元	1,186~4,200 美元	4,250 美元以上
（二）經濟成長率	約 5%	約 6%	約 6.7%
（三）貧困人口比率		2002 年 15% 2015 年 21.6%	

表 14-1　菲律賓經濟發展階段（續）

三、總統	第 10 任總統馬可仕（Ferdinand Marcos）在任 20 年（1965.12.30~1986.2.25）人均總產值 200~565 美元 經濟成長率 5.17~7.31%	第 11~16 任總統的經濟政策		
		任 / 任期	總統	經濟政策	經濟成長率
		11:1986~1992	艾奎諾夫人	國營企業民營化 實施農地改革	3.35%
		12:1992~1998	羅慕斯	石油、電信業解除管制，成立經濟特區管理署	3.61%
		13:1998~2001	艾斯特拉達	政局動盪擾亂經濟，民怨沸騰，遭推翻下台	3.75%
		14:2001~2010	艾若育	推動公路、鐵路等基礎建設，通過擴大加值稅法以提高稅收	4.78%
		15:2010~2016	艾奎諾三世	肅貪、改革，提振投資與信評，擴大基建支出以提振經濟成長	5.87%
		16:2016~2022	杜特蒂	拚基礎建設，以吸引外資	6%

Unit 14-3　菲律賓總統艾奎諾三世到杜特蒂的經濟政策

　　「前人種樹，後人乘涼」這句成語貼切形容杜特蒂總統在經濟上受益於前任總統艾奎諾三世打下基礎，再加上杜特蒂總統在經濟政策方面的主張較少。所以要推估菲律賓的經濟走勢，須先從艾奎諾三世執政談起。

一、艾奎諾三世總統是逆轉勝的基石

　　艾奎諾三世（Benigno S. C. Aquino III，或稱貝尼格諾・艾奎諾）出身政治世家，父親艾奎諾二世在 1983 年 8 月 21 日在馬尼拉機場遇刺身亡。

母親柯拉蓉・艾奎諾號召民眾，推翻獨裁、選舉舞弊的馬可仕政權。於1986.2.25~1992.6.30出任總統，號稱亞洲第一位女總統，2009年8月癌症過世。

（一）打貧，拚經濟

艾奎諾三世1998~2010年擔任國會議員，2010年6月30日就任總統，打貧、拚經濟，詳見表14-2第二欄。

（二）主持世界經濟論壇東亞峰會

2014年5月20日，在菲律賓馬尼拉市金融中心馬卡迪的香格里拉酒店拉開帷幕，來自30個國家600位政界與商業領袖出席會議，峰會的主題為「以（經濟）成長促進公平進步」，與會代表以開拓就業、推動可持續發展模式以及加速區域聯繫進行研討。首度主辦論壇的東道國菲律賓總統艾奎諾三世在開幕式致辭。世界經濟論壇公司網站聲明，菲律賓因經濟表現搶眼，獲選為峰會主辦國。菲律賓首辦世界經濟論壇東亞峰會，國際知名度提升，引起世界各國的注意，使艾奎諾三世聲望提升，有媒體甚至指他是菲律賓歷來最好的總統。

二、艾奎諾三世對自己政績很滿意

1970年代以來，100萬位菲律賓人為了謀求更好的工作，選擇離開經濟陷入停滯的祖國，遠赴外地打拚。居住在國外的菲律賓民眾人數在2011年攀升至1,040萬人的頂峰。菲律賓海外委員會指出，隨著菲律賓的政局趨向穩定、國內經濟快速成長，《華爾街日報》報導，2011~2016年菲律賓國內創造了近400萬個工作機會以及中東等地對外勞的需求減少，菲律賓人對祖國重燃希望，並正大量返國創業或求職。

艾奎諾三世說，住在國外的菲律賓人只剩940萬，這是政府的主要成就。（經濟日報，2016年5月4日，A7版，林奕榮）

三、杜特蒂的施政

杜特蒂總統施政重點在於軍事、治安兩方面。

．軍事上反恐，尤其是針對南部穆斯林的反叛（例如2017年在馬拉韋市打著伊斯蘭國ISIS旗幟），杜特蒂號稱「御駕親征」。

．社會治安，主要是掃毒，2017年7月3日美聯社報導，杜特蒂上任後，

　　囚犯人數增加 4.4 萬人（至 14.2 萬人）、有 900 人在警察掃毒過程中以毒梟名義被打死。

　　在經濟政策方面，杜特蒂的政策看似聚焦在「引進陸資於支持政府基礎建設」。

菲律賓總統杜特蒂（Rodrigo Roa Duterte，陸稱杜特爾特）小檔案

出生：1945 年 3 月 28 日，宿霧省

現職：菲律賓總統（2016.6.30~2022.6.29），只能擔任一任

經歷：納卯市（Davao，在民答那峨島）三任市長、副市長（1988~2016，共 22年）、眾議員（1998.6.30~2001.6.30）、律師、檢查官

學歷：菲律賓學園大學、聖貝達大學

榮譽：有菲律賓的「川普」（美國總統）之稱，直白敢言

表 14-2　艾奎諾三世與杜特蒂總統政經改革

項目	艾奎諾三世 （任期 2010.6.30~2016.6.29）	杜特蒂 （任期 2016.6.30~2022.6.29）
一、政治改革		
（一）政治民主	2013 年 3 月政治學者蒙特馬說：「經濟掌握在少數人手中，就永遠不會有真正的民主，國家政府只能隨少數人起舞。」（e 南洋 App，2013 年 3 月 5 日）	杜特蒂是地方政治人士（註：杜特蒂父親曾任南納卯省省長）掌大權，但反對通過「政治家族法」，因這妨害人民參政權。
（二）肅貪		
1. 成效	反貪成果包括逮捕被指掠奪國家財富的前總統葛洛麗亞．艾若育、彈劾前最高法院院長科羅那查辦國會議員「政治分肥弊案」，近百名國會議員、政治人物被指透過白手套侵吞原應用於執行發展方案的經費。	根據國際透明組織每年公布的清廉指數，菲律賓從 2008 年全球排名 141 名，提升到 2015 年的 95 名，雖還是後段班，但進步幅度驚人，在公務人員與政府單位等細項評價上，已經勝於越南。
2. 裙帶經濟指數	《經濟學人》雜誌菲律賓前 40 大富人的財富占總產值 76%，亞洲第一。泰 33.7%、馬 5.6%、日 2.8%。	2017 年 5 月 9 日公布，2016 年第 3 名，占總產值 12%，第 1 名俄占 18%、第 2 名大馬 13%。

表 14-2　艾奎諾三世與杜特蒂總統政經改革（續）

二、拚經濟		
（一）消費	根據聯合國經濟與社會事務部的預測，2015 年菲律賓達到「人口最佳點」，人口年齡中位數 25 歲。艾奎諾三世承認人口增加過快對經濟發展帶來壓力。	消費占總產值比重七成以上，遠高於印尼、越南、泰國等東南亞國家。
（二）投資	2014 年世界銀行發布的「全球經商環境報告」，菲國經商環境排名第 100 位，躍升 30 級。	2017 年 11 月 1 日，2018 年排名公布，臺灣 15 名、陸 78 名，菲退步到 113 名。
（三）政府支出	菲律賓有 7,101 個島，過去政府都忽略了基礎設施建設，社會經濟發展落後，自然災害損失慘重，城鄉差距大，貧窮問題遲遲無法改善，對外更失去國際競爭優勢。他上台以來大力推動「政府與公司夥伴（PPP）」方案，但許多案（例如高速公路）自償率低，公司不願投資。政府扛起來做，2012~2016 年政府支出每年成長 12%。肅貪讓政府止漏，有更多資金用於滅「貧」，例如「有條件現金轉移計畫」與「家庭跨貧計畫」，為受惠家庭提供謀生援助。	「杜特蒂經濟學」（Dutertenomics）的核心方案「雄心 2040」在杜特蒂競選總統的重磅級政見，其口號是「建設、建設、再建設」。杜特蒂宣稱自己任內為「基礎設施建設黃金時代」。投入 1,800 億美元，用於減少洪災、改善大城市交通，旗艦項目是興建馬尼拉都會區地鐵，優先項目包括至少建造 3 座新橋、擴建和完善機場，以及新建 200 條以上快速道路。國家經濟發展署長狄科洛說，政府 2017 年基建支出占總產值的比率提高到 6.7%，高於 2016 年的 5.3%，2019 年再提高到 7%。
（四）出口	2016 年出口 574 億美元、進口 841 億美元	2017 年出口約 636 億美元、進口 889 億美元
1. 農礦	菲律賓全球最大鎳出口國	
2. 勞務輸出	到國外打工的勞工（Overseas Filipino Workers, OFW）是菲國經濟的中流砥柱，人數近 1,200 萬人，占總人口的九分之一，2016 年匯回 279 億美元。	仰賴僑外匯入款與企業外包服務的收入每年 540 億美元外匯，約占總產值 17%。
三、經濟績效		
（一）經濟成長率	2010~2016 年 6~7.6% 最差 2011 年 3.6% 2013 年世界銀行駐菲律賓代表小西本雄在一個研討會中表示「菲律賓是正在崛起的老虎」	2016~2017 年 6.8%

2016 年 產業結構	勞動結構
服務業 59.6%	75.03%
工業 30.8%	33.48%
農業 9.6%	9.49%

表 14-2　艾奎諾三世與杜特蒂總統政經改革（續）

（二）所得分配	年	2009	2013	2014	2016	2022
1. 貧民比率	菲律賓	45%	24.6%	25.8%	21.6%	14%
	越南	1993 年	63.7%	⟶	2008 年	16.9%
	陸	1990 年	63.7%	⟶	2008 年	13%

（三）外界評論	2014 年信貸評級機構標準普爾調升了菲律賓的評等，從「BBB-」上升至「BBB」，這也是艾奎諾三世上任來信評第四度被調升，美國企業資訊服務提供公司 HIS 表示，菲國若能在經商便利度與財政整合等持續改進，經濟成長率會在 7% 以上。	2016 年經濟合作暨發展組織預估，2017~2021 年菲律賓平均經濟成長率 6.1%，擴大基礎建設有助達成經濟成長目標。《財星》（Fortune）雜誌引用 IBM 數據，運用人工智慧分析全球 70 萬則新聞來源後，發現關於基礎建設的討論，高度集中在菲律賓身上，因此宣稱「2017 年是菲律賓年」。

* 資料來源：整理自亞洲週刊，2014 年 6 月 6 日，第 42~43 頁，黃棟星。

Unit 14-4　菲律賓政府的經濟相關部會

表 14-3　菲律賓政府的經濟相關部會 ── 以臺灣為架構

項目	臺灣	菲律賓
經濟政策	行政院國家發展委員會	國家經濟發展署（NEDA）或社會經濟規劃部
一、生產因素市場		
（一）自然資源		環境暨自然資源部
1. 土地	・經濟及能源部產業園區管理局 ・科技部北中南三個科學園區	― ―
2. 礦	・環境資源部水保及地礦署	能源部
3. 水	水利署	―
4. 電、能源	・經濟及能源部能源署	―
5. 空氣	環境資源部污染防治局	―

東南亞經貿

表 14-3　菲律賓政府的經濟相關部會——以臺灣為架構（續）

（二）勞工	勞動部	勞動暨就業部
（三）資本	行政院金融監督管理委員會 中央銀行	－ 中央銀行
（四）科技	科技部、經濟及能源部產業技術司	科學暨技術部
（五）企業家精神	經濟及能源部中小企業局	－
二、產業		
（一）服務業	經濟及能源部	
（二）工業		
1. 一般	經濟及能源部產業發展局	工業部
2. 行	交通及建設部觀光局 國家通訊傳播委員會（NCC）	交通運輸部旅遊部 資訊電信技術部
3. 育	社會福利部醫事署	社會福利部衛生署
（三）農業	農業部	農業部
三、商品市場		
（一）消費	經濟及能源部相關局處	－
（二）投資	同上	工業部投資局、經濟特區管理署
（三）政府支出	交通及建設部	蘭山市公共工程和公路公共工程部
（四）國際貿易	經濟及能源部貿易商務局	－

Unit 14-5　菲律賓的服務業外包：兼論十大富豪

由於菲律賓吸引外資金額低，本單元轉而討論兩個主題。

一、服務業外包

菲律賓在全球經濟的分工主要是賺點打工錢，勞務出口 940 萬位勞工，2016 年去賺 279 億美元。在國內也一樣。

（一）製造業外包：中國大陸是全球工廠

製造業外包的全球工場在中國大陸，東南亞與南亞是製衣製鞋的區域工廠。

（二）美國服務業外包：2015 年起菲律賓第一

美國服務業一些勞力密集的周邊業務，公司為了降低成本考量，大都委由英語人口多的印度、菲律賓承接，稱為「企業流程外包」（business process outsourcing, BPO），詳見表 14-4。2015 年，因為印度新德里市等房租上漲，再加上印度人英語口音較重（註：這是報載，事實上不會，語言訓練班會依美國各州用詞等去教），菲律賓承包金額超越印度，2016 年 255 億美元（成長率 13%），就業人口 130 萬人。隨著人工智慧的一日千里發展，智慧客服（smart customer service）逐漸取代人工客服，搶了人的工作。

二、菲律賓十大富豪

由菲律賓十大富豪大抵可以看出一個國家的行業特色。由表 14-5 可見，有二個特色。

（一）華人占六七

華人喜歡說一國中華人占十大富豪中有八位，套用全球最普通採用的富比士雜誌，廣義的華人在菲律賓十大富豪中占七位。每次講到「華人」，只是血緣關係，除了馬來西亞外，大部分國家的華人都不會說華語，國家認同都是其出生國。

（二）大部分從事民生行業

在經濟「起飛前準備」階段，主要是兩種行業，一是民生工業（食衣住行育樂），一是出口行業。菲律賓入超 200 億美元，而且出口大部分是外資公司，所以富豪大都靠內需致富。

表 14-4　菲律賓承接美國的服務周邊業務

行業	工作種類
銀行業	語音客服，小至答客問、中至款項催繳
醫療業	製藥，主要是製藥包裝等
會計師事務所	記帳
電影業	好萊塢電影動畫的分頁
法院	資料整理

表 14-5　2016 年菲律賓十大富豪　　　　　　　　　　　　　　　　　　單位：億美元

排名	全球排名	公司	富豪	身價	說明
1	94	SM 集團：控股、投資公司	施至成（Henry Sy）人稱商場之王	127	百貨公司，市占率 60%，SM 公司市值占股市總市值 20%
2	250	JG 頂峰集團	吳奕輝（John Gokongwei, Jr.）人稱菲律賓李嘉誠	58	食：食品零售、餐飲 住：酒店、地產 行：航空、電信 銀行
3	501	新聯銀行、菲律賓航空	陳永栽（Lucio Tan）	37	另有啤酒、菸草等
4	544	菲律賓首都銀行	鄭少堅（George Ty）	35	菲律賓第二大銀行
5	564	國際貨櫃服務公司	恩里克‧拉松（Enrique Razon, Jr.）	34	港口
6	564	快樂蜂（Jollibee Foods）：快餐，分店 2,000 家	陳覺中（Tony Tan Caktiong）靠冰淇淋起家	34	2004 年收購臺灣的「永和豆漿大王」85% 股權
7	630	大衛公司	康松吉（David Consunji）	31	建築
8	814	安德集團	吳聰滿（Andrew Tan）	25	食品、餐飲、飯店、房地產
9	1,376	C&P Homes、Vista Land & Lifescapes	曼尼‧維亞（Manuel Villar）	15	房地產
10	1,376	菲律賓國家電網公司（持股 30%）	許文哲（Robert Coyiuto, Jr.）	15	電力、轉投資

資料來源：美國《富比士》雜誌，2017.3.3，白手起家的有第 1, 3, 6, 7, 8 名富豪。

Unit 14-6 菲律賓外資公司

菲律賓在吸引外資方面，可說「乏善可陳」。最大問題出在「危邦勿入，亂邦勿居」，菲律賓的治安差舉世著名，從電視新聞的報導，大抵會得到菲律賓是個「無法無天」、「黑道橫行」的國家，歹徒會登門踏戶「擄人勒索」，這跟全球治安很差的國家墨西哥一樣。少數警察也加入搶錢行列，成為害群之馬。

一、審核程序

（一）8~10 個部會審核批准

最扯的說法是一切整地蓋廠都要靠自己，詳見表 14-6，即綠地投資（greenfield investment）；另一種說法是「過七關斬八將」。菲律賓的工業區，縱使連經濟區管理署（PEZA）只有「一站式協調」的功能，還是須要七個相關主管機關一一審核批准。

（二）以高科技業為例

主管機構為科技部，當公司聘用員工數 50 人以上，最低資本額 10 萬美元。

二、地點二分法

（一）中央政府的菲律賓經濟特區

由表 14-7 可見，這有點像臺灣經濟及能源部下的「產業園區管理局」下的「加工出口區」、「工業區」。只是數目 336 個，很多，真的租稅優惠只有一項「六免」，即 6 年免公司稅。

（二）地方政府

地方政府所設的工業區較小。

三、外資金額

菲律賓跟越南人口數、地理位置相近，由表 14-8 可見，2017 年，菲律賓吸收外資 79.3 億美元，越南 243 億美元，一比三。以東南亞來說，菲律賓外資算很少。只是 2016 年跟過去比，成長幅度較大；所以「小檔案」中英國《經濟學

人》周刊「以一葉落而知秋」的認為菲律賓已「士別三日，刮目相看」。

菲律賓浴火鳳凰小檔案

時：2017 年 8 月 6 日

地：英國倫敦市

人：《經濟學人》周刊

事：《經濟學人》報導，由死亡邊緣轉為繼續生存的國家，稱為「鳳凰經濟」。「鳳凰經濟」通常會經過三個階段：是「灰燼」（危機）期，即災難來臨、資金外逃；二是「因應」期，常是政府實施改革，且得到國際貨幣基金金援；三是「重生」，即經濟復甦吸引外資回流。巴基斯坦與菲律賓已經畢業，成為國際投資人的新寵，埃及、阿根廷、奈及利亞還在調整期，能否浴火重生仍待觀察。

表 14-6　兩種直接投資方式

項目	綠地投資（green field）	棕地投資（brown field）
一、用詞來源	「綠色」一詞來自在蓋廠房等之前，土地上有樹草	「棕色」意指土地上沒有樹草，已蓋廠房
二、廠房機檯		
（一）工業區	可能有工業區	已存在
（二）廠房	要自己蓋	現成，而且往往是之前有人使用
（三）機器設備	要自己買	前手留下舊機檯，可租可售

表 14-7　菲律賓經濟特區

項目	說明
1. 策略	1990 年代，發展經濟特區
2. 組織設計	菲律賓經濟區管理署（PEZA）
3. 數目	366 個，其中 74 個製造業區。著名的是克拉克自由港區（Clark Freeport Zone），是由前美軍基地克拉克空軍基地、蘇比克海軍基地改建。
4. 期間	公司可租土地 50 年，租約滿可續約
5. 營業項目	(1) 出口導向的公司：出口量須占產量 70% 以上，外資公司可持股 100%。 (2) 內銷導向：外資公司最高持股 40%。

表 14-7　菲律賓經濟特區（續）

6. 租稅優惠	(1) 進口免稅
	· 機器設備、備用零件和物資
	· 生產出口商品所需的原料和物資
	(2) 出口免稅
	· 免徵營業稅
	(3) 公司所得稅率免稅
	一般 4~6 年，最長 8 年

表 14-8　菲律賓外資金額　　　　　　　　　　　　　　　單位：億美元

項目	2011	2012	2013	2014	2015	2016	2017
(1) 全部	60	69	65	42	54.5	79.3	72
(2) 經濟特區	45	50	75	29	37	—	—

資料來源：菲律賓統計局

Unit 14-7　汶萊經濟分析

在臺灣，對汶萊的報導隻麟片爪。

· 男子偶像合唱團體「飛輪海」中的吳尊，他演過許多電影，例如「錦衣衛」（2009 年）等。

· 汶萊的旅遊景點：從香港直飛，另外可從新加坡、馬來西亞的吉隆坡市或沙巴直飛，有些人是去沙巴旅遊順便去玩，有人推薦幾個景點：

　· 水晶「宮」（或公園）：比較像臺灣臺北市的兒童樂園。

　· 淡布隆國家森林公園、美林本湖公園。

　· 努洛伊曼皇宮：號稱全球最大皇宮。

　· 傑米清眞寺、汶萊博物館。

一、東南亞版的科威特

汶萊的經濟最簡單的比喻便是「東南亞版的科威特」。

（一）油氣出口占總產值 67%，號稱全球第四大天然氣出口國，主要出口日韓占 62%。

（二）人民不需繳稅：大部分中東產油國，人民不需繳稅，汶萊一樣。而且政府有一堆惠民措施，對出國唸大學的獎勵、對人民購屋的利息補貼。

二、產業結構

服務、工業產值各約占總產值 50%，服務業重點在觀光業。

汶萊（Brunei）國家基本資料　2018 年

土地面積：5,762 平方公里（全球第 172 名）

首都：斯里巴卡旺市	國歌：真主保佑蘇丹
人口數：45 萬人（全球第 207 名）	民族：馬來人為主（占 67%）
汶萊蘇丹：哈吉・哈山納爾・博爾基亞	執政黨：立法議會議員由蘇丹任命

總產值（GDP）：130.6 億美元（全球第 124 名）

產業結構：（2016 年）農 1.2%、工 56.5%、服務 42.4%

經濟成長率：1%

需求結構：（2016 年）消費 22.5%、投資 35.3%、政府消費 26.6%、出進口 15.6%

人均總產值：29,022 美元（全球第 29 名）

失業率：3%	吉尼係數：0.34（左右）
中央銀行：汶萊金融管理局	匯率：1 美元兌 1.36 汶萊元
貨幣：汶萊元（BND）	語言：馬來語、英語
國家格言：永遠服侍於真主的指引	宗教：伊斯蘭教遜尼派

行政區：4 個縣

討論問題

1. 菲律賓總統杜特蒂的經濟政策績效如何？

2. 2018 年 1 月起，菲律賓政府強制 18 萬輛吉普尼（jeepney 泰國稱嘟嘟車）淘汰，你認為「公共交通」（PUV）現代化計畫的前途為何？

3. 菲律賓在吸引外資進駐有何強大吸引力？（提示：依損益表方式比較越菲印尼三國）

4. 中國大陸企業會不會大幅到菲律賓投資？（臺資公司再來跟進）

5. 菲律賓的重要經濟特區等的基本建設如何？挑二個地方説明。

15

中南半島之柬寮緬經濟分析

Unit 15-1　東南亞「3+1」共產國家改革開放

　　我們把東協中的三國（柬寮緬）擺在本書東南亞篇幅中的最後討論，原因如下：

- ·1980 年以後「改革開放」，由於邁入市場經濟的時間較短，所以人均總產值 2,500 美元以下，貧窮率 20%，可用「窮國」形容。
- ·人均總產值低，所以薪資低，再加上歐美日給予其適用「零關稅，零配額」普遍性優惠關稅稅率。成為外資（主要是陸企、臺企）勞力密集行業（七成是成衣、三成是製鞋）從中國大陸第二批南移（2008~2012 年第一批到越南、印尼）的國家，一般扮演二線工廠。
- ·東協 CLMV 4 國，這是最後加入東協 4 國，依國名英文第一字母順序排列：C 柬埔寨、L 寮國、M 緬甸、V 越南。

一、第一棒：中國大陸

（一）1966 年 5 月~1976 年 10 月，文化大革命

　　文化大革命對經濟的影響是傾全民之力用於奪權鬥爭，忽略了經濟，經濟處於「崩潰邊緣」（註：1973~1976 年，人均總產值皆 318 美元），中共政權面臨一定程度的信任（執政）危機。1976 年 9 月 9 日，中共第一代領導人毛澤東過世，文化大革命停止。

（二）1978 年 12 月，中共第 11 屆第 3 次會議

文化大革命後，1977 年，中共 10 屆中央委員會 3 次全體會議，鄧小平第三次復出，1978 年 12 月在中共 11 屆三中全會中，確認領導地位（陸稱第二代領導），並通過「（對內）改革（對外）開放」（從計畫經濟到市場經濟），中共尊稱他爲「改革開放的總設計師」。

二、第二棒：越南

1986 年 12 月，越南共產黨通過改革開放的原因是「越南－柬埔寨」戰事，打仗燒錢，結果是國窮民貧，必須改弦更張。

（一）1975 年 ~1991 年 10 月越柬大戰，國窮民貧

越柬 14 年半的戰爭，越方約動員 30 萬人，且軍隊進入柬埔寨境內。慘勝的過程，越南軍費占政府支出 50~60%，無力用於經濟建設。1977 年人均總產值 81 美元，1986 年 86 美元，所得停滯，但物價上漲。

（二）1986 年 12 月，越南共產黨第六次代表大會

1986 年 7 月 10 日，越共總書記黎筍過世。前後兩位繼任者，在 12 月的越共中央第六次代表大會，體會「人民物質和文化生活的許多起碼的正當要求得不到保證」、「物價上漲嚴重」、「群眾對黨的領導和國家機關的職能的信心減退」。簡單的說，是爲了保政權，所以困知勉行的，效法中國大陸的改革開放。

三、第三棒：寮柬與緬甸

東南亞二個「共產」（或社會）主義國家，經濟改革開放是受越南影響。

表 15-1　東南亞「3+1」共產國家改革開放人事物

年	國	總統／總理	原因
1986	越	總書記 長征、阮文靈	胡志明與繼任者黎筍（任期 1960.9.10~1986.7.10）皆「親俄反陸」，1986 年黎筍去世，溫和派長征（任期 1986.7.4~1986.12.18）、阮文靈（任期 1986.12.18~1991.6.28）上台，採取陸的改革開放。2007 年越南加入世貿組織。

表 15-1　東南亞「3+1」共產國家改革開放人事物（續）

1991	寮	凱山‧豐威漢 總書記 （任期 1955.3.30 ~1991.3.29）	1988 年 11 月起，黨「四大」決定推行新經濟方案，公布「外國投資法」，2013 年加入世貿組織，逐漸走上市場經濟。1991 年 3 月黨「五大」，確定「有原則」的全面革新路線。
1994	柬	洪森總理	洪森是挾持著越南的支持才回到柬埔寨當上總理，2004 年加入世貿組織。
2011.2.30	緬甸	登盛擔任總統	2012 年頒布（外商投資法）

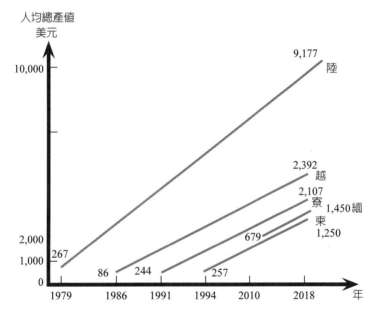

圖 15-1　東南亞「3+1」共產國家改革開放

Unit 15-2　柬埔寨經濟分析

你對柬埔寨的印象來自哪裡？

‧電視上或收音機裡對全球七大奇景柬埔寨邏粒市吳哥窟（Angkor Wat，吳哥是古王朝，吳哥的本意是「都城」；「窟」是音譯，指古廟。意義為都城古廟）。

‧電視上吳哥窟的旅遊廣告，2017 年 7 月 8 日聯合國教育科學與文化組織（UNESCO）把三波坡雷古寺廟區（Sambor Prei Kuk）列為世界遺產，三

波坡雷古在柬埔寨文中的意思是「茂密叢林中的寺廟」。該寺廟區坐落於金邊市北方 206 公里處，寺廟群中有 10 座廟為八角形。此處是真臘王國（Chenla Empire）首都伊奢那補羅（Ishanapura）的所在地。真臘王國興盛於 6 世紀末至 7 世紀初的高棉文明古國，為高棉帝國（Khmer Empire）的前身。2017 年觀光人數約 540 萬人次，收入約 42 億美元，占總產值 20%。

‧電視上房地產公司（長富國際、利鑫等）有關柬埔寨首都金邊市的房地產廣告。

‧2016 年美國電影「極速秒殺第二集」（Mechanic: Resurrection），女主角潔西卡‧艾巴在柬埔寨開孤兒院。

一、政治

（一）法屬印度支那時期

1867~1953 年（其中 1941~1945 年日本占據）是法屬「印度支那」（Indo China，此字本意是印度中國，包括越柬寮）的一部分。

（二）1953 年獨立後多種政體

柬埔寨獨立後，歷經共和、王國（1993 年 9 月 24 日起）和國名（例如高棉）的變更。1991 年起，大抵由人民黨執政，第二大黨為救國黨。一般把 1985 年 1 月 14 日洪森（Samdech Hun Sen, 1952~）掌權，視為洪森執政時代。

（三）外交

柬埔寨因缺乏資金，全力向陸方傾斜，甚至連總理府都是陸方出資興建。2014 年 11 月，在中國大陸北京市舉行的亞太經合會，總理洪森跟陸方國家主席習近平談妥，陸方每年提供 5 億美元以上援助或貸款，以協助柬方作基礎建設。

二、經濟

1986 年 12 月，越南宣布改革開放，洪森在 1991 年 11 月 14 日，到中國大陸北京市迎回西哈努克親王（1993~2004 年擔任國王）夫婦返國，隨後，政府宣布實施民主政治和自由經濟。一般來說，1992 年可視為柬埔寨「改革開放」元年。

（一）人均總產值

2016 年柬埔寨人均總產值 1,269 美元，比印度 1,811 美元低，勉強說 2016 年由農業社會階段晉級到起飛前準備階段。

（二）所得分配

2012 年吉尼係數 0.3076，可說「均」貧；以人均收入 1.25 美元這最低標準，2015 年柬埔寨貧窮率 13.5%、寮國 23.2%。

柬埔寨 2014~2018 年國家策略發展計畫（National Strategic Development Plan, NSDP）

年：2014 年 7 月 17 日

地：柬埔寨

人：總理府，這是 5 年計畫，由計畫部（Ministry of Planning）提出

事：如下

目標：每年經濟成長率 7%，2018 年總產值 247 億美元，人口數 1,663 萬人，人均總產值 1,485 美元，降低貧窮率。

作法：在需求結構方面如下

C+I	G+X-M
一、消費（C） 省略	三、政府支出（G）
二、投資（I）	1. 改善基本建設：尤其是增加電廠，以降低電價，擴大電信網路，降低費率。
1. 發展內資：民營公司是推動國家經濟成長火車頭。2015 年 3 月 6 日內閣「2015~2016 年工業發展策略」。	2. 強調「工業發展計畫」，提高附加價值，改善運輸、培訓人才。
2. 引進外資：27 個投資促進區（special promotion zone, SPZ），主要是西港特區。	四、國際貿易（X－M） 1. 貿易便捷

柬埔寨王國（Kingdom of Cambodia）國家基本資料　2018 年

土地面積：18.1 萬平方公里（全球第 90 名）

首都：金邊市　　　　　　　　　　國歌：王國

人口數：1,646 萬人（全球第 72 名）　民族：高棉人 97.6%、占族 1.2%、華人 0.1%

國王：諾羅敦・西哈莫尼（2004 年起）　總理：洪森

總產值（GDP）：205.6 億美元（全球第 109 名）

執政黨：人民黨，最大在野黨救國黨

產業結構：（2016 年）農 26.7%、工 31.7%、服務 41.6%

需求結構：（2016 年）消費 76.1%、投資 23.1%、政府消費 5.2%、出進口 −4.4%

經濟成長率：7.1%

人均總產值：1,257 美元（全球第 141 名）　　吉尼係數：（2008）0.179

失業率：0.6%（註：100 萬人在海外工作）　　貧窮（人口）率：（2012 年）17.7

中央銀行：柬埔寨國家銀行　　　　　　　　　匯率：1 美元兌 2,985 柬幣

貨幣：瑞爾（Riel, 代碼 KHR）　　　　　　　語言：高棉語、法語

國家格言：民族、宗教、國王

宗教：佛教為國教，95% 以上人口

行政區：24 省、1 個直轄市（金邊市）

柬埔寨首都金邊市（Phnom Penh）小檔案

「金邊」在柬埔寨語的意思為「四面之城」

面積：378 平方公里，都會區 678 平方公里

人口數：150 萬人，都會區 209 萬人

行政區：12 個區（高棉文 Khans, districts），7 個在市中心、5 個在郊區

交通：・陸：7 條公路，往東到越南，往西到泰國。鐵路 2 條。

　　　・河：在湄公河畔。

　　　・空：波成東機場，另吳哥窟附近有「邏粒—吳哥」機場。

Unit 15-3　柬埔寨外資投資的損益表分析

表 15-2　由損益表架構分析柬埔寨經營環境

損益表	說明
營收	1. 世貿組織會員國：2004 年 10 月，以「低度開發國家」（LDC）地位加入。
	2. 美國、歐盟及日本等 29 國給予柬埔寨普遍性優惠關稅制度（GSP）的優惠，紡織成衣（800 家公司）與製鞋（100 家公司）產業成為柬埔寨吸引外資且發展成為最大工業項目。

表 15-2　由損益表架構分析柬埔寨經營環境（續）

以 2016 年出口為例			單位：億美元
排名	出口商品	出口國家	進口國
1	成衣 63	歐盟 40	陸 45
2	製鞋 6.56	美 21	泰 19
3	稻米 3.22	日 8.27	越南 14
4	其他 37.22	陸 6.09	臺 7、其他 38
合計	110	75.36	123

3. 2015 年 12 月起，東協經濟共同體

－營業成本

・原料
經政府核准的投資案所進口建廠建材、生產設備、生產原物料，以及半成品等進口時，得免課關稅。

・勞工

價
- ・2018 年開始實施「最低工資法」
- ・藍領：2017 年最低月薪 157 美元，每週上班 48 小時，加班費為時薪 1.5~2 倍

量　約 750 萬人

質　1% 大專畢、4% 高中畢、成人識字率 68%

・製造費用

水
湄公河由北向南縱貫全境，東南亞第一大湖洞里薩湖（或洞裡湖）帶來充足水源

電
電力供應不足，品質不佳。生產用電每度 11.4 元（註：臺灣 2.764 元），電價偏高。2013 年電力需求約 1.370 兆瓦，但國內發電量 1.077 兆瓦，因此需向周邊國家（主要是泰國）購電。

能源

土地
1994 年成立柬埔寨發展委員會（Council For The Development of Cambodia, CDC），由總理擔任主席，下轄投資局（Investment Board）、經濟特區局。政府批准經濟特區（或稱投資促進區）33 個，主要在金邊市、西哈努克省。另外柬泰兩國合作聯合委員會一直努力在邊境地區建設經濟特區。柬埔寨政府在經濟特區設立一站式服務，協助外人投資。

＝毛利

－研發費用

－管理費用

表 15-2　由損益表架構分析柬埔寨經營環境（續）

－行銷費用（含運輸費用）	海運主要依賴西哈努克深水港。內陸水運則依賴湄公河、洞里薩河和巴薩河，雨季時運輸長度約 1,800 公里。柬埔寨空運以載客為主，共有 11 個機場，包括金邊與暹粒 2 座國際機場。
＝營業淨利	
＋營業外收入	
－營業外支出	柬埔寨證券交易所 2012 年 4 月 18 日開市。臺資銀行約 6 家，1998 年起開了 40 家分行，例如國泰世華銀行 14 家分行。
－所得稅費用	1. 所得稅優惠 　　公司所得稅率 20%。依行業別不同，投資案享有 3 至 8 年之免稅期。例如農業及工業免稅期 5 年；基礎建設免稅期 6 年。公司營利所得稅之免稅期自企業首度獲利，或營運 3 年後，方開始計算，因此實際免稅期最多可再展延 3 年。投資法修正案規定，對貿易、批發或零售、娛樂、媒體經營、菸草製造、旅遊服務業、各項專業服務等項目之外人投資案，不給予免公司所得稅優惠。 2. 官員的貪腐成本 　　以 2017 年 1 月 25 日國際透明組織的 2016 年「政府清廉印象指數」（貪汙感知指數）為例，柬埔寨得分 21，在 176 國中排第 156 名，臺灣 61 分、第 31 名。

普遍性優惠關稅制度（Generalized Scheme of Preferences, GSP）

本意：工業國家給「低度開發國家」（LDC，一般指人均總產值 1,250 美元以下）的「免關稅」、「不限配額度」的貿易優惠。例如歐盟對泰、緬。

1. 給泰國的關稅優惠，2015 年 1 月到期，泰國年出口漁產品 70 億美元，有些泰國公司移到鄰國緬甸發展。
2. 2013 年 7 月起，歐盟給緬甸此優惠。

柬埔寨西哈努克港經濟特區（Sihanoukville Special Economy Zone）

時：2006 年 5 月 21 日，簡稱西港特區

地：柬埔寨西哈努克省，西哈努克市是柬埔寨第二大城市，西哈努克港是深水港

人：西哈努克港經濟特區有限公司（西哈努克是柬埔寨王國時期國王的「姓」）

事：是中國大陸商務部跟柬埔寨政府簽定，是商務部的境外經貿合作區，面積 11.13 平方公里，由陸柬公司合資。

　　陸方：江蘇省無錫市紅豆集團、華泰、光明、益多

　　柬方：柬埔寨國際投資公司

　　主要行業：機械電子、服裝、輕工業。109 家公司進駐，1.6 萬位勞工，號稱柬埔寨版的「深圳」。最大量 300 家公司，8~10 萬位勞工。

柬埔寨的臺資公司小檔案

時：2017 年

地：柬埔寨

人：臺資公司

事：臺資公司在中國大陸有 9 萬家，東南亞有 1 萬家，柬埔寨開放外資 20 年，臺
　　資公司 220 家，是越南臺資公司數目的 5%、泰國的 40%。1994~2017 年，臺
　　商投資 41 億美元，外資公司中第七大。

臺商主要產業：成衣、製鞋、房地產。

代表臺資公司：臺南企業、聚陽、如興、寶成，另宏全、薛長興（潛水衣公司）

Unit 15-4　柬埔寨的金邊市房地產投資

表 15-3　柬埔寨政府對外國人購買房地產的規定

項目	說明
一、外國人購屋資格	2010 年柬埔寨政府公布「外國人房地產產權法」（Foreign Ownership Property Law），規定外國人（18 歲以上）購買第二層以上的房屋，可獲得跟本國公民相同的房產產權證，帶動房地產業市場連續上揚。
（一）物件	買賣 2 樓以上的集合式住宅、公寓大樓；針對土地、透天厝、店面不得持有及購買，須跟當地人合資。
（二）最低金額	省略，美元計價，外匯自由匯出入
二、政府稅費	
（一）買入時	4% 產權轉讓稅率，約 600~1,000 美元的律師費
（二）持有時	省略
1. 地價稅	10% 租賃所得稅率
2. 房屋稅	0.1% 房產稅率（指房地產價格 2.5 萬美元以上部分）
（三）出售時	省略
三、銀行房屋貸款	6 家臺資銀行在金邊市設立 40 家分行 交屋拿到產權後，可向銀行申請貸款
（一）成數	銀行購屋貸款成數約五成，依個人債信及標的屋實際狀況而定

表 15-3　柬埔寨政府對外國人購買房地產的規定（續）

（二）利率	外國人買房的貸款利率 7~12%
（三）期間	20 年

表 15-4　金邊市南區、東區房地產個案

基本資料	南區萬景崗區（Boeung Keng Kang, BKK）	東區
一、地理		
（一）位置	萬景崗區位於金邊市中心共有三個分區：BKK1（萬景崗 1 分區）、BKK2 和 BKK3，BKK1 是外僑、當地高所得、企業、觀光客和商務辦公室的聚集核心地區。BKK1 內大使館與多所國際學校林立，更是首屈一指精品及豪宅聚落，龐大的莫尼旺大道兩旁分布多家柬外銀行，有如金融一條街。	補充全市：2019 年起，有 3 萬戶公寓推出，市場漸由供不應求的賣方市場，轉向買方市場。
（二）交通	莫尼旺大道為金邊市中心南北向最主要幹道，交通便捷，公車主要交通網的 1 號線就行經此地。區內的各銀行、精華店面、醫院、知名餐廳皆設立在此，有如臺灣臺北市的敦化信義商圈，到處可見黃金店面林立，是金邊市最具高檔消費力的一級商圈。	柬國高所得人民所得低，難負擔外國人炒高的房價。
二、房地產		
（一）房地產	辦公大樓一直供不應求，扣除稅管理費後，2017 平均年房租報酬率達 4%，公寓約 4~6%。一般辦公室租期 1~5 年，國際級公司進駐，房租相對穩定又單純，加上辦公空間主要由承租方自行裝潢與簡易保養，總體來說，辦公大樓比公寓住宅的出租優勢較多。	1. The Bridge 在白河分區，澳大利亞大使館附近，2 樓 45 層大樓組成，占地 1 萬平方公尺，有 2,300 間房（762 家住宅，983 間住宅辦公室，592 個商店） 2. 鑽石島 在澳大利亞大使館旁湄公河中的「鑽石島」內有歌劇院。 3. 另中心處為馬卡拉區（Makara），比較像臺灣臺北市的中正區，2017 年 9 月推出的新梁基廣場（Sina Plaza，每平方公尺 3,300~3,800 美元）
（二）行情	外資企業最大集中地位於 BKK1 的 282、278 路的北端，特別是 51 和 57 路之間，2017 年 5 月 BKK1 的房地產價格每平方公尺 5,500~7,000 美元（每坪約 58~74 萬元），為金邊市最貴的地區，A 級商務住宅的成交行情每平方公尺 2,600~3,500 美元（每坪 27~37 萬元），而租金行情依大樓類型及管理不同，一至二房每平方公尺 15~20 美元（每坪 1,580~2,115 元），市場供不應求。（摘修自經濟日報，2017 年 11 月 12 日，A4 版，宋健生）	

表 15-4　金邊市南區、東區房地產個案（續）

三、淨利	外匯自由，資金自由進出。柬埔寨於 1994 年頒布「柬埔寨王國投資法」，鼓勵外資公司投資柬埔寨。為了進一步吸引外資，2003 年通過的「柬埔寨王國投資法修正案」開放外資企業可擁有 100% 所有權（有排外行業），或以合資方式設立與營運。

柬埔寨首都金邊市房地產投資熱

時：2012 年起

地：柬埔寨金邊市，其次是西哈努克港特區

人：外國投資人

事：柬埔寨是東南亞國家中唯一以美元計價的國家，且無外匯管制、外國人可持有永久產權等，成為海外房產的當紅熱點。金邊市最精華的 BKK1 使館特區是全球知名精品店、高檔酒吧、國際餐廳以及高端零售商店搶進的精華帶。建案主打垂直森林式的律動建築（rhythm building），及星級酒店式公寓物業管理，提供專業代租代管服務。

Unit 15-5　寮國經濟分析

　　你對寮國（陸稱老撾，ㄓㄨㄚ，但唸成ㄨㄛ）的印象來自哪裡？歷史課本，寮國、柬埔寨在唐宋朝（約 6 世紀到 802 年）稱為真臘（在寮國南部和柬埔寨北部）。

　　寮國被《紐約時報》選為一生必訪 53 個旅遊國家中的第一名，並被歐盟理事會評為「全球最佳旅遊目的地」，境內擁有豐富的歷史古蹟，有北部瑯勃拉邦省的寮國古都瑯勃拉邦市、南部占巴塞省瓦普古城的 Wat Phu Pasak 石廟，以及東北部川壙省瓦罐平原等三處，被聯合國教科文組織（UNESCO）列為聯合國世界文化遺產，平均每年赴寮國遊客達 300 萬人次。

一、政治

（一）獨立建國

　　寮國是東南亞內陸人口小國，跟歐洲東歐的波蘭（甚至波羅的海三小國）

飽受鄰國（東邊越南、西邊泰國等）入侵一樣，1893 年淪為法國殖民地，1953 年獨立建國。

（二）一黨執政

寮越與柬埔寨跟中國大陸相似，皆是共產黨一黨執政，以黨（總書記）領政（總統、總理）。

（三）外交

採取親陸作法。

二、經濟／人口

1986 年 12 月，越南改革開放後，1988 年 11 月起，寮國實施新經濟方案，即小規模改革開放，1991 年 3 月擴大實施。但進入 21 世紀，改革開放幅度比越南、柬埔寨窄。

（一）人均總產值

跟臺灣相比：土地面積 6.58 倍、人口三成。簡單的說，寮國是個「地廣人稀」的地方，所以農業就可養活人民，農業社會時代經濟主要是碾米（含出口）、採錫礦。2004 年，美國給予寮國「正常貿易地位」，當年，人均總產值 417 美元。2011 年，1,236 美元。進入「起飛前準備階段」。2013 年 2 月 2 日加入世貿組織，外資湧入，主要是成衣業等。

（二）所得分配

貧窮率大幅降低：2002 年 33.5%、2013 年 22%。

寮國政府第 8 個五年計畫（2015 年 6 月～2020 年 6 月）

年：2015 年 6 月

地：寮國

人：寮國總理

事：目標 2020 年人均總產值 3,700 美元

　　目標經濟成長率 8.5%、產業結構如下。

　　・服務業 41.9%：觀光業。

· 工業 30.9%：礦業、建築業、電業等。

· 農業 27.2%，主要作物有水稻、玉米、咖啡、菸葉、棉花等。

寮國政府積極吸引外人投資，製造業（主要為鋸木、碾米、成衣、食品、啤酒及竹木製品加工）。外資公司投資寮國成衣加工製造業，主要是勞工成本低廉，型態多為原廠代工（OEM），生產線主要以低階量大、單一品項（一年一款）的成衣生產為主，以外銷歐美市場為主。發展對外貿易及提高加工製造業成長，重點產業包括木材加工、成衣製造加工、食品及飲料加工製造、營建業及手工藝品業等。

寮國（Laos）國家基本資料　2018 年

土地面積：23.68 萬平方公里（全球第 84 名）

首都：永珍市　　　　　　　　　　國歌：寮國人民頌歌

人口數：712 萬人（全球第 104 名）　　民族：「佬」族為主（別稱寮）

總統：本揚 · 沃拉吉（2014.4 起，人民革命黨總書記，2016.1 起國家主席）

執政黨：人民革命黨（149 席國會議員占 144 席）

總產值（GDP）：150 億美元（全球第 122 名）

產業結構：（2016 年）農 21.3%、工 32.5%、服務 46.2%　經濟成長率：7%

需求結構：（2016 年）消費 62.6%、投資 33.1%、政府消費 14.1%、出進口 –9.8%

人均總產值：2,107 美元（全球第 132 名）　吉尼係數：0.446

失業率：1.4%　　　　　　　　　貧窮率：22%（2013 年）

中央銀行：寮人民民主共和國銀行（BOL）　匯率：1 美元兌 8,317 基普

貨幣：寮國基普（Kips，代碼 LAK）　語言：寮語

國家格言：和平、獨立、民主、團結和繁榮

宗教：上座部佛教（小乘佛教）占 67%

行政區：上、中、下寮三地區，16 省、1 個直轄市（永珍市）

寮國首都永珍市（Vieng Chan）小檔案

面積：3,920 平方公里，「永珍」是音譯，意譯是「百萬頭大象」，簡稱「萬象」

人口：80 萬人

人均總產值：約 3,000 美元

交通：陸：鐵路公路開 24 公里到泰國廊開府，可往南連接到曼谷市、大馬、星

　　　海：在湄公河中游

　　　空：瓦岱機場

Unit 15-6 寮國外資公司投資的損益表分析

表 15-5　由損益表架構分析寮國經營環境

損益表	說明
營收	
－營業成本	1. 加入世貿組織 　2013 年 2 月 2 日生效，東南亞 10 國中最後一國，世貿第 158 國，以「低度開發國家」名義加入，預計 2020 年不適用。 2. 1997 年 7 月加入東協 3. 歐美加日給予普遍化優惠關稅制度等 4. 產業結構（2016 年） 　服務業：46.2%，主要是觀光業 2017 年約 500 萬人，泰國人占一半，其次越南人，陸客成長快。 　工業：32.5%，27% 外資公司投資採礦，25% 經營電廠，成衣業占第 5 　農業：21.3%
・原料	農產品：稻米、咖啡、薯類（木薯）、棕櫚 林：樹木多，尤其柚木和紫壇木 礦：錫、銅、石膏、煤等，採礦收入占政府財政收入 12%
・直接人工	
勞工價：薪資	120~250 美元，2015 年基本月薪 112 美元
勞工「量」	勞動人口 350 萬人，失業率約 1.4%，（2016）農業占勞動人口 73.1%，但 45% 農夫每年工作了 6 個月，潛在失業率高。因薪資低，許多人（約 20 萬人）跑到泰國工作。
勞工「質」	缺乏技術勞工

表 15-5　由損益表架構分析寮國經營環境（續）

．製造費用	
水	
電	電費低，水力發電多，外資民營電廠（IPP）多，出口去泰國、柬埔寨、越南等賺外匯。國營寮國電力公司（EDL）發電。
土地	1997 年「土地法」，本國人有土地使用權，外國人有租賃權
＝毛利	
－研發費用	
－管理費用	
－行銷費用（包括運輸費用）	．2016 年底泛亞鐵路中線（或稱陸寮高鐵）開工，2020 年通車，由陸雲南省昆明市到寮國永珍市 ．2016 年 11 月，柬埔寨宣布開放道路、港口供寮國出口。
＝營業淨利	
＋營業外收入	
－營業外支出	資金缺乏，寮幣貸款利率 12%、美元 10%
＝稅前淨利	
－所得稅費用	1. 公司所得稅率 24% 　　1988 年政府頒布外國在寮國投資法 　　2001 年政府頒布（促進和管理外國投資法施行細則） 　　2009 年政府頒布「投資促進法」，11 章、99 條 2. 外資企業前 5 年免稅 3. 2002 年起設立 10 個經濟特區，其中 8 個特區對外資公司有特殊優惠政策。2010 年修正（外國投資法），設置單一窗口，即「政府投資局」（DDFI）。 　・本國公司 35% 　・外國公司 20% 4. 官員貪腐 　一黨專政，法律及行政透明度低，2017 年 1 月 15 日公布的 2016 年國際透明組織發布清廉印象指數，176 國中，寮國排 123 名，比柬埔寨 156 名好，比越南 113 名差。
＝稅後淨利	外匯管制：匯出 1 萬美元，須交易證明。

Unit 15-7　緬甸經濟分析

你對緬甸的印象來自哪裡？

· 電視新聞上對國務資政兼外交部長翁山蘇姬（Aung San Suu Kyi，陸稱昂山素季，1991 年諾貝爾和平獎得主）的報導。

· 緬甸旅遊景點：例如仰光大金寺的大金塔（可說是緬甸地標）、喬達基臥佛寺、茵萊湖、卡帕里海灘等。

· 緬甸的翡翠（或稱緬甸玉），是緬甸出產的硬玉，當你到中國大陸雲南省（南邊跟緬甸接壤）等，因離產地近、價格低、種類多。

一、政治

（一）獨立

1948 年 1 月 4 日，脫離英國統治而獨立。

（二）一黨執政（但國會中軍方保留 25% 席位）

1962~2011 年 3 月 29 日，軍政府統治，2011 年 3 月 30 日起，文人政府上台，軍方隱身幕後。2015 年 11 月 8 日，25 年來首次大選，翁山蘇姬（陸稱昂山素季）領導的全國民主聯盟取得執政權，由於女性不能擔任總統、總理，所以她的職稱是國家資政（類似總理）。

（三）外交

緬甸在外交上維持跟「美陸」等兩大國等距，偏重務實外交。陸方在緬甸的孟加拉灣若開邦皎漂市（Kyaukpyu）設立天然氣管，進雲南省。2016 年 10 月，翁山蘇姬訪日，日本總理安倍晉三承諾 2017~2021 年提供 77 億美元援助或貸款，協助緬甸發展建設。

二、經濟

軍政府在經濟方面採取緬甸式社會主義，公營企業，經濟停頓，因人權紀錄不佳，美國政府 1997 年 4 月禁止美國公司到緬甸投資，歐盟、東南亞 9 國跟進。2011 年，文人政府（總統登盛）上台後，逐漸改善人權，2012 年歐美相繼放寬經濟制裁。外資又大幅湧入。經濟成長率 7%。

（一）人均總產值

2018 年人均總產值 1,275 美元，由農業社會階段晉級起飛前準備階段，產業結構服工農如下：46.2%、27.5%、26.3%。

（二）所得分配

貧窮率：26%，185 國中排第 150 名。

（三）政府的雄心壯志

2011 年政府提出 20 年全面發展計畫。

・5 年 1 期，例如 2011~2016 年、2017~2021 年。

・經濟成長率目標：第一個五年計畫 7.8%，2011~2016 年大抵達標，長期目標 8%。兩條經濟走廊：「迪洛瓦經濟特區－妙瓦底」、「皎漂－木姐」。

緬甸（Myanmar）國家基本資料　2018 年	
土地面積：67.65 萬平方公里（全球第 40 名）	
首都：奈比多市（2005 年起，陸稱奈比都）	國歌：世界不滅
人口數：5,565 萬人（全球第 26 名）	民族：緬族 68% 等
總統：碇喬（2016.3.30 起）	執政黨：全國民主聯盟（2015.11.8 起）
總產值（GDP）：806.3 億美元（全球第 72 名）	
產業結構：（2016 年）農 25.6%、工 34.7%、服務 39.6%	
需求結構：（2016 年）消費 50.9%、投資 38.2%、政府消費 15.2%、出進口 –4.3%	
經濟成長率：7.5%	
人均總產值：1,450 美元（全球第 140 名）	吉尼係數：－
失業率：4%	貧窮（人口）率：（2016 年）25.6%
中央銀行：緬甸中央銀行（CBM）	匯率：1 美元兌 1,042 緬元
貨幣：緬元（代碼 MMK, Kyats）	語言：緬甸語等
國家格言：省略	
宗教：上座部佛教（小乘佛教）89%、基督教 4%、穆斯林 4%	
行政區：7 個省、7 個邦（住其他民族）、1 個聯邦特區、另土瓦經濟特區	

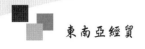

緬甸最大都市仰光市（Yangon）小檔案

面積：約 600 平方公里，2015 年 11 月 5 日前是緬甸首都，之後成為仰光省省會，
　　　都會區 10,170 平方公里

人口：516 萬人，都會區 740 萬人

人均總產值：1,820 美元

交通：陸：鐵路，有環狀鐵路網

　　　河：仰光河河運，可通萬噸輪，離安達曼海 37 公里

　　　空：仰光機場

行政區域：27 個鎮、區

Unit 15-8　緬甸外資公司投資的損益表分析

表 15-6　緬甸投資設廠的經營環境分析

損益表	說明
營收	1. 加入世貿組織：1995 年元旦以低度開發國家名義加入 2. 東南亞經濟共同體：1997 年加入東協 3. 獲歐盟、美國及日本等約 42 個國家給予普遍化優惠關稅制度待遇（GSP），成衣加工業成為最主要產業，次於電力及礦產的第三大主要出口業。2020 年從低度開發國家畢業，無法再享受歐美關稅優惠措施。
－營業成本	
・原料	・2014 年 4 月起，禁止原木出口，環境資源部更進一步限制每年伐木量，以保育森林。 ・2016 年 1 月美國中央情報局估計緬甸天然氣蘊藏量 2,821 億立方公尺，2004 年起，經濟成長動能來自外資對石油和基礎建設的投資 ・公司開辦期間所進口的機器設備減免關稅或其他國內稅 ・公司開辦後前三年因生產所進口的原料，如上述方式租稅優惠 ・出口商品免繳「加值型營業稅」（緬甸稱商業稅）
・直接人工	
勞工「價」	2018 年起，勞動與社會安全部把每日最低薪調高至 4,000~4,800（約 120 元）緬元。
勞工「量」	2,350 萬人，其中估計有 60% 務農，失業率 37%

表 15-6　緬甸投資設廠的經營環境分析（續）

勞工「質」	識字率 90%，平均受教育 8 年（約臺灣國二或稱 8 年級），政府提出「2016~2020 年全國教育方案」，提高人民受教年數，尤其是國中、高中的技職教育。
· 製造費用	
水	
電	缺電
土地	土地貴
＝毛利	
－研發費用	
－管理費用	
－行銷費用	
＝營業淨利	
＋營業外收入	
－營業外支出	2014 年 10 月，緬甸中央銀行批准 9 家外資銀行設立：營業範圍受限，分行只可提供外幣貸款給外資公司
＝稅前淨利	
－所得稅費用	1. 公司所得稅率，內外資皆 25%，外資分公司公司扣繳率 35% 2. 官員貪腐成本，2016 年全球 176 國中，緬甸 28 分，全球第 136 名，東南亞十國中墊底，跟蘇俄 29 分、非洲國家同一級
＝稅後淨利	外資主管機構是「國家計畫暨經濟發展部（NPED）」、「緬甸投資委員會（MIC），1994 年成立，隸屬於財政與計畫部」，2012 年 11 月 2 日，公布「外國人投資法」，施行細則，2013 年 1 月 31 日公布，共 20 章。2014 年通過緬甸經濟特區法。2016 年 10 月 28 日，投資法修訂給外資「國民待遇（指可投資行業只有 112 項例外）」。公司法修正，2017 年 4 月實施。 · 出口公司，出口淨利的公司所得稅率減半 · 5 免：任何生產性或服務性公司，從開辦後，連續 5 年免稅

> **緬甸土瓦（Tavoy）經濟特區**
>
> 時：2010 年 11 月 4 日
>
> 地：緬甸南部德林達依省的省會，人口 14 萬人
>
> 人：緬甸交通部港務局，跟泰國的意大利泰國發展公共公司（ITD，簡稱意泰）簽約，合資成立土瓦發展公司
>
> 事：位置：在南部瀕臨印度洋安達曼海
>
>   土地面積：640 平方公里（或 6.4 萬公頃）
>
>   投資經費：（預計）580 億美元
>
>   交通：土瓦港、深水港，另有土瓦機場，緬甸土瓦市到泰國北碧府鐵路、公路
>
>   合作：泰國政府
>
>   比喻：緬甸版的「深圳」，意泰公司取得 60 年的「BOT」權利
>
>   行業：水力電廠、煉油廠、石化廠、鋼鐵廠
>
>   該特區發展因意泰公司缺錢，中途停止。2015 年 2 月重新簽約，緬甸方面副總統親自督軍。

討論問題

1. 柬埔寨的經濟前景如何？臺資銀行在此有 40 家分行，是豪賭還是有先見之明？（提示：許多臺資銀行八成貸款是臺資公司以外，例如美元房屋貸款）

2. 如果你想投資海外房地產，柬埔寨金邊市你會考慮嗎？為什麼？

3. 請依損益表方式作表比較柬寮緬設成衣、製鞋廠。

4. 你看好緬甸的經濟前景嗎？（提示：有此一說，翁山蘇姬只是檯面上執政，軍人背後實際掌權）

5. 你會想去緬甸設廠、工作嗎？為什麼？

16

南亞六國導論
兼論印度以外五國

Unit 16-1　南亞六國經濟全景

拍照片時，為了了解照片中物體的大小，常把 10 元硬幣放在旁邊，來個對照。本書常用大家較熟的臺灣 2018 年狀況。

・總產值 6,200 億美元（18.27 兆元）；

・人口數 2,360 萬人；

・人均總產值 26,270 美元。

一、總產值

跟臺灣總產值比較，南亞國總產值分二群。

・比臺灣大，1 國印度。

・比臺灣小，5 國。

二、依人口區分

以人口 5,000 萬人來區分人口大、中、小國，南亞 6 國分成二類。

（一）人口大國 3 國

印度、巴基斯坦、孟加拉 3 國人口數 17.23 億人，比中國大陸多，2024 年印度將成為全球人口最多國。

（二）人口小國 3 國

尼泊爾（2,970 萬人）、斯里蘭卡（2,120 萬人）、不丹（80 萬人）。

三、依人均總產值區分

南亞 6 國屬於全球「貧民」最多區，所以只有「中低所得」和「低所得」兩情況，只有「窮」還有「最窮」。

（一）中低所得國 5 國

人多，再加工業程度低，印巴孟三國占全球 7.2 億貧民近半。

（二）低所得國 1 國

尼泊爾與不丹是喜馬拉雅山脈南側的內陸國，內陸國沒有海運之便，比較難發展工業（歐洲中歐瑞士例外），尼泊爾人均總產值屬於「赤貧」。

四、圖示

由本書目錄前的表一第三、第四欄作爲圖 16-1 X、Y 軸，可得到圖，分成二群。

· 人口大國，中低所得 3 國。

· 人口小國，中低所得 2 國，低所得 1 國。

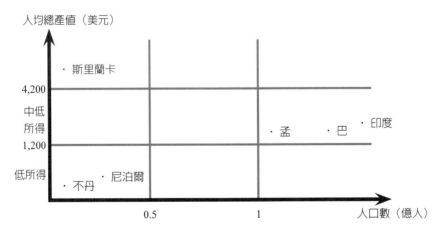

圖 16-1　南亞六國的人口數與人均總產值

> **環孟加拉灣多領域技術暨經濟合作倡議**
>
> （Bay of Bengal Initiative for Multi-Sectoral Technical and Economic Cooperation, BIMESTEC）
>
> 時：1997 年 6 月 6 日
>
> 地：泰國曼谷市
>
> 人：孟加拉灣周邊國，南亞 6 國中 5 國（印度、孟加拉、斯里蘭卡、尼泊爾、不丹）
> 與東南亞 2 國（緬甸、泰國）
>
> 事：這組織是南亞跟東南亞國家間的合作界面，名稱中的「sector」指行業，主要
> 是農業中漁業、工業中能源、服務業中的運輸、觀光；另「貿易」、技術。

Unit 16-2　巴基斯坦經濟分析

臺灣跟巴基斯坦的經濟往來少，所以針對巴基斯坦的報導大都偏重政治面、治安面（主要是塔利班等的恐怖攻擊等）。想了解巴國的經濟，大都來自兩方面。

· 中國大陸：包括「中國評論新聞」、「轉角國際」，甚至中國大陸駐巴國大使館商務參贊處的資料。

· 日本：例如日本經濟新聞社旗下的「日經中文網」，許多是挑戰「陸巴經濟走廊」的新聞。

一、政治

（一）美巴關係

阿富汗是塔利班等伊斯蘭教恐怖分子的大本營，巴基斯坦緊鄰阿富汗，美國以巴國爲前進基地，給予巴國政府軍事援助、經濟援助。

（二）陸巴關係

印度跟巴國爲了邊境（主要是喀什米爾等歸屬），打了幾次戰爭，雙方彼此敵視。美國拉攏印度，中國大陸乘機拉攏巴國政府。

（三）脆弱國家排行榜常客

由「小檔案」可見，在「脆弱國家排名」中，2005~2014 年，巴國可說「每況愈下」，由「警示區」（warning）掉到「警戒區」（alert）；顯示這個國家政權、甚至人民朝不保夕。

二、經濟

巴基斯坦的經濟處於「起飛前準備」階段，孟加拉專攻成衣代工，印度有許多優勢，巴國一直在找自己的定位。

（一）2018 年解決缺電問題

「電力」是工業之母，也是人民生活的基本要求；缺電是老問題，由表 16-1 可見，2015 年起，政府以「煤」取代「天然氣」來火力發電。電力穩定供應，工業才好發展。

（二）經濟成長率由 4% 到 6%

2012~2016 年經濟成長率 4%，2018 年往上攀升到 5.5%。

（三）股市大漲

巴基斯坦證券交易所（PSX）的「KSE 100」（註：K 來自喀拉蚩英文 Karachi 的字首，陸稱卡拉奇）指數，從 2012 年起，漲了四倍。

巴基斯坦（Pakistan）國家基本資料　2018 年

土地面積：88.1 萬平方公里（全球第 36 名）

首都：伊斯蘭瑪巴德市	國歌：保佑神聖的土地
人口數：2.02 億人（全球第 6 名）	民族：旁遮普族 63%
總統：馬姆努恩・海珊	執政黨：穆斯林聯盟

總產值（GDP）：3,092 億美元（全球第 41 名）。2019 年 3,262 億美元（CIA World Factbook）

產業結構：（2016 年）農 24.6%、工 19.4%、服務業 56%

需求結構：消費 80%、投資 15.6%、政府消費 11.3%、出進口 –6.9%

經濟成長率：5.5%

人均總產值：1,406 美元（全球第 136 名）

失業率：6%

中央銀行：巴基斯坦 State 銀行

貨幣：巴基斯坦盧比（PKR）

國家格言：團結、信仰、紀律

宗教：伊斯蘭教 95%

行政區：4 個省、7 個直轄地區

吉尼係數：0.312

貧窮（人口）率：（2017 年度）29.5%

年度：7 月 1 日～翌年 6 月 30 日

匯率：1 美元兌 110.65 巴基斯坦盧比

語言：烏爾都語、英語

表 16-1　巴基斯坦的燃煤火力發電

2014 年前	2015 年起
一、油、天然氣 巴國石油進口每年 140 億美元，其外匯存底在 2014 年 2 月降至 28 億美元的 13 年來新低。亞洲開發銀行指出「巴基斯坦面對油價上漲、國內天然氣儲量減少、對外收支緊絀等問題，再要靠進口石油發電，越來越負擔不起」。2017 年，巴基斯坦跟俄羅斯的天然氣輸送管完工，由喀拉蚩市往北到拉合爾市，長 1,100 公里，每年輸送 124 億立方公尺天然氣。 二、核能發電不是選項 考量巴國的安全紀錄，核電有潛在釀災性。 三、結果 幾十年來一直飽受缺電之苦，情況在 2008 年後變得格外嚴峻，總發電量僅約 1.8 萬百萬瓦特（MW），盛夏時平均短缺約 4,000 百萬瓦特，致使常態性停電在許多家庭用戶達到每天 22 小時，在部分工業用戶甚至更久，因而付出的機會成本，總產值減少 2 個百分點。缺電已嚴重衝擊巴國的民生及產業，引發民怨，甚至升高為政治議題。	2013 年選出的總理夏立夫（Nawaz Sharif，陸譯為謝立夫，2017 年 7 月辭職），把解決缺電危機為首要之務。進口煤炭是筆沈重負擔，促使巴國決心在國內發掘煤源。巴國南部信德（Sindh）省的塔爾（Thar）沙漠地區，可能蘊藏 1,750 億噸煤。 信德省的能源廳長瓦西福（Agha Wasif）說：「這是非常龐大的蘊藏，換算成熱當量，相當於伊朗加沙烏地阿拉伯石油蘊藏量的總合。」巴國官民合營的 Engro Powergan 公司，投資 8 億美元於開發塔爾地區的某區塊，2016 年開始產煤。 巴國的公營、民營電力公司（例如第一大電力供應公司喀拉蚩，KESC），在原本燃燒石油的火力發電廠改建成燃煤。 巴基斯坦政府在臨阿拉伯海的卡西姆（Qasim）港，投入 2 億美元，第 1 階段在 2015 年完工後，自動化卸貨 1,800 萬噸煤炭，2020 年處理能力將增至 2,000 萬噸。此港是巴國第二大港，吞吐量占全國 35%，第一大港喀拉蚩港，吞吐量 55%。

資料來源：整理自工商時報，2014 年 3 月 9 日，C7 版，李鐘龍。

脆弱國家指數小檔案（fragile states index）

時：2005 年起，前身是失敗國家指數（failed states index）

地：美國首都華盛頓特區

人：美國和平基金會與「外交政策」雜誌

事：2016 年 178 個國家

以 12 個因素來評估每個國家政府的效能：例如難民潮、經濟衰退、政府腐敗和犯罪。2016 年巴國第 14 名、2017 年第 17 名。

30 分	60 分	90 分
可持續發展 例如加拿大、澳大利亞、北歐	平和穩定 美、中南美洲、西歐、日	警告（warning）	警戒（alert） 主要是東非、阿富汗

Unit 16-3　陸巴經濟走廊計畫

　　站在臺灣的角度，對巴基斯坦的注意，常常聚焦在「中國大陸—巴基斯坦經濟走廊」，甚至其中的巴基斯坦瓜達爾（Gwardar）港等。本單元以「小檔案」、地圖、表（表 16-2）方式，呈現此計畫。

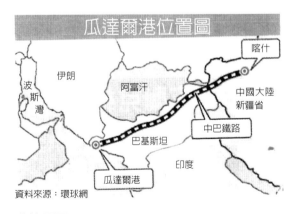

圖 16-2　瓜達爾港位置圖

陸巴經濟走廊（China-Parkistan Economic Corridor, CPEC）

時：2015 年 4 月 20 日

地：中國大陸新疆省喀什市

人：中國大陸、巴基斯坦政府

事：2015 年 4 月 20 日，陸巴政府簽字，總金額 550 億美元，2017 年增至 620 億美元，鐵公機與電占 128.3 億美元，另瓜達爾港 350 億美元。

單位：億美元

一、鐵路	重建喀拉蚩市到白沙瓦市（或白夏瓦市）間 1,872 公里的鐵道	82
二、公路	喀拉蚩市到白沙瓦市的公路	28
三、機場	哈扎拉高速公路接瓜達爾國際機場	2.3
四、能源	伊朗－巴基斯坦	
（一）天然氣管道	薩希瓦爾	16
（二）電廠	塔爾（Thar）	--

表 16-2　陸巴經濟走廊計畫對兩國的效益

層面	對巴基斯坦	對中國大陸
一、國防	多年來，巴基斯坦飽受恐怖攻擊，中國大陸大舉注資，勢必得確保投資項目安全無虞，賣給巴國幾十億美元的防禦武器，並移交海軍兩艘艦艇以協防瓜達爾港。	巴基斯坦西南部的瓜達爾港，距伊朗不到 100 公里，距中東石油咽喉阿曼灣只有 380 公里。中東石油透過瓜達爾港從陸路進入中國大陸新疆省，比經麻六甲海峽運輸更快。給中國大陸提供進入阿拉伯海的「新通道」。瓜達爾港出租給中方 40 年。
二、社會	陸方原始提議有二項： 1. 缺點：中國大陸擬部署一套跨越巴國全國各城市的監視器系統，全天候錄影道路和市場，蒐集數據資料並發送到指揮中心。 2. 光纖網路：一套用於網際網路與廣播電視的全國光纖骨幹與多媒體廣播項目，連結兩國，以利「傳播中國文化」。	2015 年 4 月 19 日，中國大陸國家主席習近平在巴基斯坦《戰鬥報》和《每日新聞報》同時發表題為〈中巴人民友誼萬歲〉的文章。習近平指出，陸巴合作的出發點和立足點是深化兩國利益融合，攜手共謀發展，為兩國人民帶來更多福祉，繪製更加美好的發展藍圖。要把陸巴兩國經貿策略更緊密對接起來，深化經濟融合。

表 16-2　陸巴經濟走廊計畫對兩國的效益（續）

三、經濟	巴基斯坦計畫暨發展部部長阿赫桑．伊克巴勒說，陸巴經濟走廊使巴基斯坦可以連結中亞、中國大陸和南亞共 30 億人。（經濟日報，2015 年 4 月 18 日，A10 版，李維琪）迄 2018 年，增加 232 萬人就業。	2017 年 5 月，在「一帶一路高峰論壇」中，習近平喻為「世紀工程」。致力打造陸巴命運共同體。外交部長王毅形容：如果說「一帶一路」是一首惠及多個國家的交響樂、那麼「陸巴經濟走廊」就是這首交響樂甜蜜的開場曲，是六個經濟走廊「旗艦專案」。
（一）優點	巴基斯坦商業會估計，2017~2021 年這套約當於提升總產值三個百分點。 1. 基礎建設（鐵公機與電）。巴年缺電 60 兆瓦，陸企打造 21 座燃煤發電廠，工程款 350 億美元。 2. 打造經濟特區，例如瓜達爾港自由貿易區。	雙方以「陸巴經濟走廊」為中心，瓜達爾港、能源、基礎設施建設、產業合作為四大重點，形成「1+4」合作布局，帶動巴基斯坦各地區發展。
（二）缺點	2012 年陸對巴出超 93 億美元，2015 年 165 億美元，占巴貿易赤字 200 多億美元的 67%。商務部長賀拉姆．可汗（Khurram Dastgir Khan）說，「巴國要崛起。社會中隱隱有股中國大陸會對我們傾銷廉價品的恐懼，不過除了中國大陸，我們別無選擇。」	有軍方色彩的新疆生產建設兵團承租該國數千畝農業用地，建立從灌溉技術到種子多項專案。2015 年 10 月 29 日約 50 輛卡車組成的「橫貫陸巴經濟走廊」商貿車隊，運輸建材和機械設備，從新疆喀什市出發，沿著陸巴經濟走廊抵達俾路支省。

資料來源：部分整理自商業周刊 1541 期，2017 年 5 月，第 22~24 頁。

Unit 16-4　孟加拉經濟分析

孟加拉在臺灣上電視，大部分都是天災人禍新聞。

・以死亡人數來排名的全球十大颱風，孟加拉占 5 個，其餘是印度、緬甸等，交集是印度洋的孟加拉灣，再搭上低所得國家的簡陋房屋。

・2017 年 8 月緬甸若開邦（Rakhine）的洛興雅（Rohingya）人想越界逃難到孟加拉，孟加拉把難民移送到一座島。

一、經濟

農業（黃麻、皮革、蝦占出口三成）、工業（勞力密集的輕工業成衣代工詳見表 16-4、拆船業），人口密度全球數一數二，全國貧民率高。

二、拆船業

新興國家廉價取得鋼鐵、舊貨方式便是買下淘汰的廢船，予以拆解，稱為舊船解體業（簡稱拆船業），全球共有四階段發展：

（一）1946~1965 年：日、港。

（二）1966~1988 年，臺灣是全球第一大拆船王國，出了三位拆船大王。

（三）1988~2000 年：中國大陸。

（四）2001 年起：印度阿朗（Alang）、孟加拉吉大港（Chittagong）、巴基斯坦加達尼（Gadni）。全球一年有 770 艘貨櫃輪等著拆解，孟加拉占全球 30%。

三、孟加拉鄉村銀行

2006 年瑞典諾貝爾獎委員會把和平獎頒給二個人。

‧孟加拉鄉村銀行（Grameen Bank），俗稱「窮人」銀行。

‧鄉村銀行催生者、總經理尤努斯（Muhammad Yunus, 1940~）。

這個有創意的銀行，協助 1,000 萬人（其中 96% 是婦女）小本（貸款 50 美元）創業，脫離貧窮。我非常推崇其作法，在三本書皆有說到：

‧伍忠賢著《圖解貨幣銀行學》Unit 3-3（五南圖書公司，2014 年 4 月）。

‧麥朝成三人《貨幣銀行學》（五南，2017 年 9 月）。

‧伍忠賢著《圖解財務管理個案分析》1 章（五南，2018 年），另有出電子書，聯合線上（udn），2017 年 7 月。

孟加拉（Bangladesh）國家基本資料　2018 年

土地面積：14.4 萬平方公里（全球第 95 名）

首都：達卡市　　　　　　　　　　　　國歌：金色的孟加拉

人口數：1.6766 億人（全球第 8 名）　　民族：孟加拉族 98%

總統：阿卜杜勒・哈米德（2013.3.14 上任）　執政黨：人民聯盟

總產值（GDP）：2,343 億美元（全球第 45 名）

產業結構：（2016 年）農 15.1%、工 28.6%、服務業 56.3%

需求結構：消費 67.5%、投資 27%、政府支出 6%、出進口 –0.05%

經濟成長率：7%

人均總產值：1,400 美元（全球第 139 名）

失業率：4.2%　　　　　　　　　　　吉尼係數：（2010 年）0.320

貧窮（人口）率：（2016 年）12.09%（一日 3 美元以下）

中央銀行：孟加拉銀行　　　　　　　匯率：1 美元兌 82.685 塔卡

貨幣：塔卡（Taka）　　　　　　　　語言：孟加拉語，另英語

國家格言：省略

宗教：伊斯蘭教 89%、印度教 10%

行政區：7 個專區，以各區的首府命名，例如達卡、吉大港專區等。

主要出口：成衣（75%）、冷凍食品（蝦子）、黃麻和皮革等占 15%。

孟加拉的「拆船業」（shipbreaking）小檔案

時：1965 年起

地：孟加拉吉大港（Chittagong）以北 20 公里的斯塔肯度（Sitakundu）

人：20 萬人，在 18 公里長、80 個拆船廠

事：船舶解體

・電視節目：「國家地理頻道」2014 年 5 月 15 日「鐵與血之歌：拆船工人」，拆船工人用乙炔槍拆船，很危險（高空墜落、爆炸、空氣汙染等），日薪 4 美元。

Unit 16-5　孟加拉與斯里蘭卡成衣代工業比較

中國大陸是全球最大的成衣代工國家，主要集中在廣東省東莞市，孟加拉全球第二（全球市占率 4.8%），南亞斯里蘭卡、東南亞柬緬、東非衣索比亞是新起之秀，詳見表 16-3、16-4。

一、孟加拉成衣代工業

以 2015 年的數字來看成衣代工業（garments industry）。

- 營收 280 億美元；有註冊公司 6,000 家。
- 勞工數 420 萬人；九成以上是女性。
- 占出口額 75%。
- 最大公司：莫哈馬迪公司（Mohammadi Group）。

二、孟加拉令人有血汗工廠的印象

孟加拉的成衣代工公司許多是「血汗工廠」，為了省錢，許多工廠是把舊商業大樓改裝，這出現兩個大問題。

（一）2012 年，火災死 112 人

2012 年 12 月 25 日，塔茲琳時裝公司火災燒死 112 人，死亡人數如此之高是因為公司為了避免員工落跑等，便用鐵鏈把工廠安全門等皆鎖死。一旦失火，只剩下前門可跑，人多門小，逃跑無門。

表 16-3　全球成衣代工的四階段發展

階段	I	II	III	IV
時間	1950~1960 年代	1970 年代	1985~2005 年	2005 年起
區域／國家	日本	亞洲四小龍：韓、臺、港、星	東亞：中國大陸，主要在廣東省，7,000 家公司 東南亞：泰、馬、菲、印尼	東南亞：越 南亞：印度、孟、巴、斯里蘭卡 東歐：保加利亞，勞工 12 萬人

（二）2013 年，沙瓦鎮大廈倒塌，死亡 1,100 人

工業大廈的特點是鋼柱粗、柱子粗、樓地板厚，才能承受機器設備重量。由「小檔案」可見，2013 年，一座大廈倒塌，死亡 1,100 人。

三、樓倒後遺症

大樓倒，1,100 人逝世，這樣血淋淋新聞，引起全球注意，許多團體要求歐美國家品牌公司不要下單給血汗工廠。

（一）品牌公司要求代工公司漲薪水

再加上成衣廠工人集體罷工，2014 年 12 月起，政府把每月基本工資一口氣調高 79% 到 68 美元。

（二）2014 年，越柬與印尼、印度搶單

一些西方成衣零售公司顧慮孟國的工廠安全、工資高漲及政治不確定性，把代工訂單轉到印度、越南、印尼和柬埔寨等國家，甚至巴基斯坦的成衣獲准免稅輸入歐盟，詳見表 16-5。孟加拉成衣代工公司向委託人要求加價，但未果，許多代工公司為了固單，甚至殺價搶單，以致出現虧損，詳見表 16-6。

孟加拉成衣代工大樓倒塌 1,100 人死小檔案

時：2013 年 4 月 24 日

地：孟加拉達卡市附近沙瓦鎮 Rana Plaza

人：成衣公司與勞工

事：一家工業大廈因樓地板負重超負荷以致大樓倒塌，1,100 人死亡。全球成衣業
　　死傷最慘的意外，掀開孟國勞工處於隨時會發生火災、倒塌、爆炸的險境。

表 16-4　全球知名服飾公司在孟加拉下單

服飾	品牌公司
1. 平價時尚服裝	瑞典 H&M、西班牙印第紡旗下 ZARA、日本迅銷公司旗下 UNIQLO、美國 GAP、英國馬莎百貨（Marks & Spencer）
2. 內衣	美國維多利亞祕密（Victoria's Secret）、Calvin Klein、Hanes

表 16-5　2015 年全球紡織業產值　　　　　　　　　　　　　　　　單位：億美元

產品 排名	紡織品			成衣服飾品		
	國家	金額	市占率（%）	國家	金額	市占率（%）
1	中國大陸	1,117	38.45	中國大陸	1,741	38.36
2	印度	183	6.3	孟加拉	266	5.86
3	美	144	4.96	香港	235	5.18
4	土耳其	125	4.3	越南	184	4.05
5	南韓	110	4.1	印度	183	4.03
6	臺灣	102	3.51	其他	1,930	42.52
7	其他	1,154	38.69			
小計		2,905	比重		4,539	100

資料來源：世貿組織。

表 16-6　斯里蘭卡與孟加拉成衣代工損益表比較

損益表	斯里蘭卡	孟加拉
營收		歐盟等給普通化優惠關稅制度
－營業成本		
・原料		布等靠進口（例如印度）
・直接人工	2016 年，日本貿易振興機構（JETRO）一項調查顯示，可倫坡市的基本月薪為 161 美元。	孟加拉首都達卡市 100 美元 技術勞工缺乏
・製造費用		機器老舊，效率低無法接高價單
＝毛利		
－研發費用		
－管理費用		中階管理人才少
－行銷費用（含物流費用）	貨櫃船從斯里蘭卡到日本的運費，比從孟加拉到日本便宜約四成。	
＝營業淨利		
＋營業外收入		
－營業外支出		銀行貸款利率 13%
＝稅前淨利		
－所得稅費用	公司所得稅率 15%	公司所得稅率 25%
＝淨利		

資料來源：部分整理自經濟日報，2016 年 12 月 18 日，A12 版，沈瑞文。

Unit 16-6　斯里蘭卡經濟分析

斯里蘭卡是南亞南邊的島國，臺灣報導很少，旅遊節目少見，本書以三個單元篇幅說明。

一、政治

政治上為總統制（任期 5 年，得連選一任），國民議會 225 席議員。有 3 個大黨：自由黨、聯合國家黨、泰米爾民族聯盟。

二、經濟狀況

斯里蘭卡的經濟發展階段在南亞 6 國中獨樹一幟，有點東南亞中新加坡的感覺。

（一）經濟已屆羅斯托的「起飛」階段

人均總產值 4,000 美元，已到了經濟起飛階段。

（二）產業結構

由「國家基本資料」可見產業結構如下。

- ．農業占 10.1%：其中著名的「錫蘭」（1972 年斯里蘭卡的國名，Ceylon）紅茶。
- ．工業占 33.2%：其中主要是成衣加工業，2016 年占出口 45%。
- ．服務業占 56.7%。

三、生產因素市場

由表 16-7 第一欄可見生產因素市場的二項。

四、產業結構

成衣代工業是最大出口業，以 2016 年為例，占出口 45.9%。

- ．出口區域：美 45%、歐盟 41%、其他 14%。
- ．勞工數：300 家紡織公司，聘雇 30 萬人，占工業二成。
- ．出口金額：2010 年 33 億美元、2016 年 46 億美元、2020 年目標 80 億美元。
- ．最大公司：MAS，員工 5.5 萬人。

五、需求結構

由表 16-7 第二欄可見需求結構。

針對消費商機，本書以表 16-7 的格式呈現，以作為分析各國消費商機的參考格式。

斯里蘭卡（Sri Lanka）國家基本資料　2018 年

土地面積：6.56 萬平方公里（全球第 122 名）

首都：可倫坡市（Colombo），陸稱科倫坡　　國歌：母親，斯里蘭卡

人口數：2,120 萬人（全球第 57 名）　　民族：僧伽羅人 74.9%

總統：邁特里帕拉‧斯里塞納（2015 年 1 月 9 日上任）　執政黨：聯合國家黨

總產值（GDP）：926 億美元（全球第 66 名）

產業結構：（2016 年）農 8.2%、工 30.6%、服務業 62.6%

需求結構：消費 67.6%、投資 31.5%、政府消費 8.6%、出進口 −7.7%

經濟成長率：5%

人均總產值：4,368 美元（全球第 104 名）

失業率：4.2%　　　　　　　　　　吉尼係數：0.46

中央銀行：斯里蘭卡中央銀行　　　　貧窮（人口）率：（2012 年）6.7%

貨幣：斯里蘭卡盧比（SLR）　　　　匯率：1 美元兌 158 盧比

語言：僧伽羅語（74.9%）、泰米爾語（11.2%）、英語

國家格言：斯里蘭卡原意為「樂土」、「光明富饒的土地」

宗教（2012 年）：佛教（70.2%）、印度教（12.6%）、伊斯蘭教（9.7%）、基督教與天主教（6.1%）

行政區：9 個省、25 個行政區

經濟：寶石（石墨占全球第一）、農業（稻米、茶葉、咖啡、椰子、橡膠）

產業結構：農業 10.1%、工業 33.2%、服務業 56.2%、但農民占 72%

表 16-7　斯里蘭卡的生產因素與商品市場

生產因素市場	需求結構（商品市場）
一、自然資源 1. 土地廣 2. 工礦中的石墨等 二、勞工 民眾把家庭排第一，事業排第二，週六日及例假日都是家庭日，全家一起打掃房子、買菜、買東西。根據日本貿易振興機構（JETRO）調查，工廠勞工的平均月薪約 143 美元，比印尼和越南便宜。薪資差距大，一般家傭每月薪資 1.5~2 萬元盧比（約 2,900~3,900 元），大學畢業生每月薪資約 3 萬盧比（約 5,882 元），外資企業高階主管 100 萬盧比（約 19.6 萬元）以上。很多年輕人不願進入工廠工作，加上手工業需要女工，而女人觀念較保守，年滿 16 歲後，父母開始安排相親，結婚生子後大多辭掉工作、照顧家庭。	一、消費 斯里蘭卡貧富懸殊，一般家庭每月收入 2 萬盧比，扣除生活費用後，很難儲蓄且消費稅高。 二、投資 2015 年外資中陸港多，日本第 17 名。 三、政府支出 1. 例如 2016 年起西部大都市計畫（Western Region Megapolis），針對可倫坡市和西部省，占產值 40%，發展金融、電子、物流業。 2. 基礎設施完善，比印度更適合臺商設廠，基礎設施主要是 2005 年起由陸企承攬。 四、國際貿易 斯里蘭卡跟其他南亞國家簽訂貿易協定，善用斯里蘭卡關稅優勢，在當地設廠（例如手機）做一定程度加工後，利用該關稅條件進入印度及巴基斯坦。

表 16-8　斯里蘭卡的所得與消費

食	衣住行育樂
一、食 1. 在飲食習慣方面，一天有五餐，早午餐及午晚餐中間有上下午茶（tea break），正常三餐時間較晚，民眾早晚餐習慣吃麵包沾咖哩或三明治類輕食，午餐以米飯為主食，咖哩加雞、魚及一些青菜，有些公司會提供三明治給員工當早餐。 2. 餐廳 各大城市餐廳普遍辛辣無比的咖哩、椰子食品、Hoppers 等，都是常吃的食物。大城市有麥當勞、必勝客、達美樂、漢堡王等連鎖餐廳。咖啡店有「麵包物語」、星巴克、Coffee Bean。受到英國統治 150 年的文化影響，斯里蘭卡延續英國早茶、午茶、晚茶的習慣。	二、衣 購買較高檔服飾、餐具等品牌商品到連鎖百貨公司 ODEL、Barefoot、Cool Planet 等，或到大型購物中心 Majestic City、Liberty Plaza、Kandy City Centre 等。網路購物費用及手機價格下降，20~35 歲消費者會在網路上購物。 三、住 斯里蘭卡終年陽光普照年溫差小，很適合發展太陽能板事業。由於電費較貴，很多人都在屋頂裝太陽能板，多餘的電可賣給電力公司。 四、行 斯里蘭卡不生產汽車，都從國外進口，約九成是日系汽車，而油電車占約八成。因日規

表 16-8　斯里蘭卡的所得與消費（續）

3. 甜點 由於民眾喜歡吃甜食，加上斯里蘭卡生產茶葉，以錫蘭紅茶著名，飲料、甜品等餐飲連鎖事業很適合前來發展。 4. 購物 跟其他南亞國家人民消費習慣大致雷同，購買日常用品習慣到連鎖超市或到傳統市集（如 Pettah Market）等。	車耐用、省油、好維修，日系汽車大受歡迎，油電車排名依序為豐田、日產、本田。舊車不會因年份折舊價格下跌很大，因此對汽車零配件需求穩定成長。人民注重環保，城市建設或發展觀光產業都刻意保持原生態，油電混合汽車極為普及。 五、育 1. 教育從小學到大學免費，受教育年限 14 年，識字率 91.2%，人力素質高，英語普遍為商業用語。 2. 到公立醫院就醫免費。 六、樂 省略

資料來源：整理自經濟日報，2017 年 6 月 25 日，A12 版，蔡幸儒。

Unit 16-7　斯里蘭卡的政府支出與國際貿易

　　2017 年起，中天新聞「文茜的世界周報」等節目很喜歡做美日陸在南亞的角力，其中報導陸日兩國公司爭奪斯里蘭卡的政府的基礎建設案，以 2016 年來說，陸方拿下 180 億美元的合同。

一、政府支出中的基礎建設

　　斯里蘭卡土地面積是臺灣的 1.82 倍，呈「菱形」（或鑽石型），政府預算有限，鐵公機等基礎建設必須仰賴外國，2005~2015 年由陸企獨占，詳見表 16-9。

（一）1983~2009 年，泰米爾之虎（LTTE）叛亂

　　由「國家資料」可見，斯里蘭卡第二大民族泰米爾族一些人尋求獨立，1977~2009 年發動許多游擊隊的攻擊。前總統靠「戕害人權」方式對付叛軍，遭到歐美各國政府譴責且拒絕貸款或撤銷援助。

（二）2005~2014 年，大玩「中國大陸牌」

　　這期間的總統、總理大打「中國大陸牌」，大抵是政府跟陸企三七出資的「官民夥伴制（Public-private partnership, PPP）」。

二、2016 年 3 月起，日本公司搶進

2016 年 3 月日本國際協力機構（JICA）跟斯里蘭卡政府締約，以 454.28 億日圓（約 139 億元）為上限，貸款給該國用來擴建可倫坡市班達拉奈克（Bandaranaike）國際機場。

三、國際貿易

在國際貿易方面東南亞的新加坡，扮演轉口港角色，1989~2005 年香港也是扮演東亞轉口港角色，直到 2005 年 12 月 10 日，浙江省外的洋山港啟用，成為上海市的外港。在南亞中的斯里蘭卡地理位置佳，成為 3 個區域的樞紐，再加上勞工等條件配合，發展成衣代工等轉口貿易，詳見表 16-10。

（一）地利之便有助於轉口貿易

翻開世界地圖，斯里蘭卡港口的地理優勢一目了然。北有印度、孟加拉、巴基斯坦等人口大國；往東的東南亞，往西有中東及非洲，擁有海運物流中心地理位置。由於印度的主要港口水深大多不到 10 公尺，很難停靠大型船隻，因此必須先把大船停在水深達 15 公尺的可倫坡港，再把貨物重新裝載到較小的接駁船，運往印度。2016 年，可倫坡港處理貨櫃量 574 萬個（全球 24 名），附近區域港口吞吐量如下。

- ‧東亞：上海（洋山港）3,713、南韓釜山港 1,943（全球第 6）、香港 1,963 萬個（全球第 5）。
- ‧東南亞：星 3,090 萬個（全球第 2）。
- ‧南亞：印度寶瓦哈拉爾尼赫魯港 448 萬個。

（二）自由貿易港的簡易加工

在斯里蘭卡做到，詳見表 16-10 第二欄中的第 1 項。

表 16-9　斯里蘭卡政府與陸企的 8 個基礎建設案

項目	說明
一、承包	以可倫坡港口城（Colombo Harbour City）為例 由陸企中國交通建設公司旗下港城公司承攬 工程款 14 億美元
二、勞工	主要聘用陸工
三、資本	
1. 貸款	七成由陸方國家開發銀行出借，利率約 6%，迄 2017 年貸款 40 億美元
2. 自備款	三成

表 16-10　斯里蘭卡的區域樞紐角色

南亞	往中東、非洲與歐洲
一、全球 1. 服飾：出口金額約 45.9% 是衣物服飾類。承攬的代工業務中，高附加價值的衣物比重相當高，像美國知名品牌維多利亞的祕密的女性內衣、服飾品牌雷夫勞倫（Ralph Lauren）的運動衫和外套，都是由服飾公司 MAS 代工生產。 2. 茶：斯里蘭卡以紅茶產地聞名全球，2015 年的紅茶出口金額達 13.4 億美元，約占出口金額 12.8%。 二、南亞 2015 年斯里蘭卡政府核准德國福斯汽車設立汽車組裝廠，2018 年投產。主因是斯里蘭卡跟印度簽自貿協定，4,000 項工業製品（含汽車零件）福斯把印度工廠所生產的零件運送到斯里蘭卡組裝。把汽車出口到印度和其他國家。	一、境外服飾加工區 擁有地理優勢和價格競爭力頗高的勞動力，可倫坡港作為第三方物流（3PLs）中心以及印度進出口門戶，地位日漸提升。瑞典 H&M、美國 GAP 等全球知名的快時尚品牌，都由孟加拉、緬甸和越南等代工工廠生產，生產的服飾大部會匯集到可倫坡港，附近的物流中心有多位女性勞工檢查脫線、熨燙、掛牌等。由這港再出口。 二、物流公司 這幾年來從東南亞各國輸往非洲和歐洲的貨運量大幅成長，在位居樞紐的斯里蘭卡，日商 SG 控股公司（旗下有佐川急便）在 2014 年以 80 億日圓（約 24.5 億元）收購斯里蘭卡最大物流公司 Expolanka，主要處理斯里蘭卡服飾輸往亞洲中的中東、非洲、歐洲。

資料來源：整理自商業周刊 1497 期，2016 年 7 月，第 72~74 頁。

Unit 16-8　尼泊爾經濟分析

你有沒有去過尼泊爾？

有些人對尼泊爾的印象主要來自「喜馬拉雅山大健走」電視節目。電視、網路會拉進我們跟一國的親近程度，再來分析這個國家的經濟、公司經營，就覺得有切身感。

一、經濟成長率

2015 年 4 月 25 日尼泊爾發生 7.8 級的地震（7,600 人死亡），加上 2016 年印度廢止大額盧比事件，對印度與尼泊爾跨境貿易有不利影響，使尼泊爾經濟雪上加霜。2017 年在紡織品銷美免除關稅，以及地震後重建逐步走上軌道下，經濟成長率 7.5%。

二、經濟需求分析

尼泊爾的人均總產值 833 美元，約只有臺灣的 3.3% 或是臺灣人工作 12 天的所得。所得水準屬於聯合國「開發中國家」之列，在亞洲是極少見。由表 16-11 可見其內需。

- 尼泊爾「勞工」，跟菲律賓很像：探索頻道中有一集報導尼泊爾男生練身體，立志加入英國軍隊，這是勞力輸出的典型。最慘的是女性去印度孟買市當妓女。

- 觀光業收入占總產值近六成：埃及是靠金字塔、古物博物館吸引外國遊客，觀光業收入占總產值 33%；尼泊爾是靠「天生麗質」的喜馬拉雅山（包括最高峰珠穆朗瑪峰）。

尼泊爾（Nepal）國家基本資料　2018 年

土地面積：14.72 萬平方公里（全球第 94 名）

首都：加德滿都市　　　　　　　　國歌：唯一百花盛開的國家

人口數：2,970 萬人（全球第 47 名）　民族：卡斯人、尼瓦爾人、馬嘉族

總統：比迪婭‧班達里（2008 年由君主制改為聯邦制）

執政黨：共產黨（聯合馬列），2016 年 8 月 3 日起

總產值（GDP）：256.8 億美元（全球第 106 名）

產業結構：農 29.2%、工 13.1%、服務業 57.7%

需求結構：消費 82.8%、投資 35.5%、政府消費 11.6%、出進口 –29.9%

經濟成長率：0.4%　　　　　　　　人均總產值：865 美元（全球第 156 名）

失業率：3.3%　　　　　　　　　　吉尼係數：0.3284（2016）

中央銀行：Rastra 銀行　　　　　　貧窮（人口）率：（2011 年）25.2%

貨幣：尼泊爾盧比（NPR）　　　　匯率：1 美元兌 103 尼泊爾盧比

國家格言：母親和祖國比天堂更偉大　　語言：尼泊爾語和英語

宗教：卡斯人信印度教 80%、佛教 12%、其他 8%

行政區：14 個專區

表 16-11　尼泊爾需求分析

國內需求	國際需求
一、消費 2,954 萬人，平均壽命 69 歲，八成的人口居住在農村，由於國外匯入款及可支配收入增加，尼泊爾中所得階級購物不再以價格為主要考量。在零售通路方面，加德滿都市有六家大型購物中心，有超市、暢貨中心等，在百貨公司、手機銷售、餐飲業有少數連鎖經營。有些行業例如醫療器材產品等，由於競爭程度及消費者意識較低，因此利潤極高。 2017 年，國營尼泊爾電信公司在加德滿都市和西部大城伯卡拉市推出 4G 通訊服務，帶動行動通訊成為發展最快速的產業。功能手機仍有市場，大型公司 Apex 手機部主管 PushkarGhimire 表示，臺灣手機品質及性能皆優，在尼泊爾未設據點，後續維修不易，因而人民用南韓手機。許多在尼泊爾成功的大型公司都是印資，但刻意隱藏身分，主因就是加強品牌在尼泊爾市場的接受度。因此產品欲打入尼泊爾市場時，應考量如何在消費者同儕間造成話題性與比較性。 二、投資 製造業產值占總產值 15%，主要為水力發電，跟印度、孟加拉等國簽有水力發電出口協定。 三、政府支出 尼泊爾基礎建設不足，供電不穩，衍生商機例如不斷電系統、移動式發電機及太陽能設備等。	四、國際貿易 （一）商品 尼泊爾 2004 年加入世貿組織、南亞區域合作聯盟（SAARC）創始國、環孟加拉灣多領域經濟技術合作倡議（BIMSTEC）的成員。2016 年 12 月起，尼泊爾地毯、頭飾、披肩、圍巾等紡織品出口美國，得享 10 年免稅待遇；占出口值 35%。 尼泊爾主要出口市場為印度、美國及德國，2016 年對印度出口占出口金額約六成；主要進口來源包括印度（占 65.4%）、中國大陸及阿聯大公國。臺灣為尼泊爾第 23 大進口來源國，主要產品為鋼板、聚氯乙烯、塑料等，適合銷往尼泊爾產品首推資訊、消費電子產品。 （二）服務貿易 1. 南亞版「菲律賓」 由於製造業不振，很多尼泊爾民眾出國工作，因此國外匯入款占總產值 28%。 2. 觀光業 喜馬拉雅山豐沛的觀光資源，且多處景點被聯合國列為世界遺產。觀光旅遊占總產值 33%，是最重要的產業。

資料來源：整理自經濟日報，2017 年 6 月 25 日，A12 版，洪好靜。

Unit 16-9　不丹王國經濟分析

臺灣對於不丹王國的新聞主要集中在王室。

· 有網站評比全球國家領導人「顏值」，不丹國王旺楚克（姓 Wangchuck，1980~）。

· 旺楚克跟漂亮皇后吉增 · 佩瑪（Jetsun Pema, 1990~）「灰姑娘」的結婚歷史。

一、低所得又不幸福

（一）美麗的誤會

1972 年，不丹政府提出「人民總體幸福指數」以取代「總產值」，2008 年 11 月推出。2006 年，某單位發表全球幸福國家，不丹列全球第 8 名，位居亞洲第一名，於是有些人「人云亦云」的說「不丹」是「全球最幸福國家」。

（二）真相大白

聯合國的「全球幸福報告」中，不丹都在 100 名以後，是「很窮」（人均總產值 760 美元）的不幸福國家。

二、生產因素市場

詳見表 16-12 第一欄。

三、商品市場

不丹是內陸國，工業不發達，大部分工業製品都從印度進口。不丹最大的貿易業是旅遊業，由於地狹人稠，旅館不多，於是採取以價制量方式，政府向外國旅客收 200~250 美元的規費，且活動範圍受限，無法臨時變更行程。

不丹王國（Bhutan）國家基本資料　2018 年	
土地面積：3.8394 萬平方公里（全球第 135 名）	
首都：廷布市	國歌：雷龍王國
人口數：80 萬人（全球第 165 名）	民族：沙爾喬普人、噶隆人、洛昌人
國王：旺楚克	執政黨：人民民主黨
總產值（GDP）：27 億美元（全球第 167 名）	

產業結構：（2016 年）農 16.4%、工 42.2%、服務業 41.4%

需求結構：消費 54.7%、投資 50%、政府消費 17.9%、出進口 –22.6%

經濟成長率：8%

人均總產值：3,375 美元（全球第 121 名）　　吉尼係數：（2012 年）0.387

失業率：3.2%　　　　　　　　　　　　　　貧窮（人口）率：（2012 年）13.3%

中央銀行：金融管理局　　　　　　　　　　匯率：1 美元兌 64.43BTN

貨幣：努爾特魯姆（BTN）（陸稱努札姆）　語言：宗喀語

國家格言：「不丹」是印度文的轉寫，意思是「西藏」旁的高地

宗教：藏傳佛教 75%、印度教 25%

行政區：4 個行政大區，下轄 20 個「宗」

註：「不丹」的宗喀語原意是「主城」、「雷龍之地」

表 16-12　不丹王國的生產因素與商品市場

生產因素市場	需求結構（商品市場）
一、自然資源 發展對環境影響較小的水力發電及旅遊業，以提振經濟。 二、勞工 在資訊通訊方面，不丹 2010 年起啓動 ChiphenRigpel 教育計畫，培育 12 萬名資訊通訊技術人才。 三、資本 四、技術 五、企業家精神	一、消費 有三成人口生活在城市，飲食習慣口味較重，罹患三高、糖尿病、腎臟疾病人數日益攀升，對於血糖機等醫療器材的需求大增。由於健康問題逐漸受到重視，人們開始注重運動休閒活動，因氣候及地理因素，戶外運動較不活躍，占地不大的廷布市有當地品牌健身房出現。 二、投資 不丹海拔 3,000 多公尺，國土 98% 為山地，人口 80 萬人，市場胃納難支撐工業發展。當地缺乏食品機械，對於外國食品及包裝機械表達高度興趣，包括食品充填機械、食品製造機械、鼓風機、小型包裝機等。 三、政府支出 政府財政收入主要是水力發電 72% 出售給印度，再向印度買進石油。 四、國際貿易 在貿易上高度倚賴印度，兩國間簽有自由貿易協定，大部分原材料、生活用品多自印度進口或由印度轉口。市面上的中國大陸製產品多為陸企為印度公司代工，透過印度港口進入印度後，再轉往不丹。

資料來源：整理自經濟日報，2017 年 6 月 25 日，A12 版，洪好靜。

討論問題

1. 巴基斯坦跟中國大陸的「經濟合作計畫」（尤其是陸巴經濟走廊）對巴基斯坦的經濟成長率的貢獻如何？（提示：上網查，你會看到一堆文章）

2. 如果是你，你會不會投入中國大陸跟外國政府所合建的工業園區？（例如巴基斯坦的海爾—魯巴工業經濟園區）

3. 尼泊爾如何走出經濟困境？（提示：1993 年電影《侏羅紀公園》公園中名言「生命會找到出路」（Life finds a way），你知道印度孟買市紅燈區的娼妓主要來源之一？）

4. 如果你想設立（或外包）成衣代工廠，你會選斯里蘭卡、孟加拉、印度或其他國家？為什麼？

5. 你去不丹旅遊，會如何規劃行程，為什麼？

17

印度經濟分析

Unit 17-1　印度經濟快易通

你有沒有去過印度旅遊、出差、工作？臺灣 99% 以上的人沒有。外國人對印度的了解大抵是從電視（含網路，陸稱視頻），舉一些例子來拉近你跟印度的距離。

（一）食

孟買市的「便當快遞傳奇」（註：達巴瓦拉，Dabbawala，達巴是指鋁或錫便當盒）。（詳見工商時報，2017 年 6 月 4 日，C9 版，諶悠文）

（二）行

- ·印度是世界最髒國家（原因之一是沒有公共廁所），2017 年全球最髒的 10 個都市有 2 個（孟買、新德里市）在印度。
- ·孟買市的火車系統。

（三）樂

- ·印度寶萊塢（Bollywood，B 來自 Bombay）電影，其中「三個傻瓜」（2009 年）或「廁所愛情故事」（2017 年），印度號稱一年拍出 1,200 部電影。
- ·旅遊景點泰姬瑪哈陵。
- ·旅遊節目，去西南部果阿（Goa）市。

本書聚焦說明印度的經濟「過去與展望」，談過去的目的是「預測未來」。

一、印度政治對經濟的影響

一般來說，政治是經濟的「頂層設計」，甚至許多經濟政策都是基於政治上的算計（稱為泛政治化），本單元說明印度「政體」、「政黨」對經濟政策的影響。

（一）聯邦政體

印度有 29 個「邦」（pradesh），看似「聯邦制」，但中央政府的權力大於邦政府。

（二）執政黨

印度政黨 100 多個，但比較像經濟學中市場結構的寡占市場，兩大黨輪流執政，大抵是國大黨 8 比 2，贏人民黨。

（三）幾個國家政黨在經濟政策上的立場

電視上每次談到重要國家時，總是以「（政治上）左派」（political left）與「（政治上）右派」（political right）來簡單二分法。

- 知其所以然：左派右派的稱呼來自 1789 年法國大革命前的英國「下」（或眾）議院，執政黨和反對黨因經濟政策的對立，支持市場經濟的議員站在議場「右」邊，支持經濟平等的站「左」邊。
- 清一色是拚經濟平等贏得選票：由表 17-1 可見，幾個大國都是支持市場經濟的政黨和人當選（法國總統馬克宏中間派）。在印度大都是國民大會黨執政，績效差，人民黨才撿到機會。2014 年 5 月 24 日眾議院 543 席中，以印度人民黨為主的民主聯盟取得 61.5% 席位（註：1984 年以來，執政黨常未過半，須採聯合政府）共 334 席。尤其是窮困地區，人民黨幾乎是壓倒性勝利，窮人希望換人做做看，來謀個翻身機會，人民黨黨魁莫迪接任總理，在經濟政策上採「改革開放」。

印度（India）國家基本資料　2018 年

土地面積：329 萬平方公里（全球第 7 名）

首都：新德里市　　　　　　　　　　　　國歌：萬民心靈的主宰者

人口數：13.534 億人（全球第 2 名，2024 年 14.4 億人，全球第 1 名）

總統：科文德（Ram Nath Kovind, 2017.7.25~）　　民族：印度斯坦族占 72%

總理：納倫德拉‧莫迪（2014.5~）　　　　執政黨：印度人民黨（BJP）

總產值（GDP）：2.5686 兆美元（全球第 7 名）　經濟成長率：7.3%

產業結構：（2016 年）農 17.4%、工 28.8%、服務 46.7%，工業中製造業占 17%

需求結構：（2016 年）消費 58.7%、投資 27.1%、政府消費 31%、出進口 –16.8%

人均總產值：1,900 美元（全球第 132 名）

吉尼係數：0.352（2011 年全球第 130 名）　　貧窮（人口）率：21.9%（2011）

失業率：8%　　　　　　　　　　　　　　匯率：1 美元兌 61.63 印度盧比

中央銀行：印度準備銀行　　　　　　　　語言：印地語、英語

貨幣：印度盧比（India Rupee, INR）　　　國家格言：唯有真理得勝

宗教：印度教 80%、伊斯蘭教 14.2%、基督教 2.3%、錫克教 1.7%

行政區：29 個邦，下三級「專區」、縣、村，另 7 個特別行政區

印度第一大城孟買市（Mumbai, 1995 年起，之前稱 Bombay）

面積：603 平方公里，都會區（含該邦 2 個縣）4,355 平方公里

人口：1,300 萬人，大都會區（MMR）約 2,500 萬人（全球第四）

地理位置：位於印度西北邊，馬哈拉施特拉邦的首府

名稱：來自馬拉地語中印度教的女神孟巴，是漁民的保護神

行政分區：24 區

人均總產值：7,500 美元（2015 年）

交通：希瓦吉機場

　　　‧ 中央、西部鐵路公司，高速公路

　　　‧ 孟買港口

表 17-1　媒體上對歐美印大黨的經濟政策

國家	左派（political left）（社會主義）	右派（political right）（資本主義）
1.美國	民主黨	共和黨（總統川普 2017.1.20~2021.1.19）
2.德國	社會民主黨	基督民主黨（總理梅克爾 2005.11.22~）
3.法國	社會黨（總統馬克宏 2017.5.15~）	共和聯盟
4.英國	工黨	保守黨（總理梅伊 2016.7.13~）
5.印度	印度國民大會黨	印度人民黨（總理莫迪 2014.5.26~）

（　　　）指任期

Unit 17-2　由經濟發展階段來預測印度經濟走勢

1947 年印度從英國殖民地獨立，號稱人口最多的民主國家；1951 年實施第一個五年經濟計畫，看這些條件，似乎跟大部分國家一樣，在二次大戰後便可衝刺經濟。怎會淪落到 2018 年還是全球窮人最多國家、人均總產值 1,900 美元呢？跟中國大陸 1979 年實施「改革開放政策」相比，2018 年人均總產值 9,160 美元。印度經濟究竟出了什麼問題？了解過去，才能夠預測未來。

一、英國殖民時代（1858~1946 年）：先天不足

英國殖民「印度」（或任何國家），大抵把殖民地當「提款機」，以印度來說，主要是農產品（棉花為主，其次是紅茶）低價運到英國。棉花紡織成布後，銷售到全球（包括印度），賺大錢。

（一）從全球第二大經濟國到三線國家

據估算，1700 年時印度總產值占全球 22.6%，次於中國（明朝）；1952 年占 3.8%，約跟法國差不多。

（二）殖民時代，停留在農業社會

此階段，印度人民普遍處於「赤貧」狀態。

二、建國後，農業社會階段上半期（1951~1990 年）：後天失調

1947~1977 年，印度皆由國大黨執政，首任總理尼赫魯（任期 1947.8.15~1964.5.27），在經濟上仿效蘇聯，1951 年設立計畫委員會，經濟成長

率目標 2%，被稱為「印度式經濟成長率」（Hindu rate of growth）採取「社會主義」，國營企業為主，經營效率差。計畫委員會下設許多委員會，其一是價格委員會，以管制物價。

（一）1951 年進入第一期五年經濟計畫

由表 17-2 第一列可見，此時期由於工業化程度低，對國際貿易採取 90% 的高關稅稅率、配額，把進口商品擋著，以免貿易逆差（或外國公司賺印度人錢）。

（二）1984~1989 年拉吉夫 · 甘地的經濟改革

1984 年，印度經濟衰退 0.4%，總理拉吉夫 · 甘地（前總理甘地夫人的長子，任期 1984.10.31~1989.12.2）嘗試經濟振興（economic revitalization）。經濟成長率 1987 年 4.8%、1988 年 4%，但因降稅使得財政赤字高漲。

三、農業社會第二期（1991~2008 年）

經濟改革時，屋漏偏逢連夜雨（蘇聯解體與美國攻打伊拉克），1991 年春天，印度準備銀行的外匯存底剩 11.2 億美元，僅夠 2 週進口用。

（一）1991 年，國際貨幣基金金援印度 17 億美元

印度政府空運黃金作擔保品向國際貨幣基金融通 17 億美元，度過「外債危機」。

（二）印度被迫「開放」

國際貨幣基金要求印度政府遵守「華盛頓共識」（Washington Consensus）。

表 17-2　印度經濟發展階段

發展階段	農業社會				起飛前準備備	
經濟制度	社會主義		市場經濟		同左	
跟人發育 階段比較	爬行階段的嬰兒		會走路的嬰兒		兒童	
一、門檻值	1,100 美元以下		同左		1,100~4,200 美元	
二、經濟績效						
（一）產值	1951	1990	1991	2008	2009	2018
總產值 (1) （兆美元）	0.2252	0.3536	0.2969	1.2635	1.2455	2.5686

表 17-2　印度經濟發展階段（續）

人口 (2) （億人）	3.69	8.49	8.665	11.50	11.66	13.534
人均總產值 = (1)/(2)	61	396	342	1,098	1,068	1,900

資料來源：印度中央統計局

（二）經濟成長率	6.3%		8.3%	-11.5	10.1	-1.4	6.5%
平均值	平均約 3%，被批評為「印度式 經濟成長率」		平均 6%			平均 7%	
（三）貧困人民比率 * （各資料差異大）	1956 年 65% 1960 年 59% 1973 年 54.9%		1977 年 51.3% 1983 年 44.5%	1994 年 36% 2000 年 26.1% 2006 年 25%		2012 年 21.92% 印度準備銀行 資料	

＊資料來源：Poverty in India, Wikipedia。

華盛頓共識小檔案（Washington Consensus）

年：1990 年

地：美國首都華盛頓特區

人：美國智庫之一美國經濟研究所

事：1980 年代，拉丁美洲許多國家出現經濟危機，下列四個金融機構出面拯救。
1990 年美國經濟研究邀請世界銀行、國際貨幣基金、美洲開發銀行、美國財政部和拉美國家代表開研討會，得出「新經濟政策」。

Unit 17-3　1991 年印度「被」改革開放談經濟成長階段

　　印度經濟發展階段太複雜，以上下兩個單元說明，本單元從 1991 年「被」改革開放談起。當你對印度 14 任總理花點時間，便可發現一流的「經濟總理」很少，大都是「困知勉行」。就連在眾議院席次過半，莫迪為了執政的考量，犯眾怒的事還是不敢硬幹，最有名的是 2014~2015 年，打算放寬「土地徵收法」，但碰到農民、反對黨國民大會黨的誓死反對，莫迪只好「吞回去」。

一、被迫改革開放

（一）國民大會黨籍總理拉奧

歷史喜歡把 1991 年印度「被改革開放」的二個人封爲功臣。

・納拉辛哈 ・ 拉奧（P. V. Narasimha Rao，任期 1991.6.23~1996.5.16）。

・財政部長辛格（Manmohan Singh，後來在 2004.5.22~2014.5.26 出任總理）。

・1991~1996 年黃金 5 年，經濟成長率 6.7%，外匯存底 227.4 億美元。

由表 17-3 可見，中高經濟成長率以廣大農民爲犧牲品，政府把有限政府經費在農業方面轉而支持高經濟價值作物，以便出口創造外匯。對農糧方面政府支出縮手，比較明顯的便是減少水利（灌溉工程）、農業補貼（化學肥料、柴油）。如此一來，農民把選票改投反對黨，政黨輪替讓國大黨、人民黨越來越對「改革開放」步步爲營。（印度農業補貼政策詳見中國農村研究網，「印度農業補貼政策及對中國的啓示」，2015 年 11 月 16 日。）

（二）1996 年 5 月迄 2004 年 5 月 25 日，人民黨執政

這期間主要是人民黨（或聯合政府）執政，經濟成長率 5%。跟中國大陸 10% 以上的快速成長率，可說是「進步太慢，就是落伍」。

（三）評論

臺灣花 23 年、陸 22 年由農業社會升級到起飛前準備階段，印度花了 57 年才走完這一段。有人以「印度象」來比喻印度，印度經濟這隻「大象」，走得很慢。嚴格來說，以 1991 年來算印度「拚經濟」，印度花了 17 年算快的。

二、起飛前準備階段（2009~2028 年，19 年）

印度經濟「先天不良，後天失調」，到 2009 年才進入起飛前準備階段。臺灣花 10 年、陸花 7 年升級到起飛階段；印度可能須花 19 年才走完這一段，算很慢。莫迪可能是印度經濟由嬰兒轉兒童階段的功臣。莫迪設立「全國改革印度協會」，以取代計畫委員會。

三、起飛階段，2029 年起

以 2018 年起經濟成長率 7% 的假設，2029 年印度人均總產值 4,200 美元，進入經濟起飛階段。

表 17-3　1991 年印度政府遵守華盛頓共識

需求結構	華盛頓共識	印度的作法
一、消費	降低物價上漲率	拉吉夫・甘地：取消價格管制
二、投資		
（一）外資	放寬	拉吉夫・甘地：小幅度放寬投資限制 ・免除多個行業的外資審批制度 ・31 個行業外資持股比率最高 51%。一般以 2004 年視為積極吸引外資
（二）內資		
1. 國營企業	民營化	國營企業限於國防核能、安全、鐵路等，取消「牌照制度」（license Raj）
2. 民營公司	・改革：放寬政府管制 ・保護私人財產權	（在 1947~1990 年實施 raj 是北印度語 rule 的意思）
3. 銀行業	利率自由化	1991 年放寬貸款利率，1992 年起到 1997 年 10 月存款利率逐步自由化
三、政府支出		
（一）項目	・經濟效益高的領域 ・有利於改善收入分配的領域（例如文教衛生和基礎建設）	・減少農田水利工程 ・減少對農民（尤其是稻麥等糧食）的化學肥料、柴油補貼 ・鼓勵農民種高附加價值農產品以出口 ・加速基礎建設
（二）政府租稅政策		
1. 公司所得稅率	降低以擴大稅基	以未上市公司來說，1993 年度 5.5%、1994 年度 40%、1999 年度 35%、2013 年度 30%（2018 年前，每年度由 4 月至次年 3 月）
四、國際貿易		1995 年世貿組織成立，印度加入
（一）出口	省略	省略
（二）進口	貿易自由化，開放	1992 年放寬進口機械設計許可證
1. 進口配額	逐漸取消	1991 年取消進口數量限制
2. 進口稅率（關稅）	降低	由 1990 年 90% 降到 1997 年 30%
（三）匯率政策	修正，改採「具有競爭優勢」的匯率	1994 年 8 月，政府接受國際貨幣基金第 8 條規定，大部分經常帳交易的外匯交易不限

Unit 17-4　印度政府的經濟相關部會

表 17-4　印度政府經濟相關部會－以臺灣為架構

項目	臺灣	印度約 36 個部
協調	行政院國家發展委員會	統計暨（建設）計畫執行部（或計畫委員會）
統計	行政院主計總處第 3、4 處	中央統計局
一、生產因素市場		
（一）自然資源		
1.土地	經濟及能源部產業園區管理局 科技部 3 個科學園區管理局	環境森林與氣候變遷部
2.礦	環境資源部水保及地礦署	煤礦部、地球科學部
3.水	水利署	水資源、河流與恒河復育部
4.空氣	污染防治局	* 恆河復育（Ganga Rejuenation）飲水與廢水處理部 * 廢水處理（sanitation）
5.能源	經濟及能源部能源署	石油與天然氣部、電力部、新與再生能源部
（二）勞工	1.教育部 　・青年發展署 　・體育署 2.勞動部 　・勞動力發展署 　・勞工保險局 　・勞動基金運用局 　・勞動福祉退休局 3.衛生福利部	人力資源發展部 年青人與運動事務部 勞工與就業部 個人、大眾福祉與退休人員部 技能與企業家部 健康與家庭福利部
（三）資本	1.財政部 2.中央銀行 3.行政院金管會旗下證券交易所、櫃買中心	財政部 印度準備銀行 印度國家證券交易所（NSE）
（四）技術	1.經濟及能源部產業技術司 2.科技部 　・工程技術研究發展司 　・自然科學及永續研究發展司 　・前瞻及應用科技司	 科技部

表 17-4　印度政府經濟相關部會－以臺灣為架構（續）

（五）企業家精神	經濟及能源部中小企業局	中小微事業部
二、產業		
（一）服務業	1. 經濟及能源部產業發展局	1. 財務與公司事務部
	2. 行政院消保處	2. 消費者事務與食物和大眾物流部
	3. 交通及建設部	3. 鐵路運輸與高速公路部
	民航局、鐵路局、航運司、公路司、觀光局	4. 民航部、觀光部、通訊部、資訊與廣播部、文化部
	4. 國家通訊傳播委員會（NCC）	
	5. 文化部	
（二）工業	經濟及能源部產業發展局	商業與工業部
	1. 高科技業	電子與資訊技術部
	・電子資訊組	鋼鐵部
	2. 傳統產業	紡織部
	・金屬機電組	重工業與公營事業部
	・民生化工組	化學與肥料部、食物加工部
（三）農業	農業部	鄉村發展部、農業與農民福利部
三、商品市場		
（一）消費	內政部營建署	城市發展、住房和城鄉扶貧部、資訊傳播部
	經濟及能源部標準檢驗局	
（二）投資	經濟及能源部	商工部外國投資促進委員會（BOFI）、產業政策與推廣司（DIPP）
（三）政府支出	交通及建設部	
（四）國際貿易	經濟及能源部貿易商務局	

印度總理莫迪（Narendra Modi）小檔案

出生：1950 年 9 月 17 日，印度瓦德納加爾邦

現職：印度總理（2014.5.26~2019.5.25，一任五年）

經歷：印度古吉拉特邦首席部長（2001.10~2014.5），首席部長的地位等於該邦的總理。政績（主要是 10% 經濟成長率）卓著，媒體稱「古吉拉特」模式。

學歷：古吉拉特（Gujarat）大學政治碩士（1982 年，遠距學習），德里大學政治學士（1978）。

榮譽：2016 年美國「時代雜誌」讀者網路票選「風雲人物」。

Unit 17-5　印度總理莫迪的經濟成長目標

2014 年 5 月，印度總理莫迪（Narendra Modi）上任以來，陸續提出一連串的重大國家發展計畫，在經濟政策方面，各國都會在總統或總理名字之後加上「經濟學」，以此例來說稱爲「莫迪經濟學」（Modi Economics）。他 2019 年可望連任。

一、經濟成長率：目標與實績

報刊喜歡以 7% 的經濟成長率來形容新興國家的經濟成長速度高，這樣的說法是「不當的」，如同人體身高一樣。

（一）0~7 歲的男寶寶身高

各國嬰兒到兒童的身高、體重，世界衛生組織有張「嬰幼兒生長曲線表」，表 17-5 中以男寶寶在各年齡區間的身高下限來看。

（二）印度的經濟生長曲線比較表

全球中印度人口數「唯一」可比較對象是中國大陸，由表 17-5 可見。

二、農業社會到起飛前準備階段

以 1991 年視爲印度改革開放來說，花 19 年才從「嬰兒」轉「兒童」，陸在同樣起跑點（以人均總產值 343 美元）來說，花了 14 年，而且經濟成長率 11.03%，算高速。印度 4%，算中速；印度約只有陸的 54.4%，在這階段慢了。

三、起飛前準備階段到起飛階段

由表 17-5 可見，陸花 8 年，平均經濟成長率 10.77%，由起飛前準備階段晉級到起飛階段。在經濟成長率 7% 情況下，印度約花 27 年，在 2026 年會從「兒童」狀態轉青少年。

（一）印度只有陸的 65%，即 7% 除以 10.77%。

（二）十二五計畫（2012~2017 年度）：經濟成長率目標 9%，目標達成率 75%，莫迪的經濟執政實績不佳，而且 9% 還是「兼顧環保，所得分配」，其限制條件如下。

・更快速：以十一五計畫的 8.2% 目標來比較。

- 可持續（sustainable）：這個字是從環境保護角度，以節能減碳來說，溫度氣體排放量「不增」甚至減少。
- 更有包容性（inclusive）：這個字有時譯為「普惠」，即經濟成長果實為大家所共享，言下之意是貧窮率降低、所得分配更平均。

四、2050 年印度或許會成為全球第三大經濟國

由表 17-6 可見，在很沒有爭論情況下。

- 樂觀估計印度經濟率 7%。
- 悲觀估計全球經濟率 2%。

到 2050 年，印度總產值占全球比率 15%，會變成全球第三大經濟國。這是靠「人海」戰術砸出來，人均總產值 9,761 美元，比中低所得門檻 7,900 美元略高。簡單的說，印度很難進階到經濟「成熟」階段。

表 17-5　陸印的二階段經濟發展比較

經濟發展階段	起飛前準備階段	起飛階段
· 嬰兒成長表標竿	46.2~81.3 公分 （初生～2 歲），成長率 38%	81.3~116 公分 （2~7 歲），成長率 8.54%
一、中國大陸	資料來源：中國大陸國家統計局	
（一）期間	1988~2001 年（14 年）	2002~2009 年（8 年）
（二）人均總產值	343~1,041 美元	1,135~3,749 美元 （註：2010 年 4,434）
（三）經濟成長率	11.03%	10.77%
二、印度	年度：今年 4 月迄次年 3 月	2018 年起年度採曆年制
（一）期間	1991~2009 年（19 年）	2010~2026 年（27 年）
（二）人均總產值	343~1,068 美元	1,356~4,003 美元
（三）經濟成長率	6%	7%

表 17-6　2050 年印度經濟的樂觀預測

項目	2018 年	R n=32 期	2050 年
(1) 全球總產值（兆美元）	78.03	2%	147
(2) 印度總產值（兆美元）	2.576	7%	22.369
(3) = (2) / (1) 印度占全球比率	3.3%	--	15.22%
(4) 印度人口（億人）	13.36		23
(5) = (2) / (4) 印度人均總產值（美元）	1,928		9,726

Unit 17-6　莫迪總理的經濟政策：一般均衡架構

許多國家的總統、總理在經濟施政時，在競選時「經濟白皮書」，大抵可看出全貌。執政後，基於政治（在野黨反對、討好選民）的考量，施政有優先順序。逐年來看，也不易看清其布局之道。拉回本書「一以貫之」的以華爾拉斯「一般均衡」架構，來看莫迪的經濟政策，就一目了然，詳見表 17-7。

一、生產因素市場

中國大陸吸引外資主要來自「成本降低」：「即土地零（或極低）租金」，這是低價徵收農地而來的。再加上「勞工薪資低」、「租稅優惠（兩免三減半）」。

（一）土地徵收不易

印度在土地徵收以蓋鐵路、公路、機場、工業區，被 2013 年通過的土地徵收法（詳見小檔案）卡死，莫迪為求連任，也不敢跟農民等硬幹（包括 2016 年 8 月放棄修法），這跟臺灣的都市更新案 99% 都卡在少數住戶（或稱釘子戶）反對一樣，有時動彈不得。

（二）勞工素質差

印度的「勞動人口」七成在農村，而且教育水準低，大部分是普通（或體

力）工人。中國大陸在 1990 年代是透過各省市砸錢去職業訓練，至少 2,000 萬人成為工業的技術勞工。2016 年度的「技能印度」（Skill India）計畫投入 180 億盧比，興建 1,500 所職訓中心，盼能提升技術勞工人數。

二、轉換

工業底子差、鐵公機運輸不便，製造業占總產值 17%；民營公司不足，銀行貸款利率高，皆不利於公司發展。

三、商品市場

以 2017 年來說，印度商品出口 3,000 億美元、進口 4,375 億美元，經常帳逆差 1,000 億美元以上。新興國家大都透過「出口掛帥」帶動工業化，印度例外。

表 17-7　莫迪的三方面經濟政策

投入（生產因素市場）	轉換（產業）	產出（商品市場）
一、自然資源 ・土地徵收不易 ・電力不夠，各工廠只好自己準備發電機，但耗能行業無法如此做	一、產業結構 「印度製造」 （Made in India）	一、消費 2022 年全民住房政策，例如 2017 年 5 月 8 日，印度國家銀行的房屋貸款利率約 8.4%，帶動其他銀行跟進。
二、勞工 技能印度（Skill India）計畫，藉由職訓計畫培養印度專業人才，以提供工作機會及經濟發展所需的勞動力。 三、資本 對儲蓄和投資給予稅務優惠。改革財政及貨幣政策的紀律；國營銀行業不但需增資，更需擺脫政治人物的糾纏。	二、工業化 1.提高附加價值 　省略 2.「印度製造」政策挑選出 25 項重點行業，希望把工業中製造業占總產值的比率從 2016 年 17% 到 2025 年 25%（註：陸 32%，2012 年以前皆在 36% 以上）	二、投資 1.放寬外資的限制 　鼓勵外商加碼投資保險、國防與通訊等產業的新措施。在這些政策帶動下，印度 2015 年吸引 630 億美元的外資流入。 2.國營企業民營化 2016 年 2 月，莫迪決定公營的印度航空公司，該公司一直虧損，2012~2016 年政府已注資 36 億美元，但該公司仍債台高築 85 億美元。
四、科技 省略 五、企業家精神 2016 年 12 月初，莫迪宣布「創業印度」（Startup India）計畫藉由 15 億美元	政府租稅收入占總產值 13%，跟臺灣相近。	三、政府支出 1.政績 在 2016 年 8 月 15 日的獨立紀念日演說，總理列舉上任後的建設成果，包括： ・讓 4,000 萬人在 10 週內獲得瓦

表 17-7　莫迪的三方面經濟政策（續）

的創業基金及租稅優惠，鼓勵創業及創新等措施。主要新創公司在電子商務業，政府主打對象有日本軟銀集團公司董事長孫正義，該公司已投資 20 億美元，預定2017~2026 年投資 100 億美元。	斯供應； · 每天可完成 100 公里的農村公路建設； · 一年可鋪設五萬公里的輸電電纜，讓一萬個以上村落有電力可使用；2017 年 2 月仍有 3 億人「沒電」。 · 安裝 7.7 億個 LED 燈泡，一年節省 2,000 萬瓦的電力； · 太陽能發電量成長 116% 等。 2. 在「智慧城市」（Smart Cities）方面，印度政府準備投入 4,800 億盧比（約 2,400 億元）開發 100 個智慧城市，每個城市預計可獲得聯邦政府五年內補助 50 億盧比。 3. 數位印度（Digital India）包括建立網路基礎設施、數位化服務傳遞、強化數位素養（Digital Literacy）等內容。

《土地徵收、復原和安置》公平補償和透明程度權利法

時：2014 年 1 月實施，2013 年 4 月法令通過

地：印度

人：印度政府

事：針對政府向民眾徵收有兩狀況，各有一個門檻。

　　1. 當政府經營時，需要 80% 地主同意。

　　2. 當公民營合作時，須有 70% 地主同意。

Unit 17-7 莫迪的「印度製造」政策跟美國川普總統的美國優先經濟政策比較

有比較才知道差異，由表 17-8 可見莫迪經濟政策的核心在於「印度製造政策」（Made in India, MIC），這跟美國川普總統的川普經濟學（Trump

Economics）大同小異，都是「先求有」（衝量）；至於中國大陸「中國製造2025」（Made in China, MIC）則是「從有求好」，詳見小檔案。

中國（大陸）製造 2025（Made in China 2025）小檔案

年：2014 年 5 月 8 日

地：中國大陸

人：中國大陸國務院

事：公布此計畫，這是陸版的「工業 4.0」，要在 2025 年提高工業（10 大行業）的附加價值，達到「製造大國」，2035 年「世界製造強國」，即超越德日。

表 17-8　美印的經濟政策核心（工業）比較

項目	印度莫迪的印度製造 *	美國川普的美國優先
一、時間	2014 年 9 月 26 日	2017 年 1 月 20 日就任總統起
二、目的	2016 年 8 月 15 日宣布 2022 年實現印度夢	
（一）方式：減少進口	詳見本表末端「國際貿易」	美國優先（America First）針對對美有大幅順差的陸臺等，希望其貨幣升值等，製造業回流美國
（二）目的：增加就業	打造印度成為全球「工廠」（原文為製造中心）2025 年工業產值占總產值比重 25%（2016 年約 17.5%）	解決工業中的失業（例如煤礦、鋼鐵公司、汽車公司），提高勞工薪資
（三）目的：經濟成長率	十二五（2012~2017 年度）計畫目標：9%，實際 6.77%；物價上漲 2~6%	目標：4% 以上，「美國再次偉大」（Make American Great Again）
三、作法		
（一）生產因素市場		2017 年 8 月 4 日，美國退出巴黎氣候協定
1. 土地	推動五大工業走廊，形成產業群聚，「德里－孟買」、「孟買－班加羅爾」、「班加羅爾－清奈」、「清奈－維沙卡帕特南」和「加爾各達－阿姆利」	以 2017 年 7 月，鴻海宣布到威斯康辛州設面板廠，一坪土地約 800 元。
2. 勞工	農業占總產值 15.4%，占勞動人口 50%，隱藏性失業情況嚴重。工業可運用農村剩餘勞動力，推動「技能印度」的技職訓練。	限制移民人數，甚至 2017 年 9 月打算停止「追夢人」計畫（70 萬人）保護本國白人就業。

表 17-8　美印的經濟政策核心（工業）比較（續）

3. 資本	2017 年 8 月 2 日，印度準備銀行的附買回利率由 6.25% 降至 6%，2010 年 11 月以來最低水準。	希望維持低利率，2017 年 11 月 2 日，川普提普鮑威爾出任聯準會（Fed）主席，持續主席葉倫的慢速升息。
4. 技術	省略	2017.4 設立「美國科技委員會」，推動政府的數位化服務
5. 企業家精神	2015 年在政府中裁撤「印度計畫委員會」，以突顯脫離計畫經濟	推動降低聯邦政府的公司所得稅率，由 35% 降至 20%
（二）產業		
1. 服務業	金融、軟體業所需人力數量少、學歷高，不適合作為主導行業	擬推動「金融選擇法案」（CHOICE Act，CHOICE 是法案簡寫）放寬監理，即取代 2010 年的《陶德－法蘭克法案》
2. 工業	25 個行業，工業每增加一個新工作，便可向前向後創造 2~3 個工作	重振美國製造業（就業人口占勞工 8%、德 20%），其一是能源自給自足，降低油氣、電力價格，預估總產值年增 1,270~4,500 億美元
・科技產業	・電子機械 ・電子系統 ・資訊科技和商業流程管理	製造業投資 1 美元，透過乘數效益創造 1.81 美元效益
・傳統產業	・航空 ・汽車、汽車零組件 ・國防軍事工業 ・鐵公機、建築 ・化工、皮革、紡織服裝 ・製藥、健康、食品加工	重振美國的製造業，尤其是「鐵鏽區」（rust belt，指工業衰退區。例如密西根州、威斯康辛州、賓州、俄亥俄州等 8 州），例如允許海岸採油等。例如 2017.11.11 臺灣最大營收公司鴻海董事長郭台銘跟威州州長簽約
3. 農業	對農業：農作物保險； 對農村：目標每戶有電	2014 年 4 月 26 日，川普簽署命令，要求農業部消除「不必要行政命令」
（三）需求結構		
1. 消費	・2017 年 7 月，商品消費稅（GST）上市，全國單一稅，有利於消費者減輕買商品的負擔 ・2016 年 12 月 8 日起，鼓勵消費者使用電子支付	消費占總產值 70% 2017 年 10 月 1 日，稅改案降低個人綜合所得稅率，由 7 級距降至 3 級距，稅率 12%、25%、35%

表 17-8　美印的經濟政策核心（工業）比較（續）

2. 投資	· 吸引外資 · 2016 年 6 月 20 日起，提高外資在一些行業（軍事工業、汽車、製藥、建築）持股比率到 100% · 自由化：三個產業一些行業開放持股比率 　服務業：保險、電信 　工業：採煤、製藥、建築 　農業：畜牧 · 解除政府介入 　補貼：化肥、糧食、石油 　價格管制：柴油、農產品	(1)2017 年 7 月 27 日，臺灣郭台銘跟川普宣布在美國威斯康州，投資 100 億美元，設立電視面板廠 (2)2017 年 4 月 11 日，美國豐田汽車公司宣布在肯塔基州喬治城投資 13.3 億美元擴廠。2017~2021 年在美投資 100 億美元（2017.1.9 宣布），1 月 24 日宣布印第安那州投資 6 億美元。豐田汽車公司原本想在墨西哥設廠 10 億美元，生產 Corolla（卡羅拉式花冠）。
3. 政府支出	· 擴大公共支出，作好交通建設 2017 年財政預算編 3.96 兆盧比 · 租稅政策：2017 年 7 月實施「統一商品及服務稅」，以統一聯邦跟地方的營業稅，有利「貨暢其流」。2018 年財政「年」改曆年制	(1)2017~2021 年度 5 年 5,000 億美元 (2) 推動把公司所得稅稅率由 35% 降至 20%；海外淨利匯回美國一次收 10% 稅率（原 35%），海外淨利累計 2.5 兆美元，公共建設優先採購國內鋼鐵、設備。
4. 國際貿易	(1) 刺激出口：2013 年盧布重貶 15.5%，由 2012 年底 1 比 54.8 到 2013 年底 63.3 　· 2016 年 4 月起，對馬哈拉施特拉邦糖廠出口甘蔗免收收購稅（3%） 　· 設立「加工出口區」，稱為經濟特區 (2) 限制進口 　· 2013 年 8 月限制黃金進口，提高進口稅率由 2% 到 10%，但走私嚴重，2016 年合法 800 噸，走私 120 噸 　· 鼓勵外資在印度投資油氣業，減少油氣進口	強調公平貿易，注重雙邊自貿協定 (1) 退出「跨太平洋夥伴協定」（TPP），2017 年 1 月 22 日，美國政府退件申請退出協定。 (2) 重談「北美自貿協定」（NAFTA）2017 年 4 月 27 日，川普宣布重新談判北美自貿協定，2018 年上半年結束談判。 (3) 美韓自貿協定：2017 年 8 月 22 日，美國與南韓政府在南韓首都首爾市重談自貿協定修正；10 月 4 日韓方同意修正。

* 資料來源：整理自寧勝男，「莫迪政府『印度製造』：效果評析與前景展望」，中國國際問題研究院，2017.7.7。

** 資料來源：少部分整理自劉錦添，「川普經貿政策的邏輯與方針」，想想論壇，2017.3.31。

Unit 17-8 莫迪經濟政策中的外資投資與國際貿易政策

一、1990 年以來的貿易政策

1990 年後，隨著蘇聯的解體，一向偏歐美為主的印度，逐漸採取亞洲導向的國際貿易政策，名稱稍不同，本質上一樣，詳見表 17-9。

（一）1990~2014 年 4 月，東望政策（look east policy）

1990 年俄羅斯的經濟因打了阿富汗一戰與油氣價格重跌而崩潰，1991 年 12 月 26 日蘇聯解體，親俄的印度外交和經濟面臨困境。跟鄰國巴基斯坦對立，南亞區域關係發展不易。東南亞經濟興起（即四小虎階段），所以總理拉奧決定發展跟東南亞關係。2002 年起，中國大陸成為世界工廠、2005 年起成為世界市場（之一），但是由於 1950 年代，印度間在尼泊爾、不丹等的邊界爭端，1962 年邊界戰爭；雙方邊界問題一爭懸而未決，印陸雙方因此長期不和。2013 年，陸印政府提出「陸－緬甸－孟加拉－印」經濟走廊倡議。由表 17-9 第二欄「自貿協定」可見，印度跟東亞（韓日）、東協簽了自貿協定。

（二）2014 年 5 月起，東向行動政策（act east policy）

莫迪上台仍把貿易、外資公司投資鎖定在東亞、東南亞，只是換了個名詞。

‧自貿協定幾乎很少進步。

‧直接投資：東南亞占 11%、東亞的日本 7%，不算很多。

二、印度的外資

2004 年印度積極吸引外資，2005 年 75 億美元，2006 年破 100 億美元。印度 1 年外資流入 650 億美元（詳見表 17-10），約是陸的五成，主要原因有二。

‧內需市場：印度對手機、汽車皆有較高的進口關稅，所以手機品牌、汽車組裝公司必須到印度設工廠。

‧外資投資範圍漸從正面表列轉向負面表列。

（一）自動核准到政府核准

1. 自動核准：一些行業（例如飯店、觀光業、快遞），外資資金到位 30 天

內向印度準備銀行提交文件，提資案生效。

2. 政府審核：7.5 億美元以下由外資投資委員會審核，以上由經濟內閣委員會處理。

（二）印度的外資來源

模里西斯 37%，這是印度洋中的租稅庇護區，主要還是印度公司來此設籍，以求節稅。另，新加坡 11%、英國占 10%。

（三）外資行業

服務業（32%）、工業（營造 11%、電信 6% 等）。

表 17-9 印度外交及外貿政策的微調

項目	東望政策（Look East Policy）	東進政策（Act East Policy）
一、時	1990~2004 年 4 月	2014 年 11 月 14 日起
二、總理	拉奧（P. V. Narasimha Roa）	穆迪（Narendra Modi）
三、時空背景	美、歐盟跟蘇聯間的冷戰結束，印度由重視歐美（俗稱西方世界、國家），轉而偏重東亞和東南亞（俗稱東方世界、國家）	正值中國大陸經濟崛起、勢力南伸而衝擊印度發展形勢和外交。2014 年 11 月 14 日，莫迪出席在緬甸首都內比市（Naypyidaw）舉辦的第 12 屆「印度－東協高峰會」及「東亞峰會」上首度宣布東進政策。
四、目標		
（一）政治	基於安全考量，以及成為世界大國的意願	外交政策「印度優先」
（二）軍事	在積極發展更強大的海軍武力，以掌握解決區域衝突的能力，並爭取區域強權的主導地位。降低其在印度洋和麻六甲海峽可能遭遇的海上威脅，確保經濟與能源安全，進而得以維護印度與東南亞國家經濟合作的成果。其影響力和活動範圍向東推進，擴大到東南亞、南中國海及部分太平洋地區。	關注海軍建軍及支持海權的重要性，以賦予印度防制恐怖政擊、維護麻六甲貿易航運通道安全應有之海洋實力。印度應以積極行動向東發展，強化跟東亞國家的關係，以利其實現工業化、擴張貿易和成為區域大國的目標。

表 17-9　印度外交及外貿政策的微調（續）

五、自貿協定	1.印度－南韓	・印－韓投資協定
	2009.8.7 簽署全面經濟合作協定	2014.11.20 簽署
	2.印度－東協（即東協＋4）	重要的談判中
	・商品貿易 2010.1 生效	印度－歐盟
	・服務協定 2013.10.8 簽署	印度－中國大陸
	3.印度－大馬 2011.2.18 簽署	印度－泰國
	4.印度－日本 2011.2.16 簽署	印度－澳大利亞

資料來源：大部分整理自陳華昇，「印度『東進政策』及其對臺印關係之影響」，臺灣經濟研究月刊，2017 年 2 月，第 94~98 頁。

表 17-10　印度外資投資與國際貿易　　　　　　　　　　　　　單位：億美元

項目	2013	2014	2015	2016	2017（下）	2018
一、投資	有些資料來自印度商工部工業政策與促進局（DIPP）					
(1) 外資投資	343	364	443	630	－	－
二、商品國際貿易						
(1) 出口	3,144	3,103	2,611	2,645	3,004	－
(2) 進口	4,502	4,480	3,796	3,615	4,375	－
(3) = (1) – (2) 貿易逆差	-1,358	-1,377	-1,185	-970	-1,371	－
三、經濟產出						
1.經濟成長率（%）	6.34	6.75	7.9	6.8	7.2	7.3
2.總產值（兆美元）	1.86	1.99	2.088	2.256	2.394	2.5686

一、二會計年度，2017 年度 2016.4~2017.3

Unit 17-9 印度外資公司投資的損益表分析

表 17-11　由損益表架構分析印度經營環境

損益表	說明	評論
營收	1. 加入世貿組織 　1995 年世貿組織成立，之前便已 　是關稅暨貿易總協定（GATT）協 　約方，所以自動加入 2. 南亞自由貿易協定（SAFTA） 　2004 年 1 月 6 日簽定，2006 年生 　效，人口占全球 23.3%，總產值 　占 3.16%，比較像「一般項目」 　的自貿協定（不含服務業、投資） 3. 歐美對下列國家的平均進口關稅	印度長期處於貿易逆差，印度想方 設法限制進口。商品與勞務出口不 收營業稅（印度稱商品及服務稅）

進口國	印度	陸	越南	斯里蘭卡	孟加拉
美國	2.7	2.9	8.6	12.1	15.4
歐盟	4.5	3.3	3.5	8.3	11.7

損益表	說明	評論
－營業成本 原料	・印度農產品在全球排名如下： 第 1：椰子、薑、薑黃、黑胡椒 第 2：稻米、小麥、砂糖、花生、 　　　淡水魚 第 3：菸草 ・礦 在全球排名如下： 第 1：雲母 第 2：煤（占全球 8.6%） 第 3：重晶石（Barite）	・經濟特區內公司買進原料不徵收 　「營業稅」 ・印度主要進口商品是油氣
直接人工 勞工「價」： 薪資	・2017 年 3 月 29 日印度勞工及就 　業部打算把最低月薪 1.5 萬盧比 　（227 美元）提高到 2.5 萬盧比 　（379 美元） ・1948 年最低工資法 ・一般每週工時 48 小時，週休一 　天，每日上班 8 小時	印度法令對勞工很保護，約有 9 個 法，其中限制資方較多的是 1946 年 的「僱用法」，50 人以上公司適 用，包括員工假期、薪資、請假、 離職等。所以許多公司把公司拆 小，以致只有 15% 公司適用此法。

表 17-11 由損益表架構分析印度經營環境（續）

勞工「量」	・勞動人口約 5 億人 2010 年農民占勞工一半、製造業 4,800 萬人 2017 年 1 月 4 日出版的國際勞工組織的書，顯示印度父母不喜歡女兒工作，以致婦女勞動參與率 27%（註：臺灣約 49%）	2017 年 1 月 17 日美國麥肯錫全球研究所（MGI）估計，智慧製造會搶走許多勞工的工作，2020 年全球勞工的供應過剩 9 億人，其中 2.7 億人在印度，印度還短缺 1.3 億名中等技術勞工。
勞工「素質」	・平均受教育年數 10 年，中學學歷占 15%、大專學歷占 12.4% ・識字率 74%，法令規定 6~14 歲須接受義務教育	印度公共衛生與教育水準低，缺乏足夠的交通、電信和能源基礎設施，以致生產力無法大幅成長。2017 年 6 月 1 日瑞士國際管理學院在全球競爭力排行榜，印度名列第 39，中國大陸第 18。
製造費用		
・土地	土地不足	
・水	水量不足，且過度集中在東北部	年降雨量 1,160 公分，臺灣的一半
・電	2016 年世界銀行的報告顯示，電力短缺使印度總產值「少」7 個百分點，約 1,540 億美元	電力不足阻礙印度經濟發展，調查顯示，半數製造業者每週都會遭遇斷電 5 小時的問題。
・能源		
＝毛利		
－研發費用		
－管理費用		
－行銷費用		
＝營業淨利		
＋營業外收入		
－營業外支出		
＝稅前淨利		
－所得稅費用	1. 公司所得稅稅率 　・外資分公司 40% 　・一般公司 30% 　・小公司 29%（營收 5,000 萬盧比） 　・新成立製造業公司 25%	

表 17-11　由損益表架構分析印度經營環境（續）

	2.官員貪腐費用 2017年1月25日國際透明組織的「清廉印象指數」		世界銀行的「全球經商環境報告」，2015年印度142名、2017年130名，小進步。

國家	排名	得分	持續
陸	79	40	改善
印	79	40	改善

＝稅後淨利	・外國投資法 ・合資企業經營法 ・外資投資鼓勵法 ・外資企業管理法 ・2015年5月12日生效，11月外資直接投資政策實施

表 17-12　印度五大工業走廊重點工業

工業走廊（IC）	傳統產業	高科技行業
1.德里－孟買（DM）	食品加工、紡織、機械、汽機車	資訊通訊
2.清奈－班加羅爾（CB）	扣件、工具機、汽機車	同上
3.班加羅爾－孟買（BEMC）	紡織、工具機、汽機車	同上
4.東海岸（ECEC）	五金加工、工具機、汽機車	消費性電子
5.阿姆利則－加爾各答（AICIC）	食品加工、製藥	同上

討論問題

1. 印度莫迪總理的經濟施政績效如何？

2. 印度的「印度製造」政策（例如六大工業走廊）措施如何？（提示：六大工業走廊作表整理）

3. 印度的交通（鐵公機與港）、電力等基礎建設的普及率進程如何？（提示：請作表跟中國大陸比較，例如 2.5 萬公里的高鐵，10 萬公里的高速公路）

4. 印度吸引外資投資的吸引力如何？（提示：請作表跟中國大陸比較）

5. 印度吸引外資中有近 40% 來自模里西斯，本質上是假外資，以此來看印度外資 620 億美元是「原汁雞湯」嗎？

印度企業經營管理

Unit 18-1　印度十大集團：兼論第一大集團企業信實集團

由印度的十大富豪，大抵可判斷下列兩件事：

· 產業結構：即服務業（主要是資訊服務業）、工業、農業的比重。

· 經濟裙帶關係：金融、電信、鐵公機、能源（油氣、電力）大都須政府特許經營執照，須要「官商關係」良好。

一、印度最大集團：信實集團

2017 年 6 月美國富比士雜誌公布的臺灣首富是富邦蔡明忠、蔡明興兄弟；同樣的，印度首富信實工業公司董事長兄弟也一樣。

（一）創辦人：**迪魯 · 安巴尼**（Dhirubhai Ambani, 1932~2002）

創辦人原本是出口尼龍紗公司，1980 年總理甘地夫人（Indira Gandhi）開放聚酯絲（PFY）製造給民營企業，1981 年由信實工業得標。

（二）安巴尼兄弟

2002 年 7 月，創辦人辭世，2005 年 6 月，第二代安巴尼兄弟分家，事業版圖詳見表 18-2。

二、炫富的住宅

媒體喜歡報導印度富豪的炫富生活，例如：

· 全球最貴豪宅：孟買市，斥資 440 億盧比（213 億元），建造 27 層樓，名稱為「安迪利亞」（Antilia），市價 10 億美元。

表 18-1　2017 年 10 月印度十大富豪

排名	公司	富豪	億美元	說明
1	信實工業（Reliance，陸稱信誠）	穆克什 · 安巴尼（Mukesh Ambani, 1957~，孟買市）	380	2006 年起印度第一
2	威普羅（Wipro）	阿齊姆 · 普萊姆慕（Azim Premiji, 1945~，班加羅爾邦）	190	印度第 3 大軟體公司，人稱印度的「比爾 · 蓋茲」
3	欣杜賈（Hinduja）集團	欣杜賈家族（Hinduja Brothers, 1934~，英國倫敦市）	184	房地產、阿斯霍克、富蘭德汽車製造公司（Ashok Leyland）
4	阿塞洛 · 米塔爾（Arcelor Mittal）	拉克希米 · 米塔爾（Lakshmi Nivas Mittal, 1950~，英國倫敦市）	165	全球第一大鋼鐵公司
5	沙珀爾（Shapoorjs）	帕朗吉 · 密特里（Pallonji Mistry, 1930~，孟買市）	160	營造建築公司財富主要來自擁有塔塔集團旗下塔塔 Sons 公司 18.4% 股權
6	高德瑞治（Godrej）	高德瑞治（Godrej）家族，董事長 Adi Godrej（1942~，孟買市）	142	油脂化學品（Oleo chemicals）、食用品
7	印度斯坦電腦（Hindustan Computers Limited，HCL 技術）	希夫 · 納達（Shiv Nadar, 1945~，新德里市）	136	資訊服務公司
8	比爾拉（Aditya Biria）	庫瑪 · 比爾（Kumar Birla, 1967~，孟買市）	126	太陽壽險公司等金融業、零售業
9	太陽製藥工業（Sun Phama）	迪利普 · 桑哈維（Dilip Shanghvi, 1956~，孟買市）	121	製藥業

表 18-1　2017 年 10 月印度十大富豪（續）

10	阿達尼港口與經濟特區公司（Adani Ports & SEZ, APSEZ）	高塔姆・阿達尼（Gautam Adani）	110	港口、經濟特區

資料來源：富比士，2017.10.10。SEZ（special economic zone）

表 18-2　印度首富安巴尼兄弟的主要事業版圖

項目	基礎工業	民生
一、哥哥 穆克什・安巴尼 （Mukesh Ambani）	1. 印度石油：石油與天然氣探勘、冶煉、紡織 2. 信實工業：主要是化纖	1. 行 電信公司：信實 Jio（Reliance Jio），2016 年 9 月 5 日推出 4G 2017 年 12 月 29 日，收購弟弟的信實通訊公司的無線通訊業務 2. 衣
二、弟弟 安尼爾・安巴尼 （Anil Ambani）	1. 信實能源 3,000 兆瓦天然氣發電公司	1. 住 信實資產：消費者貸款

資料來源：部分整理自康世人，「印度首富穆克什——多角化成就一方霸業」，全球中央雜誌，2016 年 7 月，第 56~57 頁。

Unit 18-2　起飛前準備階段的基本行業：民生用品業——以印度的帕坦加利為例

　　大部分國家從「農業社會」階段到「起飛前準備」階段，大抵是「從事第一次進口替代」，大部分都是「柿子挑軟的吃」，先挑香皂、洗髮精等日用品著手，國貨大抵便宜且加上一點「愛用國貨」的心理，會占有一席之地。

　　全球品牌公司進軍某國家時，必須先做市場研究，推出適合當地的行銷組合（縱使換湯不換藥的改包裝、當地用詞的品牌名，甚至當地代言人）。本單元以印度公司帕坦加利・阿育吠陀公司（Patanjali Ayurved，簡稱帕坦加利公司，加與伽互用，2006 年成立）為例，說明本土公司以「文化／社會」的力量，訴諸民族感情、社會觀感（例如社會型企業），來反制全球企業。

表 18-3　從社會／文化角度說明帕坦加利公司大受歡迎原因

項目	說明	補充
一、文化		
（一）阿育吠陀（Ayurvada）：Ayur 指「生命」、Vada 指知識、科學	「阿育吠陀」有醫療之母之稱，是指在西元 1000 年前起源的印度醫療技術，主要是精油等強調 ・使用草本→精神→健康 　化合物和　心理平衡 　特別的飲　生理平衡 　食習性 ・推拿療法 ・瑜伽療法	2003 年起，藍德福的電視瑜伽節目播出，教觀眾做瑜伽，他宣揚印度養生法阿育吠陀。他逐漸累積知名度，約有 3,000 萬位觀眾。
（二）宗教 1. 古代帕坦加利（Patanjalie） 2. 現代的大師	西元前 300 年，印度大哲學家帕坦加利創作了《瑜伽經》，他被視為瑜伽之祖。 藍德福（Swami Ramdev）、香卡（Ravi Shankar）、辛格（Gurmeet Ram Singh）、瓦殊戴夫（Jaggi Vasudev）	藍德福根據許多經典，創出一套簡單好學的瑜伽呼吸法，大受歡迎。全球品牌公司極力貼近印度人心，卻始終無法跨越的文化鴻溝。
二、社會		
（一）民族情緒	1905 年，印度民族領袖甘地發起的「抵制英國貨運動」（swadeshi movement）。藍德福表示，「該公司是提升印度經濟自給自足的程度」，他大聲指責全球公司：「全球公司不是來送錢的，他們對印度沒有愛，他們來這裡是為了賺錢。」他呼籲，印度不需要全球企業也能自給自足。他批評全球企業造成人民思想西化，導致社會出現金錢奴隸、同居不婚等現象。	2011 年，蘭德福行動上效法甘地，以絕食和平抗議，要求調查非法資金、對貪腐官員求處死刑，吸引上萬群眾到場支持，數百人加入絕食。反黑金的社會形象，讓他從瑜伽大師，躋身為精神領袖。透過電視、報紙廣告呼籲消費者和商店支持本土商品。順勢呼應了總理莫迪高舉的「印度製造」大旗。
（二）社會型企業	藍德福表示：「這不是生意，本公司的最終目標是讓人民健康、國家富強，不是追求個人的財富和利益。」號稱會把淨利全用於慈善用途。	知名度最高的瑜伽大師蘭德福袒露胸毛、蓄著濃濃大鬍、一襲番紅花色長袍。蘭德福的個人魅力，使得公司能夠進逼國際龍頭，甚至翻攪成熟的日用品市場。

表 18-4　帕坦加利公司行銷組合

行銷組合	帕坦加利公司	全球品牌公司的作為與說明
一、商品策略	500 種商品	
（一）產品廣度	1. 日用品（牙膏、洗髮精），對手是印度聯合利華、葛蘭 2. 食品，對手是印度雀巢 3. 服飾，推出牛仔褲，挑戰 Levi's 和 Wrangler。 4. 藥	面對大師威脅，全球品牌美國高露潔（Colgate）跟風賣起藥草牙膏，印度在地化商品是該品牌 80 年來首見。2016 年聯合利華的藥草養生香皂跟著上市，力圖挽救印度市場 2011~2015 年的衰退，其中美容保養品市占率甚至下滑超過 5 個百分點。
（二）產品深度	省略	
二、定價策略	帕坦加利公司強調讓消費者以合理價格取得民生必需品，因此大多數商品價格比對手低 15~30%，2015 年市占八成的雀巢泡麵被驗出含鉛，帕坦加利公司乘勢推出泡麵搶市，價格便宜 36%，比印度本土品牌 Dabur 公司便宜 20~40%。	高露潔牙膏市占率 57%、帕坦加利 4.5%。 2015 聯合利華推出天然髮油系列。
三、促銷策略		
（一）廣告	1. 2010 年前，顧客少時蘭德福燦爛的笑容與一口潔白牙齒，擔任廣告代言人，公司省下大筆廣告費。被稱為「印度版的布蘭查（註：2015 英國維京集團董事長）。 2. 2011 年累積很多顧客後公司挑印度語、各種方言頻道，如 ABP 新聞、印度新聞（India News）贊助電視連續劇、新聞簡報、運動賽事，方方面面到底「接地氣」，和最底層的消費者打成一片。躋身印度第三大廣告主。	藍德福宣稱遵循古老智慧，有些媒體批評廣告愚民，例如地板清潔劑，訴求「別再用化學成分苯基忝罰你的手」，成分是聖牛尿。牛尿能否清潔仍有爭議，有人質疑「地板聞起來像牛尿，這樣好嗎？」因為過分誇大效果，有 25 則廣告文宣違反法規。
（二）廣告代言人	帕坦加利贊助風行印度的傳統運動卡巴迪（Kabaddi），取得 2016 年世界盃的共同贊助權。2017 年初，蘭德福親自上陣，在摔角（印度很流行的運動）友誼賽中打敗來自烏克蘭、1992 年次的奧運銀牌好手，為自己個人形象鍍金。	蘭德福以個人魅力推抬商品知名度，成敗也都操之他一人手中，他必須不斷的製造話題，才能維繫品牌的核心訴求。從瑜伽大師轉型商人，其中的利益糾葛也讓他備受爭議。例如，他一方面號召反黑金，卻被指控逃稅、向

表 18-4 帕坦加利公司行銷組合（續）

		農民搶地、偷電。蘭德福一方面扮演公司代言人，宣稱公司獲利會捐給慈善機構；另一方面，公司董事長巴克里斯納（Acharya Balkrishna，有譯為波克里施納）持有公司 94% 股權，2017 年 9 月 3,220 億元的身價名列胡潤（Hurun）印度百富榜排名第 8。
（三）促銷品等	跟印度連鎖超市 Big Bazaar 合作為期一個月的「閃電行銷」，全國 200 家門市，都能買到帕坦加利全系列商品。	－
四、實體配置策略	帕坦加利公司透過與零售公司合作，由起家時的一家藥局，推展到 2017 年 1.5 萬家藥局以及 3,000 家帕坦加利醫療中心。	－
五、經營績效	1. 2017年度營收 16.5 億美元（498 億元），成長率 116%。印度工商聯合會點名為 2016 年「最具顛覆力」的日用品公司。2015、2016 年淨利率 15.7%。 2. 2017 年 1 月，金融服務公司 IIFL Institutional Equities 預言，2019 年該公司營收 2,000 億盧布。	知名財經媒體彭博（Bloomberg）、《金融時報》爭相報導，2016 年 4 月滙豐銀行（HSBC）發表 43 頁報告，專文盤點帕坦加利公司對國際品牌公司的衝擊。2015 年印度雀巢營收 770 億盧布（2014 年 940 億盧布）。

資料來源：部分整理自商業周刊，1527 期，2017 年 2 月，第 63~65 頁。

Unit 18-3 起飛前準備階段的基本行業：紡織業

表 18-5 印度紡織業對印度的重要性

生產因素市場	轉換	商品市場
勞工 3,500 萬人 (1) 5.1 億人 (2)	一、服務業 二、工業	一、需求 1. 國際貿易 紡織業產品 36% 出口

表 18-5　印度紡織業對印度的重要性（續）

(3) = (1)/(2) = 6.86% 雇用工人數 僅次於農業	2020 年目標 2,200 億美元 占製造業 14% 三、農業	占出口 11% 包括兩項 ・服裝占紡織品出口 42% ・紡織品 二、總產值 1. 金額 956 億美元 2. 占總產值比率 4%

表 18-6　從損益表結構分析印度紡織業經營環境

損益表	說明	
營收	2015 年度（億美元）	說明

	一、出口　400	全球來說（2014 年 8,000 億美元） 其中成本占 60.6%
	二、內需　800	陸　　3.86%　　香　港　4.24%
	・服裝　　　　 590	歐　盟　6.62%　　越　南　4.03%
	・家用紡織品　 150	孟加拉　7.5%　　 印　度　3.60%
	・產業用紡織品　60	孟加拉適用「普遍化優惠關稅制 度」（GSM）
	小計　　　1,200	

產業用紡織品（technical textiles）是指服裝、家飾外，例如車內、工業、
建築、包裝等。

－營業成本

・原料

原料（纖維）	紗（線）	布	成衣
一、天然纖維	紗布稱為加工織物		Welspun 印度公司
1. 棉：全球市占率 　 27%，全球第三， 　 紡織品中 70% 原 　 料為棉	綿紗全球 市占率第二	織布機全球 第一，約占 45%，1,800 萬部梭織機	為例，其毛巾、浴 巾出貨給歐美百貨 公司等
2. 麻、絲，全球第二			
3. 羊毛，全球第七			
二、人造纖維			
1. 聚酯：全球市占率 　 8%，全球第二， 　 主要是信實集團			
2. 黏膠：全球第二			

表 18-6　從損益表結構分析印度紡織業經營環境（續）

・勞工	陸企中廣東省東莞市月薪約 229 美元、越南 107~156 美元，印度 105 美元，孟加拉約 72 美元、緬甸 67 美元
・製造費用	・出口目標：全球第 2 大紡織品出口國（市占率 5.82%），僅次於陸（市占率 35.56%，歐盟占 7.45%）。2011 年 11 月起印度政府每個五年經濟計畫皆有針對紡織業，包括下列措施： ・針對研發：紡織中心基礎設施計畫（即把研發中心視為基礎設施之一） ・針對技術：技術升級基金計畫 ・針對出口：成衣園區（Apparel park）出口計畫 ・出口目標：全球第 2 大紡織品出口國，僅次於陸

水

電

土地

層級	主管機構	說明
一、經濟特區	1. 中央政府 2. 邦政府	研發中心（composite centers） 卓越中心
二、紡織園區	邦政府 約 66 個	同上，例如坦米爾納德邦的（邦首府清奈）蒂魯普市，號稱是印度版的「東莞市」

・五年計畫：印度十二五計畫（2012~2017 年），政府投入 91 億美元在紡織業（2007~2011 年才 40 億美元）
・年度計畫：例如「2010 年遠景」。

機器設備

生產國	紡織機	織布機	製衣機
歐（德法瑞）			
陸	機檯價格約是歐洲的 35%		

在 2017 年上半年《亞洲經濟政策評論》半年刊上，日本經濟研究中心表示，印度紡織業人均產量只有陸企三分之一、孟加拉的七成，原因如下：
1. 公司小，無法使用新、大的機檯，78% 的印度公司員工在 50 人以下，此型公司在陸企只占 15%
2. 小單生產，規格多，不利大量製造

稅前淨利

−所得稅費用	孟加拉對紡織公司大有租稅優惠，服裝業出口值號稱占出口值 80%

資料來源：部分整理自南京羊毛市場月刊，二手來源「壹讀」，2017.3.2

圖 18-1　印度國內服裝市場狀況

Unit 18-4　起飛前準備階段的基本服務業：資訊服務業

　　印度「工業占總產值」比率（俗稱工業化）28.8%，偏低，工廠無法提供足夠就業機會，藍領勞工 1,600 萬人出外當移工，全球人數第一。白領勞工在國內，承包歐盟美國的電信、資訊業的外包業務，詳見表 18-7。

一、全球商機，占服務貿易 4.2%

　　全球商品貿易跟服務貿易之比 75:25；2017 年服務貿易出口金額 6 兆美元，其中「資訊服務類」占 2.4%。

二、印度的優勢

（一）以資訊業來說

　　在「支柱學科」（理工、生技等），需要較強理工能力，美國人較不喜歡。這給外國留學生很大生存空間，尤其是資訊方面，印度人占美國大學資訊外籍學生比重高。1980 年代，這些海外歸國人士創業作資訊服務，承接美國很多大公司的資訊部委外的各項業務。2016 年美國移民政策研究所估計，加州矽谷北部（舊金山市和奧克蘭地區）有 8, 9 萬位印度人，大都在科技業。

（二）政策介入

1990 年代，印度政府在二、三個邦興建軟體科技園區（在臺灣三個科學園區偏重電子產品），解決通訊等基礎建設。

三、境內勞務輸入

由於有網路之便，印度的公司得以接歐「美」（占 70%）國家的「商業流程」的兩種服務，詳見表 18-7，詳細說明於下。

（一）電信公司客服中心，稱為商業流程委外（BPO）

臺灣的電信公司有些設立客服中心（call center）公司，專門承接公司的電話客服業務。印度跟菲律賓都承接美國金融業的客服中心的外包工作。2015 年，隨著人工智慧技術成熟，許多歐美公司以智慧客服（smart customer service）取代人工客服，例如語音客服（web call）、網路文字客服（web chat）。

（二）資訊服務業，稱為商業流程管理（BPM）

軟體與資訊產業衍生服務（IT enables Services）的一部分，稱為資訊服務外包，或稱「資訊技術－商業流程管理」（information technology business process management, IT-BPM）。這部分遭受到中國大陸、日本公司的搶單，再加上雲端運算（資料儲存、軟體租用），印度公司越來越辛苦。

四、資訊服務業的重要性

表 18-7　印度的資訊外包產業分類

大分類	中分類	說明
一、資訊類業務，稱為「商業流程管理」（business process management, BPM）	1. 文件處理 2. 資料輸入與處理 3. 資料轉換 4. 軟硬體技術支援	例如資訊系統開發階段的測試
二、電信類業務，稱為「商業流程委外」（business process outsourcing, BPO）	1. 顧客服務 2. 客服中心（call center） 3. 市場調查 4. 保險理賠作業	電話行銷和電話服務中心 網路（線上網頁）、電話市場調查

表 18-8　資訊外包服務業對印度的重要性　　　　　　　　　　　　　　單位：億美元

投入：生產因素市場	轉換：產業	產出
一、勞工	一、服務業	一、需求結構中的國際貿易中的出口
(1) 本業雇用勞工 （直接、間接） 0.125 億人		(1) 本業出口金額 985 億美元（2015） （2017 年度 1,540 億美元） (2) 出口金額
(2) 全國勞動人口 人數 4.96 億人	二、工業	(3) = (1)/(2) 另占勞務出口 38%
(3) = (1)/(2) =0.252%	三、農業	印度號稱「世界辦公室」 二、總產值

Unit 18-5　起飛前準備階段的基本工業：手機製造業 ── 以臺資公司鴻海與陸企富智康為例

臺灣的媒體對於印度手機業的報導聚焦於二點。

・歐美日甚至臺灣有人收二手智慧型手機（簡稱手機），主要是流到南亞（主要為印度）和非洲，這個商機很大。2016 年 1 月美國勤業眾信發布的「全球高科技、媒體及電信產業趨勢預測」報告，估計 2016 年二手機 1.2 億支，成長率 50%，金額 5,400 億元。

・臺灣兩家公司鴻海（旗下大陸公司富士康）、緯創到印度設廠。但是規模極小，鴻海替陸企歐珀（OPPO）、維沃（VIVO）、美國蘋果公司代工，緯創替蘋果公司代工與宏達電、陸、印品牌 iPhone SE 機型（註：2017 年聖誕節網路商場促銷價 14,500 盧比、新臺幣 6,800 元，跟小米機相近）。

一、印度商機

2014 年起，全球大部分國家手機上網首次超越個人電腦（含筆電），手機小而好攜帶且單價低好入門。

（一）2017 年起，全球手機銷量第二

印度人口跟中國大陸很近，2017 年超越美國，成為手機全球第二銷售國。由於價格等因素，2015 年 4G 手機在印度推出，詳見表 18-9。

（二）主力機型售價 180~300 美元

　　由圖 18-2 可見，全球手機市場 52% 由陸企拿走，價格中間；印度四大手機公司市占率 20% 以下，價格低，但功能有限。蘋果公司 2016 年 3 月推出「平價版」iPhone SE，但仍是曲高和寡，以 16GB 的入門款來說，售價 399 美元，這在印度算很高價。

二、印度製造的必要

（一）手機進口關稅稅率 15%

　　由表 18-10 可見，莫迪政府單挑產值大的手機作爲「印度製造」政策的重要行業。

（二）前五大手機公司市占率 72%

　　高關稅政策使手機本土組裝比率上升，但印度缺乏供應鏈，所以只賺到組裝的「蠅頭小利」（以 iPhone 來說，組裝成本約占零售價 2%），許多零組件從中國大陸進口。

表 18-9　印度手機銷售量　　　　　　　　　　　　　　　單位：億支

種類	2014	2015	2016	2017	2018	2019
一、流量						
(1) 智慧型	0.805	1.027	1.091	1.5	1.7	2
(2) 功能	2.299	2.182	2.03	1.687	1.5	1.3
(3) = (1)+(2)	3.104	3.209	3.121	3.187	3.2	3.3
二、存量	手機普及率					
(1) 用戶數	5.811	6.384	6.841	7.307	7.755	8.132
(2) 人口數	12.67	12.83	13.01	13.50	13.65	13.90
(3) = (1)/(2)%	45.87	47.76	52.58	54.13	57.6	58.5

註：智慧型手機滲透率美陸 96%、巴西 92%。

　　2016 年功能手機占手機銷售值 14%。

　　2018~2019 年印度流量部分爲本書所預估。

資料來源：國際數據公司，美國 Trend Force 數字差距甚大。

表 18-10　印度政府對智慧型手機的產業政策

項目	說明
一、目標	2022 年「印度製造」目標是把製造業占總產值由 2015 年 15% 提高到 25%
二、問題	2012 年印度開始流行智慧型手機，進口關稅稅率 6%，陸企手機公司憑著中低價位，壓著印度手機公司喘不過氣，以 2015 年來說，陸產手機 13.9 億支，全球幾乎 95% 皆在陸生產。
三、政策	2014 年 5 月莫迪總理上台。2015 年 2 月政府調高智慧型手機的關稅稅率到 12.5%，本土生產手機貨物稅 1%。2016 年 5 月，財政部把手機零組件進口關稅稅率由 29%，降至 0。2017 年 12 月，稅率提高到 15%。
四、結果	1. 在本土組裝的比例：2015 年 45%、2016 年 66%、2017 年 90%，印度只賺到手機組裝「蠅頭小利」，無法發展成骨幹產業。2016 年 2 月，政府宣布提高電池等零組件進口關稅稅率，手機公司反彈，認為此舉會墊高成本，不利印度製手機出口。2016 年 5 月政府停止。 2. 2015 年第二季~2016 年第三季，前 5 大手機公司中，印度公司曾任 3 名。但 2016 年，隨著 3G 升級到 4G，印度手機公司技不如人，市占率節節下降，2016 年第四季起，前五大中，印度手機公司絕跡，詳見表 18-11。

表 18-11　2017 年第三季全球與印度 50 大都市智慧型手機市占率　　　單位：%

全球　2017 年					印度			
排名	國家	公司	比率	年增率	排名	國家	公司	比率
1	南韓	三星	22.3	19.3	1	陸	小米	26.5
2	美	蘋果	11.9	5.7	2	南韓	三星	24.1
3	陸	華為	9.5	12.3	3	陸	聯想	10.3
4	陸	歐珀	7.7	19.6	4	陸	歐珀	5.2
5	陸	小米	7	79.9	5	陸	維沃	5.1

資料來源：市調公司（aunt point），美國國際數據公司（IDC），2017.12.27，陸企占 47.1%

註：50 大都市營收約占全國一半。

　　小米主打機型是「紅米」系列；Note 4、4、4A。

　　全球：2017 年第三季 3.83 億支，第 5 名以後市占率 41.6%，年增率 –14%。

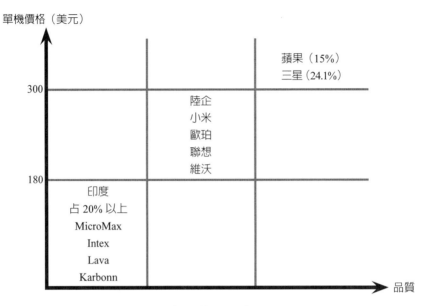

圖 18-2　2017 年印度智慧型手機的各品牌市場定價

Unit 18-6　起飛階段的基本行業：汽車業

　　許多人對印度的了解來自「國家地理頻道」上「超級工廠」（Megafactories）節目等，介紹塔塔集團（Tata Group，成立於 1800 年）旗下塔塔汽車公司（成立於 1945 年），如何研發、生產「塔塔奈米」（Tata Nano）汽車，2009 年上市時，售價 2,500 美元（相較於臺灣的豐田汽車 Altis 車款售價 2.217 萬美元），號稱全球最「俗」汽車。

　　本單元先拉個特寫（印度一家本土汽車公司），引起你的興趣，再來拉全景再近景，說明汽車業是印度從起飛前準備階段晉級到起飛階段的支柱行業，一般國家是從起飛到成熟階段才能發展。

一、汽車商機分析

（一）全景：全球商機

　　汽車業（只考慮乘客用、商用汽車）年銷量 1 億輛（詳見表 18-12），產值 3.2 兆美元以上，占全球總產值 4.2% 以上，在大部分國家，皆是第二大產業（僅

次於蓋新屋的營造建築業）。

（二）近景：印度商機

印度人均總產值到 2013 年 1,491 美元，爆發出對汽車的需求量，首年破 300
萬輛，井噴式成長，2017 年破 400 萬輛，以銷量來說全球第四（次於陸美日）。
由於主力車款都是 1 萬美元左右的低價車，銷售值全球第五。

　＊每千人汽車量低，成長空間大

　根據印度汽車製造公司協會（SIAM）統計

　　・印度每千人擁有汽車 32 輛。

　　・全球平均 169 輛，巴西 159 輛、陸 102 輛。

二、汽車為什麼要在印度生產

臺灣的汽車進口關稅稅率 17.5%，再加上貨物稅稅率（排氣量 2,000cc 以下）
30%，一輛進口汽車比原產國（例如德國）貴 52.75%，2017 年進口車市占率
40%。

（一）印度進口關稅稅率 60%

印度政府對進口汽車課 60% 稅率，不考慮營業稅、代理公司的加碼，一輛
車就比原產國（以日本鈴木汽車爲例）貴 60%（不考慮日本出口到印度的運費保
險費等）。

（二）1981 年，日本鈴木汽車公司捷足先登

在 1981 年時，印度汽車進口稅率 300%，鈴木汽車跟印度國營公司合資成
立「風神鈴木公司」（Maruti Suzuki, Maruti 本意是風神，音譯爲馬魯蒂，2007
年 9 月改爲此名），1983 年投產，由於是以排氣量 1,200cc 以下的低總價車款爲
主；最高時市占率 90%。

（三）本土公司兩家

由表 18-13 可見，以乘用汽車來說，前 10 大汽車公司市占率 95%，本土公
司馬璽達、塔塔汽車市占率 13.41%。保護汽車產業 50 年，全球各國大抵相同，
都是無法跟全球汽車公司一拚。唯一欣慰的是，外資汽車公司到印度設廠，帶
動零組件公司，這向前向後產業關聯效果合計 7 倍以上。

表 18-12　印度在全球汽車產銷地位　　　　　　　　　　　　　　　　單位：萬輛

銷產	2014	2015	2016	2017	2018	2019	2020
一、銷量							
(1) 印度	317	342	367	401	452	520	572
(2) 全球	8,834	8,968	9,386	9,704	10,015	10,335	10,666
(3) = (1)/(2) 全球市占率（%）	3.59	3.81	3.91	4.163	5.41	5.03	5.36
銷量全球排名	5	4	4	4	4	3	3
銷售值全球排名	5	5	5	5	4	4	3
二、產量							
(1) 印度	384	412	449	480	514	550	600
(2) 全球	8,978	9,078	9,498	9,787	10,100	10,500	11,000
全球市占率（%） (3) = (1)/(2)	4.23	4.54	4.73	4.90	5.01	5.24	5.45
產量全球排名	6	6	6	6	5	5	4
	陸美日德韓印				超越韓		超越德

註 1：2017~2020 年印度銷產量皆本書所預估。
註 2：以 2016 年來說，乘用汽車占 80.8%、商用車占 19.2%，銷售值約 350 億美元。
註 3：全球第四，2020 年將會變成全球第三，超越日本。
資料來源：中國大陸廣東省深圳市的中商產業研究院《2017 年版全球汽車產業研究報告》
　　　　　2017.7.17。HIS Market 數字少（350 萬輛）。

表 18-13　2017 年度印度乘用汽車十大公司　　　　　　　　　　　　單位：%

排名	國家	公司	市占率	排名	國家	公司	市占率
1	日本	風神鈴木	42.38	6	日本	豐田基洛斯卡	4.7
2	南韓	現代	16.72	7	法國	雷諾	4.43
3	印度	馬璽達	7.75	8	美國	福特	3.0
4	日本	本田	6.89	9	日本	日產	1.88
5	印度	塔塔	5.66	10	德國	福斯	1.64

註 1：基洛斯卡集團（Kirlostar Group），印度公司，在浦那邦，成立於 1888 年，主要做幫浦。
　　　豐田基洛斯卡汽車公司合資，成立於 1997 年 10 月，俗稱豐田（印度）公司，在班加羅
　　　爾邦。
註 2：馬璽達（Mahindra & Mahindra）主要生產客貨車、卡車。
註 3：2017 年度指 2016.4~2017.3。
資料來源：印度汽車公會

討論問題

1. 印度的鋼鐵業為何會培養出全球第一大公司？

2. 貴公司想進軍印度的食品、化妝品市場，如何入鄉隨俗呢？

3. 請將印度紡織業中的成衣代工業跟孟加拉、越南比較。（提示：以損益表方式把三國作表比較）

4. 印度汽車業的展望如何？（提示：中國大陸年產量 2,800 萬輛，但因為品質有限，年出口 100 萬輛）

5. 印度的手機製造業的展望如何？（提示：中國大陸的手機業靠白牌機站穩國內市場，並在 2012 年起，以秋風掃落葉之姿席捲新興國家）

國家圖書館出版品預行編目資料

東南亞經貿：政治、投資與企業經營(含南亞)
／伍忠賢著. －－初版. －－臺北市：五南，
2018.02
　　面；　公分
　　ISBN 978-957-11-9549-0（平裝）
　1.經貿　2.投資環境　3.東南亞
552.38　　　　　　　　　　106024915

1M0G

東南亞經貿：
政治、投資與企業經營（含南亞）

作　　　者 ― 伍忠賢

發 行 人 ― 楊榮川

總 經 理 ― 楊士清

主　　　編 ― 侯家嵐

責任編輯 ― 黃梓雯

文字校對 ― 侯蕙珍、鐘秀雲、許宸瑞

封面設計 ― 姚孝慈

出 版 者 ― 五南圖書出版股份有限公司

地　　　址：106台北市大安區和平東路二段339號4樓

電　　　話：(02)2705-5066　　傳　　真：(02)2706-6100

網　　　址：http://www.wunan.com.tw

電子郵件：wunan@wunan.com.tw

劃撥帳號：01068953

戶　　　名：五南圖書出版股份有限公司

法律顧問　林勝安律師事務所　林勝安律師

出版日期　2018年2月初版一刷

定　　　價　新臺幣580元